개혁정신과
원불교

개혁정신과
원불교

류성태 저

學古房

▌머리말

　교단 창립 2세기에 접어든 시점에서 『개혁정신과 원불교』를 발간한 계기는 어느 교단이든 일상성의 타성화에 떨어질 수 있다는 위기의식의 반영으로, 소태산의 성자혼을 불러일으키고 새 출발의 자세를 환기하는 데 그 초점이 있다. 원불교가 도약하고 교세가 확장되기 위해서는 '개혁'하지 않으면 안 된다는 시각에서 접근을 시도한 것이다.

　오늘날 누구나 공감하듯이 '개혁'이란 쉽게 이룰 수 있는 일이 아니다. 현실에 만족하고 기득권을 지키려 하거나 무사안일주의에 사로잡혀 있는 경우 개혁은 더욱 어렵게 된다. 구성원 모두가 변화를 기대하고 개혁에 얼마나 동참하느냐에 따라 어려운 장애물은 극복될 수 있는 일이라고 본다.

　새로운 저술을 할 때마다 다가오는 필자의 감정은 자신이 부족하다는 느낌이며, '졸작(拙作)'이라는 말처럼 겸손의 가치를 다시금 새겨본다. 본 저서에서는 개혁의 일반론, 교단의 진단, 교리변천과 해석학의 문제, 국가재건을 위한 건국론 파악 등이 관견(管見)이라 보는 이유이다.

　하지만 미래를 향한 새로운 지평(地平)을 확대하면서 감사의 마음을 전하고자 한다. 학문에 눈을 뜨게 해준 선학제현(先學諸賢)의 격려, 그리고 출판에 도움을 준 학고방 사장의 배려가 함께 하였다.

2020.10.3

철산 류성태 합장

❚목차

총설 「개교의 동기」에 나타난 개혁정신

제1편 21세기와 종교개혁

제2편 개혁의 정신과 과제

제3편 원불교 100년의 진단과 개혁

제4편 교리변천과 해석학

附篇 개혁의 당위성과 언론기고

총설

「개교의 동기」에
나타난 개혁정신

「개교의 동기」에 나타난 개혁정신

1. 교단창립과 개혁정신

원불교 「개교의 동기」의 개혁정신과 관련한 연구는 원불교 개교(開教)의 이념을 재조명하는 계기가 될 것이다. 원기 100년을 보낸 105년(2020)의 현재 시점에서 교단이 새롭게 개혁해서 거듭나야 할 시점임은 잘 아는 사실이다. 이에 「개교의 동기」와 관련하여 접근함으로써 원불교 출현의 이념과 발전 방향을 새겨보고자 한다.

교단 창립의 초창기에는 교조의 창립정신이 절절이 구전심수(口傳心授)로 전해오지만, 세월이 흐르면서 그 정신이 희미해지는 것이 다반사이다. 오늘의 제 종교들이 조직화 및 세속화되면서 종교의 본연에서 벗어나고 있다는 비판의 소리가 높으므로 원불교는 종교의 선명성을 제고한다는 의미에서도 개교 정신에 대한 재조명이 있어야 할 것이다.[1] 본 연구의 방향은 「개교의 동기」를 교단 개혁과 관련한 현실 진단의 측면에서 접근하는 것으로 원불교 출현의 선명성을 드러내려는 뜻이다.

---

1) 간행위원회 編, 담산이성은정사 유작집 『개벽시대의 종교지성』, 원불교출판사, 1999, p.280.

교단 개혁과 관련한 개교 이념의 실현이란 일종의 갱생(更生) 운동과 같은 것으로, 종교의 갱생운동은 '개혁'의 안목이 절대 필요하다. 이를테면 천주교 서울대교구 명동성당의 사례에서 보듯이 교단을 둘러싼 사회 변화의 구조적 특성을 정확하게 진단하며, 사회의 구조적 변화에 적절하게 대응할 수 있도록 개교 이념을 비롯한 교단제도 전반에 대한 재검토 및 쇄신, 또는 자기갱신 운동을 전개해야 한다[2]는 것이다. 개교이념의 부각에는 교단 쇄신에 더하여 자기갱생 운동이 적극 전개되어야 하며, 그것은 교단 회생의 기회로서 '결사'의 정신으로 이어진다면 더없이 좋을 것이다.

본 연구의 방법은 「개교의 동기」의 형성과정을 살펴보면서 교단 개혁의 필연성을 강조하려는 것으로, '개혁'과 같은 뜻에서 사용된 유사용어들의 분석, 그리하여 '개혁'의 개념을 동원함으로써 「개교의 동기」에 나타난 개혁정신을 성찰하는 것에 초점을 두고 있다. 원불교학의 정립은 본질적으로 교학의 성찰적 접근을 통해 소태산의 경륜 실현에 원동력을 제공하는 점에서 그 의미 부여가 가능하다고 본다. 『정전』의 전반 내용 가운데 「개교의 동기」는 소태산의 교단 창립에 대한 포부와 경륜이 그대로 노정되어 있다는 점에서 교학정립에서 볼 때 개혁정신의 의미 부여와 관련한 비판적 접근이 필요하다.

연구의 전개방법에 있어서 또한 「개교의 동기」의 '개혁' 정신을 도모하는데 현실진단으로서 시대인식 및 사회인식을 수반해야 하며, 아울러 개혁의 당위성과 개교동기 실현방법의 개혁적 성향을 살펴보아야 할 것이다. 즉 「개교의 동기」 실현 방법의 개혁적 효율성에는 무엇보다

---

2) 박윤철, 「원불교 예비교무 지원자 감소 원인과 대응방안 연구」, 일원문화 연구재단, 2004.4, p.12.

현실진단과 사회인식이 필요하다는 점에서 이에 대한 교학의 해석학적 작업이 필요하다.3) 이점에서 본 연구는 원불교의 2세기 진입에 대응하여 교단 발전을 위해 시의적절하다고 본다.

우선 선행연구 섭렵의 면에서 원불교「개교의 동기」와 관련한 연구로는 송천은의「개교동기론」(『원불교학연구』제5집, 1972), 김팔곤의「원불교 개교표어 및 개교동기연구」(『원광대논문』제9집, 1975), 서경전의「원불교 개교동기의 사제적 연구」(『원불교사상』제 9·10합집, 1987), 박광수(朴光秀)의「원불교 출현의 역사적 배경」(『원불교70년 정신사』, 1989), 신순철의「원불교 개교의 역사적 성격」(『원불교사상』 14집, 1991) 등이 있다. 5편의 개교동기와 관련한 연구는 개교의 이념과 출현배경 등을 중심으로 접근하고 있는데 반하여, 본 연구에서는 '개혁정신'과 관련한 개교동기 실현방안의 효율성을 제고하는 면에서 그 차별성이 있다고 본다.

여기에서 강조하고자 하는 것은「개교의 동기」정신에서 추출할 수 있는 것으로 교단 2세기의 시대적 전환에 대응한 교단 발전을 촉진하자는 것이며, 그것은 개혁이라는 해법을 통해 미래종교로서 원불교의 역할을 재삼 환기하려는 뜻이다. 정체화된 교화 현실에서 원불교는 소태산의 개교정신과 개혁의지를 실천에 옮기지 않으면 안 되는 상황에 있으며, 그것은 완전무결한 새 회상을 건설하여 파란고해의 일체생령을 광대무량한 낙원으로 인도하겠다고 선언하였기 때문이다.4) 원불교의 교화적 사명이 낙원건설을 향해 일체 중생을 제도하고 사회의 발전을 도모한다

---

3) 정순일, 제93차 원불교사상연구원 월례발표회 발표요지「원불교학 탐구방향에 관한 一提言」, 원광대 원불교사상연구원, 1996.3, p.3 참조.
4) 류병덕,「21C의 원불교를 진단한다」, 제21회 원불교사상연구 학술대회《21세기와 원불교》, 원불교사상연구원, 2002.1, p.10 참조.

는 점에서, 교단 정체(停滯)의 현 시점에서 「개교의 동기」 실현방법의
개혁정신 모색은 절실한 상황이다.

2. 「개교의 동기」의 출현과 개혁

원불교 「개교의 동기」는 모두 193자로 이루어져 있으며, 원불교 『정
전』의 서설(序說) 성격을 띠고 있다. 본 원문을 보면 크게 두 단락으로
구성되어 있다. 첫째 단락은 파란고해의 실상을 진단하는 내용이다. "현
하 과학의 문명이 발달됨에 따라 물질을 사용하여야 할 사람의 정신은
점점 쇠약하고 … 모든 사람이 도리어 저 물질의 노예생활을 면하지
못하게 되었으니, 그 생활에 어찌 파란고해가 없으리요." 둘째 단락은
낙원건설에 대한 내용이다. "그러므로 진리적 종교의 신앙과 사실적 도
덕의 훈련으로써 … 광대무량한 낙원으로 인도하려 함이 그 동기니라."
두 단락으로 구성되어 있는 「개교의 동기」는 원불교 교문을 열게 된
이유가 무엇인가를 밝히는 것으로, 「교법의 총설」과 더불어 『정전』의
서편(序篇)이다.[5] 『정전』은 「총서편」, 「교의편」, 「수행편」으로 구성되
어 있는데, 「총서편」은 「개교의 동기」와 「교법의 총설」로서 회상 창립
의 동기와 교법을 서설적으로 밝힌 것이다.

여기에서 우선 정법회상의 설립과 관련된 「개교의 동기」가 교서에
등장하게 된 과정을 살펴볼 필요가 있는데, 다음 몇 가지 측면에서 접근
해 보고자 한다. 그 하나는 초기교단의 교리가 성립되면서 직접적인
「개교의 동기」는 보이지 않지만 이와 관련하여 산견(散見)되는 자료는

---

5) 한정석, 『원불교 정전해의』, 도서출판 동아시아, 1999, p.55.

무엇인가라는 점이며, 다른 하나는 그것이 정식 교서에 등장하는 과정은 어떻게 전개되었는가 하는 점이다.

먼저 교리 성립의 초기자료로서 『불법연구회창건사』(원기4년)의 법인기도 축문에 정신과 물질의 주종 문제를 거론한 부분과, 『불법연구회규약』(원기12년 개정판)의 계몽적 성격으로서 본회의 유래와 취지가 드러나 있다. "본회제씨(本會諸氏)난 유시무종이 안 되도록 모든 욕심과 모든 생각과 모든 정성을 이에 다하야 모든 사람의 모범이 되고 모든 일에 표준이 되야 주시기를 빌고 비나다." 그러나 아직도 「교무부 제2회 훈련교재 보고서」(「불법연구회 사업보고서」, 원기12년)에도 「개교의 동기」의 내용은 없으며, 『대종경』 교의품 29, 30장에 수록된 「나는 용심법을 가르치노라」(『회보』 제33호, 1937, pp.6-10)라는 초기법설의 흐름상 「개교의 동기」와 관련한 내용이 있어6) 개교동기가 등장하기 직전의 과정을 시사 받을 수 있다.

그렇다면 「개교의 동기」가 정식 교서로 등장하는 과정은 어떠한가? 주지하듯이 『육대요령』(원기 17년)과 『삼대요령』(원기 19년)의 「총론」, 『불교정전』(원기 28년)의 「불법연구회 설립동기」, 『원불교 교전』(원기 47년)의 「개교의 동기」가 순차적으로 정착되는 과정을 밟았다. 다시 말해서 『육대요령』의 「총론」은 현재의 「개교의 동기」와는 문장 상의 차이는 있으나 그 내용은 유사하며, 그 후 『불교정전』(1943)에서는 「불법연구회 설립동기」로, 『원불교 교전』(1962)에서는 「개교의 동기」라 하여 제목만 다를 뿐 내용은 같다.7) 다만 『육대요령』과 『원불교 교전』의 경우, 문장의 차이로서 국한문 형식의 고문(古文)을 새롭게 가다듬었다는

---

6) 신순철, 「원불교 개교의 역사적 성격」, 『원불교사상』 14집, 원광대 원불교사상연구원, 1991, pp.10-11.
7) 위의 책 p.10.

점이다. 예컨대 "무지(無知)한 노복에게 치산(治産)의 권리를 상실한 주인같이 되었으니…"라는 문장이 보다 세련된 문체로 "모든 사람이 도리어 저 물질의 노예생활을 면하지 못하게 되었으니…" 등으로 바뀌었다.

이렇게 정착된 「개교의 동기」 실현의 강령으로서 원불교 '개교표어'가 등장하는데, 이 양자의 관계 접근도 필요하다. 그것은 개혁의 내용을 포함하고 또 개혁의 필연성을 담은 함축적 슬로건이기 때문이다. 정산은 이에 말하기를 "원불교를 설립하게 된 동기의 강령은 개교표어에 나타난 물질이 개벽되니 정신을 개벽하자이니 … 물질문명의 발전에 따라 정신의 쇠약을 초래하게 된 관계를 좀 더 자세히 살펴보면 어떠한가?"[8] 라면서 인욕 즉 탐진치가 커짐으로써 세상 사람들은 물질의 지배를 받게 되고, 도덕과 의리가 끊어지며 개인 가정 사회 국가 인류가 혼란해지므로 개교표어를 개교동기의 강령이라 하여 강력한 실천을 유도하고 있다. 전산 김주원도 이에 말하기를,『정전』제1장의 개교표어 "물질이 개벽되니 정신을 개벽하자."는 정신개벽의 기치를 지도 강령으로 내세우고 원불교를 창시하였다[9]는 것이다. 이처럼 「개교의 동기」의 개혁적 실천 강령으로써 개교표어를 밝혔다는 점에서 같은 맥락으로 접근된다.

이어서 「개교의 동기」에 나타난 개혁정신의 노정에 있어서, '개혁'과 관련하여 교서에 등장하는 유사용어의 횟수를 살펴볼 필요가 있다. '개혁'이라는 뜻과 소통하는 용어로서 원불교 교서에 등장한 사례와 그 횟수는 다음과 같다. '개혁'은『대종경』1회이며, '개척'은『대종경』7회 『정전』1회『정산종사법어』7회이며, '개선'은『대종경』13회『정산종

8)『정산종사법설』, 제9편 불교정전의해 6장.
9) 김주원,「대산종사의 사상과 경륜」, 대산 김대거 종사 탄생 100주년 기념학술 강연『진리는 하나 세계도 하나』, 원불교100년기념성업회 대산종사탄생 100 주년 기념분과, 2013.6, p.4.

사법어』 2회이며, '변화'는 『대종경』 10회 『정전』 2회 『정산종사법어』 5회이며, '개벽'은 『대종경』 3회 『정전』 2회 『정산종사법어』 12회이며, '전환'은 『대종경』 4회이며, '혁신'은 『대종경』 2회 『정산종사법어』 1회이며, '개조'는 『정산종사법어』 3회이며, '혁명'은 『정산종사법어』 2회이다. 이 용어들은 「개교의 동기」에 나타난 개혁 정신과 직·간접적으로 소통하고 있다는 점에서 유의미한 용어들로 보인다.

여기에서 '개혁'과 관련한 유사용어들의 빈도와 강약 정도의 파악을 위해서 이 용어들의 등장 횟수를 순위별로 살펴보도록 한다. 개벽 17회, 변화 17회, 개선 15회, 개척 15회, 전환 4회, 혁신 3회, 개조 3회, 혁명 2회, 개혁 1회[10]로 나타나 있다. 초기교단의 개혁정신을 모색하는데 있어서 「개교의 동기」의 핵심적 주제로 등장하는 '개벽'이라는 용어가 '변화'라는 용어와 더불어 17회 등장한다는 점이 흥미롭다. 후천 '개벽'을 통한 교단과 사회 '변화'를 강하게 열망하는 흔적으로 볼 수 있다. 그리고 개혁의 순한 어감(語感)을 지닌 '개선'과 '개척'의 용어도 15회나 등장하고 있다.

'전환'과 '혁신'에 이어서 '혁명'이라는 용어도 유사한 횟수를 보이고 있다. 따라서 「개교의 동기」를 포함한 개교표어에 나타난 '개혁'의 개념은 '개벽'이라는 용어를 통해 새 시대의 후천개벽을 추구하고 있으며, 그 개혁의 강도로서 급진적인 것보다는 점진적 의미를 내포하는 '변화'와 '개선', '개척'의 용어가 돋보인다. 다만 '혁신', '혁명'이라는 용어 등장 횟수는 적지만, 의미상 단순한 '변화'나 '개조'에 머무는 것이 아니라 소태산과 정산의 개혁에 대한 강렬한 열망을 드러내고 있다.

---

10) 본 연구에서 '개혁'은 사용 빈도수에 관계없이 개조, 전환, 혁신, 혁명을 포함한 대표 용어로 사용하였음을 밝힌다.

이러한 '개혁'의 의미를 지닌 유사용이 등장의 높은 빈도수와 그 강도에서 그 의미를 부각시키기 위해 관련 유사용어들을 몇 가지로 접근할 수 있다.

첫째, 「개교의 동기」의 '개혁'과 관련한 용어 이해에 있어서 무엇보다 '개벽'(교서 17회)이라는 용어에 대하여 언급해 본다. '개벽(開闢)'은 선천시대를 보내고 후천시대를 열어젖히는 의미로서 개혁의 뜻이 강하게 내포되어 있는데, 원불교 개교표어에서 물질개벽과 정신개벽을 거론하고 있으며 그것이 「개교의 동기」의 키워드이기도 하다. 개벽의 중요성에 부응하듯이 이와 관련한 선행연구로는 김홍철의 「원불교의 후천개벽사상」(『원불교사상논고』, 1980), 신일교의 「후천개벽사상의 연구」(부산대 석사논문, 1981), 김정관의 「원불교 개벽사상의 연구」(원광대 석사논문, 1986) 등이 있다. 「개교의 동기」의 큰 축은 후천개벽의 세계관으로, 천지가 개벽된다 함은 천지가 변함에 따라 인간도 따라서 변함을 의미하며 새로운 법, 새로운 제도, 새로운 문물이 시작되는 것이다.[11] 따라서 「개교의 동기」의 실현방법이 개혁을 의미하는 '개벽'이라는 점을 새겨볼 일이다.

둘째, 「개교의 동기」의 개혁적 의의는 교단 창립사에서 볼 때 '개척'(교서15회)의 용어와 밀접한 관련이 있다. '개척'이란 원불교가 개교와 동시에 뒤따르는 일로서 한국종교 군(群)에서 새롭게 개척자의 길에 들어선 초기교단 발전사와 관련되어 있다. 소태산은 영광 궁촌에 탄생하여 당시 시국을 관찰하니 생령의 고해가 점심(點深)한지라, 이에 개교표어를 외치며 미신타파, 허례폐지, 간석지 십여 정보를 몸소 개척하였고 다음은 엿장수, 만석평의 밭갈기 등으로 단란한 공동생활을 개시하였던

---

11) 한정석, 『원불교 정전해의』, 도서출판 동아시아, 1999, p.55.

것이다.12) 개교 후 초기교단 개척의 역사에 나타나듯이 소태산은 개척자의 입장에서 개혁의 고삐를 늦추지 않았던 것으로 볼 수 있다.

셋째, 「개교의 동기」의 개혁적 성향에 있어서 주목할 것으로, 삶이나 사회 구조의 '변화'(17회) '전환'(4회)이라는 용어가 주목된다. 시대적 변화나 전환 용어는 일종의 개혁이라는 용어와 같은 맥락이라는 점에서 살펴볼 필요가 있다. 개교표어에서 천명하고 있는 것처럼 소태산의 관점은 시대사회의 '변환'(혹 전환), 즉 구세이념을 전개할 대상이 달라졌다는 인식에 바탕하고 있으며, 『정전』「개교의 동기」에서 밝힌 것처럼 물질의 노예생활로 파란고해를 면치 못하게 된 현대인들의 삶의 환경을 지적, '변화된 여건' 속의 민중을 구제하는 방법은 과거의 분야적인 교화로는 불가능하다는 것이다.13) 과거의 방식에서 벗어나 점진적이면서도 새롭게 '변화', 그리하여 '전환'해야 할 필요성을 소태산은 인지하게 되었다.

설사 변화와 전환이라는 점진적 구제 방법이라 해도, 「개교의 동기」 출현부터 개혁의 강렬한 열망이 소태산의 포부와 경륜으로 실려 있는 것은 그것이 곧 '혁신'이자 '혁명'의 자세로 다가선 결사정신이 깃들어 있기 때문이다. 개혁 용어는 교단 2세기에 처하여 결사의 정신으로 접근해야 한다고 볼 때 여기에는 개혁의 강력한 용어로서 그것은 혁신이자 혁명이 주목되는 것이다. 진리에 근거한 종교를 신봉하고 사실에 바탕한 훈련을 받음으로써 인간을 혁명시키고 종교를 혁신하고 나아가 사회를 개혁시키기 위한데 그 목적이 있었다.14) 혁명과 혁신의 용어는 보다

12) 구타원종사 법문집 편집위원회 편, 『인생과 수양』, 원불교출판사, 2007, p.26.
13) 양은용, 「소태산대종사의 『조선불교혁신론』과 불교개혁이념」, 『원불교사상과 종교문화』 32집, 원광대 원불교사상연구원, 2006, p.120.
14) 김홍철, 「원불교의 사회개혁 방안에 관한 연구」, 『원불교사상』 1집, 원광대

비장한 개혁의 의미를 내포한다. 사회개혁과 물질개벽은 원불교 출현, 출발 자체가 당시로서 혁신과 혁명에 비교될 수 있다. 이처럼 「개교의 동기」의 교서 출현과 성찰적 접근, 나아가 개혁의 유사용어들을 예시하는 의도는 원불교 개교와 관련한 현실진단을 통해서 초기교단의 개교정신을 계승함으로써 교단 개혁의 당위성을 부각시키기 위함이다.

3. 현실진단과 개혁의 당위성

원불교의 「개교의 동기」가 출현, 정착하게 된 과정과 개혁의 유사용어들을 살펴본 결과, 교단 개혁의 당위성과 그 방향설정이 부각되는 점에서 먼저 개교와 관련한 현실진단이 필요하다. 『육대요령』의 「총론」, 『불교정전』의 「불법연구회 설립동기」, 『원불교 교전』의 「개교의 동기」 순으로 정착되는 과정을 보면, 원불교 창립의 선명성과 개혁의 의지가 강하게 노정되고 있음이 확인된다. 이에 원불교가 출현한 당시의 현실을 특징화하여 진단한다면 개교의 본의와 개혁의 당위성이 자연스럽게 드러나리라 본다. 오늘의 현실진단도 필요한 일이지만, 우선 교단 창립 당시의 '현실진단'에 대하여 다음 몇 가지 차원에서 접근하고자 한다.

첫째, 원불교 개교 당시의 시대상황은 구한말로서 안고 있는 시대적 모순과 선후천 교역기라는 점이다. 이는 원불교가 발생하기 전후로 역사적 가치의 전환(轉換)을 의미하는 것[15]으로, 역사의 시대적 전환기로서 선천과 후천의 갈림길이었기 때문에 시대적 문제점들이 적지 않았다.

원불교사상연구원, 1975, p.182.
15) 홍윤식, 「진리적 종교로서의 원불교의 역사적 위치」, 류병덕 박사 화갑기념 『한국철학종교사상사』, 원광대 종교문제연구소, 1990, p.1070.

달리 말해서 원불교의 개교는 선·후천의 대교역기로서 선천시대는 정적(靜的)인 것이었다면 후천시대는 동적인 시대에 적합하다는 것이다. 이에 소태산은 후천개벽에 대한 전환기적 역사관을 지녔다고 볼 수 있다. 당시의 시대적 모순은 비단 한국에 국한되는 것이 아니라 전 세계에 편재되어 있으므로「개교의 동기」는 모순됨의 전(全) 시대상황을 반영하고 있다. 그것은 한국과 세계의 격동기로서 민중의 고통과 수난이 뒤따르는 시대였기 때문에 원불교 개교가 필연적이었음을 알게 해준다.

둘째, 과학문명의 일방적 질주로 인해 사람들은 물질의 노예생활로 치닫는 상황에서 원불교는 창립되었다.「개교의 동기」에서 지적한 바와 같이 산업화에 따른 과학문명의 발달은 인류의 물질적인 부(富)를 엄청나게 확대시켰는데, 이 같은 물질적인 풍요는 인간으로 하여금 물질의 추구에 몰두하게 하였고 그 결과 인간은 물질의 노예가 되었다는 것이다.16) 물질의 노예가 되었다는 것은 자본에 의한 부의 착취로 이어져 분배의 불평등으로 빈부차가 형성됨은 물론 도덕적 인간성의 상실 그리고 물질에 따른 인간 소외 등의 부작용이 컸던 것이다. 이러한 부정적 현상으로 인해 인간은 오히려 풍요속의 공급과잉 내지 빈곤과 같은 물질의 노예가 되고 말았으며, 문명의 이기(利器)가 민중들의 삶에 커다란 고통을 가져다주게 되었으니, 소태산은 이를 '파란고해'라고 하였다.

셋째, 개교 당시의 상황은 인간의 무한한 탐욕으로 인하여 정신세력의 쇠약함이라는 고통의 상황에 이르고 말았다. 정신적 고갈이라는 상황에 이르러 인간의 미망(迷妄)은 과거보다 훨씬 심해지고 있으므로 원불교 개교의 지도 강령은 오늘날에도 여전히 중요한 현실적 의의를 지니고

---

16) 신순철,「원불교 개교의 역사적 성격」,『원불교사상』14집, 원광대 원불교사상 연구원, 1991, pp.15-16.

있다.17) 정신문명이 병행되지 못한 상태에서 정신자원의 고갈이라는 고통스러운 상황이 만연하게 되었기 때문이다. 소태산은 이에 「개교의 동기」에서 '쇠약한 정신세력'이라 하여 정신을 절제하지 못함으로 인해 나타나는 인류 사회의 병리현상을 진단하고 원불교가 출현하지 않으면 안 되는 상황을 직시한 것으로 본다.

넷째, 일제병합의 식민지적 상황으로서 민족 존망의 풍전등화와 맹신의 팽배라는 사회적 상태에서 원불교는 창립되었다. 그것은 민족사의 시련 속에서 원불교 개교가 이루어졌다는 뜻이다. 동아열강의 각축장화한 한반도의 주권은 기타 일제에게 병합되어 민족 존망의 위기를 맞게 되었는데, 이는 조선조 5백년의 누적된 폐정(弊政)의 결과이기는 하지만 어쨌든 그의 마지막 종말의 시점에서 원불교는 태어났던 사실을 기억해야 할 것이다.18) 식민지의 암울한 시대에 고통을 느끼면서 통한(痛恨)의 시련을 겪은 소태산으로서는 원불교 창립을 통해서 이를 치유하고자 하였다. 식민지는 이미 조선조의 오랜 봉건주의를 청산한 이래에 겪었으니 그야말로 국가는 풍전등화의 난맥상이었다.

다섯째, 소태산이 개교할 당시에 한국종교의 다종교 상황과 전통종교의 아노미 현상이 극에 달하였던 때였다. 당시로서는 유불도 3교의 무기력함이 민중으로부터 신뢰를 받기 어려웠으며, 한국 기독교의 성장에 더하여 동학, 증산교, 원불교가 한국의 신종교로서 창립되는 시대였던 것이다. 이 같은 기성종교의 해체현상으로서 아노미 현상이 만연한 상황에서 신종교로서 원불교는 출현하였다. 한국사회는 이미 다종교 상황이

---

17) 樓宇烈, 「한국 원불교 교의의 현대적 의의」, 『원불교사상과 종교문화』 35집, 원광대 원불교사상연구원, 2007, p.4.
18) 이을호, 「원불교 교리상의 실학적 과제」, 『원불교사상』 8집, 원광대 원불교사상연구원, 1984, p.252.

전개되어 그 교세는 불교나 기독교와 같이 크지는 않지만 대표적으로 성숙한 종교로 성장하고 있다고 할 수 있으며, 그러한 성숙의 뒤에는 "물질이 개벽되니 정신을 개벽하자."는 개교 정신이 뒷받침하고 있다.[19] 전통종교의 해체현상에 따른 아노미현상과 구원론의 독점주의를 벗어나는 종교다원주의 시대는 새 종교 탄생의 명분을 가져다준 것이다.

이제 원불교가 출현한 당시의 현실진단을 종합적으로 언급해 보고자한다.[20] 이를테면 ① 세계적으로는 1, 2차대전으로 인한 인류사회의 혼란과 불안이 고조되었고, ② 국내적으로는 갑오동란 이후 기성질서와 모든 윤리가 파괴되고 외국의 내침으로 인한 불안이 격심해짐에 따라 구세주를 갈망하게 되었으며, ③ 사상적으로는 과학의 발달에 따라 기성종교의 교리와 기성철학 내지 모든 사상의 근본적 수정으로 인한 새로운 인생관, 세계관, 우주관의 개척과 새로운 윤리의 요청이 있었고, ④ 법구생폐(法久生弊)로 인한 기성종교와 도덕의 무력화가 되었으며, ⑤ 인간적으로는 과학문명의 발달에 따라 물질에 의한 인권타락과 기계문명에 의한 인간소외의 시대였다는 것이다.

결과적으로 원불교가 개교할 당시의 현실진단은 '개혁의 당위성'으로 이어진다. 그것은 개교 당시의 시대상이 매우 암울했음을 알게 해주고, 종교해체 현상이 극에 달하였던 관계로 당연히 개혁의 이슈에 직면하였다는 것이다. 같은 맥락에서 소태산의 탄생 이후 개교 당시의 시대사조는 한마디로 막스 베버의 자본주의 정신과 직업의 신성관, 이윤추구의 합리화, 합리주의에 크게 이탈되어 있는 터에 그는 흔연히 고착된 시대사조의 큰 개혁에 착수하였다.[21] 이러한 현상들은 「개교의 동기」와 개혁

---

19) 윤이흠, 「21세기의 세계종교상황과 원불교사상」, 『원불교사상과 종교문화』 35집, 원광대 원불교사상연구원, 2007, p.30.

20) 신도형, 『교전공부』, 원불교출판사, 1992, p.40.

의 당위성을 피할 수 없었던 것으로 보인다.

개혁의 실마리로서 전술한 '시대적 모순과 선후천 교역기'라는 상황에서 원불교가 출현한 이상, 원불교는 현실진단에 대한 개혁의 당위성으로 그 방향을 어떻게 접근해야 할 것인가? 그것은 선천시대의 병든 사회를 치유, 후천시대의 도덕 부활을 지향해야 한다. 소태산은 세상의 병을 진단하고 처방을 제시하며 정신 도덕의 부활을 무엇보다도 시급함을 느끼고 "물질이 개벽되니 정신을 개벽하자."라는 표어를 제창하였다.22) 원불교는 문명사의 전환기를 맞은 인류문명의 앞날을 우려하여 당시의 사회상을 병든 사회라 하였으며, 이에 대응한 도덕부활의 약방문으로 원불교 교강인 삼학팔조와 사은사요를 제시함으로써 기성종교 교리를 새 시대에 맞도록 개혁의 방향을 인지한 것이다.

다음으로 '과학문명과 물질의 노예생활'이라는 시대적 진단 속에서 개혁정신을 드러내었는데, 그 당위성으로 정신과 물질의 문명사적 전도현상에서 벗어나는 일이다. 영혼낙원과 현실낙원이 전도되어진 현대인의 낙원 추구의 방향을 정상화하려는 것이 원불교 개교의 한 이념23)인 점을 고려하면 개혁의 당위성으로서 이러한 전도된 현상을 바로잡는 것이 소태산의 경륜에 그대로 나타나 있다. 물질문명으로 전도된 현상은 곧 파란고해의 원인이 되며, 그것은 인간을 물질의 노예상태로 전락시키게 되어 인간 정신의 주체성이 상실되기 때문이다. 이에 소태산은 물질문명의 세속적 향락생활에 젖은 인간의 삶을 개혁하는 방향이 아니면

---

21) 조정제, 「원불교의 경제관에 대한 소고」, 『원불교사상』 4집, 원광대 원불교사상연구원, 1980, p.207.
22) 김영민, 「원불교 性理의 활용방안」, 『원불교사상』 23집, 원광대 원불교사상연구원, 1999, p.88.
23) 송천은, 『열린시대의 종교사상』, 원광대학교 출판국, 1992, p.501.

안 되었다고 판단하였다.

이어서 '쇠약한 정신세력'의 고통에 대응하여, 인류 구제를 향한 마음 수련의 필요성을 인지하고 그 고통을 치유하는 방향에서 개혁의 당위성을 거론할 수 있다. 정신세력이 쇠약해졌다는 것은 여러 원인이 있을 것이다. 인류의 맑은 영성이 무시된 채 세속주의에 길들여진 중생의 고통이라든가, 심신 수양의 결여가 거론될 수 있다. 원불교 개교의 동기가 근본적으로 모든 인류의 구제에 있다는 것이 주목되어야 하며, 인류의 구제에 해당하는 중생의 제도가 원불교를 개교한 목적이다.[24] 소태산은 시대적 병증으로 쇠약한 정신세력을 목격하였으며, 그것은 민중을 구제하는 방법이 과거 방식의 교화로는 어렵다는 것을 인지하였다. 이에 그는 구제의 당위론적 개혁의 필요성을 절감하였으며, 그것은 민중의 고갈된 정신을 구원할 방향을 새롭게 개혁하자는 것이었다.

그리고 '일제병합의 식민지적 상황으로서 민족 존망의 풍전등화와 맹신의 팽배' 현상에 대응하여, 민중의식의 성장과 한국의 새로운 가치체계를 개혁해야 할 당위성을 강조하였다. 소태산은 새 시대가 열리고 있음을 알고 미래의 밝은 전망을 통하여 민중의식의 성장을 위해 개혁해야 할 것으로 새 가치질서와 도덕규범을 거론했다. 역사상의 종교는 그 발생적 의미에서 언제나 사회현상과 긴밀한 관계를 갖게 되며, 원불교가 한국에서 개교하고 발전할 수 있었다는 것은 한국사회가 발전을 발돋움하는데 필요한 가치체계를 제시하고 있었기 때문에 가능하였다.[25] 민족 존망의 풍전등화라는 현실진단은 일제의 한일합방과 무단정

24) 윤사순, 「濟度意識에 있어서의 실학적 변용-원불교와 實學」, 『원불교사상』 8집, 원광대 원불교사상연구원, 1984, p.284.
25) 홍윤식, 「진리적 종교로서의 원불교의 역사적 위치」, 류병덕 박사 화갑기념 『한국철학종교사상사』, 원광대 종교문제연구소, 1990, p.1069.

치의 시기에 원불교 개교가 이루어진 점에서 나타나며, 이에 소태산은
민중의식의 성장을 위해 한국의 가치체계를 새로운 방향으로 개혁하지
않으면 안 된다고 보았다. 특히 일제의 압제적 상황에서 갑동리와 을동
리26)를 상정, 민중의식의 성장과 한국의 전통적 가치를 새로운 방향으로
개혁하려는 당위성이 「개교의 동기」와 맞물리고 있다.

다음으로 '다종교 상황과 한국종교의 아노미 현상'에 대하여 개교동기
와 관련한 개혁의 당위성을 보면, 삶의 좌표를 잃은 사람들에게 지상의
정토낙원이라는 구원의 길을 제시하였다. 원불교는 「개교의 동기」에서
광대무량한 낙원세계로 인도하는 과제를 안고 있으며, 이는 정토(淨土)
와 같은 이상적 세계에 대한 끊임없는 추구와 같은 맥락에서 이해된
다.27) 정토세계가 되지 못한다는 것은 구원에 대한 기성종교의 역할이
단절되거나 무기력함을 말하는 것이다. 구한말 한국의 말세적 상황을
볼 때, 전통종교에 대응하여 신종교들이 개교하면서 다종교적 상황으로
이어졌으며 이에 전자의 역할 부재로 인해 후자의 개혁적 명분을 갖게
되었다. 그것이 19세기의 말법적 현상으로 유불도 3교의 해체를 통한
동학, 증산교에 이어서 원불교의 개교가 이어져 정토낙원이라는 새로운
개혁의 방향을 제시하였다.

원불교 개교동기와 더불어 당시의 정확한 현실진단이자 당위적 개혁
의 방향을 핵심적으로 접근해 보면 다음과 같다. 즉 정신세력의 퇴보와
물질세력의 확장이라는 고통의 실상을 알고, 이들 두 문명의 주종관계

---

26) 강자약자진화의 요법에서 일본과 한국을 갑동리와 을동리로 비유하였다. 『월
말통신』 제1호, 수필 이공주, 「약자로 강자되는 법문」, 원기 13년(『원불교교고
총간』 제1권, pp.12-14」).
27) 박혜훈, 「정산종사의 정토관」, 제19회 원불교사상연구 학술대회《鼎山宗師의
信仰과 修行》, 원광대 원불교사상연구원, 2000.1, p.147.

설정과 균형적 발전을 분명히 하도록 새로운 방향에서 개혁을 이루어야한다는 것이다. 현대의 근본적인 불안 요인은 이러한 정신 관리의 부재에서 오는 정신세력의 취약에 있으므로 정신과 물질이 제 위치로 돌아갈때 낙원세계가 될 것으로, 이것은 현대에 대한 소태산의 정확한 진단이자 처방이다.[28] 현실진단에 따른 개혁의 당위성을 거론한 이상, 이에구체적으로 「개교의 동기」 실현 방법론의 개혁적 성향을 모색하고자한다.

4. 「개교의 동기」 실현방법의 개혁적 성향

미래교단을 향한 방향 설정 가운데 중요한 것으로 개교와 관련한 현실진단과 개혁의 당위성에 근간하여 구체적으로 「개교의 동기」 실현방법의 개혁적 성향을 살펴볼 필요가 있다. 개교동기 실현의 방법이 '교단발전'의 주요 명분이라는 점에서 개혁정신과 관련되어 있기 때문이다. 여기에서 총체적으로 교단 개혁의 전개방식을 거론한다면 '통합 활용'이라는 소태산의 교법정신에 더하여 '창조, 혁신, 인용(因用)'이라는 정산종사의 법어라든가 '창조, 모방, 개혁'이라는 학술적 견지에서 방법론적원리가 주목된다. 즉 소태산은 유불도 3교의 통합 활용을 언급하였으며, 정산은 전통종교와 원불교 창교에 대하여 주로 창조하고, 혹 혁신, 혹인용(因用) 하였다(『정산종사법어』, 경의편 39장)라고 하였다. 또한 류병덕은 개교표어는 본말이 전도되어 가는 세계 사조를 직관한 소태산의세계관이요 창조·모방·개혁 정신[29]이라 했는데, 그것은 개교 당시 한

---

28) 이광정, 『주세불의 자비경륜』, 원불교출판사, 1994, p.57.

구종교 및 사회의 비판과 개혁을 위한 새로운 역사의식의 발로라고 본
다. 통합 활용이라든지, 창조, 혁신, 인용 그리고 창조, 모방, 개혁으로
이어지는 교단창립의 명분과 개혁의 전개방향을 보면 「개교의 동기」의
실현 방법에 있어서 개혁적 성향이 강조되고 있다.

이에 근거하여 원불교 개교를 전후한 현실진단과 개혁의 방향성을
점검하면서 그 방법론을 하나하나 모색하고자 한다. 방법론 모색의 단계
에 있어서 「개교의 동기」의 해석학적 접근으로서 개혁과 유사용어들,
즉 개혁, 개척, 개선, 변화, 개벽, 전환, 혁신, 개조, 혁명 등이라는 용어와
관련되어 있음을 전제하고자 하며, 이러한 용어들은 하나 같이 '개혁'의
강도(强度) 차이만 있을 뿐 같은 의미의 다른 표현이다. 따라서 교서에
등장한 개혁의 유사용어들을 살펴보고 현실을 진단함으로써 이에 대응
한 '개혁' 성향의 「개교의 동기」 실현 방법론을 다음 몇 가지로 접근할
수 있다고 본다.

첫째, 과거 전통종교의 미신적 흐름에 대한 개혁으로서 진리적 종교의
신앙이라는 방법론이 거론될 수 있다. 그것은 과거 미신적 신앙에서
탈피, 진리적 종교의 신앙이라는 방법론적 개혁이다. 원기 1년(1916) 대
각을 이룬 후 소태산은 전례 없는 물질문명의 신세계에 진입하여 그
무서운 힘으로 인류가 점점 노예화되어 가는 세상을 예측하고 고해에
헤매는 중생을 인간 정신의 힘으로 키워서 진리적 종교의 신앙을 통해서
만 될 수 있음을 알다.[30] 진리적 종교의 신앙이 개교동기의 실현방법
으로 부각된 것은 미신신앙이 극에 달한 한국종교의 당시 실상을 목격한

29) 류병덕, 「소태산의 실천실학」, 석산 한종만박사 화갑기념 『한국사상사』, 원광
대학교 출판국, 1991, p.1228.
30) 정봉길, 「정산의 도덕철학」, 정산탄백 기념 국제학술대회 『미래사회와 종교』,
원광대학교, 2000.9, p.180.

결과이다. 소태산은 미신종교의 혹세무민(惑世誣民)을 인지하고 이를 혁신하여, 진리신앙 사실신앙 전체신앙으로써 유불도의 통합 활용을 통한 진리적 종교의 신앙이라는 신앙방법을 제시하였다.

이 같은 진리신앙의 방법론은 원불교 교법의 특징 가운데 하나인 공부의 요도와 인생의 요도라는 교강(教綱)에 의한 인도정의의 공정한 법칙과 직결되어 있다. 소태산은 일원상의 진리를 깨닫고 진리적 종교의 신앙을 새 종교의 목적으로 삼았는데, 이러한 목적을 달성하기 위해 여러 교설들 중에 '인도(人道)'를 특별히 강조하였으며, 인도정의의 공정한 법칙을 근원적 진리인 일원상 진리와 동등하게 설파한 점에서 종교를 통해 진리적 인간의 삶을 구현하려 하였다.31) 미신이 아닌 인도정의라는 것은 다름 아닌 진리적 종교의 신앙과 관련된 것으로, 그것은 방법론적 개혁의 성향을 지닌다. 과거의 신앙인 신비의 미신에 흐르는 것을 혁신하는 것이기 때문이다.

둘째, 사실적 도덕의 수행이라는 방법이 원불교 「개교의 동기」 실현의 개혁적 성향이라 할 수 있다. 소태산의 깨달음을 전후한 당시의 한국사회에서 유행하는 편벽수행의 폐단에 따른 수행론이 부정적 시각으로 비추어진 것으로서 비사실성과 비합리성의 수행으로 인해 폐단이 적지 않았다. 대각 전후에 지은 소태산의 「몽각가」 가사의 줄거리는 그의 발심 구도과정과 깨달음의 심경을 비유하여 표현한 것으로, 이는 현실세계에 대한 부정적 인식에 바탕하여 개인의 마음공부와 교리 수행을 통하여 현세적 이상 세계를 실현하고자 하는 원불교 「개교의 동기」의 논지가 이 가사에 잘 나타나 있다.32) 현실세계의 부정적 인식은 달리 말해서

---

31) 박상권, 「소태산의 종교적 도덕론 연구-『대종경』 인도품을 중심으로-」, 『원불교사상과 종교문화』 29집, 원광대 원불교사상연구원, 2005, pp.60-61.
32) 신순철, 「몽각가와 소태산가사 수록 문헌 연구」, 『원불교사상과 종교문화』

도덕성의 타락이 극에 달히였다는 뜻이며, 그것은 수행 방법론의 비사실
성과 비현실성 때문인 것으로 이해된다. 이에 소태산은 「개교의 동기」에
서 '사실적 도덕의 수행'이라는 개혁 성향의 방법론을 제시하였다.

전통종교 가운데 일부 불교수행자들의 수행법에 대한 신비의 이적(異
蹟) 행위 등의 한계성이 적지 않았음을 인지한 소태산은 원기 5년(1920)
새로운 수행방법을 도모하는 차원에서 불교혁신을 구상하였다. 한용운
의 「불교유신론」이나 소태산의 「조선불교혁신론」은 민중불교로서의 일
차적인 전개가 있었기에 잉태될 수 있었으며, 그를 보다 발전적으로
극복하려한 것에 원불교 발생의 역사적 위치를 살필 수 있다.[33] 전통종
교의 수행법 가운데 상당수 종교가 사실성에 근거하지 않고 이적을 바라
는 비사실성이나 신비성에 의존하는 것은 바람직하지 않은 수행법이었
으므로 이를 개혁하지 않고서는 원불교 개교의 명분이 적을 수밖에 없었
으리라 판단된다.

셋째, 「개교의 동기」 실현의 개혁적 방법은 육체에 한정하거나 정신에
한정된 삶을 벗어나는 것으로 영육(靈肉) 일치의 삶으로서 정신과 육신
의 조화적 방법을 제시하고 있다. 「개교의 동기」의 실천적 슬로건이
개교표어에 내포되어 있다고 이미 밝힌 적이 있듯이 개교표어로서 '영육
쌍전'은 「개교의 동기」와 밀접한 관련을 가지고 있다. 개교표어에서 소
태산은 안으로 정신문명을 촉진하여 도학을 발전시키고 밖으로 물질문
명을 촉진하여 과학을 발전시켜야 영육이 쌍전하고 내외가 겸전하여
결함 없는 세상이 된다(『대종경』, 교의품 31장)고 하며, 어느 하나에
등한히 하는 것은 병이 든 불구자와 같다고 하였다.[34] 불구자의 생활을

29집, 원광대 원불교사상연구원, 2005, p.270.

33) 홍윤식, 「진리적 종교로서의 원불교의 역사적 위치」, 류병덕 박사 화갑기념
『한국철학종교사상사』, 원광대 종교문제연구소, 1990, p.1087.

개선하고 영육 일치의 삶을 개척하자는 것이 영육 조화의 삶이다. 영육 조화의 방법은 심신불일치에서 심신일치의 생활로 개혁하자는 뜻으로 이해된다.

그리하여 소태산은 쇠약한 정신세력의 확장을 도모하였으며, 이것이 원불교의 마음공부로 정착되어 심신일치의 맑은 영성생활을 지향하는 것이다. 원불교 「개교의 동기」에서 정신세력의 확장은 바로 원불교 마음공부를 함축적으로 표현하고 있다고 보아도 무방하며, 원불교가 추구하는 참 문명세계는 바로 마음공부임을 확연히 알 수 있다.[35] 물질세력의 확장을 절제하고 정신세력의 확장을 도모함으로써 심신 일치, 곧 영육이 쌍전되는 삶이 개교의 진정한 동기이자 개교표어에서 지향하는 것으로, 19세기 산업혁명에 따른 서구적 물질문명을 정신문명과 아우르도록 하는 것이다. 물질의 세속적 풍요의 삶에 치우치는 것을 지양하는 것이 곧 영육 균형적 삶의 개혁 자세이기 때문이다.

넷째, 「개교의 동기」의 개혁적 실현방법으로서 불교혁신과 종교 재정비의 방법론을 거론할 수 있다. 소태산은 불법에 연원을 두고 개혁정신으로 교체(敎體)를 정비해 나갔다. 한국 전통종교 가운데 미래의 교법으로서 불법이 그 주체를 이룬다는 확신 속에서 석가모니를 성중성(聖中聖)으로 간주하며 불교를 혁신하고자 하였다. 따라서 그는 계승할 불법(교법), 개혁할 불교(교단)라는 등식을 성립시킴으로써 교단의 개교(開敎)를 통한 불교개혁 운동을 시작하였다.[36] 그는 『조선불교혁신론』을

---

34) 박은주, 「원불교 영육쌍전 일고찰」, 『원불교사상』 24집, 원광대 원불교사상연구원, 2000, p.219.
35) 백준흠, 「원불교 마음공부에 관한 연구」, 『원불교사상과 종교문화』 제28집, 원광대 원불교사상연구원, 2004, p.111.; 이경열, 「마음에 대한 연구」, 『실천교학』 11호, 원불교대학원대학교, 2012, p.154.

통해 적극 개혁을 추진함으로써 절망에 쌓인 당시의 민중들에게 깨달음을 통한 도락생활을 선보이고자 했다. 불교를 연원에 둔 점은 불법을 주체로 한다는 것이며, 새로운 교체를 '창조'한 것은 「개교의 동기」의 실현에 있어서 '인용'(因用)과 '모방', 그리고 '혁신'을 하였다는 뜻으로 이해하면 좋을 것이다.

이와 같은 불교혁신의 맥락 속에서 소태산은 유불도 3교와 신종교가 난립한 개교 당시의 다종교적 혼란 상황에서 탈피하고자 종교 재정비의 필요성을 감지하였다. 그것은 「개교의 동기」와 같은 『정전』 서편의 성격인 「교법의 총설」에서 3교회통과 활용을 도모한 것으로, 기성종교의 종교해체 현상(아노미)을 개선하겠다는 뜻이다. 소태산은 「취지규약서」 본회의 취지 설명에 있어서 "신선한 생각, 새로운 태도가 모든 세상에 골라지지를 아니하였다."(『교고총간』 4권 12쪽)라고 하는데, 이는 원불교 개교 목적이 모든 사람들에게 신선한 생각과 새로운 태도를 갖게 하여 세상을 새로운 세계로 이끌려는 의도이므로[37] 과거의 종교 교리의 내용과 비슷한 점이 있다.

바로 이점에서 종교 재정비의 필요성을 드러낸 것으로, 그것은 원불교 개교 당시의 한국종교계는 커다란 변혁기에 처해 있었다는 증거이다. 본 「교법의 총설」에서 "모든 종교의 교지도 이를 통합 활용하여 광대하고 원만한 종교의 신자가 되자."라고 했다. 여기에서 말하는 '광대하고 원만한' 종교란 「개교의 동기」에서 말하는 '광대무량한'의 의미와 같은 맥락에서 원만한 교법을 의미하는 것으로, 한국종교의 재정비(교법의 일원화)라는 개조와 변환으로 이해되는 점에서 「개교의 동기」의 개혁정

---

36) 양은용, 「소태산대종사의 『조선불교혁신론』과 불교개혁이념」, 『원불교사상과 종교문화』 32집, 원광대 원불교사상연구원, 2006, pp.111-112.

37) 한정석, 「교리형성사」, 『원불교70년정신사』, 원불교출판사, 1989, p.383.

신이 내포되어 있다.

다섯째, 「개교의 동기」 실현의 개혁적 방법론에는 '고해생령의 낙원인 도'라는 방법을 거론할 수 있다. 소태산은 종교개혁의 메시아로 출현하여 파란고해에서 헤매는 중생을 낙원으로 인도하고자 하였다. 고해의 일체 생령을 낙원으로 인도하겠다는 포부를 실행에 옮길 핵심적 주체는 소태산이었는데, 제생의세를 목적한 그는 시방세계의 모든 사람을 두루 교화할 조직을 결성하고, 「개교의 동기」를 구현하는 회상을 창립하기 위해 노력과 정성을 쏟았다.[38] 유교개혁을 통한 낙원건설을 도모한 최수운, 도교개혁을 통한 낙원건설을 도모한 강증산에 이어 불교혁신을 통한 낙원건설을 도모한 소태산은 개혁의 주체자로서 오로지 민중을 고해에서 낙원으로 인도하려는 의지를 천하에 천명하였다.

소태산이 천명한 낙원론은 여러 가지로 표명되고 있다. 이를테면 대명천지, 용화회상, 크게 밝은 세계, 크게 문명한 도덕세계, 큰 도덕세계, 참 문명세계, 슬겁고 밝은 세상이 그것이다.[39] 이처럼 여러 용어를 동원하여 낙원세상을 전망하고 있는데, 그것은 과거 타종교들이 말하는 서방정토의 극락이나, 천상에 있는 천국이 아니라 생활 속에서 발견하는 일종의 낙원혁신과도 같은 지상낙원이다. 내생에 볼 수 있는 극락이나 영생의 삶에서 찾는 천국이 아니라 바로 이 땅에서 실현하는 낙원으로 그것이 바로 「개교의 동기」 실현에 있어서의 개혁적 성향이다. 현실낙원으로서 시대화 생활화 대중화의 교법정신이 이러한 개교동기 실현의 개혁적 의지로 표출된 것으로 보면 좋을 것이다.

---

38) 고시용, 「원불교 전무출신에 대한 연구」, 『원불교사상과 종교문화』 48집, 원광대 원불교사상연구원, 2011, p.48.
39) 서윤, 「사회구원의 차원에서 본 개교의 동기」, 『원불교사상』 제13집, 원광대 원불교사상연구원, 1990, p.275.

요긴대 「개교의 동기」 실현의 개혁적 성향을 지닌 구체적인 방법론의 근간은 다음과 같이 요약하여 설명할 수 있다. 현실은 파란고해이며, 파란고해의 원인은 물질문명의 발달로 인한 정신과 물질의 주종 전도에 있고, 이를 신앙과 훈련으로 극복해야 하며, 이를 극복한 사회가 곧 광대무량한 낙원이라는 것이다.[40] 파란고해의 세상이기 때문에 개교를 통한 개혁이 필요하며, 또한 물질과 정신의 전도현상을 벗어나야 하고, 이의 실제적 접근으로 신앙과 훈련이 필요하며, 결국 낙원으로 인도된다는 것이다. 이러한 개교동기 실현의 방법론은 하나같이 개척, 개조, 변환, 혁신, 혁명과 같은 점진적, 혹은 급진적 '개혁'이라는 전제가 뒤따른다. 소태산은 선천시대를 극복하는데 있어서 종교와 사회현실의 문제를 개혁하지 않고서 전반의 낙원세계로 인도하기 쉽지 않다는 것을 깨달았기 때문이다.

5. 교단주의의 극복

본 연구에서는 원불교가 개교하게 된 동기를 밝힘과 동시에 이를 실현하는 방법론의 개혁적 성향을 모색하였다. 원불교가 개교한지 105년 (2020)이 되면서 원불교 창립 2세기에 진입하였다는 점에서, 제반 종교의 창립 역사가 말해주듯이 세월이 흐르면서 초기교단의 개혁정신이

---

40) 신순철, 「원불교 개교의 역사적 성격」, 『원불교사상』 14집, 원광대 원불교사상 연구원, 1991, pp.12-13.; 송천은은 개교동기를 ① 새 세계의 도래와 종교 재정비의 필요성, ② 정신의 위치 정상화, ③ 진리적 종교의 신앙, ④ 사실적 도덕의 훈련, ⑤ 광대무량한 낙원건설이라고 규명한 바 있다(송천은, 『종교와 원불교』, 원광대 출판국, 1979, pp.326-379).

사라질 수 있는 퇴행적 현상을 환기하자는 뜻이다. 새로운 종교가 조직화됨과 더불어 보수화되면서 구폐(舊弊)로 인한 민중의 고통보다는 교단주의·교조주의에 길들여지는 성향으로, 개교 본연의 정신을 상실하는 경우가 없지 않다. 이에 「개교의 동기」에 나타난 개혁 정신을 새겨봄으로써 교단이 새롭게 변화해야 할 시점에 이르렀음을 상기하자는 것이다.

따라서 「개교의 동기」가 등장하게 된 배경과 교서 정착의 과정을 살펴봄으로써 교단창립기의 암울했던 사회적 모순을 직시하고 현실진단과 당위적 개혁의 방향을 점검한 결과, 당시의 시대적 상황과 오늘의 교단을 보다 냉철하게 바라보는 안목을 가질 수 있도록 하였다. 「개교의 동기」에 나타나 있듯이 당시의 시대상황은 매우 암울하였다. 창립당시의 진단으로서 선후천 교역기의 시대적 모순, 과학문명 위주와 물질의 노예생활, 물질의 탐욕심으로 인한 정신세력의 쇠약, 일제병합의 식민지로서 민족 존망의 위기와 맹신주의, 한국종교의 다종교 상황과 전통종교의 아노미 현상이 팽배하였던 것이다.

이처럼 원불교 출현의 이유를 분명히 진단함으로써 초기교단의 교조정신을 되돌아보고 개혁의 당위적 방향을 논한 것으로, 결국 「개교의 동기」 실현방법의 개혁적 성향을 하나하나 모색하였다. 이를테면 진리적 종교의 신앙, 사실적 도덕의 수행, 영육 조화의 방법, 불교혁신과 종교 재정비, 고해생령의 낙원 인도라는 방법론을 개혁정신의 시각에서 제시하였다.

본 연구에서 밝혔듯이 교단이 앞으로 개혁하지 않으면 안 되는 위기의식과 새로운 안목으로 기복적 종교 신앙의 문제점을 지적하고, 비사실적 도덕의 수행을 개혁하여 원불교 발전을 도모하고자 하였다. 아울러 정신과 육신이 전도된 상황을 개조하고, 과거불교의 혁신을 통해 종교를 재정비하며, 고해 세상을 낙원으로 개척해야 하는 취지를 밝히었다. 이

모두가 원불교 「개교의 동기」 실현의 방법론적 성향을 '기혁'과 관련하
여 밝힌 것이며, 나아가 초기교단 정신을 계승함으로써 정신개벽의 이념
을 더욱 드러내고자 하였다.

개교의 근본 목적은 낙원세계의 건설에 있으며, 그것은 원불교가 상정
한 이상세계이다. 소태산은 원불교를 개교하면서 파란고해의 일체생령
을 광대무량한 낙원으로 인도하려 함이 그 동기라고 하였다. 「개교의
동기」 실현방법의 개혁정신은 궁극적으로 낙원건설에 있다는 점에서,
현 시점에서 교화의 정체현상을 환골탈퇴의 자세로 개혁의 물꼬를 터야
한다. 중생을 구제하는 사명을 띤 교단 교화가 정체되어 있다면 그것은
「개교의 동기」가 아무리 중요하다고 해도 교단의 위상은 허구에 떨어질
우려가 있기 때문이다. 이에 개혁의 정신 곧 결사의 심정에서 「개교의
동기」를 실현에 옮길 방법론의 개발을 서둘러야 한다.

하여튼 교단 미래를 향도할 교역자들의 역할과 사명이 새롭게 접근되
어야 하는 이유는 1916년 원불교를 개교한 초기교단의 정신, 곧 소태산
의 창립 포부와 경륜을 새겨보아야 할 시점과 맞물려 있기 때문이다.
「개교의 동기」를 실현하고자 하는 교역자들에게는 그만큼 역할의 세분
화와 역할의 증대를 요구하고 있다.[41] 이러한 역할 속에는 원불교가
결사의 심정에서 「개교의 동기」를 실천에 옮기는 일이 필요하며, 그것은
개혁정신을 부각시킨 본 연구의 기대효과이다.

---

41) 한덕천·안훈, 「교무훈련에 대한 연구」, 《현장교화를 위한 세미나》, 교정원
교화부, 교화연구소, 1997.6, p.47.

제1편

21세기와 종교개혁

제1장
●
개혁의 의미와 전제

1. 개혁의 의미

'개혁'의 개념을 알고 이를 깊이 있게 음미할 때 개혁의 시각이 분명해지며, 그것은 미래 방향까지 가늠할 수 있게 해준다. 개혁은 바른 안목에 의한 미래로의 투자이기 때문이다. 미국의 루스벨트 전 대통령은 이에 말하였다. "You can invest your way into a sounder future." 이를 해석하면 "당신은 보다 건전한 미래로 당신을 투자할 수 있다."라고 한다. 그는 뉴딜정책을 실시했는데 1933년대의 대공황 속에서 사회 전반의 개혁운동 1차시기였던 1933~34년, 농업과 기업규제를 통해 대공황의 난관을 극복하고자 했고, 1935~41년 2차 시기에는 사회·경제 입법을 추진했다.[1] 사회개혁 운동을 위해 뉴딜정책을 실시한 그는 국민들에게 밝은 미래로 투자를 독려한 것이다. 이에 개혁은 미래로의 투자라는 그의 언급이 설득력을 더한다.

---

1) 《World News》 Vol.7, April 1995, pp.48-49.

다음으로 개혁의 일반적 의미를 살펴보고자 한다. '개혁'이란 지체된 상태를 벗어나도록 새롭게 바꾼다는 것이며, 거기에는 언제나 정체성을 어떻게 유지할 것인가 하는 문제가 제기된다.[2] 어떠한 사회단체나 기업이라 해도 오랜 세월이 지나면서 초심을 잃고 정체되기 마련이며, 여기에는 그 기업을 새롭게 운영하고 행정을 새로운 시각으로 개선하는 것이 필요하다. 학교의 경우라면 교육제도의 개선, 교사채용 방법의 개선, 학생들의 선발 개선 등을 통한 경영의 혁신을 도모하는 것이 개혁의 의미이다. 기존의 방법들이 시간이 흐르면서 낡게 된 탓으로 새롭게 벗어나도록 하는 것이 개혁의 일반적이고 소박한 뜻이라는 것이다.

그러면 개혁의 구체적인 개념의 모색에 대하여 다음 몇 가지로 접근해 보고자 한다.

첫째, 개혁이란 자신의 능력과 역량을 효율적으로 개발, 증가시키는 것이다. 콤은 1832년부터 골상학의 이론을 통해 노동자를 계몽하면서 다음과 같이 말한다. "만약 우리가 기계공들의 지식과 사고능력을 개발한다면, 우리는 그들에게 고차원의 본성을 만족시켜줄 수 있는 가능성들을 열어주는 것이고, 실제로 사용될 수 있는 힘을 증가시키는 것이다."[3] 그의 언급처럼 자신이 세운 목적의 성취를 위해 능력을 개발하도록 최선을 다하여 그 효율성을 배가시킨다면 개혁의 의미가 충분히 드러난다. 개혁이란 구성체의 능력을 새롭게 향상시킴으로써 유용한 가치를 창출하기 때문이다.

둘째, 개혁은 어떠한 과오나 난관이 있을 때 성찰을 통해 슬기롭게 타개해 나가는 것이다. 중국 송나라 철학자였던 정이천은 다음과 같이

---

2) 이민용, 「원불교와 불교의 근대성 각성」, 제28회 원불교사상연구 학술대회 《개교100년과 원불교문화》, 원광대 원불교사상연구원, 2009.2, p.17.

3) 설혜심, 『서양의 관상학, 그 긴 그림자』, 한길사, 2003, p.286.

말한다. "군자가 어려움과 막힘을 만났을 적에 반드시 스스로 자기 몸에 살펴보아 '내가 무슨 잘못이 있어서 이렇게 되었는가?' 하여, 잘하지 못한 것이 있으면 고치고 마음에 부족함이 없으면 더욱 힘쓰나니, 이것이 바로 스스로 그 덕을 닦는 것이다."4) 자신의 지난 과오를 깨달았을 때 이를 성찰하지 못한다면 개선의 여지가 없으며 결과적으로 그의 덕성마저 가려지게 된다. 이에 들이닥친 난관의 타개를 위해 자신의 잘못을 성찰해가는 것이 개혁의 참 의미이다.

셋째, 개혁은 구각(舊殼)의 파괴를 통해 새롭게 거듭난다는 것으로 이를 '유신(維新)'이라 한다. 불교 승려 한용운은 다음과 같이 말한다. "유신이란 무엇인가? 파괴의 자손이요. 파괴란 무엇인가? 유신의 어머니이다. 세상에 어머니 없는 자식이 없다는 것은 대개 말들을 할 줄 알지만, 파괴 없는 유신이 없다는 점에 이르러서는 아는 사람이 없다."5) 그는 불교의 유신이란 마땅히 파괴로부터 비롯된다는 점에서 이를 거론하고 있다. 한용운에 의하면, 파괴란 모두를 무너뜨려 없애버리는 것이 아니라 구습(舊習) 가운데 시대에 맞지 않는 것을 고쳐서 이를 새로운 방향으로 창조하게 한다는 것이다. 파괴가 느리거나 작거나 하면 개혁은 그만큼 느리고 보잘 것 없다는 것으로 이해되며, 이에 개혁은 파괴를 통한 유신으로 이어진다.

넷째, 개혁의 원의는 불합리·불공평을 새롭게 개선하는 것을 말하며, 이를 강한 어조로 말하면 '혁명'이라고 할 수 있다. 주산 송도성은 다음과 같이 말한다. "선생주께옵서 이에 말씀하여 가라사대 대개 혁명의 원의(原義)란 모든 불합리한 제도를 합리하도록, 불공평한 일을 공평하도록 개선

---

4) 『近思錄』「爲學」11章, 君子之遇艱阻, 必自省於身, 有失而致之乎? 有所未善則改之, 無歉於心則加勉, 乃自修其德也.

5) 한용운, 『조선불교유신론』, 1913(이원섭 역, 만해사상연구회), pp.34-35.

혁신하는 깃이다."6) 여기에서 주목할 것으로, 역사적 사실에서는 이미 미완으로 끝났지만 중국에서는 장개석이 손문의 유지를 이어 삼민주의를 표제(標題)하고 전 국토를 통일하고자 국정개혁에 착수하였다는 것이다. 이처럼 국정개혁이란 혁명까지 포함하는 개념으로 접근되고 있다.

그러면 원불교에서 말하는 개혁의 개념은 무엇인가? 과거 전통의 본의는 살리면서 인용(因用), 시대에 맞도록 재창조하는 것을 말한다. 『세전』에서 정산은 전통적인 한국인의 생활 속에 존재하는 삶의 방식에 대하여 때로는 개혁, 혁신과 때로는 인용하되 옛 것의 본의는 살리면서 시대에 수용되도록 재창조하였다.7) 그는 개혁, 혁신, 인용 등의 의미를 같은 맥락에서 접근하였다. 『정산종사법어』 경의편 39장에서 말하기를, 원불교의 교법은 과거의 교법을 주로 창조하고, 혹 혁신, 혹 인용하였다고 하였음을 참고할 일이다.

궁극적으로 개혁의 방향은 구습을 타파하는데 목적하고 새롭게 변화하는 것을 지향한다. 지체된 것을 터서 새롭게 개선하는 측면에서 그 의미가 모색되며, 더욱 강한 어조로 접근한다면 혁명이라 할 수 있다. 물론 개혁의 개념은 새로운 가치를 창출하려는 미래 지향적 운동이라고 할 수 있으며, 또는 독립운동이나 정치적 혁명과도 같은 정치적 운동이 있을 수도 있고, 종교적 분파주의 운동이나 개혁 운동과 같은 종교적 사회운동도 있을 수 있다.8) 각 분야에서 개혁의 개념을 상기한다면 구습

---

6) 송도성 수필, 「법회록」, 《월말통신》 제4호, 원기 13년 陰 6월 末日(『원불교 교고총간』 제1권, p.28).

7) 김귀성, 「『세전』에 나타난 노동의 교육적 의미」, 『원불교사상』 22집, 원광대 원불교사상연구원, 1998, p.365.

8) 한내창, 「사회운동과 종교」, 『원불교사상과 종교문화』 27집, 원광대 원불교사상연구원, 2004.2, p.263.

을 타파하는 일이며, 변화를 새롭게 도모하는 것을 목적으로 하는 것이
다. 여기에는 강한 어조의 혁명에 더하여 유연한 개선의 의미까지 포함
한다.

2. 개혁의 성공조건

어떠한 일이든 철저한 준비 없이 쉽게 할 수 있다고 생각한다면 착각
이며, 실제 구체적 수단 없이 사회와 국가의 개혁은 어려운 일이다. 과거
에 마키아벨리는 세상을 개혁하려는데 정치를 통해 하려고 하였다.9)
그러나 정치를 통해 강제로 개혁하려 한다면 수동적으로 치달을 수 있으
며, 일의 진척은 쉽지 않게 된다. 정치의 속성이 위정자들의 이해타산과
관련되어 순수하게 실현되기란 쉽지 않기 때문이다. 정치를 하는 사람들
자체부터 개혁이라는 마인드가 있느냐의 여부와 관련된다는 점에서 개
혁은 그만큼 어렵다고 본다. 위정자들의 솔선적 인품과 비장한 각오가
뒷받침될 때 개혁이 성공할 수 있다는 점에서 치국(治國)이란 수신(修身)
에서부터 비롯된다는 것을 알아야 한다.

특히 개혁의 공감을 이루는데 있어서 쉽지 않음을 알아야 하고, 개혁
의 성공을 위해서는 이에 반기를 든 집단과 부단한 설득작업과 대안
제시, 나아가 상호 화해가 있어야 한다는 점이다. 인간의 정서적 발전,
형법의 개선, 전쟁의 감소, 유색인종에 대한 처우 개선, 노예제도의 완화
를 포함해서 이 세계에서 단 한 걸음이라도 도덕적 발전이 이뤄질 때마

---

9) 마키아벨리의 "목적이 수단을 정당화한다."는 언급은 이지적 정치적 관찰과
   신중한 수사적 설득이 합류되어 있으므로 그의 정치철학이 단연 돋보인다.

다 세계적으로 조직화된 세력의 끈덕진 반대에 부딪히지 않았던 경우는 한 번도 없었다[10]는 점을 상기할 일이다. 개혁의 문제는 집단의 상호 이해가 상반되는 경우가 없지 않기 때문에 기득권층의 반발은 예상보다 강할 수 있다. 개혁의 길이 험난한 것도 이들 반대세력을 설득하고 타협하는 문제가 힘들기 때문이다. 실현 가능한 대안을 가지고 그들에게 얼마나 설득력 있게 다가서느냐에 성공의 여부가 달려 있다고 보면 좋을 것이다.

성공을 보장하는 개혁의 설득력은 그 개혁이 막연한 이상보다는 실용적이고 현실적일 때 보다 유효성을 지닌다. 현실적이지 못한 개혁론은 백일몽에 불과하다는 것을 알아야 한다. 아무리 이상적인 개혁안이라 할지라도 구체적 현실 속에서 구현될 때 그 의미를 갖는다.[11] 개혁안이 애매하다거나 실현 가능성이 희박할 때 그것은 대안제시에 구체적이지 못하다. 이상적인 개혁안일수록 그것이 실천 가능한 것이므로 현실과 괴리되지 않도록 세심한 주의가 필요하다. 물론 이상과 현실의 차이는 적지 않겠지만, 합리적이고 구체적인 시각에서 개혁의 청사진이 나와야 한다는 것이며, 현실성을 지닌 이상향을 고려해야 한다.

또한 어느 단체든 개혁을 급진적 혁명인양 무조건 밀어붙이기보다는 조심스럽게 쉬운 일부터 정성스럽게 시작하는 것이 중요하다. 과거에는 독재정권을 타도하는 혁명이 필요할 수도 있었겠지만, 오늘날 개혁은 합리적이고 점진적인 것일수록 성공 가능성이 크다고 본다. 인간은 개조하는 존재로서 나부터 개조하되 적은 일에서부터, 쉬운 일에서부터 가까

---

10) 버트런드 러셀, 송은경 譯, 『나는 왜 기독교인이 아닌가』, 사회평론, 1999, pp.38-39.
11) 김귀성, 「한국 근대불교의 개혁론과 교육개혁」, 『원불교학』 제9집, 한국원불교학회, 2003, p.341.

운 일에서부터 점진적으로 쉼 없이 정성껏 하는 것이 필요하다.12) 개혁
은 서둘러서 되는 것이 아니며, 그렇다고 무조건 밀어붙이는 것도 바람
직하지 않다. 결단력을 가지고 접근하되 실현 가능한 것부터 실타래를
풀듯 지속적으로 해야 한다.

여기에서 주목할 것으로, 개혁의 성공조건은 선행 개혁의 선례를 보고
거기에서 교훈을 얻는 타산지석과 같은 성찰의식을 가져야 한다. 다시
말해서 개혁을 성공하지 못한 전례를 살펴보고 그러한 실수를 두 번
범하지 않는 것이 중요하다. 이를테면 종교가 성공하지 못하는 이유는
개선의 여지없이 편협한 규범에 집착하기 때문이라는 점을 타산지석으
로 새겨보자는 것이다. 러셀에 의하면 교회는 인간의 행복과는 아무
관계도 없는 편협한 행동규범을 정해놓고 그것을 도덕이라고 하기 때문
에 교회의 주요 역할은 여전히 세상의 고통을 덜어주는 모든 방면의
진보와 개혁에 맞서는데 머문다13)고 했다. 어느 사회단체, 어느 종교,
어느 국가든 개혁을 완수하기 위해서는 과거의 실패를 교훈으로 삼을
필요가 있다.

이에 더하여 개혁의 성공을 위해서는 개혁에 대한 굳은 의지와 신념이
필요하다. 개혁이 중도에 실패에 그친다는 것은 여러 이유가 있겠지만
개혁의 기수가 신념을 상실했을 가능성이 크다고 본다. '해보려는 의지
만 있다면'이라는 이 말은 17세기에 네덜란드가 성공했고, 20세기 후반
에 일본이 성공한 사실을 설명해 주는 특징들을 채택해야 함을 의미하
며, 개혁 가능성에 대한 신념이 요구된다.14) 단체와 사회, 그리고 국가가

12) 東山文集編纂委員會, 동산문집 Ⅱ『진리는 하나 세계도 하나』, 원불교출판사,
   1994, p.511.
13) 버트런드 러셀, 송은경 譯, 『나는 왜 기독교인이 아닌가』, 사회평론, 1999,
   pp.39-40.

개혁에 성공한다는 것은 정신적 자세, 즉 개혁에 대한 굳은 의지와 신념
이 뒷받침되어야 한다는 사실에 주목해야 한다.

신념에 더하여 어떠한 장애물라도 넘어서야 한다는 간절함과 부단한
배움의 자세, 곧 모든 것을 끊임없이 개선하려는 성실성이 또한 중요하
다. 개혁을 추진하려는 조직체는 조직이 하고 있는 모든 것을 끊임없이
개선해야 한다는 것이며, 모든 조직은 체계적으로 혁신하는 것을 배워야
한다.[15] 물론 혁신하는 것을 배워야 하는 것과 더불어 모든 것을 끊임없
이 해야 한다는 성실성 또한 중요하다. 업무 추진의 지속성이 개혁의
성공조건으로, 개혁하려다 장애물에 걸려서 중도에 포기하는 일은 결코
없어야 한다는 뜻이다.

결과적으로 개혁이 성공하려면 지도자의 건설적인 개혁 마인드를 통
해서 개혁방향을 정확히 인지해야 하는 점이 핵심으로 등장한다. 『신사
고이론』(이면우)에 따르면, 개혁을 위해서는 개혁 마인드와 개혁방향에
정통한 지도자(전문가)가 있어야 하며, 그러기 위해서는 지도자가 건강
해야 한다는 이론을 소개하고 있다.[16] 그의 신사고 이론은 특별한 것이
아니라 개혁 당사자의 건강 마인드이다. 이러한 마인드에는 개혁의 방향
이 정확한가를 항상 성찰하는 지혜가 필요하다. 개혁의 성공이란 쉽지
않은 일이지만 이러한 조건들을 갖춘다면 개혁은 결코 멀리 있지 않다고
본다.

---

14) 폴 케네디, 邊道殷 외 1인 譯, 『21세기 준비』, 韓國經濟新聞社, 1999, pp.31-32.
15) 피터 드러커, 李在奎 譯, 『미래의 결단』, 한국경제신문사, 1999, pp.102-103.
16) 박윤철, 「원불교 예비교무 지원자 감소 원인과 대응방안 연구」, 일원문화 연구
     재단, 2004.4, p.12.

3. 개혁의 전제와 우선순위

오랜 정체의 시간이 흐르면서 인간 집단의 개혁에 대한 발상은 위기의
식으로 나타나는 것이 문명 발전사에서 알 수 있다. 인류 문명사의 발전
에 있어 정반합 과정의 조정자적 깨우침에 의한 새로운 돌파구가 마련되
며, 이러한 돌파구는 어떠한 위치적 관점을 우선으로 하느냐에 따라
개혁의 방향은 달라진다. 『개혁의 역사관』을 저술한 로버트 누슨은 말하
기를, 시간이 흐르는 동안에 그 어떤 역사의 연구도 무언가 스스로의
위치나 관점을 먼저 정립하지 않고는 불가능하며, 그 깨달음이야말로
가장 소중한 것으로, 이러한 전제들이 없는 역사란 이미 불가능함이
증명되었다[17]고 한다. 세월의 갭과 변화의 요청에 따른 신구(新舊) 개혁
이 요구될 때 인류 발전의 문명사를 되돌아보는 개혁의 관점을 우선
정립하는 것이 필요하다는 것이다.

국가와 사회의 개혁에 대한 창의적 관점을 정립하는 것은 지성인들의
냉철한 의식이자 역할이라 본다. 그들이 창조적 가치를 지속적으로 해야
하는 이유이며, 이것은 개혁 및 혁신을 위한 전제조건이다. 국가와 세계
의 개혁도 이러한 지성들의 창조적 가치 활동으로 개혁의 물꼬를 터왔던
것이다. 볼프강 베르그스도르프는 개혁이 없는 무기력함과 교만에 대하
여 비판하면서 개혁의 창조성을 지성인들이 담당해야 한다고 하였다.
지성인들은 묵은 질문에 대해 케케묵은 대답들을 제시하는 대신 항상
새로운 대답을 갖고자 하므로 현대사회가 이루어낸, 변화의 주요특징인
학문, 기술, 그리고 정치적 혁신들을 위한 개념적 전제조건을 창조해낸
다[18]고 하였다. 개혁을 창조적으로 리드하는 일은 사회 지성들의 몫이라

---

17) 로버트 누슨, 서영일 역, 『개혁주의 역사관』, 기독교문서선교회, 1986, p.11.

고 보았던 것이다.

그렇다면 국가와 사회가 형식주의나 권위주의 빠질 때 지성들에게 어떠한 자세가 필요한가? 지성으로서 책임감을 갖고 개혁을 완수하는 일이 요구되며, 이 개혁에는 초심(初心)을 반조함으로써 권위 극복과 형식 타파라는 전제조건이 따르게 된다. 종교나 이데올로기는 세력이 커지고 제도화되면서 고착화하며 그래서 융통성 없는 형식주의나 권위주의에 빠지기 쉬울 때 그 본래 취지를 회복하고 형식주의에서 벗어날 수 있는 개혁이 요구된다.[19] 전제조건은 타성의 형식주의에서 벗어나 존재 집단이 최초 출발한 의지와 목적을 성취하도록 개혁하는 것이다.

이러한 전제조건에 근거하여 국가의 제반 부침(浮沈) 역사에서 잘 아는 사실로서 실제적으로 일어난 난국(亂國)의 문제점들을 개혁할 항목들에 대하여 살펴보도록 한다. 이를테면 한국의 지난 경제적 고통의 역사에서 1997년 연말 IMF 사태를 교훈으로 성찰해 볼 수 있다. 그것은 IMF 구제 금융 지원의 전제조건으로 ① 거시경제지표의 하향조정, ② 금융개혁, ③ 노동시장 유연성, ④ 자본시장 개방 등이었다. 또한 기업 개혁의 전제조건으로 재벌총수 전횡 견제, 소액주주 권익보호, 사외 이사제도의 추진, 감사기능 강화, M&A 활성화 등이 거론된다. 이처럼 경제적 난국의 상황에서 국가와 기업이 개혁을 해야 하는 조건들로서 여러 항목이 매스컴에 회자되곤 하였다.

언론에서 거론되는 현실적 난국 극복의 방법론도 중요하지만 국가 개혁의 우선순위로는 동양 성철(聖哲)들이 주장하는 것처럼 도덕성에

---

18) 볼프강 베르그스도르프, 「무기력과 교만」, 엄창현 편저, 『지식인과 지성인』, 도서출판 이웃, 1991, p.79.
19) 김수중, 「양명학의 입장에서 본 원불교 정신」, 제18회 원불교사상연구 학술대회 《少太山 大宗師와 鼎山宗師》, 원광대 원불교사상연구원, 1999.2, p.35.

바탕을 둔 정치개혁을 간과할 수 없다. 고거의 성철들에 의하면 정치부재는 궁극적으로 도덕부재에서 유래하고, 도덕률의 정립 없이는 정치질서의 확립이 있을 수 없음을 간파한 것으로, 어떠한 경우에도 윤리적 가치는 정치적 가치보다 우월하다는 신념이야말로 원시유가 사상의 핵심을 이루는 것이다.[20] 좁혀 말하면 정치보다 윤리의 선행적 가치를 우선한다는 것으로, 국가 지도자의 윤리 및 도덕정신이 여타 정치개혁에 앞서 그 기반을 두어야 한다는 뜻이다. 이를 주종의 문제로 언급하면 정치에 대한 위정자들의 도덕성 회복이 우선적으로 고려되어야 한다.

지도자의 건전한 도덕성에 기반을 두면서 실질적 개혁의 우선순위로는 물질 풍요를 위한 혁신 방안들일 것이다. 막스 베버는 이에 대하여 성현의 가르침을 인용하고 있다. 공자에 의하면 개혁의 우선순위로서 의식주 해결이며, 그 다음에 교육을 강조하였다는 것이다. 이는 우리의 삶에 직접적인 영향을 미치는 것에 대한 실질적인 개혁을 도모하자는 것으로 이해된다. 어떻게 하면 개혁을 가장 빨리 달성할 수 있겠는가의 질문에 대하여 공자는 먼저 인간을 배부르게 하고 그런 후에 교육시키는 것이 좋을 것이라고 간경(簡勁)한 문체로 답하였다.[21] 인간을 기아(飢餓)에서 벗어나 배부르게 살도록 하는 실질적인 삶의 개혁이 중요하며, 그 다음으로 문화생활을 향유하도록 교육을 시킨다는 뜻이다. 개혁은 생존에 지장이 없도록 우선하며, 다음으로 생활에 대한 배려임을 알게 해주는 것이다.

국가 개혁의 조건들과 유사하게 종교개혁의 담론에서 거론되어야 하는 것은 우선순위의 문제이다. 개혁을 통한 교단발전과 관련한 역할보다

---

20) 정종, 「인간 공자와 斯人主義」, 『공자사상과 현대』, 사사연, 1986, p.59.
21) 막스 베버, 이상률 譯, 『儒教와 道教』, 文藝出版社, 1993, p.297.

는 안정을 위한 교단조직화 과정이 우선순위가 되어버린 경우가 있기 때문이다. 새로운 종교가 교단의 조직화 과정을 통하여 보수화함으로써 사회의 현실적 모순 구조와 그로 인한 민중의 고통보다는 교단의 조직적 요구가 우선하게 되었다.[22] 원불교에서 타산지석으로 삼아야 할 것으로, 교단 발전에 있어서 인간을 구원하고자 한 개교동기를 우선적으로 살펴 보는 지혜를 가져야 한다는 것이다. 교세 성장이라는 조직의 안정화에 떨어지는 교단주의로 흐르지 않도록 개혁 마인드를 가지고 인류 구원을 우선순위로 해야 하는 일은 당연하다고 본다.

다음으로 교단 개혁의 우선순위에 있어서 일선의 교화와 관련시켜 보도록 한다. 교단의 사업에 있어서 교화의 개선에 우선순위와 선후본말 이 있다. 교화를 위해 필요한 세부 요인과 요소들의 선후본말과 우선순 위를 매겨서 과학적인 인과관계의 틀 안에서 제대로 작동하게 해야 한 다.[23] 원불교의 활동에는 교화, 교육, 사업이라는 삼대사업이 있으며 그 선후본말을 논할 경우, '교화위주 사업종'이라는 시각이 이와 관련된 다. 종교의 본령을 분명하게 하자는 것이다.

따라서 원불교의 미래적 과제를 해결하는데 있어서 사업성취보다는 교화의 시스템, 교화의 주체, 일선교화의 개선할 점이 무엇보다 우선순 위로 접근되어야 한다. 원불교 개혁의 급선무로서는 무엇보다 일선교화 가 살아나야 하며, 그러한 바탕 위에서 교육과 사업이 전개되는 것이 바람직하다. 일선 교화가 정체되면 원불교 미래는 밝지 않다는 사실에서 선의의 경쟁적 교화시스템 개혁이 요구된다.

---

22) 신순철, 「원불교 개교의 역사적 성격」, 『원불교사상』 14집, 원광대 원불교사상 연구원, 1991, p.6.
23) 최정풍, 「새 생활을 개척하는 초보」, 《교화를 위한 열린 토론회》, 원불교 교정 원, 2004.11, p.14.

제2장

•

위기의식과 21세기

1. 개혁과 반개혁의 함수

개혁이 성공하기란 쉽지 않다는 것은 수많은 시행착오의 경우 및 반개혁의 사례들이 많기 때문이다. 과거의 역사를 통해서 빈번하게 나타난 결과는 개혁의 성공보다는 실패가 적지 않았던 탓이다. 옛날 중국 초나라의 장왕(莊王) 때에 화폐 개혁이 성공하지 못하였다는 것을 잘 알고 있다.[24] 그것은 당시 화폐의 개혁이 개선보다는 개악(改惡)의 방향이었기 때문이며, 화폐 가치의 하락에도 불구하고 지속적으로 화폐를 통해 거래를 하도록 강요하였던 탓이다. 지난 역사의 사례에서 볼 수 있듯이 개혁의 시도가 오히려 개악으로 이어지는 경우가 허다하였다.

대체로 개악이라는 반개혁의 상황으로 이어지는 것은 국가의 정책 전개에 있어 무리하게 밀어붙이기 식의 전개나 수구(守舊)의 안주의식에 관련된다. 그들은 새롭게 변모되는 것을 거부하며 자신의 기득권에 안주

---

24) 막스 베버, 이상률 譯, 『儒教와 道教』, 文藝出版社, 1993, p.13.

히려 한다. 구성원들 가운데 일보 보수주의자들은 멀쩡한 두 다리를 갖고 있으면서도 결코 걷는 것을 배우려 하지 않는 사람들25)이라고 미국의 전 대통령 루즈벨트는 언급하고 있다. 보수 성향의 사람들은 진보적 개혁에 대하여 민감하게 반응하는데, 그것은 자신이 이미 취득한 기득권을 빼앗길까 봐 조바심을 내기 때문이다.

종교에서도 고금을 통하여 종교 지도자들에게 주어진 권한을 움켜쥐려는 현상이 있었던 것은 잘 아는 사실이다. 고대의 석가모니 시대를 지나 부파불교 시대에 이르러 불교가 고답적이고 권위주의에 치우치자 원래 부처님의 근본 뜻으로 돌아가자는 운동이 전개되어 보수파(상좌부)와 혁신파(대중부)로 나뉘어졌고 잇달아 많은 부파들이 난립하게 된다.26) 권위주의적 성향은 종교라 해서 피해갈 수 없었던 것이며, 부파불교가 후에 대승불교를 지향할 수밖에 없었던 이유가 권위주의적인 성향을 타파하려는 시대적 요청과 관련된다. 반개혁의 권위주의란 반드시 개혁을 필요로 하는 당위성을 지니고 있다는 것이다.

개혁에 대한 반개혁의 성향은 사회 환경변화의 불감증과 관련되며, 그것은 우리에게 정체와 퇴보의 늪이라는 고통을 가져다준다는 점을 환기할 일이다. 지금 우리를 둘러싸고 있는 정치·경제적 환경변화는 우리에게 강도 높은 개혁을 요구하고 있으나, 사회의 현실은 변화 불감증과 복지부동에 대한 비판과 질책만이 비등할 뿐이다.27) 새로운 변화를 갈망하는 시대적 요청에 대한 무관심이 바로 개혁 불감증이며, 그것은 수동적 행위를 유발할 뿐 개혁의 어떠한 신호에도 반응하지 않는 안일주의의 정체된 현실이다. 반개혁이 가져다주는 문제점은 시대를 읽지 못하고

25) 표명렬, 『개혁이 혁명보다 어렵다』, 동아시아, 2003, p.65.
26) 불교신문사 편, 『불교에서 본 인생과 세계』, 도서출판 홍법원, 1988, pp.46-47.
27) 이건희, 『생각좀 하며 세상을 보자』, 동아일보사, 1997, p.54.

시대 변화에 대응하지 못한 무기력이라는 정체의 고통뿐이라는 것이다.

그럼에도 불구하고 개혁이라는 희망을 갖고 고통을 극복하며 살아가려는 것이 선진시민의 활력이며 인류의 생명력이라는 점을 무시할 수 없다. 과거 뉴질랜드의 정부 개혁에 고통 수반과 변신을 가져다 준 교훈을 새겨볼 필요가 있다. 뉴질랜드가 개혁을 통해 새로운 국가로 변신하기까지 고통이 따랐으며 그것은 개혁이 순탄하지 않았다는 것이다. 중앙부서 직원 절반 이상이 감축되고 석탄·철도 등 공공부문에서도 많은 직원들이 해고되는 등 정부 개혁에서 극단적인 처방이 수반됐으며, 그 기간 동안 많은 사람들이 고통과 변신의 과정을 치러내야 했음은 물론이다.[28] 개혁과 반개혁 사이에서 새 문명을 향한 희망의 씨앗을 싹틔우는 과정에서 감수해야 할 고통이 수반된다.

우리는 수십 년 전 구소련의 몰락을 보았다. 개혁에 대한 희망을 갖고서 선거에 나선 고르바초프는 1985년 소련공산당 서기장으로 선출되었는데, 그 당시 그는 '페레스트로이카'로서 개혁을 추진하기 시작했다. 개혁의 첫 대상은 당과 정부의 관료였다. 뉴욕타임스 모스크바 특파원 출신의 미국 원로 언론인 해리슨 솔즈버리는 여기에 대하여 논평을 한 적이 있다. 소련에서는 관료기구의 병폐를 이기지 못해 구소련이 멸망했음을 예견하면서 개혁의 역풍을 이겨낼 수 없다면 소련의 운명은 종말을 고할 수 있음을 언급하였다. 고르바초프가 추진했던 '페레스트로이카'의 의미는 '개혁'이었는데, 정부 관료들의 저항에 결국 주저앉고 말았던 것이다.

근래 아시아의 경우도 개혁을 늦추지 않아왔지만, 여전히 개혁에 소극

---

28) 李啓植(KDI 선임연구원), 「뉴질랜드의 정부개혁」, 시사사월간 《WIN》, 중앙일보사, 1996.2, p.148.

직인 국가들이 있는 것은 사실이다. 미국의 헤리디지 재단 에드윈 풀너도 2천년을 한 달 앞두고 아시아 국가의 개혁과 개방의 속도에 대하여 언급한 적이 있다. 아시아의 일부 국가들은 정부의 통제와 투명성을 제거, 개혁하는데 소극적이라고 <동아일보>에 특별 기고를 통해 비판했다.29) 개혁에 수동적인 대륙의 하나로 간주된 동아시아는 동남과 동북을 통틀어 말하며, 특히 전자의 경우 정치 및 경제적으로 선진대열에 들어서지 못했다는 점에서 아시아의 소극적 개혁에 대해 새겨들어야 할 것으로 본다.

한국 근대사의 경우, 지난 역사를 통해서 개혁의 성패 사례를 들어보도록 한다. 조선조 실학이 개혁을 주도하려 했지만 큰 저항을 불러일으켜 왔다는 점이 이것이다. 조선 후기의 실학을 중심으로 한 '위로부터의 개혁'이 실패하면서 기층 민중의 삶은 마침내 생존을 위해서 목숨을 걸고 체제에 저항하지 않을 수 없는 상황에까지 이르렀다.30) 조선조 후반에 정치적으로 억압을 겪은 민중들이 정치의 지배체제에 저항하는 상황이었으며, 농민에 대한 위정자들의 가렴주구(苛斂誅求)로 민중들은 조선왕조에 반발하여 개혁 내지 혁세의식을 갖게 되어 봉기가 빈발했다. 반개혁에 대한 개혁의 요청들이 봉기 내지 혁명의 기치를 내걸게 하는 명분을 가져다주었던 점을 지난 역사에서 성찰해야 하리라 본다.

---

29) 미국 헤리티지 재단 에드윈 풀너 총재는 30일 세계 161개국 경제자유화 지수 발표를 계기로 동아일보에 특별기고문을 보내왔다(홍은택 정리, 「경제자유화와 한국의 선택」, 《동아일보》, 1999.12.1, A11면).

30) 박맹수, 「원불교의 민중종교적 성격」, 추계학술대회《소태산 대종사 생애의 재조명》, 한국원불교학회, 2003.12, pp.18-19.

2. 위기의식과 개혁

인류 역사를 통해볼 때 위기의식은 고금을 통하여 언제나 있어왔다. 영국의 설교자 휘터커는 1634년 하원에서 "지금은 격동의 시대이며 이 동요는 팔라틴, 보헤미아, 게르마니아, 카탈루냐, 포르투갈, 아일랜드, 그리고 영국에서 보편적으로 나타나는 현상이다."라 하였고, 1954년에 이르러 유사학자 홉스 봄은 '17세기의 일반적인 위기'란 개념을 제창하였다.[31] 혁명이나 반란과 같은 용어들이 사회를 환기시키며 침체와 호황을 거치면서 개혁은 지속되어 왔다. '위기'라는 용어가 현대를 살아가는 사람들에게 가장 많이 회자되는 소제의 하나로 각인된다면 그러한 위기들을 극복할 수 있는 타개책이 또한 등장한다는 점에서 문명의 발전사는 지체되지 않았던 것이다.

어느 시대든 국가나 사회가 정치적·경제적 안일에 떨어져 있을 때 위기가 찾아왔으며, 개혁에 대한 기대가 봉쇄될 때 그 위기는 현실로 다가왔다. 우리나라의 경우 경제적으로 최대 위기가 있었던 것은 다름 아닌 IMF 사태였다. IMF는 한 나라의 경제적 위기에 봉착했을 때 외환 보유액이 부족하여 '모라토리엄'이라는 경제적 난관에 떨어진 경우 다른 나라로부터 국제통화기금(IMF, International Monetary Fund)의 도움을 받는 상황에 처한 경우를 말한다. 한국은 1997년 최대의 경제위기에 처하자 IMF의 도움을 받았으며, 이러한 상황은 한 국가가 정치 및 경제 개혁의 고삐를 소홀히 했거나 일시적 호황에 떨어져 과소비했을 때 나타나는 혼란의 위기이다.

국제적으로 종교개혁의 고삐가 느슨했을 때 나타나는 위기도 적지

---

31) 설혜심, 『서양의 관상학, 그 긴 그림자』, 한길사, 2003, pp.213-214.

않았다. 중세시대의 경우를 보면 개혁의 수술이 가해지지 않은 경우를 예로 들어본다. 중세에 있어서는 엄격한 규율생활과 소비 억제에 의하여 합리적인 경제관리가 완전히 작용할 수 있는 경우에조차도 축적된 부(富)는 즉시 귀족화되어 버리든가, 그렇지 않으면 수도원의 훈련이 파탄의 위기에 직면하여 누차에 걸친 개혁의 수술이 가해지지 않으면 안 되었다.[32] 중세 암흑시대란 종교 부패와 연관할 경우 당시 기독교의 경우와 관련된다. 알려진 것처럼 로마 가톨릭의 부패가 이것이며, 시기적으로 A.D. 500~1500년에 걸친 시대를 말한다. 구체적으로 A.D. 590년(그레고리1세, 교황권 확립)부터 1517년(루터의 종교개혁)까지가 중세 암흑시대(Dark Ages)로서 그것은 로마 가톨릭의 교권과 교회에 부패와 직결되어 있던 시대였다.

이에 더하여 매스컴의 자유를 막거나 지성의 비판의식을 틀어막는 등 민중으로 하여금 무기력에 빠지게 할 때 국가의 위기는 찾아오며, 그에 대응한 개혁의 열망도 커지게 된다. 사회 구조적으로 건전한 비판의식과 참여가 봉쇄되어 있는 상황에서 개인들이 취할 수 있는 유일한 전략은 자신의 변화를 통한 사회 개혁이었다.[33] 개혁이 전략이 될 수 있다는 것은 그만큼 민중들의 개혁 열망에 대한 미래지향적 가치가 생명력을 얻기 때문이다. 민주의 가치는 무기력을 극복할 수 있는 건설적 비판과 개방적 사유이며, 이것은 미래를 향한 현재의 비판적 성찰을 가져다주어 문명의 발전을 지속하게 한다는 점을 염두에 두자는 것이다.

따라서 세계적으로 발전하는 일등기업에는 언제나 기업 지도자의 성

---

32) 막스 베버, 權世元 譯,『프로테스탄티즘의 윤리와 資本主義의 정신』-세계의 대사상 12卷-, 휘문출판사, 1972, p.392.
33) 한창민,「원불교 사회관」,『원불교사상시론』제Ⅲ집, 원불교 수위단회, 1998, p.221.

찰적 노력과 건설적 위기의식이 발동하는 법이다. 세계의 저성장에 따른 국내 기업의 그늘진 상황인데도 삼성 내부는 긴장감이 없고 "내가 제일이다."라는 착각에서 벗어나지 못하고 있었다는 비판은 삼성그룹의 이건희 회장의 언급이다. 그에 의하면 조직 전체에 위기의식을 불어넣는 것이 중요하다면서, 이듬해 제2창업을 선언하고 변화와 개혁을 강조함과 더불어 매년 초에 열리는 경영자 세미나에 참석해서 위기위식을 갖자고 수없이 얘기했다[34]는 것이다. 삼성이 한국의 일등기업으로서 세계적 브랜드의 기업으로 성장한 원인은 이처럼 CEO의 위기의식에 따른 세계 기업으로서의 경쟁력 때문이라고 본다.

그럼에도 불구하고 국가나 기업이 위기의식을 갖고 개혁을 단행하지 못한다면 그것은 일류국가나 일류기업과는 동떨어진 자세로 퇴보의 결과를 가져다준다. 설사 주변 환경의 요청에 떠밀려 일시적인 개혁을 단행한다고 해도 자발성이 없다면 불만족스러운 개혁일 것이다. 정부 관료나 기업 총수의 안일의식에 따른 실천전략의 미비라든지, 무사안일 내지 복지부동 등이 그것이다. 이에 더하여 개혁을 향한 국민들의 관심 결여도 후진적 상황에 이르게 된다. 무엇보다도 개혁의지의 결여가 가져다주는 결과는 불 보듯 뻔한 일이므로 과거 타성에 젖은 안일주의의 극복에 더하여, 국가와 기업의 위기의식을 통하여 결연하게 개혁하는 자세가 요구된다.

과거의 정체(停滯)를 인정하지 못한 채 기득권적 사유나 과거의 안일성에 취해 있다면 미래 청사진을 향한 새 출발의 개혁을 이루어낼 수 없다. 과거에 대한 부정 없이는 개선도 없는 법이며, 모든 사물과 일을 대할 때 원점 사고를 갖고 새롭게 바라보아야 비로소 본질을 파악할

---

34) 이건희, 『생각좀 하며 세상을 보자』, 동아일보사, 1997, p.56.

수 있다.[35] 개혁이란 일단 과거에 대한 부정에서 비롯된다. 타성에 젖은 과거와의 결별이 바로 개혁의 원동력이 될 수 있기 때문이다. 새롭게 바라보는 창의적 시각이 바로 과거를 성찰하는 것이며, 미래의 성장을 위한 개혁의 단초가 된다.

성장을 향한 성찰의 요청은 어느 단체든 예외가 아니라고 본다. 근래 각 종교 교단의 경우, 갈수록 성직 지원자의 수가 적어지는 상황에서 위기의식을 느끼고 교단을 개혁해야 한다는 결연한 의지는 교단 발전을 향한 주인의식의 성찰에 의해서 비롯된다. 근래의 종교 교단에서 성직 지원자의 숫자가 감소되고 있으므로 성직 지원자의 문제는 양적인 문제뿐만 아니라 질적인 면에서도 문제를 진단하고 개혁해야 한다[36]는 견해가 주목된다. 어느 종교든 교단 현실의 위기의식을 갖고 자구책을 마련해야 한다는 것이다. 교화 정체에 대한 냉철한 진단과 개혁의 위기의식이 없다면 그 교단의 존립 명분이 약해지며 결과적으로 존폐의 위기가 찾아오는 것은 너무도 자명한 사실이다.

3. 21세기와 시대의식

지난 19세기 산업사회를 지나 오늘날 21세기의 특성을 눈여겨 볼 사항이 있다. 그것은 무엇보다도 과거의 폐쇄적 사회와 달리 국경 없는 다국적 시대라는 것이다. 곧 21세기는 점차 국가 개념이 깨지는 시기라고 하며, 기업들도 다국적화되고 국가 개념에 얽매이지 않으려 하고 있

---

35) 위의 책, p.37.
36) 묘주 스님, 「조계종에서 성직자 지원의 현황과 과제」, 『전환시대의 성직자 교육 현황과 전망』, 영산원불교대학교 출판국, 1997, p.37.

다.[37] 이는 다문화 다민족이 한국사회에 익숙해진 새로운 시대로의 진입, 즉 새 변화의 물결이라는 뜻이다. 그동안 단일민족으로서 국가마다 엄격하게 관리된 국경이 사라지고 상호 소통하는 시대, 대개혁의 세상이 되었다는 것이다. 개혁의 시대란 국가와 국가 간의 경계가 가로막혀 있던 장막을 걷어내는 시대로서 이러한 현상은 지구촌의 시대로서 회통과 창조를 지향하는 것에 기반을 두고 문명 발전을 향한 개혁을 원하고 있다는 증거이다.

장막을 걷어내는 새 시대로서 21세기는 또한 탈종교·탈학교라는 용어에 익숙해진 특성을 지닌다. 21세기의 사회는 사이버시대이자 디지털시대로 이동하였다. 더욱이 현대는 탈근대적 시대, 새로운 문명시대 등 다양한 용어로서 이해되고 있으며, 이는 어떠한 의미에서든지 지금까지 우리가 경험하지 못했던 엄청난 변화가 광범위한 분야에서 전반적으로 진행되는 대변혁의 시대라는 것이다.[38] 이 같은 탈근대적 개혁의 움직임은 다양한 형태로 전개되고 있음은 다 아는 사실이다. 그것은 근대 발전의 장애물로 나타난 폐쇄적 현상이 야기한 한계들이 하나하나 극복되면서 일어나는 현상이다.

하지만 일상에서의 개혁은 쉽지 않는 일로서 현대인들에게 납득되지 않는 경우가 있다. 안일과 안주의식에 길들여진 사회생활은 기득권층에게 일상화되어 있다. 개혁의 위대한 슬로건이었던 '믿음에 의해서만 의로워짐'이라는 사상은, 복잡한 성만찬 논쟁이 그러하듯이 오늘날의 많은

---

37) 김종서, 「광복이후 한국종교의 정체성과 역할」, 제32회 원불교사상연구원 학술대회 《광복이후 한국사회와 종교의 정체성 모색》, 원광대 원불교사상연구원, 2013.2, p.20.
38) 박혜훈, 「21세기의 원불교 교당교화 방향 모색」, 『원불교와 21세기』, 원광대 원불교사상연구원, 2002, p.259.

사람들에게 잘 이해되지 않는 것처럼 보인다.[39] '개혁'이라는 슬로건은 일부 기득권층들에게 반발의식을 불러일으켜 합리적으로 전개되는 변화를 두려워하는 경우가 적지 않았기 때문이다. 새로운 세기에는 더욱이 합리적 가치가 내재된 의로움에 더하여 변화를 원하는 사람들의 신뢰로써 미래지향적 개혁의 담론들이 부단히 전개될 것이다.

개혁의 담론 가운데 21세기는 '획기적인 변모'의 시대라는 사실을 인지할 필요가 있다. 마루야마 테츠오는 이에 대하여 말하기를, 20세기 후반부터 21세기에 걸쳐 인류사회는 본질적인 의미에 있어 참으로 획기적인 변모를 이루어왔다면서, 그것은 일찍이 전근대사회로부터 근대사회로의 이행이라고 하는, 근대화에 필적할만한 변화 현상으로 파악할 수 있다[40]는 것이다. 개혁이란 전근대에서 근대로 변화하는 대변혁이기 때문이며, 이러한 대변혁의 담론은 시대적 흐름으로서 개혁의 가치가 극대화되는 것으로 이해된다. 안주의 전근대에서 혁신의 근대사회란, 선사에서 역사시대로 변화하는 것과 같은 대전환이기 때문이다.

21세기는 새롭게 변모하려는 대전환기인 만큼 앞으로 개혁의 방향이 궁금한 일이다. 이를테면 개혁의 기본 방향으로 국가와 사회의 경쟁력 확보, 가성비의 효율성, 시민의 사회참여 등이 거론될 수 있다. 곧 21세기 사회의 주요한 경향은 첫째, 피도 눈물도 없는 경쟁사회를 지향하며, 둘째는 시장가치를 지향하고, 셋째는 고객 중심을 지향한다.[41] 이 같은

39) A.E.맥그래스, 박종숙 옮김, 『종교개혁 사상입문』, 성광문화사, 1992, p.3.
40) 마루야마 테츠오, 「새로운 시대의 知와 불교-포스트모던과 글로벌화 물결의 가운데에서-」, 제18회 국제불교문화학술회의 『불교와 대학-21세기에 있어서 전망과 과제』, 일본 불교대학, 2003.10, p.107.
41) 서경전, 「21세기 교당형태에 대한 연구」, 제21회 원불교사상연구 학술대회 《21세기와 원불교》, 원광대 원불교사상연구원, 2002.1, p.55.

개혁의 방향을 진단하여, 적극적이고도 능동적 대응을 하도록 우리는 창의적 아이디어와 실행력으로써 개혁의 끈을 놓지 말아야 할 것이다.

미래 발전을 향한 개혁의 끈을 놓지 않기 위해서는 국가와 기업을 향도하는 지도자들의 목소리에 귀를 기울여야 하리라 본다. 무엇보다도 과거에 비해 21세기에는 개혁의 열망이 더욱 높아지는 시대라는 점에서 간과할 수 없는 일이다. 국내기업으로서 세계기업으로 발돋움한 데에는 지도자의 개혁에 대한 열망이 지대하였기 때문이다. 즉 21세기를 목전에 둔 지금, 우리를 둘러싸고 있는 정치·경제적 환경변화는 우리에게 강도 높은 개혁을 요구하고 있다[42]는 언급이 이와 관련된다. 앞으로 더욱 요구하는 가치는 강도 높은 개혁이라는 것으로서 이 시대의 최대 화두가 개혁임은 재언의 여지가 없다. 세계의 기업으로 발돋움하도록 선도하는 일에는 지도자들의 개혁 마인드가 필요하다고 본다.

이제 21세기의 '개혁'이라는 화두를 원불교의 발전과 관련하여 접근해 보도록 한다. 그것은 21세기에 있어서 원불교의 성장 동인이 무엇인가를 각인해 보자는 것이다. 21세기를 맞이하여 원불교가 성장을 하고 싶다면 대개혁을 해야 한다는 최준식(이화여대) 교수의 일침을 먼저 나 자신의 뼈아픈 반성과 분발의 계기로 달게 받아들여야 한다.[43] 한 이방인의 지적처럼 반성과 분발은 다름 아니라 교단의 성장에는 21세기에 당도하여 개혁하지 않으면 안 된다는 뜻이다. 앞으로의 시대는 개혁보다 더 절실한 일은 없다는 것으로, 교단의 개혁은 과거 어느 때보다 간절하며, 이러한 개혁을 하나하나 시도하려는 노력들이 앞으로 원불교 교화 저변 확대의 기로가 되리라고 본다.

---

42) 이건희, 『생각좀 하며 세상을 보자』, 동아일보사, 1997, p.54.
43) 김학인, 「각팀의 가슴 벅찬 성취감」, 《원광》 통권 324호, 월간원광사, 2001.8, p.24.

여기에서 또 하나 새겨야 할 것으로, 21세기의 교단 구성원은 세계와 한국의 진정한 발전을 위해 사회구조 개혁과 도덕성 함양에 힘을 모을 때라는 것이다. 재가교도 박종주 교수는 말하기를, 21세기 한국사회의 진정한 발전을 위해서는 사회구조의 개혁과 함께 사회성원들의 도덕성을 함양하고 마음을 바로 세우는 사회적 실천이 병행되어야 한다[44]고 하였다. 앞으로 다원화되어가는 미래사회 속에서 우리 사회가 길러야 할 진정한 경쟁력은 종교 본연의 영역으로서 도덕성에 바탕한 전문성에 근간하여 새 시대를 위해 도덕적 개혁의 가치가 실현되는 것이다. 새 시대를 향한 개혁의 근간이 되는 참 가치가 무엇인가를 알게 해준다.

4. 개혁의 문제의식

어느 국가나 종교든 국가 운영이나 교화 활동에 있어서 중대 사안에 따른 문제의식과 해법을 제시하려는 노력이 없다면 그 개혁은 어렵다는 것은 역사를 통해 알 수 있다. 16세기 초반, 교회의 타락 문제로는 기독교의 독특한 이념들로부터 이탈, 지적 정체성의 상실, 기독교란 진정 무엇인가에 대한 이해의 실패라는 질병이었는데, 기독교는 어떤 모습으로 존재해야 하는가 하는 문제에 대한 이해 없이 기독교의 개혁은 불가능한 것이었다.[45] 비텐베르크의 루터나 제네바의 칼빈은 당시의 교회가 너무 타락해 버린 것으로 간주했다. 그 시대는 기독교가 첫 500년 동안 누렸던 '황금시대'의 이념들을 회복해야 했으며, 그러한 문제의식이 이들로 하

---

44) 박종주, 「한국사회의 발전과 도덕성 함양」, 제20회 원불교사상연구 학술대회 《원불교 사상과 도덕성 회복》, 원광대 원불교사상연구원, 2001.2, p.57.
45) A.E.맥그래스, 박종숙 옮김, 『종교개혁 사상입문』, 성광문화사, 1992, pp.19-20.

여금 종교개혁의 선구로 만들었다.

불교의 경우도 고려 중기, 국사(國師)였던 보조의 결사운동으로 이어진 문제의식이 불교개혁의 동력으로 작용하였다. 그가 정혜결사의 수행 공동체를 결성하여 새로운 불교의 바람을 일으켰음은 다 아는 사실이다. 지눌이 주도한 결사의 성격은 분명 승가의 개혁운동이었는데, 말법 신앙에 입각한 타력적인 정토신앙에 빠져 있다든가, 선종과 교종 모두가 극심한 대립을 하고 있던 고려 불교계의 현실을 타계하려는 것이 지눌의 주된 문제의식이었다.46) 결국 동서 종교의 발전에는 당시 종교의 선각자로서 종교개혁을 향한 문제의식이 있었느냐가 관건이었다.

이처럼 국가나 종교단체의 지도자라 해도 과거 정체(停滯) 현상의 문제의식과 해법 제시에 간절함이 얼마나 있었느냐 하는 점이 개혁 성공의 열쇠가 된다. 미국 정치계의 일례를 보면 힐러리의 의료개혁에 대한 간절함이 있었음을 알 수 있다. "나는 어머니와 함께 아버지의 병상을 지키면서 의료개혁을 반드시 이루어야 한다는 확신을 굳혔고 인생에서 가장 중요한 것들을 더욱 깊이 인식하게 되었다."47) 이에 그녀의 남편이자 미국의 전 대통령이었던 빌 클린턴도 이를 인지, 대통령선거 유세기간 동안 그의 참모들에게 의료개혁을 잊지 말라고 몇 번이나 되풀이하였다고 회고한다. 힐러리의 사례를 통해 알 수 있듯이 어느 개혁이든 지도자의 성취를 향한 간절함이 뒤따르는 것이다.

지도자로 그 위상을 자리할 경우 개혁에 대한 이론적 지식을 모르는 것은 아니다. 그러나 실제 현장에서, 또는 일상에서 개혁이 가능한가라

---

46) 김방룡, 「보조 지눌과 소태산 박중빈의 선사상 비교」, 『한국선학』 제23호, 한국선학회, 2009, p.142.
47) 힐러리 로댐 클린턴, 김석희 옮김, 『살아있는 역사』, 웅진닷컴, 2003, pp. 184-185.

는 징확한 판단과 간절한 실천의 의지가 필요하며, 이에 더히여 개혁안이 융통성을 지니는가를 살펴보아야 한다. 오늘날 이론적 지식들은 날이 갈수록 개인적 그리고 사회적 일상의 개혁과 개선을 위해 어떤 융통성을 가졌는가 하는 질문에 부딪친다.[48] 설사 개혁의 필요성을 인지한다고 해도 개혁의 실행 의지와 더불어 실제 상황의 융통성 여부를 살펴보는 지혜가 필요하다.

이러한 지혜 활용 가운데 개혁 프로그램의 전개에 있어서 우선 고정관념을 깨뜨리는 자세가 필요하다. 선입견과 고정관념에 사로잡힐 때 개혁의 장애물이 생겨나며, 그것은 업무 추진에 있어서 융통성의 문제와 관련된다. 변화와 개혁은 하루아침에 이뤄지지 않으므로 미래의 승자와 패자는 누가 먼저 고정관념을 깨고 변화를 정확히 알고 받아들이느냐에 달려 있다.[49] 개혁이란 기존의 사유와 더불어 이미 고정된 인식의 틀을 벗어날 때 용이하게 전개되는 속성 때문이라 본다.

개혁의 장애물로서 고정된 인식의 틀을 극복하는 데에는 사회 발전의 속성상 변화를 받아들이는 지혜, 곧 사회 실상을 정체된 틀로 보지 않는 자세가 요구된다. 그것은 사회의 지속적인 변화와 개혁을 가져다주는 요인을 분석해 보는 문제의식과 직결된다는 점에서 주목된다. 사회란 하나의 고정된 실체가 아니라 계속 변화되어 가는 과정의 연속이라고 한다면, 그 사회를 변화시켜가는 요인이란 과연 어떠한 것인가의 문제가 제기되므로 사회변화에 중요한 요인을 구체화시키고 그 요인을 분석해 볼 필요가 있다.[50] 개혁을 향한 사회 유동성의 변수를 분석해 보는 문제

---

48) 볼프강 베르그스도르프, 「무기력과 교만」(엄창현 편저, 『지식인과 지성인』, 도서출판 이웃, 1991, p.81).

49) 이건희, 『생각좀 하며 세상을 보자』, 동아일보사, 1997, p.54.

50) 이성택, 「사요의 사회변동적 접근」, 『인류문명과 원불교사상』(上), 원불교출

의식이 바로 사회 개혁의 기폭제가 된다.

여기에서 주목할 점으로, 사회 변화의 요청에 따라 개혁을 지속하는 활력의 기수가 곧 청소년으로서 젊은 인재들이라는 것이다. 그들에게 교육을 통해 사회개혁을 향도할 차세대 의식을 심어줌으로써 사회에 대한 문제의식을 갖도록 해주는 것이 필요하다. 일본 와세다 대학 오쿠시마 다카야스 총장이 언급한 내용을 보면, 와세다 대(大)는 입시개혁을 위해 어떤 시도를 하고 있는가에 대하여 개개인의 '문제의식과 열정'이라고 하였다. 같은 맥락에서 교사 스스로에게 묻는 두 개의 주요 질문으로서 그들이 가르치기를 원하는 가치를 가르치는지 아닌지, 그리고 그들이 가르치고자 하는 가치가 과연 가르칠만한 가치가 있는 것인지 아닌지[51]를 파악하여 항상 문제의식을 가지고 미래세대를 향도하라는 것이다. 사회 변화와 개혁의 바람을 불러일으키도록 하는 주체는 청소년이기 때문이다.

사회적 위기에 봉착할 때마다 우리는 '전환기'라는 용어를 등장시키곤 한다. 시대적 전환기라는 의미는 과거 정체기의 늪과 사회 변혁기를 말하며, 여기에는 미래 개혁이라는 동인을 모색하려는 인간 심리가 발동된다. 선천에서 후천으로의 변화조짐으로 인해 전환기가 왔음을 인지하고 새 시대의 '개벽'을 지향하자는 것이다. 개벽이란 달리 말해서 전환기에서 새 역사를 향한 대 개혁을 말한다. 개벽을 떠올리듯이, 구한말 선·후천의 전환기에 처한 소태산은 당시의 시대상을 극복하고자 하는 문제의식과 또한 무지와 고통에 신음하는 민중을 구원하고자 하는 열정과 소명의식으로 원불교를 창립하였다.[52] 신구(新舊) 전환기를 인지한 성

판사, 1991, p.289.

51) Jack R. Fraenkel, 송용의 譯, 『가치탐구 수업을 어떻게 할 것인가?』, 교육과학사, 1986, p.128.

자의 '정신개벽'과 관련힌 문제의식이야말로 결복기 원불교의 개혁적 소명의식으로 민중을 구원하려는 굳은 의지와 맞물려 있음을 알아야 한다.

52) 신순철, 「원불교 개교의 역사적 성격」, 『원불교사상』 14집, 원광대 원불교사상 연구원, 1991, p.12.

제3장

제종교의 개혁운동

1. 기독교의 종교개혁

2천 년 전에 신의 아들로서의 예수는 성부, 성자, 성령이라는 삼위일체의 상징성을 지닌 채 지구상에 사랑을 몸소 실천하기 위해 태어났다. 그는 유대교가 아닌 기독교 신앙의 아버지로서 신의 은총을 실현하는 그리스도였기에 개혁자의 입장에 있었던 것이다. 안식일에는 의사가 환자를 치료할 수 없는 형식화된 유대교의 율법을 개혁하였는데, 그것은 예수 스스로가 안식일을 위해 인간이 존재하는 것이 아니라, 인간을 위해 안식일이 있음을 만인 사랑으로 가르쳤다는 사실에 있다. 곧 예수는 성경 개혁주의의 입장에서 볼 때 그리스도야말로 모든 은혜의 원천으로, 하나님의 은총까지도 그리스도를 중심으로 삼고 있다.53) 예수의 개혁정신은 유대교의 전통과 달리 기독교에서 실현되었기 때문이다.

---

53) 로버트 누슨, 서영일 역, 『개혁주의 역사관』, 기독교문서선교회, 1986, pp. 62-63.

기독교의 개혁 정신이 중세에 이르리 암흑의 시대라는 오명과 더불어 흐려지게 되었다. 중세교회의 상황을 보면 교황의 권세가 추락되고, 성직자들의 세속화가 도마 위에 올랐던 것이다. 종교개혁 이전에 중세 후기의 교회 상황은 교화의 행정적·도덕적·법적 개혁의 소리가 높았으며, 교회 회의가 교황의 권위보다 더 높다는 주장이 일어나게 되었다.[54] 김홍기의 『종교개혁사』에 의하면 교황청의 아비뇽 포로(1378~1415) 이후 콘스탄스 회의(Council Constance, 1414~1418)에서 이러한 주장들이 일어났는데, 콘스탄스와 바젤 회의(1431~49)에서 교회총회는 다시 교황보다 더 높은 권위에 있었고, 교황이 세속 일에 지나치게 개입하면서 세속의 권세 위에 군림하자, 이에 대한 종교개혁의 요청이 크게 대두되었던 것이다.

중세 이탈리아 정치 사상가이자 외교가, 역사학자였던 마키아벨리(1469~1527)는 기독교의 폐단을 지적, 도덕적 방종을 교회와 성직자 탓으로 돌렸다. 당시 많은 사람들에게 있어서 개혁에의 갈망은 교회의 행정적·도덕적·법적 혁신에의 탄원이었는데, 교회의 권력 남용과 부도덕성이 제거되고, 교황은 세속적 일들에 관심을 덜 가져야 하며, 성직자들은 올바르게 교육받고, 교회의 행정은 간소화되어 남용되지 않아야 했다.[55] 덧붙여 기독교가 새롭게 거듭나야 하는 것으로는 교회의 영성(靈性)이었다. 시민들은 영성을 통해 기독교 개혁의 활력이라는 것을 기대하고 있었기 때문이다. 성직자의 도덕적 문제는 물론 수녀원에서 사생아가 출현하고, 포도주와 농산물 수익으로 인한 영성이 타락되는 등 물량화적 교단의 실상은 결국 중세 암흑기의 타락상을 야기하였던

---

54) 김홍기, 『종교개혁사』, 知와 사랑, 2004, p.43.
55) A.E.맥그래스, 박종숙 옮김, 『종교개혁 사상입문』, 성광문화사, 1992, pp.18-19.

것이다.

따라서 16세기의 서구 기독교는 개혁의 준비를 하지 않을 수 없었다. 기독교를 갱신(更新)하여 초기의 생명력을 회복시키고자 하는 이러한 환상이 16세기가 동터올 무렵에 많은 사람들의 마음을 사로잡았으므로 개혁의 일정이 잡히고 개혁을 성취할 도구들이 준비되었다.[56] 결국 중세 암흑기로서 기독교의 종교개혁은 15세기와 16세기 초반의 새 출발을 기약하지 않으면 안 되었다. 그것은 종교개혁의 선구자를 기다리는 인고의 시간이기도 하였다. 개혁은 더 이상 미룰 수 없는 시대적 요청이자 개혁할 종교의 선각자가 나타나기를 기대했던 것이다.

선각자로서 루터의 종교개혁 운동은 중세 기독교의 부패로 인해 그 파급력이 적지 않았다. 물론 당시의 종교개혁을 보면, 루터가 중보자로서의 교회기능이 아니라 하느님과의 직접 소통의 신학을 언급했다는 것으로, 그는 기독교 신학의 전통 안에서 전형적인 메시지를 찾았다는 것이 사람들로 하여금 설득력을 갖게 했다.[57] 1517년 10월 31일, 루터는 교황의 면죄부 판매에 항의하며 비텐베르크성 교회 정문에 「95개조 의견서」를 써서 붙였다. 그는 하나님과 인간 사이에서 중재자로서 그 역할을 독점하려는 교회에 분연히 반대하여, 누구나 예수의 이름만 갖고 나가면 하나님을 직접 대면할 수 있다고 하였다.

이때를 전후하여 스위스에서도 종교개혁이 일어났는데, 그것은 독일에서 전개된 루터의 비텐베르크 종교개혁보다 인문주의의 영향을 더 많이 받은 것으로 알려져 있다. 스위스 종교개혁가 중에서는 캘빈보다 츠빙글리가 인문주의의 영향을 더 많이 받았는데, 그는 1516년 바젤에서

---

56) 위의 책, p.37.
57) 김순금, 「21세기 원불교의 과제와 방향」, 『원불교학』 6집, 한국원불교학회, 2001.6, p.112.

에라스무스를 만남으로써 에라스무스의 아이디어와 방법론에서 깊은 영향을 받았다.[58] 일찍이 비엔나와 바젤의 인문주의 대학에서 공부한 츠빙글리는 에라스무스에게서 받은 영감으로 종교는 영적인 면에 더하여 종교의 중요성을 도덕적·윤리적 거듭남과 개혁에 더 두자고 했다.

기독교의 개혁론을 환기해 보면서 중세 종교개혁의 뿌리에 대하여 살펴보고자 한다. 종교개혁과 관련한 구원론의 뿌리는 종교개혁 신학의 선구자 어거스틴의 은총론이고, 종교개혁 구원론의 완성은 웨슬리의 성화론인데, 흔히 종교개혁이 16세기 독일과 스위스를 중심으로 루터와 칼빈에 의해서 일어난 운동으로만 집중적으로 연구되는 성향이 있다.[59] 그러나 종교개혁의 사상과 운동을 바르게 파악하기 위해서는 5세기 북아프리카의 어거스틴으로까지 소급해야 하고, 근래 18세기 영국의 존 웨슬리까지 내려가야 한다는 입장에 있는 것이다.

어떻든 한국에 교회가 전파된 역사를 보면 천주교의 경우 200년이 넘었고 기독교는 130여년이 넘었다. 한국기독교 선교 100주년 기념우표가 1984년에 발행된 역사를 돌이켜 보면서, 한국 기독교의 전파에 따른 한국교회가 안고 있는 개혁의 과제는 무엇인가를 새겨볼 필요가 있다. 일본은 프란시스코 사비에(Francisco Xavier, 1506~1552)의 포교(1549)를 계기로 예수교를 받아들였고, 한국은 이승훈(1756~1801)이 북경에서 세례를 받은 것(1784)이 선교 출발의 계기였다.

이에 기독교의 한국 전래 역사를 돌이켜 보면서 서구 종교개혁 500년이 넘은 현 시점에 즈음하여 한국교회가 물질주의에 유혹되고, 권위주의에 떨어지며 물량주의에 탐닉한다면 이를 어떻게 극복할 것인가의 과제

---

58) 김홍기, 『종교개혁사』, 知와 사랑, 2004, p.34.
59) 위의 책, pp.13-14.

가 있다. 크리스천 아카데미 전 회장 강원용에 의하면 오늘의 종교는
교조정신으로 돌아가야 한다[60]는 것이다. 세속화된 물량주의에 더하여
구원 독점의 배타적 선교가 과연 종교간 윤리에 위배되지는 않는지 성찰
하면서 예수의 박애정신을 돌이켜 보는 한국 기독교 개혁의 담론이 요구
된다.

2. 힌두교의 개혁운동

힌두교는 바라문교 혹은 브라만교로도 불린다. 고대 힌두교의 나라
인도에는 커다란 변혁의 시대가 있었다. 원시 힌두교 혹은 브라만교의
시대라고 하는 BC.1000~600년 사이에서 BC.300년에 이르는 시기의 인
도인은 사회·문화의 면에서 심한 변화를 체험하는 시기였다.[61] 당시
석존의 샤카족이라든지 자이나교의 나간타 나타푸타가 속해 있던 브리
지족 등의 나라가 있었다. 그리고 이전의 갠지스 강 상류와 중류에 전개
되고 있었던 것은 폐쇄적인 촌락의 농경사회였고, 대가족을 단위로 한
부족국가가 자급자족의 경제행위를 하던 전환기였던 것이다.

전환기적 시대의 고대 바라문교에서는 정치기구 개혁과 구체적 실행
방법들을 고안해 내었다. 『카우틸리야의 실리론』은 AD. 3세기경에 바라
문 학자에 의해서 편찬된 것으로, 카우틸리야에 의하면 국내 정치기구를
개혁하고 경제력을 충실하게 하지 않으면 안 된다[62]는 것이다. 정치

---

60) 강원용, 「오늘의 종교, 교조정신에 돌아가야」, 『한국의 지성과 원불교』(오선
　　명 취재), 월간원광사, 1999, p.41.
61) 정순일, 『인도불교사상사』, 운주사, 2005, pp.83-84.
62) 中村 元, 김용식·박재권 공역, 『인도사상사』, 서광사, 1983, p.69.

개혁을 통해 경세 활성화를 도모하자는 뜻이다. 이때 광산의 개빌, 육상 교통로의 선정 등까지도 새롭게 개선하고자 하였는데, 토지제도는 물론 감찰제도를 개혁함으로써 대제국의 유지에 진력하고자 하였다.

이처럼 인도 바라문교의 유입과 개혁을 통해 국가와 사회의 새로운 변화가 일어나면서 개혁의 바람은 역사를 통해 지속되어 왔다. 새로운 요소를 다량으로 흡수하면서 바라문 종교 자체에 변화가 일어났으며, 이라야화에는 베다성전에 대한 권위가 인정되어야 하지만 그것은 제사 의 실행방법이라든가, 카스트제도의 원천으로서만 존재하였다.[63] 이러 한 연유로 인하여 신들의 권위는 저하되면서 새 종교의 유입이라는 변혁 의 동인이 되었다. 고대 인도의 민속신앙이 유입되면서 새로운 종교로서 힌두이즘이 변화의 물결을 탄 것이다.

힌두교의 변화에 있어서 주목할 것으로, 개혁종교로서 시크교가 탄생 한 점이다. 시크교는 힌두교에 기초하고 회교와 결합함으로써 우상숭배, 고행, 카스트, 술과 담배를 금지하는 개혁을 단행하였다. 알다시피 시크 교는 힌두교에 기초를 두면서 회교도적 요소를 받아들여 결합한 개혁적 종교이며, 창시자 나나크(Nanak, 1462~1535)는 가비이르의 사상을 이어 받았고, 또한 회교 신비주의의 강한 영향을 받았다.[64] 시크교에서는 제 종교의 본질은 하나라고 믿으면서도 유일신을 신앙한다. 시크교에서는 형식적인 의례를 거부하고 고행을 억제하며 카스트를 거부하는 등 개혁 적 종교로서 역할을 자처해 왔던 것이다.

다음으로 18세기 인도 힌두교의 개혁운동에 대해서 알아보고자 한다. 우선 18세기부터 영국은 인도 지배를 본격화하기 시작하였다. 오늘날에

---

63) 高崎直道 外 3人, 권오민 역, 『인도불교사』, 경서원, 1992, pp.99-100.
64) 中村 元, 김용식·박재권 공역, 『인도사상사』, 서광사, 1983, pp.176-177.

이르기까지 그 기간은 인도철학의 제4기로서 이때가 인도의 지성인들이
서구라파의 사상과 학문에 접하여 자신들의 종교적·철학적·문화적 전
통을 새로이 발견하게 된 시기로서, 이에 힘입어 힌두교의 개혁운동이
활발히 진행되었다.[65] 개혁운동을 본격적으로 시작하면서 인도철학의
세계관이 외부세계에 소개되기도 하였으나 그렇다고 개혁운동이 뚜렷
한 성과를 얻지는 못하였다.

하지만 힌두교의 '브라흐모 사마주' 개혁운동이 눈에 띠게 전개된다.
이 운동은 1828년에 람모한 로이(Rammohan Roy)에 의하여 시작되었다.
람모한 로이는 영국식 교육을 받은 최초의 힌두 개혁자로 간주되며,
그는 힌두교의 사회적 전통의 개혁뿐만 아니라 서구식 교육의 확립을
위하여 힘을 기울였다.[66] 다신교적 신앙이나 신상 숭배와 같은 당시
힌두교의 모습들은 힌두교의 본래적인 가르침으로부터 타락한 것으로
보아 새롭게 개혁을 시도한 것이다. 우파니샤드는 유일신교적인 사상을
가르치며, 이를 통해 힌두교를 개혁하도록 하였다. 람모한 로이가 시작
한 '브라흐모 사마주' 운동은 이후에 데벤드라나트 타골(1817~1905)과
케샵 찬드라 센(1838~1884)이 계승하여 개혁운동을 전개하였다.

뒤이어 '아리야 사마주'의 개혁운동이 주목을 끈다. 이 운동도 힌두교
의 종교적·사회적 개혁에 관련되어 있으나, 한편으로 브라흐모 사마주
가 너무 서양의 가치와 문화를 숭상한다고 비판하면서 종교 및 사회개혁
의 원리를 베다의 권위에서 찾으려는 좀 더 보수주의적인 운동을 전개했
다.[67] 다야난다(1824~1883)가 이와 관련하여 개혁운동을 시작하였다.
다야난다에 의하면 베다는 어디까지나 유일신을 가르치며, 신상숭배와

---

65) 길희성, 『인도철학사』, 민음사, 2007, p.18.
66) 위의 책, p.255.
67) 위의 책.

카스트의 차별을 두지 않으므로 힌두교의 개혁은 베다의 인리에서 시작할 것이며, 서구라파의 사상이나 가치를 척도로 삼지 말도록 하였다. 힌두교의 전통에 대한 새로운 프라이드를 심어주었으며, 브라흐모 사마주보다 대중적 개혁운동을 전개함으로써 힌두교 전통에 새로운 자부심을 가져다주었다.

근대에 이르러 인도의 개혁운동 단체와 이슈를 살펴보면 우상숭배라든가 여권신장이 거론될 수 있다. 무엇보다도 19세기에 이르러 인도의 개혁운동을 활발하게 전개한 단체로서 요가 수행자인 다야아난다 사라스바티아(1824~1883)가 1875년에 창립한 아리아협회이다. 그는 당시 힌두교의 타락을 신랄하게 비판하고 베다에로 "돌아가라."고 권유하며 우상숭배와 신의 화신 관념을 부정하고, 영장순례와 조상숭배의 불필요한 미신을 비난하였으며 여권신장에 노력하였다.[68] 이러한 개혁운동은 인도인의 국민감정에 의지하였으므로 많은 사람들이 동참하게 되었으며, 교육과 사회, 산업 등의 개혁에 상당한 성과를 거두었다. 그러나 인도의 개혁운동은 여전히 미진한 것으로 보아 진행 중이라고 할 수밖에 없다. 여전히 존재하는 카스트의 신분 차별제도라든가, 남녀 불평등이 그 대표적인 일이라 본다.

3. 불교의 개혁운동

불교의 개혁운동은 불교창립 후 원시불교 시대에도 있었다. 석존 때의 교단개혁 운동으로, 데바닷타(석존 사촌동생)는 석존 말년에 교단의 개

---

68) 中村 元, 김용식·박재권 공역, 『인도사상사』, 서광사, 1983, pp.180-181.

혁을 요구하였는데 상좌부에 전해오는 '팔리율'에 의하면 그가 요구한
내용은 다음과 같다.[69] ① 수행승들은 명(命)이 있는 한 숲 속에서 사는
자가 되어야 한다. 만약 촌락에 들어가면 죄를 범하는 것이다. ② 수행승
들은 명이 있는 한 걸식행자가 되어야 한다. 만약 신자의 집에 초대되어
음식 대접을 받는다면 죄를 범하게 될 것이다. ③ 수행승들은 명이 있는
한 누더기 조각의 옷[糞掃衣]을 입는 자가 되어야 한다. 자산가가 보시한
옷을 입으면 죄를 범하게 될 것이다. ④ 수행승들은 명이 있는 한 나무
아래에서 수행하는 자가 되어야 한다. 지붕이 있는 집을 가까이 하면
죄를 범하게 될 것이다. ⑤ 수행승들은 명이 있는 한 육류나 생선류를
먹지 말아야 한다. 물고기나 육류를 먹으면 죄를 범하게 될 것이다. 이러
한 데바닷타의 개혁 요청에 대해 석존은 받아들이지 않았는데, 그것은
데바닷타가 자신의 교파를 만들고 갖가지 거스르는 행위를 하였기 때문
이다. 개혁안이 좋았다고 해도 그 의도에 사심(私心)의 문제가 부각되었
던 것이다.

인도에 이어 한국불교가 개혁을 단행한 것으로, 특히 조선시대가 주목
된다. 불교계가 조선조 이래 여러 가지 제약으로부터 벗어나 자유로운
활동을 전개할 수 있었던 것은 1895년, 도성출입 금지의 해제로부터
보는 것이 설득력이 있었으니 한국불교사에서 개혁의 잉태기를 야기하
였다.[70] 도성출입 금지의 해제에 따라 불교의 개혁 및 사회참여의 임무
수행에 숨통이 트였으며, 특히 불교의 결사운동, 종단의 건립, 개혁사상
이 시도되었음을 알 수 있다. 불교의 개혁운동에 따라 출가중심의 불교,
승려교육, 승가제도의 불합리한 점들이 개혁의 물꼬를 트는 계기가 시작

---

69) 정순일, 『인도불교사상사』, 운주사, 2005, pp.156-157.
70) 김귀성, 「한국 근대불교의 개혁론과 교육개혁」, 『원불교학』 제9집, 한국원불
    교학회, 2003, pp.315-316.

된 것이며, 이때 불교 개혁운동가들이 등장하게 된다.

　당시의 불교개혁 운동가들은 권상로, 한용운, 이영재, 김벽옹 등이었다. 그들이 주장한 개혁 주제의 담론을 보면 대체로 권상로의『조선불교개혁론』은 단체 및 재단, 교육 등의 개혁을 제기하였으며, 한용운의『조선불교유신론』은 승려의 교육, 참선, 염불당 폐지, 포교, 사원위치, 의례, 승려인권, 승려 가취(嫁娶), 주지선거, 승려단체, 사원통괄 등의 개혁을 주문하고 있다.[71] 이영재의 경우『조선불교혁신론』에서 본말제도의 타파, 사찰령 철폐, 포교와 교육 및 경전번역, 금융기관의 설립 등 사회활동에 동참하는 것이었다, 김벽옹의「조선불교기우론」에서는 기관, 사업, 재단, 사찰, 교육, 포교 등의 문제를 제기하였으며, 이를 정리하면 한결같이 승단의 개혁에 초점이 맞추어져 있다.[72] 근대 불교개혁의 기수들은 불교의 제도라든가 의례를 현실에 맞게 개혁할 것이며, 포교의 방법이나 승려의 교육을 과거로부터 탈피하여 새롭게 혁신할 것을 주문하고 있다.

　그러면 구체적으로 권상로의 불교개혁 운동에 대하여 살펴보도록 한다. 그의「불교개혁론」(1912)은 모두 4편으로 구성되어 있다. 그 가운데 마지막 편에서 당면 과제인 개혁의 대상으로서 단체, 재단, 교육개혁을 주장하고 있으며, 간경·참선과 전도, 포교의 두 가지 중요 과업을 위해 우선 교육기관인 사범, 서적, 체제 장소 등을 개량해야 한다고 했다.[73] 이 같은 불교 개혁론이 당시로서 다소 과격한 것처럼 보일 수 있다. 급진의 혁명적 개혁이냐, 아니면 점진적 개혁이냐가 관건으로 등장하는

71) 양은용,「소태산대종사의『조선불교혁신론』과 불교개혁이념」,『원불교사상과 종교문화』32집, 원광대 원불교사상연구원, 2006, pp.127-128.
72) 위의 책.
73) 고재석,『한국근대문학지성사』, 깊은샘, 1991, p.134.; 김귀성,「한국 근대불교의 개혁론과 교육개혁」,『원불교학』제9집, 한국원불교학회, 2003, p.329.

경우가 있지만, 당시의 시대상을 볼 때 개혁운동가들의 선견지명에 따라 완급을 선택할 여지가 있었다.

다음으로 불교개혁에 앞장 선 한용운은 「조선불교유신론」을 저술하여 유신(維新)의 비장한 결단력을 강조하고 있다. "조선불교는 유신할 것이 없는 탓일까? 아니면 유신할만한 것이 못되는 까닭일까? 곰곰이 생각해보니 그 이유를 알지 못하겠다. … 나는 '일을 이룸이 하늘에 있다'는 주장에 의혹을 품게 된 후에 비로소 조선불교 유신의 책임이 천운이나 남에게 있는 것이 아니라 나에게 있는 것임을 알았다."74)라며 그는 스스로 결사의 정신을 새겼다. 그리하여 스스로를 경계하는 동시에 승려들에게 결사적 자세를 전함으로써 참다운 유신이 나타난다며, 불교의 유신이 된다면 그 자신의 영광이 이보다 더함이 없다고 하였다. 불교개혁, 즉 유신하지 못하는 것을 하늘 탓으로 돌리지 말고 스스로 비장한 결단과 결사의 정신을 강조하였다.

여기에서 한용운은 불교개혁 운동에 한계와 폐단이 있음을 알면서 그러한 것은 감내해야 한다고 하였다. 어느 누구든 일이 더욱 오래 유지되면서도 폐단이 생기지 않기를 바라지 않겠는가라며, 세월이 점점 흐르면서 더 큰 폐단이 뜻하지 않은 곳에서 발생하여 급속도로 악화된다고 보았다. "우리 조선에 불교가 시작된 지도 1천5백 여 년이나 되었다. 오랜 시일을 거치며 폐단이 생기고, 폐단이 다시 폐단을 낳아 지금에 이르러서는 폐단이 그 극치에 달했다."75) 이 같은 만해의 비감(悲感)을 보면 불교개혁에 있어서 오랜 세월 묵은 폐단은 반드시 파괴되어야 마땅하므로 불교개혁을 과감하게 전개하라는 것이다. 그는 불교의 유신에

---

74) 한용운, 『조선불교유신론』, 1913(이원섭 역, 만해사상연구회), p.8.
75) 위의 책, p.36.

뜻을 둔 사람이라면 유신하지 못함을 걱정할 것이 아니라 파괴하지 못함을 걱정해야 할 것이라는 의미심장한 말을 남기기도 하였다.

오늘날 종교계에서 요청되는 개혁사항들이 많겠지만, 한국불교의 경우도 개혁해야 할 것이 적지 않다고 본다. 그러면 조계종의 개혁에 있어 시급한 것으로 무엇이 있는가? 전 조계종 총무원장 고산스님의 견해를 보자. "승려가 승려 본연의 자세로 돌아가는 것이 첫걸음이다. 청정하게 계율을 준수하고 수행에만 힘쓰는 스님들이 존경받도록 하겠다. 총무원의 권한 집중의 해소문제, 조계종의 재산관리를 투명하게 하기 위한 제도개혁은 원로 중진스님, 종회의원과의 협의 하에 지속적으로 추진하겠다."76) 승려 본연으로 돌아가는 것은 석가모니 가르침에 따르는 것으로 계율청정, 수행정진, 교산(敎産) 관리의 투명성, 제도의 개혁 등일 것이다. 고금을 통하여 한국불교 개혁의 담론들은 여러 가지가 전해져 왔으며, 종파불교를 극복함은 물론 출가중심의 불교에서 대중불교, 사회참여의 불교, 불교 의례의 혁신과 더불어 승려교육과 포교 방법론의 현대화 등이 불교개혁의 화두가 되고 있다.

다음으로 전통불교의 개혁 운동가와 원불교의 개혁운동에 주목되는 사항이 있다. 소태산의 불교개혁이 『조선불교혁신론』에 나타나 있는데, 불교의 현대화라는 점에서 공통되는 점이 적지 않다는 것이다. 물론 소태산의 개혁론은 권상로, 한용운, 이영재의 개혁 내용과 다소 차이가 있다. 즉 소태산의 개혁론은 외형적인 제도의 개혁이나 불교중흥을 위한 수행방법, 교육내용을 개선하여 시대에 조응시키는 부분적인 개선과 수정 차원의 혁신을 시도한 것이 아니다.77) 소태산은 전통불교의 종파불교

---

76) 새천년 직전 조계종 전 총무원장 고산스님 기자회견 내용이다(전승훈, 「종단 화합에 온몸 바칠터」, 《동아일보》, 1998.12.30, A18면).

77) 이민용, 「원불교와 불교의 근대성 각성」, 제28회 원불교사상연구 학술대회

성향이 아니라 신종교로서 원불교의 활동에 보이는 것처럼 불법을 연원
했으나 이를 혁신함으로써 새로운 용화회상을 출발시키고 있기 때문이
다. 하여튼 한용운과 소태산의 불교개혁 운동은 한 시대에만 영향을
미치는 것이 아니라 여전히 진행 중임을 알고 대중불교, 생활불교, 실천
불교로서 깨달은 자가 주인이 되는 용화회상의 불법이 세상에 편만하도
록 진력해야 할 것이다.

4. 유교의 개혁운동

　사회단체에 비해 종교단체로서 시대를 선도하려면 민중의 요청에 따
라 개혁해야 한다는 책임의식이 있을 것이다. 종교 지도자로서는 인류의
구원 의식이 강조되기 때문이며, 그것은 종교가 대중에게 매력을 갖고
있는 설득력의 수단이기도 하다. 유교의 개혁론은 미래에 대한 우환의식
으로 적절히 대응하는 '시중(時中)'이 그 대표적이라 본다. 미래에 대한
우환의식으로서 항상 근신하고 노력하는 진덕수업(進德修業)과 인간의
경계와 자각 속에 작은 징후라도 살펴서〔知幾〕일이 흉함의 형세로 굳어
지기 전에 허물을 고치는 것〔善補過〕이 때에 적절한 행동이며 시중이
다.78) 일이 지체되는 작은 징후라도 살펴야〔知幾〕폐단이 없는 것은 물
론이며, 인간의 허물을 고치는 시기를 놓치는 것도 반개혁에 해당한다는
점을 알아야 한다. 흉함의 형세로 굳어지는 것 자체가 개혁의 시기를
놓치는 것이므로 유교의 개혁론은 우환의식에 따라 매사 시중의 측면에

《개교100년과 원불교문화》, 원광대 원불교사상연구원, 2009.2, pp.16-17.
78) 심귀득, 『주역의 생명관에 관한 연구』, 성균관대학교 박사학위논문, 1997,
　　p.75.

서 접근된다.

유교의 개혁론은 『주역』의 혁괘(革卦)에서도 거론된다. 혁괘 5효에서는 인간사의 대변혁에 또한 대인(大人)이 요청된다고 했으니, 변혁에는 누구나 다 불안을 떨칠 수 없어서 좀처럼 개혁이 성공을 거두지 못한다.[79] 혁괘(革卦) 구오(九五)에서 "대인이 호변(虎變)이니 점(占)하지 않아도 믿음이 생긴다(大人虎變 未占有孚)"라고 했다. 여기에서 말하는 대인은 백성의 요청에 따라 개혁의 주체가 됨으로써 백성들은 대인을 신뢰할 뿐 점괘에 의존하지 않고 개혁에 따른다는 것이다. 지도자의 무한 신뢰를 의존할지언정 운명론적으로 점괘에 의존하는 신비성을 벗어나서 개혁의 요청에 흔쾌히 함께하는 일이야말로 주역의 혁괘가 갖는 매력이기도 하다.

잘 알다시피 공자는 위대한 개혁가로서 잘못된 서열주의를 개선하고자 하였고, 노자는 상류의 서열주의를 부정하고 평등주의를 지향하였다. 특히 공자는 제후의 의무로서 솔선수범의 선한 윤리의식에 더하여 잘못된 시대상을 방관하지 말고 봉건국가의 상류층 서열주의를 개혁하고자 하였다. 이에 더하여 공자는 개혁에 동참하지 못하는 것을 근심거리로 보았다. "덕을 닦지 못하거나, 학문을 익히지 못하고, 정의를 실천에 옮길 용기가 없고, 과오를 능히 고치지 못하는 것이 근심거리이다."[80] 덕이 없는 군주라든가 학문에 게으른 사람들의 모습, 그리고 사회에서 정의를 실천하지 못하는 행위가 바로 개혁에 반대되는 일로 간주되는 것이다. 자신의 과오에 대한 반성조차 없는 행위를 고통으로 알아 당시의 모순을 바로잡는 것으로 개혁의 고삐를 죄고자 하였다.

---

79) 곽신환, 「주역의 자연과 인간에 관한 연구」, 성균관대학교 박사학위논문, 1987, p.125.
80) 『論語』 「述而」, 德之不修 學之不講 聞義不能徙 不善不能改 是吾憂也.

이처럼 중국 고대에는 『주역』의 우환의식, 공자의 인류구원과 정의실천에 이어서 기원전 340년경 상앙은 치세(治世)의 방법으로 법치(法治)의 측면에서 개혁을 강조하고 있다. "세상을 다스리는데 반드시 하나의 길이 있는 것이 아니고, 나라에 편의(便宜)하다면 반드시 옛것을 본받을 필요가 없다. 각각 그때의 상황에 맞추어 법을 세울 것이요, 그 주어지는 일에 따라 예(禮)를 제정할 것이다."[81] 그는 갱법(更法) 곧 법을 개혁함으로써 세상을 다스려야 한다는 강경론을 설파하였다. 고대 중국에서 강경노선의 성향을 지닌 개혁론이 강조되는 이유가 법가 정책과 관련된다. 전한(前漢)의 왕망(王莽) 역시 개혁론을 주장함에 있어서 법가의 전통에 의존하였음은 잘 아는 사실이다.

다음으로 한국유교의 개혁론에 대하여 살펴보도록 한다. 우선 정도전은 새 왕조의 개창혁명을 주도한 인물로 잘 알려져 있다. 그는 인간의 야성(野性)으로 신왕조를 건립, 개창 혁명을 시도한 유학자였기 때문이다. 조선 건국의 개혁주의 사상가로서 정도전과 권근은 고려불교를 비판하고 유교를 지향하였는데, 이들은 당시에 탁월한 유학자였으며 또 개혁파의 우수한 이론가이기도 했다.[82] 유교를 통한 국가 개혁의 이슈로 삼고 이성계를 도와 조선 건국에 공을 세웠으며, 특히 고려 불교를 벗어나 조선 유교로의 전개는 건국 초기의 개혁이라는 이슈가 강력하게 필요하였으리라 본다.

또한 조선의 선조 때 율곡(1536~1584)의 경세에 대한 상황인식은 어떠했는가에 대하여 살펴보도록 한다. 율곡의 성학(聖學)에 있어 수기치인(修己治人)은 경세론(經世論)과 연결된다. 이에 그의 경세 사상에는

---

81) 『商君書』「更法」, 治世不一道 便國不必法古 各當時而立法 因事而制禮.
82) 최민홍, 『한국철학사』, 성문사, 1986, pp.93-94.

시대의 변화를 바르게 파악하고 대처하는 변통론(變通論)과 사회적 모순을 개혁하는 경장론(更張論) 및 근대적·실학적 사고까지도 포함되어 있다고 평가된다.[83] 율곡은 시대의 구폐를 개혁하고 백성을 구제하기 위해서 인정(仁政)과 삼강오륜의 이념을 거론하면서 개혁하지 않으면 안 된다고 하였다. 그는 안민(安民)을 위해 구폐(救弊)의 개혁을 주장하였는데 이는 후기 실학의 경세치용론에 영향을 미쳤다. 상소문 「만언봉사(萬言封事)」에서 지시(知時), 시의(時宜)를 거론하며 개혁을 강조한 것이다.

이처럼 조선 후기의 개혁론으로서 변통론(變通論)과 경장론(更張論)은 당시 실학자들의 개혁정신으로 이어진다. 최한기, 이익, 다산, 유형원이 그들이다. 예컨대 성호 이익(1545~1588)은 다음과 같이 말한다. "법이 오래가면 폐해가 생기고, 폐해가 생기면 반드시 개혁이 있어야 한다. 이것이 불변의 이치이다."[84] 이것은 경장(更張)하지 않으면 나라는 반드시 망할 것이라는 논리로서 혹 경장하다가 실패를 한다고 해도 다시 경장하여야 치국이 된다는 것이다. 경장론은 조선조 말엽 실학사상의 개화(開化)로 이어지고 있으니, 최한기(1803~1877)는 '새로운 것으로 낡은 것을 바꾸는' 변혁의 중요성을 인지하여 차라리 옛것을 버릴지언정 지금을 버릴 수는 없다는 진보 정신을 표방하고 있다. 다산 정약용 역시 도탄에 빠진 민중에게 희망을 불러일으키도록 사회의 개혁의 경세론을 집대성하였다.

뒤이어 유교의 개혁론에 있어서 돋보이는 것은 박은식(1859~1925)의 유교구신론(儒敎求新論)이다. 구신론은 양명학으로 유교를 개혁하자는

---

83) 송석구, 「율곡사상과 새 시대의 전망」, 『한국사상논문선집』 222, 불함문화사, 2001, pp.82-89 참조.
84) 李瀷, 『星湖僿說』 卷3, 法久弊生 弊必有革 理之常也.

것이다. 백암 박은식은 불혹의 40세(1898)부터 망국의 52세(1910) 때에 심기일전하여 주자학의 껍질을 벗기고 계몽운동가로 변신했음은 잘 아는 사실이다. 40세에 독립협회에 가입하고 황성신문과 대한매일신보의 주필로서 교육문화의 개혁운동을 추진하였던 그는 유교구신론을 통해 지극히 사변적인 성리학의 한계를 직시했다. 이에 심학(心學)을 통해 양명학으로써 유교를 근대화하고자 개혁하였다.

그러나 계몽적 애국운동가로서 박은식의 개혁론은 국가 발전에 큰 영향을 미치지 못하였다. 곧 백암은 신채호, 정인보와 더불어 '근세적 유학'인 양명학으로 나라를 구하려는 유교개혁 운동을 펼친 바 있지만 당시 급변하던 사회에서 큰 호응을 얻어내지는 못하였다.[85] 물론 유교구신론이 갖는 한계가 없지는 않았지만 박은식은 근대 유교의 개혁운동을 전개한 대표적 인물로 잘 알려져 있다. 유교의 개혁운동은 구한말에 이르기까지 개혁하려는 유학자들의 열망에도 큰 성공을 이루지 못한 채 한일합방이라는 암울한 역사에 매몰되고 말았으니 국가적으로 안타까운 일이다.

---

85) 김수중, 「양명학의 입장에서 본 원불교 정신」, 제18회 원불교사상연구 학술대회 《少太山 大宗師와 鼎山宗師》, 원광대 원불교사상연구원, 1999.2, p.30.

제4장

●

국가의 개혁과 교육

1. 중국의 개혁운동

중국 고대의 주나라는 혼란한 상황이었다. 동주 (東周)는 기원전 771
년 서주의 유왕이 견융의 침공으로 호경이 함락되고 제후들이 평왕을
옹립하였다. 수도를 낙읍으로 옮긴 이후의 주나라는 그야말로 개혁이
필요한 난맥상이었다. 동주는 고도의 경제적 성장, 사회적 변동, 정치적
발달의 시기였지만 세속적인 낡은 권위와 정신적인 옛 권위가 함께 실패
하였기 때문에 현실적 개혁 문제와 더불어 새로운 문제들이 제기되었
다.[86] 동주는 혼란의 시대로서 고수되어 오던 낡은 전통들이 개혁의
대상이었다. 그것이 춘추전국시대를 전후한 혼돈의 시대로서 고대 중국
은 개혁의 물꼬를 막을 수 없는 상황에 이른 것이다.

이처럼 고대의 혼란했던 시기는 주나라로서 춘추전국시대였다. 백가

---

86) 존 K. 페어뱅크 外 2인, 김한규 外 2인 譯, 『동양문화사』(상), 을유문화사,
    1999, p.52.

쟁명(百家爭鳴)으로 혼돈이 가중되었고, 봉건제후의 차별적 사회가 지속되었다. 뒤이어 기원전 340년경 중국의 법가에서는 치법(治法)에 의한 개혁을 적극 추진하고자 하였다. 당시 법가의 상앙이 추진했던 개혁이 실패로 돌아가기도 했다. 상앙의 실패는 일찍부터 예견됐다는 것이 일반적인 견해로, 그의 법이 지나치게 엄하고 형벌이 가혹해 인심을 잃었기 때문이라는 것이다.[87] 『시경』에서 말하듯이 당시는 인심을 얻지 못하고 민중을 잃었기 때문이라 본다. 엄한 법을 통해 개혁을 시도하려고 한다면 민중들의 자발적인 참여가 필수적인데, 민심 이반이 있었다.

수·당대를 지나 송대(宋代)에 이르러서도 혼란한 사회적 상황이 적지 않았다. 송나라 때에 사회 개혁가로서 왕안석이 등장한다. 북송(北宋) 전반에는 엄밀히 말해서 혼란으로 직결되는 상황까지 가지는 않았다. 하지만 왕안석이 살던 시대는 이미 심각한 사회적 위기를 안고 있었는데, 토지겸병과 잔혹한 착취로 인하여 농민폭동이 계속 발생하였으며, 태종 때에는 사천(四川)에서 왕소파(王小波)와 이순(李順)이 봉기를 일으켜 처음으로 "빈부차를 없애라."는 구호를 제기하였다.[88] 왕안석이 생존하던 때에는 봉건국가에 나타나는 계급적 모순과 민족의 갈등이 극에 달하였다. 그는 당시 사회의 모순을 목격하고 사회 개혁가로서 개혁 방안을 제시함으로써 개혁의 선구자적 역할을 하고자 하였다.

청나라 때 알려진 개혁가로는 양계초와 강유위 등이 거론된다. 양계초에 의하면 불교와 기독교가 중국에 들어왔는데, 기독교는 미신을 주로하고 철리(哲理)가 천박해서 중국 지식층의 욕구를 만족시키지 못했다고 비판하였다. 미신적인 것을 개혁하여야 합리적이고 철학적인 종교가 국

---

87) 세계사신문 편찬위원회, 『세계사신문』1, 사계절출판사, 1999, p.51.
88) 任繼愈, 전택원 譯, 『중국철학사』, 까치, 1990, p.318.

가와 사회를 발전시키고 환영을 받는다고 하였다. 그리고 강유위는 개혁
에 대하여 관심을 갖고 당시 개혁의 절실함을 설파하였다. "현재는 승평
(升平)의 시대에 해당되는 만큼 응당 자주, 자립의 사상과 의회제도와
입헌의 정치를 실현해야 하거늘 제도를 개혁하지 않으면 큰 난리가 발생
하게 된다."[89] 그의 언급처럼 자주적 의회 및 입헌정치를 위해 개혁이
있어야 한다는 것이다. 그렇지 않으면 나라는 안정되지 못하고 혼란한
상황에 이른다고 하였다.

근대 중국의 성장배경에는 개혁의 물결이 있었기에 가능했다는 것은
부인할 수 없다. 중국은 그동안 개혁 개방정책을 통해 경제의 엄청난
성장을 이룩했기 때문이다. 중국이 개혁 개방을 선언한 것은 1978년
12월 18일 공산당 제11기 3차 중앙위 전체회의에서였다. 「3중전회」가
그것으로, 1978년도에 중국의 무역 수준은 매우 낮은 상황이었다. 세계
27위였던 교역액수가 이를 증명한다. 그 뒤 20여년이 지난 1997년에는
무역액이 무려 3천251억 달러로 치솟으며 세계 27위에서 10위로 뛰어올
랐다. 그동안 일본이 세계 2위의 무역 국가였는데 오늘날 중국이 그
자리를 대신하고 있고, 당시 중국의 외환보유고를 보면 일본보다 앞선
세계 1위에 등극했다.

그렇다면 근대 중국의 급변하는 경제성장의 원인은 무엇인가가 궁금
한 일이다. 중국이 무역에서 세계 랭킹 2위에 오른 이유 가운데 당시
중국 정치지도자들을 연상시킨다. 마오쩌둥, 덩샤오핑, 주룽지가 그들이
다. 그들은 경제개혁과 개방정책을 앞세워 중국의 발전에 동력이 되도록
하였던 것이다. 돌이켜 보면 1950년대 중국의 발전에는 공업의 중앙계획

---

89) 康有爲, 『中庸注』, 當升平世而仍守據亂 亦生大害也 譬之今當升平之時 應發自
　　主自立之義 公議立憲之事 若不改法 則大亂生.

과 중공업이 있었으며, 이는 기껏해야 소련 모델을 답습한 것이었다. 그 뒤 마오쩌둥의 '대약진' 운동이 있었는데, 그것은 1978~1979년에 착수된 덩샤오핑의 경제개방 정책과 더불어 극적인 변화를 보게 되었다.[90] 그동안 중국의 농업에 가장 큰 변화가 있었지만 무엇보다 돋보이는 것은 제조업, 상업, 소비재 무역인데, 이는 중국의 개혁의 결과로 이어진 산물이었다.

덩샤오핑은 마오쩌둥에 이어서 개혁의 큰 물꼬를 열었지만 중국 경제 발전의 출발점은 1978년이었다. 덩샤오핑의 개혁은 정치적 자유화를 허용하지 않으면서 경제적 자유화를 촉진하려는 의도를 담고 있었으며, 경제 자유와 합작사업, 해외의 민주국가 여행 그리고 유학, 갈수록 많아지는 서방매체에 귀를 기울이면서도 이를 수용했다.[91] 급격한 경제개방보다는 공산주의의의 민주화는 더디었던 관계로 1989년 민중의 항거가 일어났는데 천안문 사태가 그것이며, 안타깝게도 정권의 강력한 대응으로 민주화가 뒷걸음치기도 했다. 하여튼 덩샤오핑의 흑묘백묘(黑猫白猫)의 논리는 검은 고양이든 흰 고양이든 쥐만 잘 잡으면 된다는 뜻으로, 중국의 개혁과 개방정책은 경제 성장의 기폭제가 되었다. 1979년 덩샤오핑이 미국을 방문하고 돌아와서 주장한 '흑묘백묘론'은 국가 경제의 실익을 앞세우는 정책으로 중국이 그 뒤를 따르는 형국이 되었다.

G2의 무역국가로 성장한 중국은 경제대국으로서 사회개혁과 농업혁명을 일으켰음이 주목된다. 중국의 혁명적 노력이 경주되었던 최근 수십 년 동안, 농업용수를 위해 저수지를 만들어 물을 공급하는데 전력하였다. 관개 수로를 뚫고, 전답으로 물을 퍼 올리기 위해 전력을 사용하며,

---

90) 폴 케네디, 邊道殷 외 1인 譯, 『21세기 준비』, 韓國經濟新聞社, 1999, p.228.
91) 위의 책, pp.230-231.

나무를 심어 소림하고 작물을 개량하는 등 큰 변화가 있었지민, 이와 같은 개혁은 중국인의 생활을 개조하는 과정의 시작일 뿐이었다.[92] 중국의 지속적인 경제성장은 세계의 이목을 끌기에 충분하다. 세계 1위의 인구 국가로서 저렴한 인건비에 편승하여 경제개방 개혁으로 경제 규모가 가히 세계적이다. 그러나 경제만으로 개혁 개방은 끝나지 않는다는 점은 환기할 일이다. 국민들의 자유가 억압되기 쉬운 공산주의의 한계를 어떻게 극복하고 민주화의 선진 대열에 진입하느냐 하는 문제는 중국이 앞으로 풀어갈 과제라 본다.

2. 한국의 개혁운동

어느 나라든 구폐를 청산하고 개혁에 앞장설 경우 경제적 발전과 민주적 선진성은 앞당겨질 것이다. 중국의 개방·개혁운동이 오늘의 부(富)를 만들었던 점을 새겨볼 필요가 있다. 한국 상품의 브랜드가 세계화된 '삼성' 그룹의 총수는 다음과 같이 말한다. "중국이 경제개혁과 개방을 지금과 같은 속도로 10년만 계속한다면 세계시장에서 우리가 설 자리는 없어질 것이라는 불안감이 머릿속을 떠나지 않았다."[93] 이처럼 개혁에 대한 위기의식을 갖고 주변국 개혁의 장점을 배우는 자세가 필요하다고 본다. 중국 청나라 후기 학자 위원(魏源, 1794~1857)은 외국의 지리와 당시의 역사적 상황을 연구하고 외국인의 장점을 배울 것을 주장하였는데, 개혁과 위기의식이 통한다는 점을 밝힌 것이다.

---

92) 존 K. 페어뱅크 外 2인, 김한규 外 2인譯, 『동양문화사』(상), 을유문화사, 1999, pp.17-18.
93) 이건희, 『생각좀 하며 세상을 보자』, 동아일보사, 1997, p.60.

조선조 역사의 시각에서 볼 때 국가 구폐의 개혁을 수행하지 못한 경우는 없었는가를 살펴보자. 조선이 개혁하지 않아 조선이 멸망할 수밖에 없었기 때문이다.[94] 지금으로부터 110여년 전으로 거슬러 올라가 1908년 캐나다 출생의 영국인 기자 프레드릭 매킨지(1869~1931)는 『대한제국의 비극』이라는 책을 발간하였다. 여기에서 그는 '조선이 개혁하지 않으면 멸망할 것'이라고 했다. 뒤이어 그는 『자유를 위한 코리아의 투쟁』이란 책을 저술하여 한국을 지극히 사랑하였던 외국인으로 알려졌다. 이 책에서 한국의 3·1운동을 세계에 널리 알리면서, 조선이 개혁에 실패함으로써 망국이 되었던 당시의 상황을 비감한 어조로 전하였다. 매킨지는 한국보다 더 열등한 일본이 4천년 역사를 가진 민족을 동화시키는 것은 절대 불가능하다고 하였다. 이에 일본은 자신의 능력을 과대평가하는 반면 한국인은 자신의 능력을 과소평가한다고 하였다. 그는 특파원으로서 두 번에 걸쳐 한국을 찾았던 인물로 조선이 개혁에 실패한 역사를 아쉬워하였던 점에 대하여 타산지석으로 새겨야 한다.

물론 조선시대에 개혁운동이 없었다는 것은 아니지만, 그 개혁에는 각종 사화(士禍)가 뒤따랐다. 중종 때 조광조(1482~1519)를 포함한 신진 개혁세력은 희망을 안겨 주었는데, 결과적으로 사화(士禍)를 가져다주어 선비들을 희생시켰다. 당시 현량과라는 특과를 두어 개혁 에너지로서의 젊은 인재를 발탁해 개혁정치에 박차를 가했지만, 중종은 조선 신진세력의 영향력에 반감을 가졌던 것이다. 한번 옳다고 믿는 것에 대해서 좌고

---

94) 삐뚤어진 인생관의 씨앗을 심어놓은 왕조, 조선 왕조, 그 왕조의 탄생은 두고 두고 한반도를 곤경에 빠뜨리는 단초가 되고 있다. … 조선 왕조가 멸망한 이후, 글을 다루는 사람들의 대부분은 전통적인 한학자들이었다. 그들만이 글을 쓸 수 있었고, 학문을 점유할 수 있었다. 그들은 언제나 역사와 사회 해석의 주체들이었다(김경일, 『공자가 죽어야 나라가 산다』, 바다출판사, 1999, p.35).

우면(左顧右眄)하지 않고 밀어붙이며 개혁 정책을 펴나가던 조광조는 중종반정 공신들의 모함에 빠지게 되었다. 백성을 위했던 황희와 원칙과 명분에 충실했던 조광조의 개혁에 대한 의지는 사화를 겪으면서 꺾인 것이다. 율곡이 정암을 높이 평가한 것은 민생을 안정시키고 도덕성을 고양시키는 이상적 개혁정책을 추진하려고 구체적 시책을 제시하였기 때문이다.[95] 정암은 37세의 나이로 중종에게서 사약을 받았지만 과감한 인재등용의 정책, 토지 겸병제도, 고리대금, 사회적 낭비를 규제하여 사회개혁을 시도했는데, 성공하지 못해 아쉬움이 남는다.

여기에서 조선조 후반에 유행한 '실학'의 개혁론을 새겨볼 필요가 있다. 그것은 개혁과 관련되는 것으로 일종의 개신(改新)이었기 때문이다. 새롭게 변혁하지 못하는 학문은 이론에 치우치기 쉬운 관계로, 현실을 무시하거나 도외시한다면 사회 구제의 국가적·종교적 입지는 그만큼 좁아질 것으로 보아, 실학이 갖는 명분은 구폐(舊弊)에 대한 개신의 의미가 강조되었다.[96] 알다시피 실학은 조선 후기의 개신유학으로서 1920년대 이래 받아들여진 것으로, 그 호응을 얻은 것은 조선조 성리학이 형이상학적 측면에 치우친 관계로 인하여 공리공론의 학이라 비판을 받은 영향이다. 실학은 실제의 학문으로 조선후기 영·정조 때 발흥하여 조선의 관념론적 시대사조를 개혁하고자 하였다.

뒤이어 구한말 한국의 개벽사상이 등장하면서 신종교의 개혁운동이 물꼬를 텄다. 최수운, 강증산에 이어 소태산의 개벽정신이 주목받는 이유이다. 원불교는 불교를 새롭게 혁신하고자 하여 불교의 교판 정신을 계승하고 있는데, 새로운 실학적 경향을 지닌 점에서 새 불교로서의

---

95) 이성전, 「內聖外王의 도로서의 栗谷의 聖學」, 『원불교사상과 종교문화』 28집, 원광대 원불교사상연구원, 2004, p.214.
96) 류성태, 『원불교와 한국인』, 학고방, 2014, pp.457-458.

혁신불교의 측면을 부각시키고 있다. 원불교는 한국사회가 근대화를 지향하면서 필연적으로 요구되었던 불교에 있어서의 실학적 경향을 지니게 되었던 것이다.[97] 이것은 소태산의 「조선불교혁신론」이 갖는 중요성이기도 하다. 새 시대의 도래와 더불어 정치, 문화, 사회 전반의 개혁에 이어 종교도 그 대열에 벗어날 수 없다는 점에서, 불교혁신은 시대화 생활화 대중화에 편승한 종교다원화의 시대를 활짝 열었다. 소태산의 종교 회통과 개벽사상이 서구종교의 독단적 구원주의를 극복하는 길로 평가받는 것은 당연한 일이다.

하여튼 한국 전반에 있어 시대적 개혁의 요청은 종교만이 아니라 '자유'를 지향하는 민주국가의 중요 사안이라는 점에서 주목된다. 각국 혁신지수를 보면 1위 미국, 2위 독일, 3위 영국, 4위 일본, 5위 프랑스, 6위 스위스, 7위 싱가포르, 8위 캐나다, 9위 네덜란드, 10위 홍콩에 이어서 19위 한국 순이었다.[98] 아직 낮은 순위에 있지만 세계의 개혁에 편승한 한국의 개혁 순위는 앞으로도 주목하고 지켜보아야 할 것이다. 영국은 대처 전 총리의 지도 아래 철저하게 개혁을 단행해서 경제위기를 극복했음을 상기할 일이다. 19세기에 세계의 대영제국을 자랑했던 영국이 세계대전 이후에는 내리막길을 걷게 되었으며, 1970년대에 경제와 사회 부분에 한계점을 드러냈다. 이때 영국 수상으로서 정치에 새바람을 불러일으킨 주인공이 마가렛 대처였던 것이다.

한국 근·현대사를 돌이켜 보면서 국가나 사회는 보수적 사고와 기득권적 사유에 길들여진 시대에 편승한다면 국난의 고비가 있을 수 있다. 개혁과 개방이라는 지혜가 있어야 한다는 뜻으로, 여기에서 근대 새마을

---

97) 위의 책, pp.506-507.
98) 프랑스 경영대학원인사이드의 2007년 국가혁신지수에서 자료 제공(김기훈, 「각국 혁신지수 순위」, 《조선일보》, 2007.1.18, A16면).

운동을 거론하고자 한다. 한국의 가난했던 농촌이 빈국에서 벗어날 수 있었던 운동으로 '새마을운동'(1971년)이었다. 시골의 길이 넓혀지고 종자가 개량되어 산림산업이 육성되면서 보릿고개를 넘기는 운동이 새마을운동이었기 때문이다.

한편 한국은 국가적 경제의 고비를 겪게 되자 자영업자를 포함하여 많은 기업이 부도의 상황으로 내몰렸는데 그것이 IMF사태였다. 영국의 더 타임스는 아르헨티나 정부에 대해 "한국을 배워라."고 충고했는데, 한국이 IMF 관리체제에서 빨리 벗어날 수 있었던 것은 뼈아픈 구조개혁 때문이라고 치켜세웠다.[99] 이렇듯 경제 재건을 위한 구조개혁이 없었다면 한국의 도약은 불가능하였을 것이라 본다. 지정학적으로도 어려운 상황에 있는 한국이 성장한 것은 개혁 개방을 시도하였기 때문이며, 그로 인해 경제위기의 상황에서 재도약의 기회로 자리하였다.

한국사회는 과거의 폐단을 끊고 개혁 개방으로 향한 덕택에 현대의 첨단산업 국가로 탈바꿈하게 되었다. 1960년대 초반에 산업화의 발걸음은 꾸준히 추진되어 특히 제철, 비철금속, 조선, 기계, 전자, 화학 등 6개 분야에 집중되고 있으며, 평균적 한국인의 이미지는 더 이상 유유자적한 목가적 풍취에 머물고 있지 않고 용광로 옆에서 땀을 흘리는 헬멧의 이미지로 표상되어 가고 있다.[100] 한국사회가 산업시대를 거쳐 발전해온 점을 상기하여 세계의 선진국 대열에 합류하고 있는 것이다. 우리는 민주 가치와 경제적 부를 향유하기 위해 국가와 사회의 개혁을 꾸준히 시도해야 한다. 선진시민으로 발돋움하는 한국인들은 타성적 안일의식을 극복, 새로운 시대의 동력 분출의 에너지를 갖고 개혁의 기치를

---

99) 최철주, 「아, 아르헨티나」, 《중앙일보》, 2001.12.22, 6면.
100) 정병조, 「21세기의 불교」, 다이쇼대학교 금강대학교 불교문화연구소 공편, 『현대사회와 불교』, 씨아이알, 2015, p.174.

높이 새워야 한다.

3. 지식, 교육과 개혁

고금을 통하여 동서를 막론하고 국가와 사회의 발전이 지체되거나 후퇴한 경우는 지도자의 업무 추진에 있어서 '개혁 마인드'의 결여가 문제였다. 지성인의 역량으로서 국가와 사회의 부단한 개혁과 성취에 책임이 있다. 물질적 상황의 부단한 개선과, 그리고 증가하는 자유시간과 더불어 삶에 의미를 부여하는 지성인의 과제는 그 중요성이 더욱 증대된다.[101] 동시대를 살아가는 지식인들은 지적 역량을 통한 지식 및 교육의 개혁에 소홀하지 않았는지 성찰해야 한다는 뜻이다. 창조 가치를 소중히 여기며 민중을 인도하고 사회를 구제해야 할 책임이 국가 지도자와 사회 지성에게 있다는 사실을 간과해서는 안 된다.

여기에서 창조적 지식이 미래비전이자 생존전략이라는 점을 고려해보자. 창조적 지식이란 진보적이고 개혁적 지식이라는 점에서 지식 기반의 국가들은 발전을 향한 지식의 창조성을 부각시켜야 한다. 창조적 지식인들은 광범한 지식층 내에서도 가장 역동적인 집단인데, 왜냐하면 그들은 혁신적이며 문화 발전의 첨단에 서 있기 때문이다.[102] 특히 IT산업과 인공지능의 사회에서 창조적 지식을 통해서 큰 부가가치가 창출됨

---

101) 볼프강 베르그스도르프, 「무기력과 교만」, 엄창현 편저, 『지식인과 지성인』, 도서출판 이웃, 1991, pp.82-83.

102) Lipset and Doubson, 1977(시무어 마틴 립셋·아소케 바수, 「지식인의 정치적 역할」, 알렉산더 겔라 編 김영범 외 1인 譯, 『인텔리겐챠와 지식인』, 학민사, 1983, p.106).

으로써 경제적·문화적 사회가 발전하게 되며, 그것은 지식인으로서 패러다임을 지속적으로 새롭게 전개하도록 해준 결과이다. 새 부가가치의 창조로 인해 과거의 패러다임을 과감히 개혁할 때 지도자의 창조적 지식은 큰 힘을 발휘한다.

큰 힘을 발휘하는 미래 가치의 지식은 교육개혁의 성공조건에서 거론되지 않을 수 없다. 지식과 교육은 공히 개혁이라는 필요성을 함유하기 때문이다. 교육개혁이 성공하기 위해서는 미래를 책임질 학생들의 창의성을 살리는데 교사들의 유용한 지식이 필요하다. 그동안 우리나라의 교사 양성과정에서부터 임용, 재교육 등에 이르는 일련의 교사 양성체제에 관한 여러 가지 문제점이 제기되었고 그 개혁의 방안도 제안된 적이 있다.[103] 정부의 교직종합발전방안(2001), 교원양성체제개편 종합방안(2004), 교원양성제도 개선방안(2006), 교원양성 및 선발제도의 개선방향(2007)을 근거로 해서 최근 교사자격 무시험검정 기준강화와 관련한 법령개정을 고시하였다. 교육개혁의 주체가 일선학교의 교사들이라는 점에서 교사양성의 방안 개혁도 필요하다.

오늘날 교사든, 학생이든 간에 교육개혁의 당위성에 직면한 현실에서 볼 때, 자기개혁이라는 가치가 소중하게 다가온다. 타인개혁이란 수동성이 뒤따르며 이에 비해 자기개혁을 먼저 시도하는 것은 능동적이고 적극적인 추진의 실마리를 갖게 해주기 때문이다. 18세기 도매상인, 소매상인, 점포주인, 사무원, 노동자로 이뤄진 신흥의 중산계급이 독서를 시작하게 된 본래의 동기는 그들의 '자기개선(自己改善)'이었다.[104] 18세기부터 개혁의 드라이브로서 산업혁명이 이루어졌는데, 그것은 지식인들이

---

103) 김귀성, 『학교에서 종교교육의 이해』, 문음사, 2010, p.166.
104) 루이스·A·코저, 方根澤 譯 『지식인이란 무엇인가』, 태창문화사, 1980, p.59.

자기개혁을 통해 신·구(新舊)의 격동적 변화를 불러일으키는데 성공하도록 하였다. 당시 지식인들은 신문, 정기간행물, 잡지, 단행본 소설을 숙독하면서 변화해야 한다는 자각을 하였으며, 독서의 힘을 통해서 지식의 축적과 미래비전을 키웠던 것이다.

독서 파워에 의한 학문 성취의 도움으로 포괄적 안목과 합리적 시각에서 개혁을 거론하는 것은 당연한 일이다. 학문과 기술에 힘입어, 물질적 토대의 개혁이라는 차원에서 이룩된 합리성은 지속적으로 새로운 생각이나 지식의 유입을 필요로 한다.[105] 포괄적 안목이냐 아니면 폐쇄적 안목이냐의 여부, 합리성이냐 아니면 비합리성이냐의 여부에 따라 개혁과 수구의 갈림길이 되는 것이다. 다행히 사회적 리더로서 지성인은 객관적이고 포괄적인 안목에 더하여 합리적 성향에 의해서 구폐를 덜어 내는데 그 힘을 발휘하도록 해야 한다.

그리하여 지적 안목에 의한 지성으로서 사회개혁은 물론 교육개혁의 필요성과 선행과제가 무엇인가를 파악할 필요가 있다. 교육 담당자의 의식개혁과 학부모 의식개혁이 병행되는 일이 중요하고, 덧붙여 교육당국자의 의식개혁에 더하여 교육재정 확보가 요구된다. 이처럼 교육개혁이 성공을 거두려면 사회 공감대와 개혁 주창자의 의지가 중요하다. 이에 더하여 구성원의 지지와 채택 그리고 지속적인 실천이 수반될 필요가 있으며, 어떤 사회의 변혁을 이끌어 내는 데는 개혁 주체와 이를 공유하는 구성원들의 노력과 이를 후원하는 제도적 장치 등이 수반될 때 그 의미를 갖는다.[106] 학생, 교육자, 국가 정책 입안자 등이 합력할

---

105) 볼프강 베르그스도르프, 「무기력과 교만」, 엄창현 편저, 『지식인과 지성인』, 도서출판 이웃, 1991, p.81.
106) 김귀성, 「한국 근대불교의 개혁론과 교육개혁」, 『원불교학』 제9집, 한국원불교학회, 2003, p.338.

때 교육개혁이 수월해지며, 그것은 국민성의 향상과 선진국가의 대열에 합류하게 된다.

덧붙여 선진대열에 이르는 길은 모두가 교양을 갖출 때 가능한 일이며, 교양교육도 개혁의 자질을 키워준다는 것이다. 교양교육은 선견지명, 개혁, 독창성 등의 자질을 함양시켜 준다는 점에서 간과할 수 없는 부분으로, 이러한 교육은 고등교육기관에서 더욱 관심을 가져야 할 것이다. 대학은 곧바로 청년들에게 취업의 길을 터주고 의젓한 사회인을 길러내는 사회인의 양성소이기 때문이다. 오늘날 대학의 교양교육 기능이 약화되고 있는데, 이에 학문을 연마하는 것, 교양을 쌓는 것 그리고 취업준비를 하는 것은 대학에서 빼놓지 못할 세 요소이다.[107] 전문교육은 물론 교양교육을 통해 대학에서 창의적 지식을 제공받고, 젊은 층들에게 개혁 마인드를 심어주는 역할이 요구되며, 그것이 사회 발전의 에너지를 불러일으켜 주는 동인이다.

따라서 개혁과 발전에는 지성인의 역할이 필요하며, 또 교육의 확대를 통해서 접근하는 방식이 지속적이고 전반적인 영향을 미치는 것임을 알아야 한다. 지식사회와 원불교에 대하여 관심을 갖고 필자는 이와 관련한 책을 발간한 적이 있다.[108] 여기에서 지식의 진보와 발전을 위해 벤처산업과 지식사회, 첨단 기술과 지식사회, 직업 분화와 지식사회, 전략의 소중성과 지식사회를 거론하면서 개혁 및 발전과 관련한 지식론을 거론하였다. 그리고 원불교의 정신에 돌이켜 보면서 소태산의 문맹퇴치 운동을 상기하였다. 이를테면 무지무식(無知無識)의 타파, 민중 계몽, 강

---

107) 문용린, 「대학에서의 인성 및 민주시민 교육의 방향과 과제」, 도덕교육 국제 학술대회기념 논문집 《21세기 문명사회와 대학의 도덕교육》, 원광대 원불교 사상연구원, 2001.12, p.12.

108) 류성태 『지식사회와 원불교』, 원광대학교 출판부, 1999, pp.9-10.

약 진화와 문맹 극복, 심학(心學)과 형이상학의 확대를 거론하였다. 같은 해에『지식사회와 성직자』를 발간한 필자의 의도 역시 지식과 교육을 통해서 국가 사회의 개혁이 이뤄져야 한다는 뜻이다.

지식인의 역할에 더하여 교육기관의 개혁적 자세가 국가의 미래를 향도할 가늠자이다. 교육기관은 학생들로 하여금 사회를 향도할 개혁의 주체가 되도록 인도하는 곳이기 때문이다. 물론 교육기관은 산업화 이전의 시대에 비하면 비교할 수 없을 정도로 개선된 것이며, 많은 사람들에게 대의적 문화의 현재치에 종사할 수 있는 기본적 전제조건을 매개하였다.[109] 그로인해 교육기관의 능동적 역할은 현대문명의 발전을 가져다 주었으며, 이러한 문명의 힘으로 인류는 문화적 가치의 발현을 통해서 삶에 여가를 즐기게 된 것이다. 이에 국가적 관심과 함께 교육기관은 사회 개혁의 주체가 되어 미래를 향도하는 힘을 지속적으로 제공할 필요가 있다고 본다.

4. 개혁과 지도자의 리더십

고대 세르비우스(기원전 578~기원전 535)는 전설적인 로마왕정의 제6 대왕으로서 법전(法典)의 제정자이기도 하여 유명세답게 그의 국가 개혁론이 궁금하다. 그는 개혁 마인드와 리더십이『로마인 이야기』에 등장하고 있어 주목을 받은 적이 있다. 세르비우스는 남을 거부하는 성벽과 남도 받아들이는 신전을 동시에 건설하여 완성시켰는데, 그가 이룩한

---

109) 볼프강 베르그스도르프, 「무기력과 교만」, 엄창현 편저, 『지식인과 지성인』, 도서출판 이웃, 1991, p.82.

업적 가운데 가장 중요한 것은 군제 개혁이며, 동시에 세제 개혁이자 선거제도의 개혁이다.[110] 그는 리더로서 카리스마를 가지고 라틴인들과 동맹하여 칠구(七丘)를 로마시에 편입하고, 처음 백인조합(百人組合)의 제도와 호적(戶籍)을 만들었으니 과연 개혁의 공을 세웠던 것이다.

고대의 로마에 이어 근대의 미국으로 이어지는 20세기 문명발전의 축을 보면, 선진국으로의 도약은 개혁의 성공 여부에 따라 그 중심 이동이 이루어진다는 점이다. 미국은 20세기를 통하여 19세기 서유럽 문명이 인류의 근대성의 형성에 기여한 모든 혁명적 요소를 집약시키고, 효율화시키며 보편화시키고, 생활화시킴으로써 인류사의 근대적 흐름의 대세를 확고한 것으로 만들고 리더십을 장악하였다.[111] 미국의 대통령들은 세계 대통령이란 상징성을 가지고 개혁의 선진국으로 도약한 것이다.

같은 맥락에서 역대 최장수 국무총리를 지낸 이낙연은 기자시절, 대만 지도자 리덩후이의 리더십을 거론하였다. 리덩후이의 마지막 꿈은 무슨 일이 있어도 임기 중에 3대개혁(의회, 사법, 교육)을 이루고 총통에서 물러나고 싶다고 했으니, 진정한 지도자는 자기가 없을 때 다른 사람이 어떻게 판단할까를 고심해야 한다.[112] 지도자의 리더십 발휘와 개혁이 중요함을 알게 해준다는 점 때문이다.

그럼에도 불구하고 지도자로서 리더십이 부족하여 개혁을 하지 못할 경우 상생의 세상을 만들어가는 데 한계가 뒤따른다. 개혁 마인드를 가진 지도자의 상생적 역할이 중요하다는 것이다. 지성은 만약 이 낙후된 현실 속에서 개혁 의지를 가지지 못한 채 자기 이익만 도모하는 낡은 층이 있다면 이 세력과 상극을 이루지 않을 수 없다.[113] 개혁을 통한

---

110) 시오노 나나미, 김석희 譯, 『로마인 이야기』 1, 한길사, 1997, p.66.
111) 김용옥, 『중용 인간의 맛』, 통나무, 2011, p.17.
112) 이낙연, 「리덩후이와 리콴유」, 《동아일보》, 1999.10.28, A6면.

밝은 세상은 상생의 길이라면 반개혁은 이와 달리 상극의 세상으로 전락하기 쉽기 때문에 비판을 받아 마땅하다고 본다. 상극의 퇴보가 아닌 진보를 향한 개혁은 현대의 과제이며 상생의 세상에서 필수적이다.

상생을 이끌어갈, 그리하여 존경받는 지도자의 위치에 있는 사람에게는 대중을 향해 리더십을 활용하는 일이 매우 중요하다. 이에 개혁에 성공하는 세상의 지도자가 되려면 더욱 구폐를 끊고 새롭게 나가길 바라는 민중의 요청에 부응하는 일이라 본다. 부정부패를 척결하고, 정치개혁을 통해 경제를 발전시키며, 교육 개혁과 재벌 개혁을 주도하는 일이 과거로부터 중대한 요청이었음을 상기해야 한다. 미국의 빌 클린턴은 대통령 당선 이전, 전국 주지사협의회 활동을 통해 전국에 이름이 알려졌고, 아칸소 주지사로서 교육과 복지개혁 및 경제개발에 성공한 것으로 평가받았다.[114] 클린턴이 1991년 8월에 주지사 연례회의에 참석했을 때, 당시 민주당 주지사들은 그가 대통령 출마를 고려한다면 지지하겠다는 발언을 한 것이 바로 빌의 개혁적 리더십을 보았기 때문이며 그것이 대통령으로 선출되는 일면이 되기도 하였다.

정치 지도자의 개혁론에 더하여 종교 지도자들의 리더십을 개혁과 관련하여 언급해 볼 필요가 있다. 하비 콕스에 의하면 미국의 젊은이들이 동양종교로 회귀하는 원인의 하나로서, 동양종교로 회귀하는 사람들은 권위를 찾는다는 것으로, 동양의 지도자들에게는 지혜와 카리스마적인 힘이 있다는 것을 발견하게 된다는 것이다.[115] 종교 지도자들에게

---

113) 張俊河, 『지식인과 현실』, 세계사, 1992, p.406.

114) 힐러리 로댐 클린턴, 김석희 옮김, 『살아있는 역사』, 웅진닷컴, 2003, pp. 154-155.

115) 이은봉, 「미래종교에 대한 원불교적 대응」, 제18회 원불교사상연구 학술대회 《少太山 大宗師와 鼎山宗師》, 원광대 원불교사상연구원, 1999.2, pp.13-20.

카리스마가 있다는 것은 권위를 갖추고 사람들의 마음을 안정시켜 줌은
물론 사회 개혁의 동인이 되도록 불확실성을 극복하게 해주기 때문이다.
사회의 발전과 민중의 안정은 사회 지체(遲滯)를 극복, 바른 지혜를 통한
개혁의 물꼬를 터주는 종교지도자의 사명이 있어야 한다는 뜻이기도
하다.

　그럼에도 불구하고 정치와 사회, 종교 지도자들의 침묵은 사회부패는
물론 민중을 고통으로 몰아가게 된다. 침묵은 개혁에 대한 어떠한 관심
을 보이지 못하기 때문이다. 지성인이 침묵한다는 것은 국민 대중을
위한 역사를 지켜보면서 추진하려는 세력이 없어졌다는 것을 의미하며,
그 사회는 개혁과 발전에 대한 의지를 상실한 것이다.[116] 지도자로서
사회 발전을 향한 양심이 사라져 민중에게 리더십 상실로 이어질 경우
기득권층의 안일이나 권세의 폭군만이 지배하는 현상이 자리할 뿐이다.
이처럼 개혁의 침묵, 그리고 반개혁의 동조와 같은 리더십의 부족은
부패된 사회를 개혁으로 이끌어가는 동인을 상실케 한다는 점에서 비판
받기 십상이다.

　국가 지도자로서 개혁과 발전의 동인을 찾지 못한다면 부패된 사회로
이어질 것이며, 그 결과는 민중의 고통을 심화시킨다. 이를테면 마키아
벨리는 부패 국가로부터 벗어나는 동인의 활로를 국가 지도자의 리더십
에게서 찾고자 했다. 과거의 권위주의 시대에서 벗어나 이제는 민주적
르네상스 시대에 살면서 사회 및 종교 지도자에게서 개혁의 활로를 찾을
수밖에 없다. 존 마버거 3세는 미(美) 뉴욕 스토니브룩 대학 총장으로서
대학 개혁의 주도권을 발휘, 총장이 강력한 리더십을 가져야 한다고
하였다. 원불교가 처음으로 새운 대학으로서 원광대를 반석에 올린 초대

116) 張俊河, 『지식인과 현실』, 세계사, 1992, p.407.

총장으로서의 숭산 박길진 역시 대학 발전과 개혁을 통해 그의 리더십을 십분 발휘하였다[117])는 것은 교단의 교육발전사에서 확인할 수 있다.

어느 시대든 지성은 사회 개혁을 사명으로 여긴다. 국가 현실 속에서 지성인이 사회 개혁의 방향에서 스스로의 사명을 인식한다는 것은 지극히 당연한 일이다.[118] 사명의식이 없다는 것은 지도자로서의 리더십을 상실한다는 것으로, 국가와 사회를 향도하는 지도자의 생명력은 개혁을 향한 비판의식과 사명감이 얼마나 살아있느냐에 달려 있다. 사명의식이란 자신에게 주어진 소명을 실행으로 옮기는 성취의 마인드를 가진 것을 의미하는 것으로, 이것은 지도자에게 개혁을 반드시 성취시켜야 하겠다는 사명의식이 살아있어야 하는 이유가 된다.

---

117) 박장식, 『평화의 염원』, 원불교출판사, 2005, p.117참조.
118) 張俊河, 『지식인과 현실』, 세계사, 1992, p.406.

제2편
개혁의 정신과 과제

제1장

초기교단의 개혁운동

1. 개혁의 시대적 요청

현대사회가 안고 있는 문제를 파악하는 것은 개혁을 위한 출발점이다. 지성인이 주시하는 현대사회의 고통은 밝은 미래를 위해 적극 치유해야 하는 것이다. 21세기 사회의 주요 경향은 경쟁사회와 시장 가치를 지향하고 있는데, 이 같은 사회변화를 능동적이고 적극적으로 대응하기 위한 제도적 변화를 강하게 개혁하려는 노력이 필요하다.[1] 고통 치유의 시대적 요청을 거부할 수 없는 것이 현대적 지성의 몫이며, 그것은 21세기 지도자의 자격이다. 독일의 헤겔도 자유를 상실한 현대를 어떻게 개혁하여갈 것인가에 대하여 고민하였는데, 현대적 지성이라면 개혁의 시대적 요청을 외면할 수 없으며, 사회의 문제점을 인지함으로써 이에 대한 대응방향을 찾는 일이 필요하다고 본다.

---

[1] 서경전, 「21세기 교당형태에 대한 연구」, 제21회 원불교사상연구 학술대회 《21세기와 원불교》, 원광대 원불교사상연구원, 2002.1, p.55.

현대는 급진적 개혁의 시대로서 어느 지도자는 이를 이해하지 못한다면 그것은 바람직하지 않다. 지도자로서 알아야 할 것은 현대사회가 민주주의와 시장경제의 정착기에 더하여 급진적 개혁의 시대라는 것이다. 그럼에도 불구하고 이에 등한히 한다면 현대사회에 기여할 수 있는 사회 리더로서의 역량이 결여된다. 비판적으로 바라볼 때 불교는 사회개량이나 개선, 개혁사상을 갖고 있지 않으며, 이런 의미에서 불교에 사회성이란 없으므로 불교의 사회공헌을 묻는 것 자체가 넌센스일 것이다.[2] 앞으로 국가 사회에 도움이 되는 불교를 지향하지 않으면 안 된다는 것은 불교가 현대사회에 동참해야 한다는 시대적 요청으로서 민중불교 내지 미래불교의 역할 때문이다.

미래를 향한 시대사조의 인식과 개혁운동은 과거에 고착된 시각을 극복하는 일에서 그 실마리가 풀린다. 고착된 시각은 어떠한 연결고리도 없이 과거는 과거, 미래는 미래라는 식으로 치우쳐버린다. 소태산의 탄생 이후 개교(開敎) 즈음을 일관하는 시대사조는 한마디로 막스 베버의 자본주의 정신-직업의 신성관, 이윤추구의 합리화, 합리주의에 크게 이탈되어 있는 터에 소태산은 흔연히 고착된 시대사조의 큰 개혁에 착수한 것이다.[3] 여기에서 말하는 고착된 시대사조란 선천시대와 후천시대의 간극에서 볼 때 선천시대에 매달려 있는 것을 말한다. 소태산은 선천의 폐단을 끊어내고 밝은 후천시대를 위해 개혁을 단행하였다고 보면 좋을 것이다.

다행히 원불교는 개혁을 보다 큰 개벽으로 받아들여, 시대적 변화를

2) 다이쇼대학교·금강대학교 불교문화연구소 공편, 『현대사회와 불교』, 씨아이알, 2015, p.84.
3) 조정제, 「원불교의 경제관에 대한 소고」, 『원불교사상』 4집, 원광대 원불교사상연구원, 1980, p.207.

인지함으로써 정신개벽을 개교의 슬로건으로 삼았다. 개벽을 외친 소태
산과 그를 계승한 정산은 사회 진화에 대한 공동 인식을 통해 변화해야
할 것과 변화해서는 안 되는 것을 구분하여 과감한 혁신을 주장하였고,
시대적 현실을 개벽과 교역의 시대로 보고 개방과 개혁을 시도한 것이
다.[4] 변화해서는 안 되는 것은 종교의 불변적 진리를 말하며, 변화해야
할 것은 전통불교의 혁신이며, 그것은 유불도 3교의 회통을 통해 생활불
교로서 역할을 하는 일이다. 시대적 소명으로 나타난 원불교는 정법
상법 말법의 순환고리에서 정법의 종교로서 역할을 하는 것이며, 이는
소태산이 추구하는 정신개벽이라 본다.

그럼에도 불구하고 민중이 필요로 하는 시대적 변화에 대응하지 못할
경우 이에 대한 비판을 통해 적극 개혁을 추진해야 한다. 개혁이라는
시대적 과제의 해결은 시민사회, 종교분야 등 어느 단체에서든 예외가
없는 일이다. "문화사적 정체를 오히려 발전사로 전환시키기 위해서는
문화 현실에 대한 슬기로운 진단과 준엄한 비판이 전제되어야 한다.
이러한 토대 위해서 전통의 보수냐 개혁이냐, 아니면 새로운 창조냐
하는 문제가 제기되고, 따라서 시대적 과제에 대한 명답을 창출해 내지
않으면 안 된다."[5] 좌산종사의 언급처럼 보수냐, 개혁이냐, 창조냐 하는
시대적 과제에 대응하는 것이 바람직하다. 우리가 안고 있는 시대적
과제를 풀어가도록 개혁에 동참하는 일은 민중의 의식이 깨어있을 때
가능한 일이다.

여기에서 원불교의 개혁론 일반을 교리정신과 연결시켜 볼 필요가
있다. 전통불교에서 생활불교로의 혁신, 즉 시대화 생활화 대중화하는

---

4) 천인석, 「유교의 혁신운동과 송정산」, 정산종사탄생100주년기념 추계학술회
   의 《傳統思想의 現代化와 鼎山宗師》, 한국원불교학회, 1999.12, p.54.
5) 이광정, 『주세불의 자비경륜』, 원불교출판사, 1994, p.12.

섯이 그것이다. 소태산은 과거불교에 대한 개혁으로서 전통불교의 개혁론이라는 표제 아래, 외방의 불교를 조선의 불교로 내면화하고, 소수인의 불교를 대중의 불교로, 등상불 숭배를 불성 일원상의 포괄적 상징으로 개혁하고, 또 분열된 교화과목의 일관성 있는 통일을 추구하였다.[6] 그의 이러한 의지가 교리정신으로 투영되어 시대화 대중화 생활화라는 새로운 교체(敎體)가 성립되어 불교혁신으로 이어졌다.

개혁의 시대적 난제의 해결은『정전』에 밝히고 있듯이「병든 사회와 그 치료법」으로써 사회를 새롭게 바꾸어가는 묘약과도 같다. 소태산은 원불교를 창립하고 낡은 시대를 개혁하고자 소명의식으로 다가선 것이 병든 사회의 구원이었다.「병든 사회와 그 치료법」은 인생의 요도를 사회에 활용하여 사회정화와 개혁으로서 영원한 평화를 누리게 한 법문[7]이라는 점에서 사회 개혁과 치유를 위한 원불교 창립의 명분이었다. 세상이 병들었을 때 종교가 이를 방관한다면 그것은 세상 구원을 아무리 외친다고 해도 허무한 메아리에 불과하다. 사회 민중들에게 적극 뛰어들어 고통을 같이 하고, 무엇을 새롭게 혁신해야 할 것인가를 찾아내어 구원의 방책을 마련해야 하는 것이다.「병든 사회와 그 치료법」이 당시 시대적 과제의 해법으로서 사회 치유를 향한 원불교 개혁의 밝은 신호가 되었다.

앞으로 원불교는 국가와 세계 개혁의 주역을 양성해야 할 것이다. 그것은 교단의 시대에 맞는 교단행정과 사회참여, 인재개발이라 본다. 교단의 사회참여 및 인재양성이 시대적 과제의 해결을 고민하고 세상을 바꾸는 일을 선도하기 때문이다. 알다시피 1980년대에 원불교 교화의

---

6) 이민용,「원불교와 불교의 근대성 각성」, 제28회 원불교사상연구 학술대회
   《개교100년과 원불교문화》, 원광대 원불교사상연구원, 2009.2, p.19.
7) 신도형,『교전공부』, 원불교출판사, 1992, p.504.

팽창이 둔화되어 오늘에 미치고 있다. 교단이 개혁하지 않으면 이러한 정체는 지속될 것이다. 이에 인재를 양성할 교육개혁의 필요성이 부각되면서 1990년 '원불교 교육발전위원회'가 발족되었다. 2000년에 교화 및 교육의 새로운 환경변화에 적응하고, 교육개혁의 정착과정에서 발생한 문제점들을 보완하기 위하여, '원불교 예비교무 교육발전안 연구위원회'를 결성하고 새로운 교육개혁의 방향을 모색하였다.8) 예비교무 교육기관에서도 발분하여 좋은 인재 영입을 위해 적극 노력을 기울이고 있다. 앞으로 교단개혁 및 교육개혁을 통해 시대적 요청으로서 교화 인력의 확대와 더불어 사회를 구원할 인재양성이 시급하다.

2. 초기교단의 개혁운동

소태산의 초기제자들이 가졌던 역사의식이 주목된다. 그것은 스승의 개혁정신을 성찰적 시각에서 바라볼 수 있게 해주기에 충분하다. 사제간 다음 수필법문의 내용이 주목된다. 『월말통신』 4호의 「법회록」을 살펴보도록 하자. 스승 소태산이 박대완, 조송광 제자에게 묻기를, 누가 궁벽한 이곳에서 부패한 사상으로 용렬한 생활을 하고 있는가라고 질책하면 무엇으로 대답하겠느냐고 하였다. 이에 박대완은 "모든 것이 자근이원(自近而遠)이니, 사회를 개혁하려면 먼저 심리를 개혁하여야 될 것이다. 나는 먼저 나의 심리를 개선하려 이곳에 왔거니와 너희도 큰 사업을 경영하거든 마땅히 이곳에 와서 많은 훈련을 받아 심리를 완전히 개혁한

---

8) 정순일, 「교립대학 교육개혁의 추이와 전망-원광대 원불교학과의 경우-」, 제18회 국제불교문화학술회의 『불교와 대학-21세기에 있어서 전망과 과제』, 일본 불교대학, 2003.10, p.177.

후에 비로소 실(實) 사회에 발길을 들여 놓아라.”고 하겠다고 답하였다.
마음개혁이 핵심이라는 뜻이다.

　이어서 동(同) 수필법문 기록에 있듯이, 조송광이 스승에게 답하였다.
“우리 선생님의 법은 지극히 원만하시고 지극히 평등하시사, 첫째 사람
의 뇌수(腦髓)를 개혁하시나니, 그대도 혁명의 순서를 알고 싶거든 한
번 우리 선생님을 뵈옵고 물으라 하겠습니다.”9) 초기교단의 교역자 본분
을 환기시키는 것으로, 자신개혁과 사회개혁에 대한 소명의식이 위의
문답에 상징적으로 잘 나타나 있다. 사회개혁에는 먼저 심리개혁이 필요
한 것이며, 또 뇌수개혁이 필요한 것으로서 개혁은 우선적으로 사회개혁
에 앞서 종교인의 소명으로서 마음개혁에서 그 실마리를 풀어간다는
것이다.

　위와 같은 초기자료의 문답이 『대종경』 교의품 39장에 정리되어 다음
과 같이 언급되고 있다. 즉 소태산은 제자와의 문답감정을 통해서 과거
모든 폐단을 개혁하고 세상을 교화하려면 무엇보다도 마음의 개혁이
중요하다고 했다. “사람들의 마음이 개선될 것이요, 사람들의 마음이
개선되면 나라와 세계의 정치도 또한 개선되리니 종교와 정치가 비록
분야는 다르나 그 이면에는 서로 떠나지 못할 연관이 있어서 한 가지
세상의 선·불선(善不善)을 좌우하게 되나니라.”10) 소태산은 인류사회를
개혁하려면 솔선의 자세로 먼저 마음개혁을 함으로써 주변 사람들의
마음이 개혁되고, 그것이 국가와 세계의 구폐(舊弊)가 정화되고 개선될
것이라는 것이다. 이는 『정전』 「강자 약자의 진화상 요법」에서도 거론되
는 것으로, 유교의 수신 제가 치국 평천하의 논리와 같이 개혁의 순서가

---

9) 《월말통신》 제4호, 원기 13년 陰 6월 末日(『원불교 교고총간』 제1권, pp.27-28).
10) 『대종경』, 교의품 39장.

필요하다는 사실을 전하고 있다.

그러면 종교에서는 마음개혁만이 중요하다는 것인가? 초기교단의 기관지에서 지적하기를 조직과 제도의 개혁도 필요하다고 하였다. 전음광은 1928년에 창간된 교단초기 기관지인 『월말통신』과 『회보』의 「회설」을 통해 교단과 인류를 향해 명쾌한 필치로 비전을 제시하고, 소태산의 경륜을 실현하기 위해 모든 조직과 제도상에 나타나는 문제점들을 보완 개혁하는 혁신가의 역할을 하였다.[11] 기관지의 「회설」이란 초기교단 지성들의 비판적 성격을 지닌 글로서 시류(時流)의 폐단을 개혁하는 대표적 논단이라는 점에서, 본 「회설」을 통해 초기교단의 조직과 제도의 개혁에 당위성과 명분을 제시한 것이다.

한편, 스승과 제자의 개혁에 대한 문답감정을 참조한다면 초기교단의 개혁 담론은 스승의 지도아래 '의견제출'을 활용하여 제도화되었다는 사실을 주목해 보아야 한다. 지도자 한 사람의 힘만으로 개혁이 되지 않는다는 것이며, 스승과 제자 곧 지도자와 민중이 합력해야 개혁이 가능하다는 논리이다. 초기교단의 '의견제출'이라 함은, 공부인이 현재의 상황을 살펴서 그 전에 있던 불합리한 일을 변경하여 합리가 되도록 하고, 불편한 일을 새로 시설하여 편리하도록 개혁하기 위해, 각자의 의견을 발표하는 것인 바, 공부·사업·생활 3방면으로 의견을 제출하는 제도이다.[12] 이러한 의견제출의 제도는 스승과 제자, 교단 구성원들의 합리적 의사소통 수단으로 출발하여 오늘에 이르고 있다. 독일의 철학자 위르겐 하버마스도 '합리적 의사소통만이 사회를 변화시킬 수 있는 힘'

---

11) 김성철, 「혜산 전음광의 생애와 사상」, 원불교사상연구원 編 『원불교 인물과 사상』(Ⅰ), 원광대 원불교사상연구원, 2000, p.348.
12) 박용덕, 선진열전 1 『오, 사은이시여 나에게 힘을 주소서』, 원불교출판사, 1993, p.198.

이라 했던 점을 참조할 일이다.

무엇보다 초기교단의 개혁운동으로서 주목할 것은 원기 11년(1926)에 선포된 신정의례(新定儀禮)였다. 신정의례는 초기교단의 개혁정신을 직접 이해할 수 있는 것으로 구한말 한국의 의례는 허례허식에 치우쳐 사치와 낭비를 가져다주었던 것과 무관하지 않다. 1926년을 기점으로 의례를 혁신, 체계화하려는 신정예법은 전래되어오던 사회의 의례를 개혁하겠다는 소태산의 경륜이었다. 초기교단의 신정예법은 출생례, 성년례, 혼례, 상장례, 제례 등이었으며, 해방 이후에는 이를 계승하여 정산이 1951년 9월에『예전』을 탈고한 후 1952년 6월에『예전』(임시판)을 발간하였고, 1968년 3월에는『예전』(임시판)을 수정, 보완한『예전』이 발간되었다.[13] 신정의례는 이처럼 과거의 의례가 갖고 있는 허례허식의 폐단을 개혁함으로써 새로운 세상을 맞이해야 한다는 점에서 초기교단의 개혁운동에 있어서 교단사적 과업이었다.

사회구원에 있어 매우 중요한 의례의 개혁을 위해서 소태산은 스스로 사회의 구조적 개혁을 위해 계몽가로서 역할을 했다는 사실을 망각해서는 안 된다. 그가 인류 구원을 위한 사회제도의 개혁가적인 면모를 드러낸 일종의 사회운동이었기 때문이다. 소태산은 스승의 지도 없이 구도하여 깨달음을 얻어 원불교라는 종교의 문을 열었지만 그의 행적을 보면 고난 속의 대중에게 희망을 심어주면서 희망으로 나아갈 의식을 일깨우는데 진력했던 계몽가였으며, 깨어난 의식으로 사회구조를 개혁하도록 이끌어준 사회개혁자였다.[14] 원불교의 혁신의례를 통해 사회구조를 개

13) 고병철,「원불교의 조상의례와 천도」,『종교연구』제69집, 한국종교학회, 2012, pp.59-60.
14) 박상권,「소태산의 종교적 도덕론 연구-『대종경』인도품을 중심으로-」,『원불교사상과 종교문화』29집, 원광대 원불교사상연구원, 2005, p.81.

혁하려는 것이 다름 아닌 종교가에서 담당해야할 중요 분야라는 점에서, 초기교단에서 펼친 의례의 개혁은 1926년 당시 사회 정화에 설득력을 지니기에 충분하였다.

교단사적으로 초기교단의 본질적인 개혁운동은 원불교의 창립정신에서 모색해볼 필요가 있다. 초기교단의 저축조합, 방언공사, 법인성사를 통해 창립정신이 발아된 점에서 근검절약, 일심합력, 사무여한의 정신이 초기교단의 본질적 개혁운동으로서 개벽을 알리는 상두소리와도 같다. 원불교 전 여성회장 한지성이 말하듯이 모든 종교가 체제개혁과 인간구원을 목표로 시작하지만, 원불교의 창립정신은 후천개벽의 종교임을 천명하고 있으므로 모든 분야에서 혁신운동에 동참을 두려워해서는 안 된다.[15] 창립정신을 통해 혁신운동에 동참하자는 재가의 견해가 더욱 설득력을 지니는 것은 미래 교단의 발전을 위해 개혁하지 않으면 안 된다는 간절함 때문이다.

앞으로 초기교단의 개혁론에서 계승해야 할 것으로 종교개혁, 즉 불교혁신의 정신이 필요하다. 초기교단의 기관지로서 『회보』「회설」에 나타난 대외인식 차원은 세계정세 등 정치 시사 문제에 기본적인 관심을 피력하면서, 그것을 구체적인 조선반도 공간 안에서 적극 수용하여 실천하려 할 때 민중의 기저에 흐르는 전통불교의 제도를 혁신해야 한다[16]는 것이다. 소태산은 『조선불교혁신론』을 원기 5년에 초안하여 원기 20년에 세상에 선포하였으니, 그것은 과거 전통불교가 시대에 뒤쳐진 현상을 인지, 미래 교단의 발전에는 불교혁신을 하지 않고서는 안 된다는 사실을 깨달았다.

---

15) 한지성, 「NGO시대와 원불교의 참여」, 《원불교신문》, 1999.10.22, 3면.
16) 박영학, 「일제하 불법연구회 會報에 관한 연구」, 『원불교학』 창간호, 한국원불교학회, 1996, pp.175-176.

3. 개혁과 구원

대체로 종교 개혁가들은 종교 안에서 인류 구원의 메시지를 전하였으며, 그것이 발단이 되어 종교개혁의 생명력으로 자리하였다. 특히 기독교에 있어서 종교 개혁가들의 출발점은 교화 현장이었으며, 교회 안에서 설교하고 구원의 순례를 걷는 가운데 생명력 있는 종교개혁의 지혜를 가져다주었다.[17] 종교 지도자들은 본연의 사회 교화를 통해 신자들을 구원의 길로 인도하며, 그것이 개혁의 동인으로 작용해 왔다는 것이다. 구원이란 절대자의 법음을 사회에서 체현하면서 이루어지는데, 그것이 순례자의 길로 지속하게 하는 계기이다. 민중의 지지를 받으면서 종교의 사회 구원을 위한 개혁운동의 실마리가 제공된다.

한국불교의 역사에서 볼 때 개혁성향을 지닌 통일신라시대 정토종의 구원론이 민중의 지지를 받게 되었다. 정토종은 교종과 달리 나무이마타불의 '염불'을 통해 구원을 받는다고 하였다. 정토종에 이어 불교에서 대중에게 환영받은 미륵사상이 있다. 미륵불은 석가불 다음의 부처로서 고대 신라 때 하생하여 고통 받는 민중을 구원할 것이라고 믿었는데, 정토종과 미륵종은 신라 말기 불교로서 종래의 귀족 중심의 신라 불교계에 있어서 하나의 개혁이기도 하였다.[18] 염불을 통한 왕생극락과 말세의 미륵불 출현이라는 구원론에 힘입어 신라시대 귀족불교에서 탈피, 오늘날 민중불교로 개혁하는데 성공한 것이다.

구한말 원불교를 창립한 소태산은 한국의 기성종교가 갖는 구원관을 새롭게 접근하고자 하였다. 혹세무민하고 기인취재하는 전통종교의 미

17) 김홍기, 『종교개혁사』, 知와 사랑, 2004, p.13 참조.
18) 고준환, 『하나되는 한국사』, 재단법인 한국교육진흥재단, 2002, p.330.

신신앙을 인도정의의 진리신앙으로, 신통묘술과 기도 만능의 기복신앙을 사실신앙으로, 구원의 독점주의신앙을 구원의 보편주의신앙으로, 배타적인 편벽신앙을 원융회통적인 원만신앙으로의 종교개혁을 실현하였다.[19] 선천시대 전통신앙의 구원론에서 후천시대의 구원관을 견지, 진리적이고 사실적인 차원에서 신앙과 수행의 새 불교로 개혁하였던 것이다.

원불교 구원론의 출발은 신비의 기적에 의존하는 것을 지양하여 진리적 신앙과 사실적 수행을 도모하며, 그것이 출발점이 되어 자신의 깨달음과 사회개혁을 도모하는 힘이 된다. 앞으로의 사회는 밝은 개벽의 시대인데 반해서 이적 중심의 신비주의적 구원관에 의해 민중을 이끄는 것은 구시대의 신앙행위이다. 소태산은 궁극적으로 사회 개혁은 나 자신으로부터 개혁을 바탕으로 하여서만 가능하다고 믿었으며, 자신의 개혁 없이는 가정, 사회, 국가의 개혁도 불가능하다고 믿었다.[20] 수신(修身) 즉 자신의 개혁을 통한 가정과 사회를 개혁함으로써 전 인류를 구원한다는 점진적 개혁과 합리적 구원관이 설득력을 가져다준 것이다.

개인구원과 동시에 사회구원에 있어서 종교 신앙과 수행의 모순점이 무엇인가 찾아서 개혁하려는 의지가 있을 때 인류 구원도 가능하다는 점을 잊어서는 안 된다. 개인 수양에 치닫는 신앙행위가 그동안 기성종교에서 발견되었으며, 그러한 종교는 사회 개혁과 동떨어진 경우가 적지 않았던 것이다. 사회체제의 모순을 개혁함으로써 개인도 구원되기 때문이다.[21] 과거 전통종교가 이러한 모순을 오랫동안 겪어왔던 점을 종교

---

19) 김수중, 「양명학의 입장에서 본 원불교 정신」, 제18회 원불교사상연구 학술대회《少太山 大宗師와 鼎山宗師》, 원광대 원불교사상연구원, 1999.2, p.36.
20) 한창민, 「원불교 사회관」, 『원불교사상시론』 제Ⅲ집, 원불교 수위단회, 1998년, p.221.
21) 李載昌 外, 『현대사회와 불교』, 한길사, 1981, p.297.

역사를 통해 알 수 있다. 수행인으로서 개인 수양이 자신 구원에 직결된 다고 해도, 사회의 모순을 방관한다면 수행불교는 될지언정 참여불교라 든가 민중불교로서의 역할을 하는데 한계가 뒤따르며, 원불교는 이를 타산지석으로 삼아야 할 것이다.

사회구원이 자신구원이라는 사실은 원불교 초기교단에서 강조되어 왔음은 다음의 기도문에 잘 나타나 있다. "자아를 완성하게 사회를 개조 함에는 오직 사은의 힘이 필요하오니…" 이것은 주산종사의 「나의 기원」 이라는 기도문으로, 원불교 성가 가사로 전승되어 오고 있다. "거룩하신 사은이시여, 나에게 힘을 주소서. 꿋꿋하고 근기 있는 힘을 주소서, 아무 러한 홀림에도 넘어가지 아니하고, 어떠한 고난이라도 이겨갈 만한 꿋꿋 하고 근기 있는 그 힘을, 자아를 완성하고 사회를 개조함에는 오직 그 힘이 필요하오니, 아무리 미소한 저에게라도 사은께서 그 힘만 밀어주신 다면, 분연히 일어나서 두 팔을 부르걷고 일터로 달음질하겠나이다."[22] 신앙의 대상에 대한 의존 감정을 통해서 자아완성이라는 성불의 진정한 의미는 사회 구원의 제중(濟衆)으로 이어진다는 것으로, 자신구원과 사 회개혁운동은 동전의 양면과 같다.

그동안 종교적 구원론은 본질적으로 사회개혁보다는 개인의 안심입 명이라는 가치관이 강조되어 온 것이 사실이다. 개인의 안심입명을 우선 으로 한 후 사회개혁이 순조롭게 된다는 사실에서 비롯된다. 사회구원의 가치가 중요한 일이면서도, 종교 본연의 성격과 순서에서 보면 안심입명 이 우선이라는 뜻이다. 그러나 종교는 인간의 결속을 강화시키고 인간의 올바른 가치관을 뒷받침해주며 안심입명과 사회생활을 인간답게 하는

---

22) 주산, 「나의 기원」 1936, 『회보』 24호; 박용덕, 선진열전 1 『오, 사은이시여 나에게 힘을 주소서』, 원불교출판사, 1993, p.102.

데 공헌하고 있다.23) 종교가 특정의 정치 및 사회 문제에 공헌이 적다고 해서 종교 전반의 가치가 무시될 수 없는 일이지만 안심입명에 더하여 사회구원에 합류할 필요가 있다. 사회정화에 소홀하는 것은 종교의 존립의 명분에서 바람직하지 않기 때문이다.

따라서 한국 신종교의 맥락에서 소태산은 정신개벽을 구원의 모토로 삼아, 어두운 과거를 떨쳐내어 제생의세(濟生醫世)의 사명을 실천하고자 하였다. 이러한 과업의 수행으로 그는 정치 문제보다는 종교 분야의 개혁을 우선적으로 시도, 전통불교의 제도를 혁신함으로써 생활불교로서 인류 구원의 미륵불 세상을 건설하고자 하였다. 소태산의 정신개벽에 대한 서술은 수운, 증산, 김항의 후천개벽 사상과는 성격을 달리하였는데, 전자가 사회개혁과 정치변혁을 시도한 종교적 메시지라면 후자는 사회개량과 미래에 대한 점진적인 기대를 제시하는 것이다.24) 소태산은 『대종경』「전망품」에서 미륵불의 출현을 기대하였으며, 어두운 밤이 지나가고 바야흐로 동방에 밝은 해가 솟아오르는 정법 회상을 염원하였다. 그의 구원관은 이처럼 기질개선과 관련한 자신 구원과 제생의세의 점진적 사회구원을 도모하면서 정신개벽을 선도하는 것이다.

4. 개혁의 적기, 교단성업

여기에서 말하는 '적기(適期)'란 무슨 뜻인가? 쉽게 말해서 '적당한 시기'라는 뜻으로, 동양 고전에서 그 의미를 모색해 본다면 의미의 심오

23) 송천은, 『열린시대의 종교사상』, 원광대출판국, 1992, p.87.
24) 이민용, 「원불교와 불교의 근대성 각성」, 제28회 원불교사상연구 학술대회 《개교100년과 원불교문화》, 원광대 원불교사상연구원, 2009.2, p.14.

함을 더해준다. 『주역』귀매괘(歸妹卦) 육오 효사의 "거의 보름이 되었
다(月其望)."는 것은 아직 달(陰)이 가득 찬 보름이 되지 않는 시기이며,
손괘(巽卦) 구오 효사의 "경(庚)으로 3일을 먼저하고 경으로 3일을 뒤에
한다(先庚三日, 後庚三日, 吉)."란 십간(十干)의 중간인 '무기(戊己)'를 지
나면 변경(變更)의 시기인 '경(庚)'에 이르게 되므로 마땅히 그 일의 앞뒤
과정을 일정기간 동안 긴밀히 살펴야 함을 설명하는 내용으로, 적절한
시기에 적절하게 응대할 때 길하게 된다는 것이다.[25] 이처럼 동양사상에
서 '적기'란 매사를 길(吉)하도록 적절하게 응대하는 것이며, 그렇지 않
으면 흉하게 된다는 뜻이다. 달리 말해서 구폐를 적절한 시기에 개혁할
경우 길일이 되고, 그 시기를 놓치면 흉일로 변한다는 것이다.

　길흉의 문제는 고금을 통하여 인생사에서 매우 중요한 일로 다루어지
고 있다. 그것은 닥쳐올 일에 대해서 행과 불행의 갈림길로 운세를 가늠
하기 때문이다. 행복을 추구하고 불행을 극복하려는 것이 인간의 지혜이
며, 이러한 사유는 행복을 추구하는 인간의 본능을 지닌 이상 합리적
사유의 결과라 본다. 여기에서 합리를 추구하는 일은 일처리에 있어서
타당하고 적절하기 때문으로서 합리성은 '적절함'과 소통한다. 과학은
자연에 대해 더욱 적절한 견해를 가지도록 하고, 종교는 과학이 인간
상황에 대하여 더 적절하고 타당한 견해를 가지도록 자극한다.[26] 합리성
에 바탕한 적절함을 추구하는 것은 과학이나 종교나 마찬가지라는 것이
다. 닥쳐오는 상황에 처하여 적절한 시기에 대응할 수 있도록 합리적으
로 접근하는 것이 과학이라면, 믿음의 세계에 신앙 감정으로 의존하는
것이 종교이다. 이에 과학과 종교는 인류 발전과 행복을 위해 과거 지향

25) 김학권, 「주역의 吉凶悔吝에 대한 고찰」, 『범한철학』 제47집, 범한철학회,
　　2007, p.7.
26) 송천은, 『열린시대의 종교사상』, 원광대출판국, 1992, pp.86-87.

적 관습이나 제도를 적기에 임해 새롭게 고치는데 상호 협력해 왔다.

새롭게 개혁해야 할 타이밍으로서 '적기'의 경우 신구(新舊) 시대에 따라 예외적으로 상황성을 달리하는 경우가 있으며, 그것이 개혁이라는 명분을 얻게 해준다. 주산이 수록한 「법회록」을 보면 다음과 같은 내용이 있다. "구대(舊代)의 아무리 적합한 법이라도 현대에 와서 맞지 아니할 수도 있으며, 비록 구대의 맞지는 않던 법이라도 현대에 와서 적합할 수도 있을 것이어늘, 이것을 알지 못하고 다못 구(舊) 도덕관념에 그쳐서 신(新) 시대의 새 정신에 순응치 않는다면 그 구도덕이라 하는 것은 날로 부패에 돌아갈 것이며…"27) 종교나 정치가 안일한 사유로 인해 구시대에 사로잡혀 있으면 인심은 결국 이반할 것이며, 부패한 세상으로 돌아가므로 종교와 정치는 새 방편을 쓸 수밖에 없다고 하였다. 새로운 방편을 통해 새 시대의 활로를 얻는 것은 곧 세상의 구주(救主)이기 때문이라는 것이다. 과거를 청산하고 새 시대를 위해 혁신하지 않으면 안되는 초기교단의 결연한 의지가 본 「법회록」에 잘 나타나 있다.

과거 종교사를 돌이켜 보면, 제반의 종교들은 창립초기에는 생명력이 있었으나, 세월이 흐르면서 개혁보다는 안주의 폐쇄적 성향이 있었다. 현대의 종교들은 그 틀이 처음에 생기던 당초에는 생명력이 넘쳐흐르는 것이었을 수 있으나 1천년, 2천년이 지나는 과정에 몇 번의 쇄신, 개혁, 재해석의 시도가 있었을 것이다.28) 그럼에도 불구하고 오늘날 폐쇄된 종교 집단으로 남아있다면 그 종교는 민중으로부터 환영을 받지 못한다. 한국의 불교가 오랫동안 명맥을 이어오면서 과거의 낡은 조직과 제도를

---

27) 《월말통신》 제4호, 원기 13년 陰 6월 末日(『원불교 교고총간』 제1권, pp. 26-27).

28) 이기영, 「현대에 있어서의 종교의 진리성」, 『인류문명과 원불교사상』(下), 원불교출판사, 1991, pp.1388-1389.

청산하고 새롭게 개혁하는 종교로서 생명력을 갖추었다면 오늘날 많은 신앙인들이 모여들었을 것이다. 어느 종교든 한 시대에 정체되어 있다면 생명력의 종교와 동떨어지며 그것은 민중의 참여종교로부터 멀어진다.

그렇다면 참여종교가 되기 위해서 어떻게 접근해야 하는가? 한국의 이웃종교 선교 후 100년사가 주목된다.[29] 불타 사후 100년이 지나면서 불교는 안빈과 청정 가치를 추구하는 출세간적 성향에서 화폐를 긍정하고 보시를 인정함으로써 민중불교로 전환하는 계기를 맞이하였다. 또 일부 비구가 종래 계율을 무시하고 10종의 새로운 주장[十事]을 하자 교단의 분쟁이 일어나 상좌 장로들은 회의를 열어서 십사를 부정, 700인 회의를 열어 경전의 결집을 단행했다. 기독교의 경우 기원 후 100년 전후(예수 사후 67년) 구약성경은 이미 만들어졌다. 한국 개신교 100년 (1966)의 역사를 보면, 1866년 토마스 선교사가 처음 선교를 시작한 후, 인권과 민주화 등 도시산업 선교 및 세계교회 운동에 앞장섰다. 짧은 100년의 선교사에도 불구하고 급성장한 한국의 기독교는 민중 신학을 토대로 국제 신학운동에 새로운 패러다임을 제시하였다.

전통종교의 창립 및 기독교 선교사에서 볼 때 각 종교들은 나름의 새 패러다임 제시로서 개혁 운동에 적극적이었다. 불교는 민중불교와 성전의 결집, 천주교는 순교와 민주화 운동, 개신교는 세계교회 운동, 천도교는 포덕의 인내천 실천, 증산교는 사회복지사업과 도전(道典)의 결집을 주도하였다. 원불교의 창립 역사는 100년의 세월이 지나면서 개교 1백년 대를 어떻게 대응하였는가? 그것은 「원불교 100년의 비전」에도 나타나 있는데 교헌의 개정, 교서의 재결집, 교역자 제도의 혁신[30]과

---

29) 류성태, 「원불교 100년의 의미」, 《원불교신문》, 2013.8.16, 20면.
30) 교단에서는 개혁의 일환으로 원기 104년(2019)에 여성교역자의 정녀제도를 혁신, 결혼을 여성교역자가 스스로 선택하도록 하였다.

의식개혁이 제대로 성취되었는가를 냉철히 살펴보아야 한다. 정체된 제도나 실상을 과감히 극복하는 개혁이 필요함에도 불구하고 제대로 이루어지지 못하였다. 교단창립 100년의 역사를 전후하여 새 시대의 생활불교로서 역할을 충실히 해야 하는 이유이다.

환기컨대 「교단100년, 개념이 중요한 이유」를 직시하면서 필자는 원불교 중앙총부 법회의 설교에서 개혁의 중요성을 밝히었다. 교단창립 후 100년의 역사가 흐른 시점에서, '원불교 100년'에 대한 개념 파악이 중요한 이유는 무엇인가를 성찰하자는 뜻이다. 100년에 대한 개념 인식이 없으면 의미 부여가 쉽지 않고, 개념이 없으면 주제파악을 할 수 없음은 물론 역사의식을 상실하기 때문이다. 원불교 100주년의 개념 가운데 하나로는 '개혁'이라는 점을 인지, 우리는 100주년의 개념 추출의 중요성을 인지하고, 이를 실천에 옮길 역사의식을 가져야 한다.[31] 원불교 창립 100년대의 진입은 개혁의 적기(適期)임에도 불구하고 교단 개혁에 미흡하였던 점을 비판적으로 살펴보는 지혜가 필요하다.

원불교 100년에 진입한 상황에서 반드시 집고 넘어가야 할 사항은 촘촘히 성찰해야 한다. 재언해 보면 「원불교 100년의 약속」[32]이 잘 지켜졌는지 살펴보도록 한다. ① 각종 교서의 오탈자를 점검하여 정리하자. ② 교헌을 비롯한 교단법을 체계적으로 정비하자. 이 두 조항을 비판적 시각에서 볼 때 교서의 오탈자 점검 시도에 그친다면 교서의 재결집의 과제는 언제 수행해야 하며, 『교사』는 원불교 반백년사에 그치고 있고, 『정전』과 『대종경』의 오탈자에 한정하는 것도 논쟁의 여지가 적지 않다.

---

31) 류성태 「「교단100년, 개념이 중요한 이유」, 《원불교중앙총부 예회보》 제1113호, 원기 100년 8월 16일, 1면.
32) 제203회 긴급임시수위단회 개회말씀(「원불교 100년의 약속」, 《출가교화단보》 258호, 2013년 10월 1일, 1면).

또 교단법의 체계화에 있어 원불교 교헌의 개성이 어떻게 이루어졌는지 비판적으로 평가해야 한다. 개혁의 지체현상에 대해 침묵한다는 것은 대중을 위한 역사를 지켜보면서 일을 추진하려는 세력이 없어졌다는 것을 의미하며, 그 사회는 개혁과 발전에 대한 의지를 상실한 것이다.[33] 이러한 개혁의 과업들이 원불교 창립 150주년에 맡겨야 할 것인가? 아니면 원기 108년(2023)인 제3대 3회 말에 기대할 것인가를 두렵게 고민해야 하리라 본다. 교단 지성들의 냉철한 비판과 교단관을 바르게 정립하는 계기로 삼아야 한다.

---

33) 張俊河, 『지식인과 현실』, 세계사, 1992, p.407.

제2장
•
원불교의 개혁정신

1. 원불교의 개혁정신과 교강

소태산은 26세에 현묘한 진리의 깨달음을 얻고 일원의 진리를 세상에 드러내었다. 일원상이란 원불교 신앙의 호칭으로, 불법을 연원으로 한 소태산이 등상불을 혁신한 결과의 상징체이다. 이것은 일원의 진리를 체받아서 개혁하는 정신으로서 결함이 없는 원만한 사회를 건설하려는 뜻이다.[34] 당시 한국의 종교계에서 신앙의 대상을 개혁하려 한다는 것은 무모한 일에 가까운 일이었으나, 소태산은 불교의 등상불 신앙 대신 교강(敎綱)의 근원으로서 일원상을 신앙의 대상으로 과감히 혁신한 것이다.

신앙의 대상을 혁신한 것 외에도 소태산은 개교표어를 통해서 '개벽'이라는 용어를 사용하여 시대적 개혁의 확대 개념으로 접근하였다. 그는 일원의 진리를 선포한 이후 인류의 정신문명을 발전시키고자 개교표어를 후세에 전한 것이다. 구한말 민중의 저층에서 26세의 청년 소태산은

---

34) 이운권, 고산종사문집1 『정전강의』, 원불교출판사, 1992, p.59.

"물질이 개벽되니 정신을 개벽하자."라는 표어를 내걸고 그 당시 실의에
찬 민중들을 규합해서 실천적으로 이끌었던 것이니 개교표어는 소태산
의 세계관이요 창조·모방·개혁 정신이기도 했다.35) 선천시대의 낡은
세상을 비판함으로써 개혁이라는 새로운 역사의식을 전하고자 한 것이
다. 곧 후천시대에 걸맞게 과학이라는 물질의 개혁 속에서 정신을 개벽
하자는 슬로건 하에 원불교를 창립하였다.

원불교의 개교표어는 이처럼 사회적 개방 태도이자 세상을 개벽하려
는 의도가 담긴 것으로 구체적 용어로 말하면 '개혁'이라는 사회 개방의
선각적(先覺的) 안목에서 비롯된 것이다. 원불교가 사회적으로 개방적인
태도를 갖게 된 데에는 소태산의 가르침에서 비롯되었으니, 개교표어에
는 탁월한 시대인식이 담겨있으며, "흔히 개벽과 개혁을 논할 때, 정신적
개혁을 통하여 물질세계의 개혁을 유도하자."36)는 것이다. 개벽과 개혁
의 등장에는 사회의 물질개벽과 인간의 정신개벽을 통해 다가오는 미래
시대를 준비하자는 뜻으로 이해된다.

미래를 새롭게 준비하는 의미에서, 원불교의 표어는 개교표어와 교리
표어로 분류된다.37) 물질개벽과 정신개벽이라는 개교표어에 대해, 교리
표어로는 무시선 무처선, 처처불상 사사불공, 동정일여 영육쌍전, 불법
시생활 생활시불법이 있다. 이 교리표어에서 개혁의 정신이 발견된다.
무시선 무처선의 경우 불교 참선의 시공(時空) 제약성을 벗어나자는 것
이며, 처처불상 사사불공에는 등상불 숭배를 개혁하려는 의지가 있다.

35) 류병덕, 「소태산의 실천실학」, 석산 한종만박사 화갑기념 『한국사상사』, 원광
    대학교 출판국, 1991, p.1228.
36) 윤이흠, 「21세기의 세계종교상황과 원불교사상」, 『원불교사상과 종교문화』
    35집, 원광대 원불교사상연구원, 2007, p.28.
37) 류성태, 『정전풀이』上, 원불교출판사, 2011, pp.42-120 참조.

그리고 동정일여 영육쌍전은 생활불교로의 혁신을 뜻하며, 불법시생활 생활시불법은 시대화 생활화 대중화의 교리혁신 정신을 대변하고 있다. 『정전』의 표어 등에서도 선용(善用) 사상을 많이 찾을 수 있으며, 소태산 사상의 개방성·개혁성이 여기에 많이 나타난다.[38] 교리표어가 지니는 특징은 개방과 개혁의 성향이 그 중심으로 자리하는 것이다.

나아가 원불교 교강(敎綱) 가운데 사은에서 개혁의 정신을 모색해 볼 수 있다. 원불교 신앙의 대상에 있어서 불교의 등상불 숭배에서 일원상 숭배로 개혁했던 점에서 볼 때 사은은 전통불교의 일불(一佛)과 달리 천지, 부모, 동포, 법률을 신앙의 대상으로 삼는다는 점에서 불교 혁신의 의지가 표출되어 있다. 불교의 백억화신 석가모니불에 대해, 일원상과 사은을 함께 하여 법신불 사은이라 호칭함으로써 불교를 혁신하여 시대화 생활화 대중화한 뜻과 함께 현실적으로 죄복의 대상이 사은이라 한 것이다.[39] 불법을 연원으로 한 소태산은 법신불 사은신앙을 통해서 석가모니 곧 등상불에 대한 혁신적 의지를 드러낸 것으로, 원불교 신앙대상은 우주만유 삼라만상의 신앙으로 삼았다.

다음으로 교강으로서 삼학 팔조를 개혁정신의 측면에서 새겨볼 필요가 있다. 삼학은 일하고 공부하는 기본적 정신자세라면 팔조의 진행4조는 그 마음의 원동력을 촉진하는 역할을 하는 것이므로 직장에서 기업인으로서 현재에 만족하지 않고 개혁하고 창조하는 중요한 원동력이기도 하다.[40] 국가나 종교가 현재에만 만족하면 개혁의 의지가 없다는 것이므

---

38) 송천은, 「법신여래 일원상」, 제30회 원불교사상연구 학술대회《인류정신문명의 새로운 희망》, 원광대 원불교사상연구원, 2011.1, p.26.

39) 박장식, 『평화의 염원』, 원불교출판사, 2005, p.194.

40) 조정제, 「원불교의 경제관에 대한 소고」, 『원불교사상』 4집, 원광대 원불교사상연구원, 1980, p.214.

로 창조의 자세로 임해야 새롭게 개혁된다. 삼학과 팔조는 일하고 공부하는 교강으로서 원불교 수행문에 속한다.

초기교단에서 처음 사용하던 삼강령 팔조목의 용어는 유교의 용어를 원용한 것이며, 후에 정착된 삼학 팔조의 용어는 불교와 관련이 있다. 불교의 삼학과 원불교의 삼학이 서로 유사성을 지니고 있다는 면에서 소통되는데, 불교 삼학의 경우 계정혜 순서라면 원불교의 경우 정혜계의 순서로서 새로운 면모를 지닌 관계로 교강의 개혁성이 나타난다.

교강의 개혁정신은 사요에도 잘 나타난다. 사요란 사은과 함께 원불교 교리의 신앙문인 인생의 요도에 속하며, 교강으로서 사요는 불완전하고 차별의 사회를 완전하고 평등의 사회로 개혁하려는 사회개혁의 원리이기도 하다.[41] 사요가 사회개혁의 성향인 점은 그것이 사회불공의 항목들이기 때문이다. 특히 사요가 부각되는 점은 조선조와 구한말 봉건사회의 차별성을 벗어나자는데 그 목적이 있으며, 이는 평등사회를 향한 개혁의지의 발로이다. 과거 사회의 병폐를 개혁하는 차원에서 자력양성을 통해 남녀평등, 지자본위를 통해 지식평등, 타자녀교육을 통해 교육평등, 공도자숭배를 통해 사회발전을 도모하는 것이다. 이는 차별적 과거의 사회제도에서 개혁적 사회제도를 구축하는 사회불공이자 사회개혁의 성향인 것이다.

아무튼 교강이 발표되던 시기에 『조선불교혁신론』이 구상되었다는 점에서 원불교의 개혁정신을 상기할 필요가 있다. 곧 교강은 1919년(원기 4) 12월 소태산의 변산 주석 후 본격적으로 준비되어 이듬해 4월에 발표되었는데, 『조선불교혁신론』과 함께 당시에 초안된 것으로 전해지고 있어서 흥미롭다.[42] 원불교 교강은 인생의 요도 사은사요와 공부의

41) 한정석, 「교리형성사」, 『원불교70년정신사』, 원불교출판사, 1989, p.407.

요도 삼학팔조로서 여기에 원불교 교법의 개혁성향이 드러나고 있다.
당시는 원불교 창립 초기였기 때문에 기성종교와 다른 시각에서 교법이
제정되었으며, 그것은 원불교 창립의 명분이기도 하였다. 교강은 원불교
의 기본 교지(敎旨)를 실천에 옮기는 기본강령으로서 사회개혁의 성향을
강하게 지니고 있으므로 앞으로 이를 시대에 맞게 변혁, 재해석할 필요
가 있다.

2. 시스템 개혁의 필요성

원시사회에서 중세, 근대사회에 이르기까지 세상의 발전에는 숱한 곡
절이 있어왔다. 문명의 발전이 이루어지기 이전 주먹구구식의 변화들로
인해 지체된 생활을 해왔기 때문이다. 급변하는 현대사회가 가치, 신념,
사회·경제적 구조, 정치적 개념과 시스템 그리고 세계관을 재조정하여
나타나는 새로운 세상은 어느 누가 상상하는 그 무엇과도 다르다는 점이
다.[43] 선진 문명으로의 전개는 문명의 체계성이 뒷받침되었을 때 가능한
일이며, 그것은 시스템 이전과 이후의 변곡점이 된다. 더욱이 발전의
속도가 급변하는 상황이고 보면 체계성을 갖추지 못한 집단은 경쟁사회
에서 뒤처지기 마련이다.

과거의 종교가 주먹구구식으로 더디게 성장하였다면, 이제는 성장의
효율성을 고려할 때 새 시대에 맞는 시스템의 개발이 필요하다. 처음에
는 조직적인 시스템보다는 개인의 역량에 따른 성패의 결과가 주를 이루

42) 『원불교 교사』, 제1편 5장 참조; 양은용, 「수양연구요론의 구조와 성격」, 『원
    불교사상』 14집, 원광대 원불교사상연구원, 1991, p.331 참조.
43) 피터 드러커, 이재규 역, 『자본주의 이후의 사회』, 한국경제신문사, 1994, p.23.

었음은 잘 아는 사실이다. 초기불교 역시 시스템적 발전을 이루지 못하고 소수의 선각자들에 의해 명맥이 유지되어 왔다. 불교는 어떤 고귀한 존재를 숭배하는 체계로서 나타난 것이 아니라 한 인간이 인간 존재의 고통으로부터 벗어나려는 시도에서 발생했기 때문이며, 몇 세기에 걸쳐 발달한 결과 불교의 사상 및 수행과 관련된 많은 하위 시스템이 확립되었다.44) 기성종교들은 이와 같이 초기교단을 보내는 과정에서 시행착오를 겪으면서 세계적 종교로 발돋움하기 위해 신앙과 수행의 체계를 갖추고 조직의 시스템적 변화를 이루어온 것이다.

원불교의 짧은 역사에도 불구하고 이만큼 발전한 교단이라 자부해도 근래 원불교 교화가 정체된 현실인 점을 부인하기 어렵다. 앞으로 시스템 개혁의 발상이 필요하다는 뜻이다. 초기교단과 달리 규모가 커진 교단 현실의 상황에서 시대를 향도하는 교단적 시스템의 개혁이 이루어져야 한다. 원불교 100년에 즈음하여 좌산종사는 말하기를 "우리 교단도 규모가 상당히 커졌다. 교단 전체를 볼 때 교화, 교육, 자선, 산업 등 그 분야도 다양해졌으며 양적으로도 초창기에 비교할 수 없을 만큼 커졌다."라고 하면서 "지금 우리 교단은 전환시점에 와 있다. 이러한 때를 당하여 우리 교단은 연구하고 계획을 수립하여 교단을 운영해 나가는 모든 것들이 미래지향적으로 개선되어야 하겠다."45)라고 하였다. 교단 규모가 커진 상황에서 교단의 조직이 시스템으로 운영되어야 한다는 것을 강조하였다.

시스템의 응용을 다양하게 고려해 보면서 원불교의 특성으로 간주되

---

44) Bruce W 外 5人 공편, 김명권 외 7인 공역, 『자아초월심리학과 정신의학』, 학지사, 2008, p.163.
45) 좌산종법사, 「원만한 교단운영」, 《출가교화단보》 제85호, 원불교 수위단회사무처, 1999년 3월 1일, 1면.

는 것 중의 하나가 '마음공부'이다. 이 마음공부가 원불교의 브랜드인 점에서 마음공부의 방향을 새롭게 재설정할 필요가 있다. 교단 방향이 구조적 측면의 개혁보다는 개인의 신앙 수행을 독려하는 측면이 강하다는 측면을 무시할 수 없는 상황이기 때문이다.[46] 수행이 개인적 성향을 지닌다고 해도 교단구조의 시스템적 차원에서 마음공부 효율성을 감안해야 한다.

오늘날의 마음치유 담론들이 즐비한 상황에서, 마음치유의 문제를 사유하기 위해서는 환자 개인이 아니라 개인을 떠받치고 있는 환경 전체 또는 시스템에 대한 기본적인 문제제기가 전제되어야 한다.[47] 원불교의 마음공부가 국가와 세계에서 고유의 브랜드를 더욱 확보하기 위해서는 개별적 수행의 성향에 한정하는 것보다는 교단과 사회적 환경에 맞추는 시스템 고안이 필요하다.

무엇보다 원불교 교화시스템이 경직된 구조라는 점을 고민할 필요가 있다. 유연성이 중시되는 현대사회인 점을 참조한다면 언제 어느 상황에서도 적절한 대처방안을 제시할 수 있어야 교화의 활력이 있게 된다는 점에서 새겨보자는 것이다. 유연성과 순발력이 없이는 감수성이 예민하고 첨단 과학문명에 익숙해진 청소년을 만날 수도, 대화할 수도, 교화할 수도 없는 것이 현실임에도 우리의 교화 시스템은 과거의 경직된 구조를 벗어나지 못하고 있다.[48] 교화에 활력을 얻기 위해서는 중앙집권과 지방

분권의 교화 제제 사이에서 나타날 수 있는 경직성을 극복하고 유연성을 살리는 차원에서 고민해 보아야 한다. 이는 시대상황에 맞는 생명력 갖춘 교화 시스템으로 나아가야 한다는 뜻이다.

시스템 개혁으로써 교화중심 체제를 이루어야 한다는 것은 교화 대불공의 차원에서 가능한 일이다. 경산종법사가 향후 6년간의 교단경륜을 2007년 1월 29일 수위단의장단과 교정·감찰원의 간부들이 참석한 가운데 「교화 대불공」을 언급하였다. "교단의 모든 문제는 교화 중심체제로 전환해야 한다."는 의지를 피력하면서 "현재는 교화의 다변화가 요청된다."고 했다. 교화 시스템의 개혁과 의식변화에 이어서 교단만이 가지고 있는 정체성을 확립하고 청소년 교화의 다양한 방법들이 모색되어야 할 것이며, 이를 위해서 교화시스템의 개혁이 필요하다.[49] 교화시스템을 개혁하지 않으면 교화에 활력을 얻지 못할 것이다. 여전히 원불교 교화가 정체되어 있다면 교화 시스템의 개혁을 위한 대대적인 작업이 필요하다.

원불교의 발전에는 물론 교화의 시스템 개혁만이 유일한 해결점은 아니라 본다. 왜냐하면 교단의 풍토는 전반 분야에서 시스템 완비가 필요하기 때문이다. 즉 교화, 교육, 자선의 균형적 시스템의 완비는 교단 미래의 바람직 방향이다. 수년 전(원기95) 원불교정책연구소에 의하면 전무출신 공부풍토를 조성하는 시스템 완비가 되어야 한다고 하면서 몇 가지 시스템 개혁안을 내놓았다. 전무출신 제도는 연령제한 폐지, 다양한 재가활용 교역자화, 퇴임 후 대우 차등 적용[50] 등을 거론하였다. 교육에 있어서도 3개 기관으로 분리되어 있는 예비교무 인재양성 교육기관의 개혁에 대한 합리적 개혁안이 기대된다. 정책연구소의 시스템

49) 위의책 , p.28.
50) 원불교정책연구소, 『교단발전을 위한 10가지 혁신과제 선정-의견수렴 자료집』, 원기 94년 4월, p.8.

개선을 건의한 후 전산종법사가 교단을 주재한 이래, 원기 104년 남녀전 무출신 제도에 있어서 여자 정녀제도의 개선과 자유결혼제도가 시행되고 있다. 교무 도무 덕무의 호칭도 '교무'로 통일한 점은 개혁 교단으로서의 큰 면모를 보이고 있다.

이처럼 전산종법사의 등장 이후 개혁교단의 면모가 점증하고 있으며, 앞으로 더욱 개혁의 박차를 가하기 위해 원불교 시스템은 모든 분야에서 공동체적 정신을 기반으로 하되 '선의의 경쟁시스템'으로 나아가야 하리라 본다. 선의의 경쟁시스템은 개인의 실력을 존중하고 지성(知性)의 가치를 우선으로 하는 것으로, 개인의 창의성과 성취력을 십분 발휘하게 하면서 수동적 심리에서 능동적 심리로 개선케 하는데 도움이 된다.

지난 시대를 돌이켜 보면 원기 56년(1971) 10월 8일 오전에 반백년기념관 봉불식 및 낙성식을 가졌다. 여기에서 원광대학 운동장에서는 반백년기념식을 거행하였는데, 이 식전에서 채택한 대회결의문을 소개해 본다. "국력의 자주적 배양을 발판으로 하여 선의의 경쟁으로써 조국통일을 평화적으로 달성하고, 나아가 유구한 민족의 전통적 슬기와 참됨을 바탕하여 세계적 정신운동을 이 땅위에서 우리가 달성할 것을 결의한다."[51] 반백주년 행사에서 선의의 경쟁력이란 구호를 외친 점을 고려해 보자. 원기 100년대에 진입한 현재, 원불교 2세기를 열어가는 시점에서 교단 전반의 시스템 개혁은 '선의의 경쟁력'이라는 원리의 활용이 요구된다.[52] 이는 공동체가 갖기 쉬운 무사안일주의를 벗어나 교단 미래를 활짝 열어가는 새 시스템이다.

---

[51] 『원광』 제71호, 1971.10, p.13쪽(손정윤, 「개교반백년 기념사업」, 『원불교 70년 정신사』, 성업봉찬회, 1989, pp.327-328).

[52] 한국 서구종교로서 개신교의 교화시스템이 '개교회주의'인데, 원불교의 교화 시스템을 부분적으로라도 과감히 '개교당주의'로 전환할 필요가 있다.

3. 개혁 주체의 책임의식

국가나 사회단체에 있어서 과감한 개혁에는 지도자의 책임감과 대중의 협조가 필요하다. 지도자의 선견지명과 대중들의 합력이 뒤따를 때 그 개혁은 성공할 수 있기 때문이다. 오늘날 후진 제국(諸國)이 파괴적 혁명의 재해 없이 사회 경제적 개혁을 단행하고 근대화를 수행함에 성공하느냐의 여부는 정치 지도세력과 지식층, 그리고 민중 사이의 정신적·문화적 갭을 얼마나 메워 나가느냐에 달려있다.53) 어느 일방의 밀어붙이기 식의 개혁이란 쉽지 않다는 뜻이며, 구성원들의 일체감이 뒤따를 때 그 개혁은 성공할 수 있는 것이다.

종교의 경우도 마찬가지로, 그 종단의 개혁에는 지도자의 주체자적 의식과 신자의 협력이 필요하다. 이 같은 주체자적 의식의 이해에 있어서 우선적으로 '주체'의 개념 이해가 필요하다. 객체에 상대되는 말이 주체이며, 이 주체란 상대방을 객으로 보지 않고 중심으로 삼는 주인의식이다. 이를테면 소태산은 불법연구회를 창립하면서 석가모니를 연원으로 삼아 불법을 주체로 삼았다54)는 점은 불법을 주체로 삼으면서 미래의 생활불법을 지향하는 것이다. 원불교가 창립될 당시에는 한국의 신종교로서 천도교, 증산교 등이 있었으며, 각 종교의 교주가 한국의 기성종교를 주체로 삼아 개혁한 점이 특징이다. 천도교의 경우 유교를 주체로 해서 개혁하였고, 증산교의 경우 도교를 주체로 삼아 개혁하였다. 원불교의 소태산은 불교를 주체로 삼아 새롭게 개혁함으로써 생활불교로서 새 출발과 교화의 명분을 삼았다.

---

53) 林芳鉉, 『近代化와 知識人』, 지식산업사, 1974, p.235.
54) 한기두, 「소태산의 불교관」, 『원불교사상』 2집, 원광대 원불교사상연구원, 1977, pp.181-182.

또한 주체의 의미는 교의(敎義)와 제도를 주종의 문제로 접근할 수 있다. 주체와 객체의 차이를 알 때 그 주종 본말의 혼선을 피할 수 있는 것이다. 이를테면 교단의 개혁을 거론할 때 주종 본말의 시각에서 교리 정신에 주체를 두면서 여타의 사항을 부수적으로 보아 개혁에 임하자는 뜻이다. 개혁에 있어서 주종 본말을 망각하면 그 본의가 사라지기 때문에 이에 교리에 주체를 두면서 다양함을 수렴하는 개혁으로 이끌자는 것이다.55) 종교의 개혁에 있어서 부수적인 것보다 기본교리를 주체로 두면서 각종 제도를 새롭게 변화해야 한다. 어느 종교든 주종 본말을 상실하면서 개혁에 임한다면 일의 순서가 뒤바뀌거나 그 본의를 잃기 쉽다.

종교의 각종 교리에 있어서도 주종 관계를 거론할 수 있다. 원불교 교강으로서 삼학과 사은 등은 변할 수 없지만, 여타 사요는 시대를 따라 변할 수 있다는 소태산의 가르침을 새겨볼 필요가 있다. "나의 교법 가운데 일원을 종지로 한 교리의 대강령인 삼학 팔조와 사은 등은 어느 시대 어느 국가를 막론하고 다시 변경할 수 없으나, 그 밖의 세목이나 제도는 그 시대와 그 국가에 적당하도록 혹 변경할 수도 있나니라."56) 원불교 교리의 개방성과 개혁 정신을 언급하는 법어이다. 원불교 교강이 삼학 팔조와 사은 사요인데, 이 가운데 삼학 팔조 사은은 교리의 주체로서 변할 수 없지만 기타 세목으로서 사요 등은 변할 수 있다는 것이다. 그가 말한 세목 가운데 사요가 포함된다는 점에서 교리의 개방성과 개혁 정신을 엿볼 수 있다.

교단 개방으로 나아가는 개혁의 주체로는 종교지도자와 교육담당자

55) 박혜명, 「교화실용주의 실현은?」, 《원광》 284호, 월간원광사, 1998.4, p.25.
56) 『대종경』, 부촉품 16장.

가 그 중심에 있다. 원불교 교도인 이면우 교수의 『신사고이론』에 따르면, 첫째 개혁을 위해서는 개혁 마인드와 개혁 방향에 정통한 지도자(전문가)가 있어야 하며, 둘째 적어도 8~10년 이상 일관성을 가지고 정책을 추진해야 하고, 그러기 위해서는 지도자가 건강해야 한다는 이론을 소개하고 있다.57) 종교의 지도자로서 개혁 마인드가 없다면, 또한 전문 지식인이 일관된 정책을 시행하도록 지적 가치를 제시하지 못한다면 그는 개혁의 주체가 될 수 없다. 개혁 주체로서 개혁 마인드가 중요한 이유이며, 종교 지성으로서 전문 지식을 통해 개혁 정책을 제안하지 못한다거나 행정당국이 이를 외면한다면 상호 책임의식을 다하지 못하는 것이다.

알다시피 개혁은 세월이 흐르면서 거스를 수 없는 일로서 개혁의 성공 여부는 누가 이 개혁의 주체가 되느냐가 관건이다. 출가가 교단 개혁의 주체가 되지 못할 경우 재가가 될 수도 있다는 사실을 상기하지 않을 수 없다. 어떤 의미에서 변혁은 지금 진행 중이라 할지라도 누가 변혁의 주체가 되는가, 어떤 목적 아래 어떤 내용과 방법으로 변혁을 이끄는가, 그리고 제도적 변화가 수반되는가는 종단 내의 개혁이라 할지라도 예외가 아니라고 본다.58) 누가 고양이의 목에 종을 달아줄 것인가를 지켜만 보지 말고 스스로 앞장서는 개혁의 주체가 되어야 한다. 개혁해야 한다는 마음만 가지고 있어서는 안 되며, 합리적 개혁의 대안 제시를 통해 개혁의 주체로서 임해야 개혁은 성공될 수 있다.

개혁 주체자로서의 책임감이 여기에서 더욱 강조되는데, 그것은 선지자적 농부와 같이 종자 개량의 심법을 가져야 한다. 이 세상에는 다

---

57) 박윤철, 「원불교 예비교무 지원자 감소 원인과 대응방안 연구」, 일원문화 연구
    재단, 2004.4, p.12.
58) 김귀성, 「한국 근대불교의 개혁론과 교육개혁」, 『원불교학』 제9집, 한국원불
    교학회, 2003, p.338.

종자가 있는데 그 종자를 우리가 캐서 우리가 개량하자는 것으로, 좋은 씨앗으로 만드는, 즉 종자를 개량하는 법이 우리 법을 인지하는 대명천지의 세상이 되었다.[59] 이에 소태산은 『대종경』 변의품 1장에서 종자가 땅의 감응을 받지 아니하고도 제 스스로 나서 자랄 수가 있는가, 또 땅의 감응을 받지 아니하는 곳에 심고 거름하는 공력을 들인들 효과가 있겠는가를 물으며, 종자를 개량하는 주체는 우리 인간이며 지도자라고 하였다. 오늘날 개혁 주체로서 새 종자 개량을 통해 풍요로운 결실을 가져다주는 일에 동참하는 책임감이 절실한 상황이다.

앞으로 개혁의 주체로서 항상 염두에 두어야 할 것은 「개교의 동기」 정신이며, 그것은 깨달음 및 제중사업과 관련된다. 소태산은 개혁의 주체로서 「개교의 동기」를 선포하였으니, 이제 교단의 구성원들은 교조의 포부와 경륜을 실행에 옮기도록 최선을 다해야 한다. 광대무량한 낙원으로 파란고해의 일체 생령을 인도하겠다는 포부와 경륜을 실행에 옮길 핵심적 주체는 소태산이었다[60]는 사실을 알면서도 그 경륜을 실행에 옮길 힘이 교단에서 발휘되지 못한다면 그것은 교단을 이끄는 지도자들의 책임이다. 개혁 주체자의 책임감이 얼마나 중요한지 여기에서 발견된다.

4. 원불교 개혁운동의 특징

개혁 운동의 단체는 그것이 갖는 특징이 있다. 그 특징이란 운동 단체가 운동을 전개하는 과정에서 나타나는 두드러진 성격으로, 이를테면

59) 심익순, 『이 밖에서 구하지 말게』, 원불교출판사, 2003, p.57.
60) 고시용, 「원불교 전무출신에 대한 연구」, 『원불교사상과 종교문화』 48집, 원광대 원불교사상연구원, 2011, p.48.

개혁에 있어 일종의 급진 내지 점진적 성향을 지닌다. 모든 성격은 저마다 특징과 특색의 독특한 결합으로 이루어져 있으며, 이에 대해 개성은 한 사람의 유일성, 타인과의 구별되는 특이성을 구성하는 심리 특성들이 결합된 것을 말한다.[61] 개성은 개체를 강조하는 성향이라면 단체의 결합적 특징은 그 단체의 성향이 부각되는 점에서 상호 차이가 있다. 원불교는 개인으로 접근되는 것이 아니라 종교라는 단체의 성격으로 접근되는 만큼 그것이 갖는 의미는 원불교라는 공동체가 지니는 고유성으로 접근할 수 있다.

그러면 원불교 개혁운동의 특징을 이해하는데 있어, 원불교의 종교단체가 지니는 고유의 성향은 타종단과 어떠한 차별화가 있는가? 원불교의 개혁적 성향은 한국종교의 흐름에서 볼 때 원불교 개교의 명분과 관련된다. 이에 한승조 전 고려대 교수는 「한국정신사의 맥락에서 본 원불교」를 거론하면서 말하기를, 개벽은 근본적인 개혁을 의미하며 개혁은 필연적으로 기존 질서와의 마찰과 갈등을 수반하는데, 원불교는 동학처럼 비타협적인 저항이나 과격한 투쟁방법을 버리고 상생 보은의 방법으로서 개혁 문제를 해결하려고 한다[62]고 했다. 천도교와 증산교에 대해 원불교의 개혁운동은 타협과 상생의 원리에 기반을 둔다는 점에 그 정체성이 있다.

구체적으로 원불교 개혁운동의 특징에 대하여 다음 몇 가지를 살펴보고자 한다.

첫째, 원불교의 개혁은 사회개혁에 궁극의 목적이 있으며, 그 출발점은 개인 완성으로부터 비롯된다는 것이다. 소태산은 사회의 개혁에 초점

---

61) A.V. 페트로프스키 저, 김정택 역, 『인간행동의 심리학』, 사상사, 1993, p.223.
62) 한승조, 「한국정신사의 맥락에서 본 원불교」, 『원불교사상』 4집, 원광대 원불교사상연구원, 1980, p.64.

을 맞추었다고 보며, 사회의 개혁도 전체적인 사회의 구조적 개선보다는 개인들의 종교적 실천을 통해서 개인 완성을 바탕으로 한 사회 완성을 추구하였다.63) 이것은 개혁과 관련하여 원불교의 직접적인 사회관을 언급하기보다는 원불교와 사회관계의 실상을 추론해 볼 수 있는 정도라는 것이다. 이보다는 개인의 종교적 수행을 통해 개인의 완성에 이어서 사회의 개혁으로 이어진다는 점에서, 원불교 기본교서에서는 사회학에서 말하는 사회 개혁의 직접적인 언급을 찾아보기 쉽지 않다.

둘째, 원불교 개혁운동은 현실 지향적이다. 개인의 수행에 초점이 맞추어졌다고 해도 그것은 현실을 벗어나 있지 않다. 소태산 사상의 특징 하나는 종교가 자칫 현실 외면 또는 현실에 초연할 것을 가르쳐온데 반해 지극히 현실 지향적이라는 점으로, 현실은 이상을 구현할 바탕이며 궁극적으로는 현실과 이상이 다르지 않다는 점에서 세속적 개혁론을 병행하고 있다.64) 원불교에서 원하는 이상사회의 실현은 현실 속에서 발견되며, 그것은 개인의 초탈주의적 전통불교의 성향을 벗어나 생활불교로 혁신한 소태산의 정신에서 발견된다.

셋째, 원불교의 개혁운동은 병행과 조화, 창조라는 점을 염두에 두고 있다. 다시 말해서 원불교의 특성은 개혁과 창조성이라고 할 수 있으며, 그것은 원불교가 시대화 생활화 대중화라는 기치를 들고 인간개혁, 사회개혁을 추진하였다65)는 점이다. 병행과 조화는 개인의 인격개조와 사회

63) 한창민, 「원불교 사회관」, 『원불교사상시론』 제Ⅲ집, 원불교 수위단회, 1998, pp.210-211.
64) 박상권, 「소태산의 종교적 도덕론 연구-『대종경』 인도품을 중심으로-」, 『원불교사상과 종교문화』 29집, 원광대 원불교사상연구원, 2005, pp.77-78.
65) 손정윤, 「문학 · 예술사」, 『원불교70년정신사』, 원불교출판사, 1989, pp.640-641.

개혁에 관련된 원불교 표어에서 발견되며, 원불교의 기본교리에 이러한
정신이 들어 있다. 시대화 생활화 대중화의 병행성에는 개혁과 창조의
정신이 깃들어 있으며, 그것은 교리정신으로서 원불교 교리가 지향하는
것이다. 개혁이 병행과 조화를 벗어날 경우 점진적 개혁이 될 수 없으며,
창조의 방향과 어긋나는 경우가 있다. 원불교는 불교 및 한국 신종교들
과 병행 조화를 지향하면서 새로운 교단으로 거듭남으로써 불법을 혁신
한 창조의 정신을 개혁운동으로 전개하고 있다.

넷째, 원불교 개혁운동은 묵은 세상을 새 세상으로 개혁하는 후천개벽
의 성향을 지닌다. 소태산은 이에 말한다. "과거에는 모든 성인이 동서
각국에서 태어나 각기 맡은 바 분야만을 따로 법을 펴시었으나 이 회상
은 모든 성인이 한 회상에 모여 모든 법을 통일시키고 원만한 법을 짜서
묵은 세상을 새 세상으로 개혁하는 회상이다."[66] 묵은 세상을 개혁하기
위해 소태산은 여러 생을 드나들면서 심혈을 기울여 공을 많이 들였다는
것이다. 그는 선천시대를 지나 후천시대를 개혁하는 사명을 지녔기 때문
이다. 구시대의 타파와 새로운 시대의 전개가 원불교의 특징으로 부각되
는 점이 여기에 있다.

그리하여 원불교의 개혁운동은 소태산의 교단창립 명분이었으며, 여
기에는 크게 네 가지 특징을 지닌다. 소태산이 생애를 통하여 실현하였
던 개혁운동은 크게 인간개혁, 생활개혁, 사회개혁, 종교개혁 등 네 가지
로 나누어 볼 수 있다.[67] 인간개혁과 종교개혁은 인도상의 요법에 바탕
한 진리적 종교의 신앙이라는 개교동기 전반에 나타난다. 그리고 생활개

---

66) 공타원 조전권 선진의 전언이다(박용덕, 『금강산의 주인되라』, 원불교출판사,
    2003, p.171).
67) 김수중, 「양명학의 입장에서 본 원불교 정신」, 제18회 원불교사상연구 학술대
    회《少太山 大宗師와 鼎山宗師》, 원광대 원불교사상연구원, 1999.2, pp.35-36.

혁과 사회개혁은 사실적 도덕의 훈련에서 주로 발견된다. 생활개혁이나 사회개혁은 합리적이고 사실적인 시각에서 그 명분을 얻기가 용이하다는 점에서 사실적 도덕의 훈련과 밀접한 관련이 있다.

어떻든 원불교 개혁운동의 특징에서 간과할 수 없는 것으로는 단순한 개선이나 개혁 정도가 아니라 종교혁명이라는 것이다. 소태산의『조선불교혁신론』이 지니는 근본정신이 종교혁명과 같았기 때문이다. 원불교의 사명 가운데 종교계를 대상으로 한 사명은 종교혁명을 완수하는 것으로, 기성종교는 여러 차례의 종교개혁을 해 왔지만 오늘의 상황은 기성종교의 개선이나 개혁 정도가 아니라 더욱 근본적이고 철저한 종교 자체의 혁명을 요구하고 있다.[68] 소태산의 '종교혁명'은 그것이 다소 지나친 표현일지 모르지만 조선불교의 혁신이라는 용어를 사용한 점에서 종교혁명이라는 표현에 필적하고 있다. 그는 종교의 혁명적 시각에서 조선불교의 등상불 숭배를 법신불 일원상으로 신앙의 대상을 바꾸었고 산중불교를 생활불교로 바꾸었음을 잊어서는 안 된다.

---

68) 신명교,「원불교 교단관」,『원불교사상시론』1집, 수위단회사무처, 1982, pp. 25-26.

제3장

●

불교혁신과 건국론

1. 소태산의 『조선불교혁신론』

소태산의 『조선불교혁신론』은 당시 불교 지도자들에게 전개되었던 불교개혁론의 맥락에서 접근이 가능하다. 권상로의 『조선불교개혁론』, 한용운의 『조선불교유신론』, 이영재의 『조선불교혁신론』, 김벽옹의 『조선불교기우론』 등이 조선불교의 혁신을 위한 운동들이었다. 소태산의 개혁론은 한용운, 이영재, 권상로의 개혁 내용과는 그 내용 구성에 있어 현격한 차이를 드러내고 있다.[69] 그의 개혁론은 제도, 신앙의 형식, 수행 방법, 교육내용 등으로 이루어져 있어서 불교 혁신의 부분적인 개혁이 아니라 전반적 개혁을 시도한 것으로, 불교종파 내에서의 개혁이 아니라는 점에서 두드러진 면이 있다.

따라서 『조선불교혁신론』은 민중불교를 향한 개혁이며, 덧붙여 생활

---

69) 이민용, 「원불교와 불교의 근대성 각성」, 제28회 원불교사상연구 학술대회 《개교100년과 원불교문화》, 원광대 원불교사상연구원, 2009. 2, pp.16-17.

불교로 복귀시키는 것이었다. 그것은 소태산의 종교 성향이 출가자 혹은 재가자로서 전통불교의 어느 특정종단에 속하지 않았다는 사실에서 기인한다. 소태산의 『조선불교혁신론』에서 보듯이 불교 종단의 개혁이 아니라 시대를 관통하는 불교 전체와 민중과의 관계를 통해 불법의 근본 역할을 복원하는 것에 초점을 맞추었고, 독자적인 결사의 형태로서 불법을 민중의 삶 속으로 환원시켰다.[70] 불법에 연원을 둔 소태산으로서 불법과 민중의 연결고리를 이어줌으로써 생활불교를 표방하는 형식을 띠고 있었던 탓에 불교를 대중 속으로 복귀시키는 일이 중요하였다.

대중과 현실을 지향하는 신앙론에서 볼 때 『조선불교혁신론』은 신앙 대상에 있어서 등상불 숭배를 혁신하는 일이었다. 『조선불교혁신론』이 불교와 종교 신앙의 혁신을 제시한 것[71]으로 등상불 숭배가 갖는 한계를 극복하고자 하는 것이다. 법신불 신앙이야말로 우주 만유 허공법계를 신앙하는 전체신앙의 입장에서 소태산은 개체신앙을 벗어나고자 하였다. 석가모니 일불(一佛)에 치중한 등상불 숭배는 개체신앙이 갖는 한계를 극복하지 못한다는 점을 인지한 소태산은 법신불 일원상을 신앙의 대상으로 삼아 과거의 개체신앙에서 미래의 전체신앙으로 혁신을 도모한 것이다.

따라서 『조선불교혁신론』은 민중을 향한 시대의식의 반영으로서 종교혁명과도 같았다. 소태산은 이에 말한다. "우리는 정치적 방면에 있어서는 여하한 권한이 없으니, 어찌할 수 없거니와 종교적 방면에 관하여는 재주 있는 데로, 심력 미치는 대로, 될 수 있는 데로 좋도록 개선하고 완전하도록 단련하여 종교의 대혁명을 일으킬만한 처지에 있으며 또는

70) 원영상, 「소태산 박중빈의 불교개혁사상에 나타난 구조 고찰」, 『신종교연구』 제30집, 한국신종교학회, 2014, p.126.
71) 이운철, 「출판언론사」, 『원불교 70년정신사』, 성업봉찬회, 1989, p.547.

제2편 개혁의 정신과 과제 141

의무가 있다."[72] 종교의 대혁명이라 할 만큼 불교 개혁은 부분적 제도의
수정이 아니라 새로운 시대에 대응한 시대의식의 반영이었다고 보면
좋을 것이다. 소태산은 후천시대에 맞게 모두에게 좋도록 개선하고 완전
하도록 단련함으로써 전통불교가 갖는 제약성을 극복하려는 것으로, 그
것은 종교혁명으로 이어진다는 점에서 일종의 결사와도 같은 것이었다.

그러면『조선불교혁신론』의 개혁 내용을 몇 가지로 살펴보도록 한다.
원기 20년(1935)에 발표된『조선불교혁신론』의 목차 내용은 다음과 같
다. ① 과거 조선사회의 불법에 대한 견해, ② 조선 승려의 실생활, ③
세존의 지혜와 능력, ④ 외방의 불교를 조선의 불교로, ⑤ 소수인의 불교
를 대중의 불교로, ⑥ 분열된 교화과목을 통일하기로, ⑦ 등상불 숭배를
불성 일원상으로. 7가지 항목 가운데 불교혁신의 핵심적인 내용은 네
번째 항목부터 비롯된다. 외방의 불교에서 조선의 불교로 혁신하고, 소
수인의 불교에서 대중불교로 혁신하며, 교화 과목의 통일을 비롯하여
등상불 숭배를 벗어나 일원상 숭배를 하자는 것이다.

위에서 예시한『조선불교혁신론』의 조항들을 살펴본다면 그것은 불
법의 새로운 해석으로서 불법의 새로운 교상판석이라 볼 수 있다. 근세
의 불교혁신가인 한용운의『조선불교유신론』에서는 불교선법 수행에
있어 간화선을 해야 한다고 하였다. 그러나 소태산의 경우 간화선은
주로 화두에 매달리므로 일에 집중하면 화두를 연마하지 못하지만, 원불
교의 선은 정할 때는 좌선으로 일심하고, 동할 때에는 그일 그일에 일심
하는 것으로 그 자체가 선이 되어 공부와 생활을 함께 하자는 것이다.[73]
묵조선은 무기의 사선(死禪)에 떨어지고, 간화선은 분별의 화두에 매달

---

72) 송도성 수필,「法會錄」,《월말통신》제4호, 원기 13년 陰 6월 末日(『원불교
   교고총간』제1권, pp.27-28).
73) 한정석,『원불교 정전해의』, 도서출판 동아시아, 1999, p.38.

리게 된다. 이에 원불교에서는 좌선하는 시간과 의두 연마하는 시간을 따로 정하여 정혜를 쌍수(雙修)하는 동정 없는 진여선의 좌선법을 실시하도록 혁신한 것이다.

그리하여 『조선불교혁신론』은 일을 할 때와 좌선을 할 때를 쌍전하게 되므로, 선법이 대중화를 지향함으로써 전통불교의 정(靜) 중시의 선법을 개혁하였다. 불교 당시의 현실을 살펴볼 때 개혁해야 할 측면이 적지 않음을 간파한 소태산은 불법의 시대화 생활화 대중화를 선도해야 할 필요성을 절실히 느끼고 그 구체적인 실천을 진행해 나갔으며, 그러한 의지가 소태산의 『조선불교혁신론』에 구체적으로 서술되어 있다.74) 불교 혁신의 당위성으로 시대화되지 못하고 생활화되지 못하고 대중화되지 못한 선천시대의 산물을 벗어나지 못했으므로 후천시대의 생활불교를 지향하는 것이 소태산의 의지로서 불교혁신의 핵심이다.

후천시대의 생활불교를 지향하는 『조선불교혁신론』은 재가출가 모두가 실천할 수 있는 불법으로 거듭나도록 개혁한 것이다. 『조선불교혁신론』은 불교인을 특정 신분계층에 국한하지 않고 재가 출가를 대상으로 한 개혁안으로서 전인적 인격도야, 조선의 주체성 있는 불교로의 개혁, 도학과 과학의 병진, 평생 학습체제 등을 강조하고 있다.75) 출가에 한정되는 불법은 대중과 함께 하지 못하므로 실생활에서 실천할 수 있는 불법을 추구하고자 소태산은 불교혁신의 고삐를 당긴 것이다. 불교의 대결사와도 같은 후천시대의 민중불교 운동이었다고 보는 이유가 여기에 있다.

---

74) 고시용, 「정전의 결집과 교리의 체계화」, 『원불교학』 제9집, 한국원불교학회, 2003, pp.245-246.
75) 김귀성, 「한국 근대불교의 개혁론과 교육개혁」, 『원불교학』 제9집, 한국원불교학회, 2003, p.331.

2. 한국종교와 원불교의 개혁운동

해방 후 한국 기독교가 급진적 발전을 보인 것은 개혁 의지라든가 평등의식에 기인한 것으로 보인다. 혼란기의 민족적 분위기에서 천주교의 전통 및 보수성에 대한 개신교의 개혁적 성향이 한국교회의 교세 팽창으로 이어져 온 것이다. 서구문화의 유입은 민족종교를 대체한 탓도 있으나 한국의 민족종교가 시대에 부응하지 못한 것이 그 원인이라 본다. 우리나라에서 서구종교가 급속히 민족종교를 대체한 것은 외적·사회적 원인이 크겠지만, 내적으로 민족종교가 스스로 새 시대에 맞게 개혁하고 적응하지 못한 것도 하나의 요인이라 아니할 수 없다.[76] 한국의 전통불교 내지 유교의 교세가 쇠퇴한 원인과 서구 기독교의 흥성이 이러한 이유라 본다.

한국의 종교분포 현상을 보면 동양의 종교와 서양의 종교가 공존하고 있다. 여기에서 근래 동양의 종교보다 서양의 종교가 더욱 흥성하게 된 것은 기독교의 사회참여와 사회 개혁적 성향에 기인한다. 종교의 사회 참여적 행동은 기독교로부터 시작하였지만, 한국의 양심적인 식자층들로부터 많은 지지를 얻었는데, 이 흐름은 기독교라는 울타리를 넘어서서 한국사회 전반의 식자층들로부터 공감을 얻었다.[77] 이에 대해 불교는 사회참여에 비교적 소극적으로 임해왔던 점을 뒤늦게 반성하여 민중불교의 성향으로 사회참여의 자세를 갖기 시작하였다.

76) 김수중, 「양명학의 입장에서 본 원불교 정신」, 제18회 원불교사상연구 학술대회 《少太山 大宗師와 鼎山宗師》, 원광대 원불교사상연구원, 1999.2, p.30.
77) 노권용, 「21세기 불교계 대학의 전망과 과제-현대 한국불교 두 가지 흐름과 관련하여-」, 제18회 국제불교문화학술회의 『불교와 대학-21세기에 있어서 전망과 과제』, 일본 불교대학, 2003.10, p.125.

한국에서 창립된 원불교는 한국의 사상적 맥을 계승하면서 종교회통과 불교개혁이라는 두 측면에서 접점을 찾았다. 광복 이후 한국종교의 중요한 측면은 종교들이 다원화되었다는 것이며, 그것이 사회적으로 당연히 받아들여지는 이른바 '종교다원주의'가 상당히 팽배하게 되었다는 사실이다.[78] 서구종교의 구원 독점적 신앙에 대한 구원의 다원주의를 표방한 원불교는 서구종교를 포용하는 종교회통의 원리로 다가섰고, 불교에 대해서는 혁신을 통해 생활불교로 전환하였다. 원불교가 한국종교 가운데 4대종교에 속한 이유는 여러 가지가 있겠으나, 종교 다원주의적 종교회통과 종교개혁이라는 두 가지의 시대적 흐름과 과제를 충실히 수행하는 종교로 인정받았기 때문이다.

이러한 맥락에서 한국유교와 원불교의 개혁사상에 대하여 그 접점을 모색해 본다. 원불교의 기본경전에 주로 거론된 대상이 성리학이라는 점, 조선후기의 실학적 경향이나 원불교 출현 당시에 일어났던 유교개혁 운동과 원불교 사상의 관련성도 주목할만하다.[79] 유교의 양명학과 실학 사상 및 원불교 개혁사상에 공통성이 있다는 점에서 한국 근대종교사에 있어서 원불교의 역할이 공감대를 형성하는데 비교적 용이하였다. 즉 조선유교의 성리학의 이념적 성향에 대하여 개혁정신을 들고 나온 실학 사상의 흐름이나 한국불교의 출세간적 성향에 대하여 개혁성향을 지닌 원불교 사상의 흐름은 크게 차이가 없다는 점이다.

그러나 유교의 봉건성과 불교의 출세간성을 타파할 종교적 흐름이

---

78) 김종서, 「광복이후 한국종교의 정체성과 역할」, 제32회 원불교사상연구원 학술대회《광복이후 한국사회와 종교의 정체성 모색》, 원광대 원불교사상연구원, 2013.2, p.15.

79) 金洛必, 「원불교의 儒敎思想 수용에 관한 연구」, 『한국근대사에서 본 원불교』, 도서출판 원화, 1991, p.84.

구한말의 시대적 요청이었다는 점에서 원불교 창립의 명분이 무엇인지를 알게 해준다. 개혁운동이란 이처럼 기성종교가 역할을 제대로 하지 못할 때 일어나는 운동이다. 원불교의 제도적인 측면에서의 개혁으로서 반봉건적 이념은 또 다른 측면을 보여주는데, 원불교는 출세간 중심의 교단 구성을 과감히 개혁했다는 점이며, 뿐만 아니라 남녀의 차별적 제도를 단호히 타파하였고 교단의 제도적 운영이 봉건적 요소를 척결하고 민주화된 혁신을 지향하고 있다.[80] 구시대의 봉건적 차별성과 출세간 주의의 성향으로는 민중을 바르게 향도하는데 한계가 있으며, 그것이 새 종교의 출현과 기성종교의 개혁을 기대하는 요인이 된다.

원불교가 유불도 3교를 통합 활용하면서도 한국종교의 제도와 정신을 새롭게 혁신하려는 점에 있어서 시대적 요청에 부응한 것이다. 대승불교로의 개혁은 용수에게서 발견되고, 송나라의 유학은 신유학으로 변모하였으며, 한국사회에서 기독교가 부흥한 것을 인지한 원불교는 이러한 기성종교의 시대적 개혁의 정신을 계승하고자 하였다. 새 시대의 정신을 수용하지 않은 종교개혁은 진정한 개혁으로 이어지는 법이 없으며, 이런 맥락에서 소태산의 가르침은 진정한 종교개벽의 모델을 보였다.[81] 원불교의 개혁정신은 기성종교의 아노미현상처럼 종교의 무기력함을 극복하는데서 더욱 그 빛을 발휘하였다.

근대 한국종교 개혁정신에서 볼 때 원불교와 유사한 맥락의 종교가 동학과 증산교이다. 동학의 사회개혁, 증산의 해원상생, 원불교의 정신개벽이 이와 관련된다. 특히 동학사상은 강한 사회개혁 정신으로 인해

---

80) 이성택, 「민족주의와 원불교사상」, 『원불교사상』 12집, 원광대 원불교사상연구원, 1988, p.53.
81) 윤이흠, 「21세기의 세계종교상황과 원불교사상」, 『원불교사상과 종교문화』 35집, 원광대 원불교사상연구원, 2007, p.29.

동학농민혁명이라는 사회변혁 운동으로 이어졌으며, 증산은 미래의 질
서를 정한다는 상징적 의식을 다양하게 거행하고 이를 천지공사라고
불렀다.[82] 소태산은 정신세력이 쇠퇴하게 되면서 후천시대의 정신개벽
을 통해 민중을 구원하고자 하였다. 물질문명의 폐단을 직시하고, 이에
대하여 정신개벽을 선도함으로써 원불교 개교의 명분을 축적한 것이다.
　개교 및 개혁과 관련한 한국 신종교의 맥락에서 동학, 증산교, 원불교의
공통점은 민주적인 사회개혁을 도모했다는 점이다. 동학, 증산교, 원불교
의 개혁운동은 잘 알다시피 한민족의 토속신앙을 바탕하고 있다. 이들은
유불선 3교를 통합한 민중신앙 운동이었고, 당시의 신흥종교는 그것이
종교 신앙의 의상을 입었을 뿐 그의 실질적 내용에 있어서는 가중되는
외세의 탄압에 대한 민족의 정신적인 주권회복 운동이었으며, 또 민주적
인 정치 사회개혁 운동이었다.[83] 조선 말엽 수구의 봉건사회를 벗어나려
는 개벽의 신종교 대열에서 대중의 요청에 합류하는 민중종교로서 정신
개벽을 모토로 출발한 원불교의 개혁정신이 여기에서 드러난다.

3. 정산종사의 『건국론』

　1945년 한국이 해방을 맞이한 지 2개월 후(10월), 정산종사는 논설
형식의 프린트본 『건국론』을 세상에 선포하게 된다. 『건국론』이 처음
탈고되자 바로 이를 인쇄하여 펴내자는 의견이 있었으나 신중론도 있었

82) 김낙필, 「한국 근대종교의 삼교융합과 생명·영성」, 『원불교사상과 종교문화』
　　39집, 원광대 원불교사상연구원, 2008, p.36.
83) 한승조, 「한국정신사의 맥락에서 본 원불교」, 『원불교사상』 4집, 원광대 원불
　　교사상연구원, 1980, pp.56-58.

기 때문에 우선 프린트본으로 발간했던 것이다.[84] 『건국론』이 저술된 배경은 해방과 더불어 국가 재건의 의지로써 과거 봉건주의를 개혁하기 위함이었다. 정산이 『건국론』을 짓게 된 것은 해방 직후 정치사회적 혼란 상황을 타개하고, 조선왕조의 봉건적 폐습, 폐단을 비판하고 이를 떨치고 일어서자는 개혁의지가 바탕을 이루고 있다.[85] 흩어진 민심의 안정을 통한 국가 건설과 구시대의 청산이 맞물린 배경이다.

선포 배경에서 본 『건국론』의 핵심은 국가 재건으로 민주국에 그 기반을 두고 있다. 식민지적 독재를 체감한 상황에서 우선 국가 건설에 있어서 정치개혁의 근간이 민주국이라는 것이다. 해방 직후 정산은 국가 재건의 이념적 기반으로 '민주'라는 가치를 높이 새우고 있다. 조선의 현상을 정확히 파악한 후에야 적당한 정치가 발견되며 그 적당한 정치는 먼저 조선의 내정을 본위로 하고 밖으로 문명 각국의 정치 방법을 참조하되 민주주의의 강령만은 공동 표준으로 한다[86]고 하였다. 그의 언급은 내외 정세를 인지하지 못하고 어느 한 국가의 정책에 추종하면 바른 정치가 서지 못할 것이라는 우려와 관련된다. 식민지적 독재정치를 민주정치로 개혁하자는 뜻이다.

그러면 『건국론』에 나타난 개혁의 방향을 살펴보도록 한다. 정산의 현대적인 개혁의 방향을 3가지로 제시하면, 첫째 일반 국민의 총체적인 의식개혁, 둘째 지도자들의 복무자세 개혁, 셋째 국제화와 세계화의 방향에서 수용해야 할 정신개혁이다.[87] 정산이 밝힌 국가의 재건론에는

---

84) 류성태, 『정산종사의 인품과 사상』, 원불교출판사, 2000, p.39 참조.
85) 박상권, 「송정산의 건국론에 대한 의의와 그 현대적 조명」, 『원불교사상』 19집, 원광대 원불교사상연구원, 1995, p.281.
86) 『건국론』 1. 조선현시에 적당한 민주국 건설.
87) 박상권, 「송정산의 건국론에 대한 의의와 그 현대적 조명」, 『원불교사상』 19

이러한 세 가지 방향에서 개혁의 틀을 고려해볼 필요가 있다.

국가개혁 방향의 틀도 비유적으로 접근하고 있다. 즉 정산은 이를 나무에 견주어 언급하고 있다. 정신으로 근본을 삼고, 정치와 교육으로 줄기를 삼고, 국방 건설 경제로 가지와 잎을 삼고, 진화의 도로 그 결과를 얻어서 뿌리 깊은 국력을 배양하자는 것이다. 해방이 되면서 한국은 총체적인 혼란에 빠졌다[88]는 사실을 상기하면서, 어느 한 부분만의 개혁으로 국가 재건과 개혁이 어렵다고 보았다. 이에 한 그루의 나무가 줄기, 가지, 잎, 뿌리로 구성되어 그 생명력을 지속되므로 어느 부분만을 손질할 수는 없다. 『건국론』은 총체적인 시각에서 국가의 개혁이 절실하다는 점을 부각시키고 있다.

여기에서 주목해야 할 것으로, 『건국론』의 개혁정책 가운데 그 근본으로 정신 개혁을 위주로 한다는 점이다. 정산은 '정신'이라는 항목을 정립하여 다섯 가지로 접근하고 있다. 첫째 마음단결이다. 마음의 단결이 있어야 개혁이 가능한 것이며, 자력확립, 충의봉공, 통제명정, 대국관찰이 뒤를 잇고 있다. 이 가운데 정산이 강조한 것은 마음단결이다. "우주의 물리(物理)가 다 이와 같이 요연(瞭然)하거늘 하물며 최령한 사람으로서 더욱이 만년 대업을 경영하는 건국에 있어서 먼저 이 근본되는 마음단결이 없고야 어찌 완전한 국가, 강력한 민족을 감히 바랄 수 있으리오?"[89] 정신개혁이란 일종의 마음혁명과도 같은 것으로 강력한 국가와 민족을 재건하기 위해서 마음의 단결이 가장 중요하다는 것이다.

또한 『건국론』에서 주목할 개혁사상으로 교육개혁이다. 정산은 「교육」

집, 원광대 원불교사상연구원, 1995, pp.299-300.
88) 한종만, 「정산종사의 건국론 고」, 『원불교사상』 15집, 원광대 원불교사상연구원, 1992, p.412.
89) 『건국론』 제2장 정신.

의 개혁론에서 다섯 가지를 거론하고 있다. ① 초등교육의 의무제, ②
중학 전문대학의 확장, ③ 정신교육의 향상, ④ 예의교육의 향상, ⑤ 근로
교육의 실습이 그것이다. 그는 교육을 국민과 세계를 진화케 하는 기초
라 하여 개인 가정 사회 국가의 성취와 흥망을 좌우하는 것으로 보았
다.90) 그리하여 교육 단계를 태교, 유교, 통교로 설정하였고, 교육 방법을
심교, 행교, 언교, 엄교로 제시하였다. 정산은 교육개혁을 분명하게 거론
함으로써 해방 후 중요한 개혁의 이슈로서 교육 문제를 부각시켰던 것이
다. 이 세상을 개혁할 주체가 인재이며, 인재는 교육을 통해서 양성된다
는 점을 직시하려는 뜻이다.

　이어서『건국론』에 나타난 개혁으로는 생활개혁이다. 정산은『건국론』
제6장「건설 경제」에서 '저급생활의 향상'이라는 용어를 거론하면서 저
급한 생활을 새롭게 개혁하지 못한다면 국민의 생활수준도 낙후될 것이
라 보았다. 특히 한국이 오랫동안 외국의 압정을 받아왔으므로 통제
있는 생활을 단련한 바가 적어서 조선 사람이 조선 사람을 쉽게 아는
습관이 없지 않다91)고 하였다. 생활수준이 개선되지 못한다면 지난 역사
에서 알 수 있듯이 독립 이전의 의타적 습관에서 벗어나지 못한다는
사실 때문이다. 생활수준이 개선되어야 의식주의 풍요를 가져다줌은 물
론 의식개혁도 이루어진다는 점에서 새겨야 할 것이다.

　그리고 개혁이란 통틀어 진화를 위한 것임을 상기하면서『건국론』에
서 말하는 진화의 길에는 몇 가지가 있다고 했다. '진화'라는 용어를
통해 개혁의 상징성을 드러내는 것으로 유추해 볼 수 있다. 정산은『건국
론』「진화의 도」에서 ① 정치에 관한 공로자 우대, ② 도덕에 관한 공로

90) 김혜광,「교육사」,『원불교 70년정신사』, 성업봉찬회, 1989, p.585.
91)『건국론』, 4. 통제명정.

자 우대, ③ 사업에 관한 공로자 우대, ④ 발명자 우대, ⑤ 특별기술자 우대, ⑥ 영재의 외학장려, ⑦ 연구원 설치, ⑧ 세습법 철폐, ⑨ 상속법 제한[92]이라는 매우 섬세한 항목들을 거론하고 있다. 개혁 항목들에서 알 수 있듯이 모든 분야의 진화를 염두에 둔다면 그것은 새로운 국가가 건설될 수 있다는 뜻이다. 정산의 『건국론』에 나타난 개혁정신은 궁극적으로 진화하는 사회와 진화하는 국가를 염두에 두고 있다.

4. 원불교 예법의 개혁운동

원불교를 창립한 소태산이 한국 전통의 예법을 새롭게 개혁하고자 한 시대적 배경을 살펴보도록 한다. 조선조 말기의 유교의 허례(虛禮) 숭상은 제정의 낭비로 가정과 사회의 경제적 파탄을 일으켰으니, 그는 이러한 허례를 폐지하는 운동을 전개하였다.[93] 초기교단의 교화단 단원들에게 의복을 입는데 비단옷을 입으나 베옷을 입으나, 혹 베옷 가운데에도 조금 좋은 옷을 입으나 조금 나쁜 옷을 입는 것이 각자의 몸을 위하여 한서(寒暑)를 방어하는 데에 어떠한 차별도 없다고 하였다. 의복은 사치보다는 검소함이 좋다며 조선의 허례허식이 가져다 준 사치스러운 사회풍조를 벗어나자고 하였다. 이에 그는 실질을 숭상하는 예법을 혁신의 기본정신으로 삼았던 것이다.

당시의 예법이 번거롭고 생활에 구속을 주는 것은 물론 경제적으로도 허비가 많음을 알고 사회의 개혁에 장해가 있음을 목격한 소태산은 이를

---

92) 『건국론』 제7장 진화의 도.
93) 한정석, 「저축조합과 방언공사」, 『원불교 70년정신사』, 성업봉찬회, 1989, p.108.

개혁하고자 '신정의례'를 발표하였다. 과거의 허례허식과 형식화되고 번거로운 예법을 개혁하기 위해 원기 11년(1926) 2월에 신정의례를 발표하였는데, 신정의례는 소태산이 제시한 새로운 예법으로서 출생의례, 성년의례, 결혼의례, 상장의례, 제사의례를 말한다.94) 신정의례가 발표된 후 앞으로 이를 수행할 『원불교 예전』의 탄생을 예고하게 된다.

신정의례가 발표된 해(원기 11년) '4기념예법'을 발표하였는데, 이 역시 허례허식과 형식주의를 타파하는 예법의 혁신과도 같았다. 4기념예법으로서 ① 공동생일 기념은 회상의 생일과 교도들의 공동생일을 한 날로 합동 기념하자는 것이요, ② 명절 기념은 재래의 수많은 명절들을 한 날로 교당에서 합동 기념하자는 것이요, ③ 공동 선조 기념은 부모이상 선대의 모든 제사를 한 날로 공동 기념하자는 것이요, ④ 환세 기념은 새 해를 교당에서 공동 기념하자는 것이다.95) 4기념예법의 등장은 이처럼 예법을 혁신함으로써 절약한 금액을 공익사업에 활용하자는 것으로, 번문욕례(繁文縟禮)와 미신풍속을 새롭게 개혁하여 새 회상의 발전을 도모하자는 뜻이다.

개혁을 모토로 한 예법의 등장에 이어 원기 36년(1951) 원불교 새 『예전』이 발간되었는데, 이것은 각종 의례의 개혁과 보완이다. 정산종사는 일찍부터 일반 예의교육의 긴급함과 교단의 의례 보완이 절실히 필요함을 통감하여, 동년 9월에 새 『예전』 전 3편을 탈고하고, 이듬 해(원기 37) 7월에 이를 임시판으로 발간하게 된다. 그 내용으로는 제1편 조신의 예, 제2편 가정의 예, 제3편 교화의 예로 구성되어 있는데, 종전의 『예전』

---

94) 박혜훈, 「정산종사의 주문 연구」, 『원불교사상』 22집, 원광대 원불교사상연구원, 1998, p.248.
95) 『원불교 교사』, 제2편 회상의 창립, 제2장 새 제도의 마련, 3. 의례제도의 개혁과 4기념례.

에 비하여 조신의 예(禮) 총 19장이 새로 편입되었고, 가정의 예에 회갑·천도재가 증보되었으며, 교화의 예에 봉불·법회·득도·은법결의·대사·봉고·특별기도·축하·영모전·영모원·대향·교의 등이 새로 편입되었고, 그 밖의 예들도 개편되었다.[96] 개편된 것 가운데 조신(操身)의 예 등을 보완 개혁하였다.

이처럼 『예전』의 보완과 간행은 신구(新舊)의 변화에 따른 새 시대의 예법으로서 생활화에 더하여 불교와 유교 의례를 개혁하는 것에 초점을 두었다. 종교를 개혁한 성자가 그 종교의 교리를 일상생활의 규범이 되는 예법을 통하여 구체적으로 생활화시켰다는 것과, 당시 한국사회의 전통적인 불교적 예법과 유교적인 예법을 영단적(英斷的)으로 대개혁을 주도한 것은 특기할만한 일이다.[97] 예법이 사치를 지향하거나 형식주의에 흐른다면 그것은 구시대의 예법에 머무는 꼴이다. 이에 의례 수행에 있어서 허례허식은 물론 생활화와 동떨어진 현상을 극복하려는 차원에서 예법을 개혁한 것이며, 아울러 한국의 전통종교 의례마저 민중의 생활화를 벗어나 있다면 바람직하지 않다.

민중의 생활화를 향한 소태산의 개혁정신은 정산의 교조정신 계승과 찬미에도 잘 나타나 있다. "옛 법을 개조하시나 대의는 더욱 새우시고 시대의 병을 바루시나 완고에는 그치지 않게 하시며, 만법을 하나에 총섭하시나 분별은 오히려 역력히 밝히시고, 하나를 만법에 시용하시나 본체는 항상 여여히 드러내사…"[98] 옛 법을 개조하였다는 것은 과거 시대를 청산하고 새 시대를 맞이하는 소태산의 개혁정신과 관련된다.

---

96) 『원불교 교사』, 제3편 성업의 결실, 제1장 성업봉찬사업, 4. 새 예전의 편성과 보본행사.
97) 박용덕, 『천하농판』, 도서출판 동남풍, 1999, p.167.
98) 『정산종사법어』, 기연편 17장.

그리하여 무상 묘의의 원리에 근거하고 밖으로는 사사물물까지 소통하였으니 일원상 진리를 세상에 전한 성자라는 것이다. 정산은 이에 소태산을 주세불로서 '집군성이대성(集群聖而大成)'이라 하였다.

스승을 집군성이대성으로 삼고 새 시대를 향도할 교법의 실현에는 무엇보다 미래를 향도할 의례 혁신이 중요하다. 의례는 일상의 삶에 깊이 뿌리박혀 있어 민중들을 새롭게 인도할 규범과도 같기 때문이다. 이에 원불교는 의례정신의 정립을 통해 인간의 인격적이고 사회적인 생활의 바람직한 개선을 꾀했다고 볼 수 있다.[99] 낡은 의례제도는 구시대의 산물이라면 새로운 의례는 구습을 타파하고 인간 행위의 참다운 방향을 제시하는 것으로, 사회를 바르게 인도하는데 의례보다 좋은 것은 없다고 본다. 『원불교 예전』의 존재는 삶의 규범으로서 개인의 수행은 물론 사회의 정화에 지침이 된다는 점에서 교단적으로 개혁의 정신을 놓아서는 안 된다는 뜻이기도 하다.

환기해보면 원불교의 교리정신 가운데 하나가 '시대화'라는 점이며, 그것은 구한말 탄생한 종교로서 조선의 봉건적 시대를 타파하는데 초점이 맞추어져 있다. 원불교의 반봉건적 개혁은 구체적으로 예법의 혁신에서 찾아볼 수 있는데, 원불교 예법의 특징은 시대에 맞는 예법의 제정과 실천이며, 실질적 면에서 예법의 근본정신을 살리면서 그 절차를 개혁한다는 것은 중요한 의미를 지닌다.[100] 따라서 소태산의 예법혁신은 봉건적 사회는 물론 구시대의 차별화를 벗어나 사회구조적 개혁에 관련되어 있다는 점에서 원불교의 개혁정신이 실질적으로 나타나 있다.

---

99) 이운철, 「출판언론사」, 『원불교 70년정신사』, 성업봉찬회, 1989, p.547.
100) 이성택, 「민족주의와 원불교사상」, 『원불교사상』 12집, 원광대 원불교사상연구원, 1988, p.53.

제4장

•

개혁의 염원과 과제

1. 재가의 개혁염원

일반적으로 불교에서 사용하는 '재가'의 용어는 기독교에서는 '평신도'라고 하는데, 기독교사에서 볼 때 평신도의 역할은 종교개혁과 발전에 크나큰 열쇠가 되었다. 네덜란드 인문학자이자 가톨릭 사제였던 에라스무스(1466~1536)는 기독교의 미래적 생명력은 평신도에게 있다고 강조하였다. 성직자들은 평신도들을 성직자들의 수준에까지 이르도록 가르치는 기능이 있음을 강조하고, 평신도들이 크리스천의 소명의식을 깨닫는 것은 교회부흥의 열쇠라고 해석한다.[101] 성직자 및 교회의 권위를 감소시킴으로써 평신도의 기능과 역할을 강조하여 결과적으로 루터의 만인사제론 전개에 큰 힘을 실어주는 계기가 되었다. 평신도의 소명의식에 의한 교단개혁에 동참하는 길이 제시되었던 것이다.

한국불교의 경우도 출가 중심에서 재가의 역할 확대로 이어지면서

---

101) 김홍기, 『종교개혁사』, 知와 사랑, 2004, pp.30-31.

소승불교에서 대승불교로의 이동이 이루어졌다. 불교적 이념의 중심축이 변한 것은 출가 중심주의에서 벗어나 재가의 입장을 적극적으로 고려한 것이라는 사실을 간과해서는 안 될 것이다.102) 근래 불교계 진각종의 개혁정신으로 ① 산중 은둔 불교를 재가 중심의 불교로, ② 형식적 의례 중심의 불교를 실천 위주의 불교로, ③ 형식적 계율 중심의 불교를 깨달음 중심의 불교로103) 전개된 것이 불교개혁의 동인으로 자리하는 사례가 된다. 산중불교에서 재가 중심의 민중불교로 전환한 진각종의 중심 이동을 눈여겨 볼 일이다.

원불교의 경우 기독교와 불교의 발전 역사 및 사례를 살펴보아야 하리라 본다. 김방룡 교수는 재가 중심의 측면에서 불교개혁의 정신으로 원불교 정체성을 살릴 것을 주문하고 있다. 그는 소태산이 불교개혁을 위해 시대화 생활화 대중화와 불법시생활 생활시불법을 강조했고, 선사상으로 제시한 무시선과 단전주선도 개혁불교를 지향하는 과정이었다104)고 주장한다. 더욱이 불교개혁과 무시선의 주장이 전통불교의 계승이 아닌 새로운 불법의 창립이라는 점에서 원불교의 정체성을 드러낸 것으로 보고 있다. 원불교의 불교혁신이 소태산의 근본정신임을 깨달아 원불교의 정체성 확립이라는 점을 분명히 하라는 것이다.

원불교 재가로서 활동에 정성이었던 고문기 전 중앙교의회 부회장에 의하면, 교단 운영을 출가 중심에서 재가의 영향력을 간과하지 말아야 한다고 하였다. "이 교단이 건전하게 발전하기 위해서는 재가·출가가

102) 韓國哲學思想硏究會, 『韓國哲學』, 예문서원, 1995, p.78.
103) 서경전, 「21세기 교당형태에 대한 연구」, 제21회 원불교사상연구 학술대회 《21세기와 원불교》, 원광대 원불교사상연구원, 2002.1, p.58.
104) 김방룡, 「지눌의 정혜결사운동과 소태산의 불교개혁운동의 의의」, 『원불교사상』 21집, 원광대 원불교사상연구원, 1997, pp.335-336.

지혜를 모아 참여할 수 있는 통로가 있어야 한다고 본다. … 특히 출가 위주의 교단 운영에서 재가의 영향력을 간과하지 않는 열린 제도이다."[105] 고문기 교도에 의하면, 좌산종법사는 재가가 교화의 주체라는 법문을 강조해 왔다고 환기하면서 무엇보다 재가들이 교단에 대한 애정을 가질 수 있도록 해야 한다고 하였다. 재가들의 교단 개혁에 대한 청원 제도를 활성화시키자는 의미에서 언급한 것으로 이해된다.

근래 교단 개혁의 물결이 출렁일 때 원로 재가들이 중앙총부를 방문하여 개혁을 위한 성찰의 청원서를 올렸다. 2013년 11월 6일, 중앙총부 교정원 교정원장실에 재가 원로교도 7명이 방문했다. 서울교구 교도회 장단 모임인 원덕회가 임시총회를 열고 '교정 전반에 대한 근본적인 성찰'을 주문하면서 「종법사님께 올립니다.」라는 청원서를 채택한데 따른 것이다.[106] 오정법 원덕회장은 교단의 전반적 개혁이 필요하다는 입장에서 재가로서 교법에 불합리한 내용은 없는지에 대하여 교단 개혁과 발전 방안을 제시하고자 하였다. 오회장은 시대가 변하고 있으므로 교단의 미래를 향한 개혁을 주문하면서 현재는 출가 위주로 교단운영이 되고 있다며 재가 참여의 폭을 키우는 등 교단적 변화와 개혁을 요구하였다.

원불교 언론기관에서도 교단개혁의 문제를 상징적으로 전하고자 하였다. 원기 104년 <원불교신문> 송년호와 원기 105년 신년호 연재로 재가의 역할을 확대함으로써 교단개혁에 물꼬를 트는 기사가 주목을 끌었다.[107] 송년호에 "재가 참여 확대로 원불교 2세기를 열어가야."라는

105) 박혜명 대담, 「초대석-신임중앙교의회 의장 고문기 교도 : 참여 教政, 열린 교화」, 《圓光》 281호, 월간원광사, 1998.1, pp.31-32.

106) 이성심, 「재가원로들의 청원서」, 《원불교신문》, 2013.11.15.

107) 편집자, 「교단을 새롭게-논설위원 송년 특별좌담」, 원불교신문, 2019.12.27; 5면. 최선각 원무, 「은생수」, 《원불교신문》, 2020.1.3, 15면.

문구가 그것이다. 이를테면 '제도혁신, 재가 참여 확대'를 주문하면서
교단의 개혁을 새롭게 요청하고 있다. 또한 <원불교신문> 신년호에서
변화의 시대를 예고한 재가로서 중심 역할을 하는 최선각 원무를 소개하
였다. 최원무는 "교도 중심교당, 형식불공 이제 그만."이라며 이 변화의
시대를 누가 어떻게 주도하며, 교화할 것인가를 환기하며 "앞으로 교당
은 교도에 의한, 교도를 위한, 교도의 교당이 되어 성자의 심법을 발휘하
는 만보살의 산실을 내가 먼저 앞장서 만들어가야 한다."라고 하였다.
교도들의 역할은 여러 가지가 있을 것이며, 그것은 교단개혁과 교화활로
를 모색하는데 적극 합력하기 위함일 것이다.

　　재가의 역할로서 교단과 교화 활로의 모색에는 원무의 역할이 중요하
다. 이에 대하여 좌산종사는 교법정신을 살리도록 인재들을 많이 배출해
야 한다면서 "이것은 출가뿐만 아니라 역량 있는 재가들까지도 원무로
양성해서 활용해야 하겠다."[108]라고 임시수위단회 개회사에서 언급하였
다. 원무들을 교단의 인재로 활동하게 하는 것 자체가 교단 발전에 디딤
돌이 되며, 그것은 출가 교무만이 아니라 재가 원무의 활력으로 교단
발전과 개혁의 길을 모색하려는 것이다.

　　하여튼 21세기의 의식변화로서 재가와 출가의 구별보다는 재가교도
의 역할 증대와 재가 및 출가 공히 각자가 공부와 사업으로 자기개혁과
세계개혁에 앞장서야 한다. 김종서(서울대 교수)는 원기 82년도 제4차
교무훈련(7월 3~9일)에서 「21세기 종교인의 의식변화」란 강의에서 21
세기의 종교형태는 성직자 중심에서 신도 중심으로 변화한다고 하였다.
초기교단부터 현재까지의 '교화단' 활동은 재가와 출가 각자가 공부 사

---

108) 좌산 종법사, 「實力有三段」, 《출가교화단보》 제75호, 원불교 수위단회사무
　　처, 1998년 5월 1일, 1면.

업 생활면에 의견교환으로 자기개혁과 세계개혁을 하자는 목적이 있다.[109] 재가와 출가가 서로 협력하여 자신 개혁, 교단 개혁, 세계 개혁에 앞장서는 것이 소태산의 개교정신이자 교단발전의 방향임을 인지하지 않을 수 없다.

2. 훈련법과 개혁

　과거의 종교 활동사에서 볼 때 신앙인의 엄격한 절제를 요하는 심신훈련이 없으면 부패와 파탄의 위기에 처하여 부득이 개혁하지 않을 수 없었다. 중세에 있어서는 소비의 엄격한 규율생활이 있는 경우에조차도 축적된 부(富)는 즉시 귀족화되어 버리든가, 그렇지 않으면 수도원의 훈련이 파탄의 위기에 직면하여 누차에 걸친 개혁의 수술이 가해지지 않으면 안 되었다.[110] 수도원에서 수련생활을 하는 신앙인들의 훈련이 느슨해지거나 아예 관심도 없다면 그것은 위기로 작용하였으며, 이에 종교는 개혁할 수밖에 없었다. 이는 중세 수도원의 부패라든가 중세 성직자의 타락으로 인한 개혁의 종교 활동사에 나타난다.

　구한말 한국종교도 같은 맥락에서 접근되는데, 기성종교의 쇠락이 곧 새로운 종교의 출현을 예고한 것이다. 미신신앙이라든가 기복신앙의 경우가 그것으로, 조선조 후반의 유교와 불교의 경우 이러한 증상이 없지 않았다. 이에 원불교는 진리에 근거한 종교를 신봉하고 사실에 바탕한

---

109) 김홍철, 「불법연구회통치조단규약 해제」, 『원불교사상』 제7집, 원광대 원불교사상연구원, 1983, pp.267-268.
110) 막스 베버, 權世元 譯, 『프로테스탄티즘의 윤리와 資本主義의 정신』-세계의 대사상 12卷-, 휘문출판사, 1972, p.392.

훈련을 통하여 종교를 혁신하고 나아가 사회를 개혁시키고자 했다.[111] 중세 유럽의 종교개혁이나 구한말 한국종교의 아노미 현상으로 인해 후천개벽의 시대에 새로운 종교가 탄생하여 개인의 훈련을 통한 인격완성과 사회개혁이라는 사명을 완수하려고 한 것이다.

원불교의 훈련법은 '사실적 도덕의 훈련'이란 「개교의 동기」의 이념에 근거하고 있다. 이에 원불교의 훈련 개념은 비사실성을 벗어나 합리적이고 사실성에 기반하고 있다. 그것이 실제적 삶에서 자신의 기질단련, 습관 개조의 의미로서 접근된다. 원불교 훈련의 시원을 보면 원기 10년(1925) 3월 훈련법의 제정 발표에 따라 훈련법에 근거하여 실시된 정기훈련의 시원은 원기 10년 5월6일에 결제한 하선과 그해 11월에 결제한 동선이었다.[112] 이어서 원기 16년(1931) 「불법연구회 통치조단규약」이 제정되면서 훈련의 내용은 보다 구체화된 것이다.

교단사에서 보듯이 구체화된 훈련법의 실현 목표는 원불교의 핵심 교리에 근거한 인격완성과 사회개혁이었다. 사회개혁의 기반이 사회 구성원의 원만한 인격완성이기 때문에 소태산은 인격수련의 방법으로 삼학과 팔조 그리고 훈련법과 예법을 제시하고 있으며, 특히 훈련법과 예법, 사요는 소태산이 본 사회개혁 방안의 주요 골자가 된다.[113] 삼학 팔조라든가 사은 사요는 원불교 교강(敎綱)에 속하는 것으로 교법정신에 근거하여 개인의 기질단련은 물론 사회의 구조를 개혁함으로써 성불제중에 한발 다가서자는 것이다.

---

111) 김홍철, 「원불교의 사회개혁 방안에 관한 연구」, 『원불교사상』 1집, 원광대 원불교사상연구원, 1975, p.182.
112) 김경일, 「정기훈련의 의의와 그 실천의 반성」, 『정신개벽』 제4집, 신룡교학회, 1985, p.29.
113) 김홍철, 『한국 민중사상과 신종교』, 진달래, 1998, pp.595-597.

인류의 구원을 위한 원불교 훈련법은 정기훈련과 상시훈련으로 구성되어, 동시훈련과 정시훈련의 물샐 틈 없는 훈련법으로 그 출발은 인간개혁을 도모하기 위함이다. 특히 상시훈련법의 「상시응용주의사항」은 기질 개혁에 기반하고 있다. 그것은 인간개조의 묘방이자 용심법의 강령으로서 상시로 응용한 주의사항이며, 선현들과 다른 점의 하나가 누구나 다 스스로 성불하여 영겁에 불퇴전이 되도록 하는데 있다.[114] 원불교 고유의 훈련법으로서 타종교의 훈련법과 차별화를 도모하는 것으로, 불교의 정시훈련법을 동정(動靜) 겸비로 개혁하는 것이다. 즉 생활불교로서 응용하는데 온전한 생각으로 취사하는 것에서부터 응용의 형세를 보아 미리 연마하도록 하고, 일상생활의 성찰과 대조를 통해 개인의 기질 개혁을 도모하는데 그 목적이 있다.

인간의 개조로서 기질 개혁이란 훈련의 궁극 목적으로서 인류의 정신개벽을 지향하는 것을 말한다. 이에 원불교에서 말하는 훈련은 진리에 바탕하여 각자의 심성을 개선시키고 전 인류의 정신을 개벽시키자는데 목적이 있다[115]는 점을 음미할 필요가 있다. 인류의 정신개벽이란 선천시대의 묵은 습관을 벗어나 후천시대의 정신문명을 이끌자는 뜻이다.

정신문명의 향도는 일회적 훈련만으로 가능하지 않다. 그리고 정적인 훈련이나 동적인 훈련만으로도 가능하지 않다. 정할 때와 동할 때를 겸비한 지속적인 훈련이 필요하기 때문이다. 동정(動靜)이 겸비된 훈련을 지속해야 심성의 단련과 기질이 개혁되며, 그것은 생활 속에서 훈련이 일상화되어야 한다는 의미이다. 소태산은 훈련을 통해서 개인의 심성과 기질을 변화시키고 나아가 세상을 개혁시키려 하였으므로 훈련법에

114) 신도형, 『교전공부』, 원불교출판사, 1992, p.273.
115) 안이정, 『원불교교전 해의』, 원불교출판사, 1998, p.419.

의해서 자기훈련은 물론 교도들에게 정기적으로 법의 훈련을 통해서
교리가 생활 속에서 실천되도록 지도해야 한다.[116) 따라서 기질개혁,
나아가 사회개혁에는 동정간 삼대력 얻는 훈련으로 무시·무처의 수련
이 요구된다.

　사실 불교에서는 '훈련'이라는 용어보다는 '수련'이라는 용어에 익숙
한데 반하여, 원불교에서는 군이 훈련이란 용어를 사용하고 있다는 점에
서 원불교가 지향하는 인간 개혁의 방법은 적극적 개혁이자 강력한 훈련
법에 의존하고 있다. 이방인의 원불교 평가를 보면 창립초기부터 인간훈
련, 사회개혁을 통해 사회모순 타파에 공헌하였다고 한다. 고려대 노길
명 교수에 의하면, 원불교가 초창기부터 주력해온 정신개조 운동과 인간
훈련, 자립갱생의 개척운동, 생활혁신과 사회개혁 운동 등은 사회봉사활
동의 대표적인 영역들로서 민중계몽, 여성지위 향상, 빈곤타파, 생활개
선 등 민중의 생활조건 개선과 사회적 모순의 타파에 상당한 공헌을
하였던 것으로 평가한다.[117) 수련의 의미를 겸하면서도 강한 어조로서
훈련의 가치가 소중함을 알 수 있게 해주는 평가이다.

3. 마음공부와 개혁

　우리가 이 세상에 태어나서 할 일은 여러 가기가 있을 것이다. 사회에
유익한 일을 하고 싶은 것이 인간의 선한 마음인 점을 고려한다면 어떻

---

116) 이종진, 「원불교 교무론」, 『원불교사상시론』 1집, 수위단회사무처, 1982, p.247.
117) 노길명, 「한국사회에 있어서 원불교의 소명-사회발전을 위한 원불교의 역할과 과제를 중심으로-」, 제23회 원불교사상연구 학술대회《원불교개교 백주년 기획(Ⅰ)》, 원광대 원불교사상연구원, 2004.2, p.7.

게 인생을 보람 있게 살아야 할 것인가? 자기 계발의 가치를 고려하면 우선적으로 나의 마음을 개혁하는 것이 급선무일 것이다. 마음은 육체를 통어하는 조종사이기 때문이다. 마음을 개혁한다는 것은 쉽게 말해서 기질 개선을 통한 자신의 구습(舊習)에 구속당하지 않고 마음을 바르게 사용하는 일이다.

이에 대하여 다음의 대화를 소개해 보고자 한다. 소태산은 한 제자에게 "사회에 할 일이 많거늘 어찌 이런 궁벽한 곳에 와 엎드려서 부패한 사상으로 용렬한 생활을 하고 있느냐?"고 한다면 어떻게 하겠는가라고 물었다. 박대완은 다음과 같이 사뢰었다. "사회를 개혁하려면 먼저 나의 마음을 개혁하여야 할 것이다. 나는 먼저 나의 마음을 개선하려고 이곳에 왔거니와 너희도 큰 사업을 경영하려거든 마땅히 이곳에 와서 많은 훈련을 받아서 마음을 개혁한 후에 비로소 실제 사회사업에 발을 들여놓으라."118) 제자의 답변은 소태산의 의중을 그대로 드러내고 있다. 즉 마음공부를 통한 사회개혁이라는 가치 있는 일을 하고자 하는 것이 전무출신의 명분이기 때문이다.

이러한 명분을 고려할 때 사회의 부패 실상에 방심한다면 그것은 무익한 삶에 그친다. 원불교의 사회 참여의식이 중요하며 여기에서 용심법(用心法)이 필요하다는 것이다. 사회참여에 있어서 중요한 것은 사회개혁을 위해서는 마음개혁이 우선이며, 원불교 용심법은 마음에서 비롯된다. 원불교의 개혁은 모든 법을 통합 활용할 수 있는 용심법을 찾도록 하므로 먼저 자기 마음속에서 창의력이 꿈틀거려야 한다.119) 용심법이

118) 『월말통신』 제4호, 원기 13년 6월 26일 송도성 수필 법문 「종교와 정치」; 원불교사상연구원 編 『원불교 인물과 사상』(Ⅰ), 원광대 원불교사상연구원, 2000, pp.94-95.
119) 류병덕, 「원불교학 연구의 현황과 과제」, 『원불교학』 창간호, 한국원불교학

란 마음의 개혁을 말하는 것으로 마음을 바르게 사용하는 수양법이다. 용심법은 나와 상대하는 모든 사람들에게 어떻게 마음을 잘 활용하느냐 하는 것으로, 일종의 정신수양을 통해 마음통제가 가능해지며, 그것이 사회에 확산된다면 사회 정화가 이루어진다.

사회 정화를 위해 선행할 마음통제는 인격의 개조를 말한다. 자신의 인품은 사회활동을 위한 품격과 같은 것으로, 인격이 원만할 때 마음통제가 가능하며, 그것은 사회 일원으로서 사회 선도의 자격을 갖추게 된다. 인격 개조는 비유컨대 원불교에서 말하듯이 용광로에 정금(精金)이 되는 것과 같다. 녹슨 무쇠가 용광로에 들어가서 정금이 되고, 환자가 병원에 입원하여 육신 병을 고치는 것과 같이 공부인이 용광로에 비유되는 병원에서 마음병을 고침으로써 완전한 인격으로 성장하는 것이다.[120] 인격의 개조는 일종의 마음병 치유와 같은 것으로 이해되며, 인격을 새롭게 개조하기 위해서 병든 마음이 있다면 치유하여야 한다. 병을 치유해야 인격에 갎아 있는 나쁜 요소들이 없어지기 때문이다.『대종경』「교단품」8장에서 잡철을 나쁜 인격으로 보고 용광로를 병원으로 보며, 치유된 마음을 정금과 같은 불보살로 비유하였으니 인격 개조에 최선을 다하자고 하였다.

정금 같은 인격 개조론은 마음개조 및 마음부활로서 인격적 의미가 더욱 새겨지고 있다. 대산종사가 언급한 부활론은 원불교 종법사 취임법문에서 그 의미를 찾을 수 있다. "우리가 대종사와 정산종사를 믿고 의지하여 살아온 것은 무슨 까닭인가? … 우리가 어머니 태중에서 난 그대로 굴러다니는 삶이란 보통 범부들의 삶이고, 성현들은 태중에서

회, 1996, p.10.
120) 이성택,「원불교 수행론」,『원불교사상시론』1집, 수위단회사무처, 1982, p.30.

난 그 몸과 마음을 개조하여 다시 새 몸과 새 마음을 만들어 내기를 몇 번이고 거듭하여 원만한 인격을 갖추기까지 거듭난 어른들이다."121) 이에 대산종사는 「기원문 결어」에서 세계, 도덕, 회상, 성인이 부활해야 하는데 이를 위해서는 먼저 마음이 부활되어야 한다고 하였다. 용심법이 마음부활로서의 의의가 크게 부각되고 있다.

따라서 마음공부의 의의는 인격 개조이며 사회 개혁에 연결되는 것으로 이 같은 원불교의 마음 개혁론은 시대정신의 수용으로서 열린 마음과 관련된다. 열린 마음으로 시대를 선도하는 일은 소태산의 포부와 경륜을 실현하는 일로서 사회를 바르게 인도하는 일이기 때문이다. 개혁 마인드로서 새 시대의 정신을 수용할 수 있는 열려진 마음을 갖게 하고, 그러할 때 비로소 새 시대의 정신과 원불교의 이상과 보다 정교하게 상호 보완하는 작업을 가능하게 한다.122) 시대정신의 수용은 종교로서 중요한 사회와 국가 재건의 책무와도 같은 것이며, 새 시대의 낙원건설이라는 교조의 정신을 이 지상에 실행에 옮긴다는 점에서 원불교의 마음 개혁론은 설득력이 있다고 본다.

마음개혁을 통한 낙원건설의 일환에서 볼 때 정산은 구체적으로 해방 직후 국난을 벗어나기 위해 국가 재건의 『건국론』을 선포하였으며, 본 건국론에서 마음혁명을 강조하였다. 즉 개혁적인 정책을 전개함에 있어서 인권의 평등적 보호를 통해 개인의 생활 안정을 도모하고, 마음혁명을 위주로 하며, 상극이 없는 진보적 정책을 펴나가자고 결론짓고 있

---

121) 최영돈, 「대산 김대거 종사의 구세경륜」, 대산 김대거 종사 탄생 100주년 기념학술강연 『진리는 하나 세계도 하나』, 원불교100년기념성업회 대산종사 탄생 100주년 기념분과, 2013.6, pp.62-63.

122) 윤이흠, 「21세기의 세계종교상황과 원불교사상」, 『원불교사상과 종교문화』 35집, 원광대 원불교사상연구원, 2007, p.29.

다.[123] 정산은 『건국론』 제8장 결론에서 외부의 혁명을 하기 전에 먼저 마음혁명을 하게 하는 것이라고 하였다. 마음혁명이란 마음개벽을 강조하는 용어로 이해되며, 외부의 혁명이란 국가 세계의 개혁을 말하는 것으로 이해된다. 이에 국가 개혁에는 마음 개혁이 중요하다고 그의 『건국론』 결어에서 언급한 점을 새겨야 하리라 본다.

마음개혁을 위해서 원불교는 좀 더 적극적으로 한국 시민단체의 개혁운동에 앞장서야 한다. 그 방향의 중심으로서 선풍(禪風) 진작을 위한 마음공부 운동이 있다. 원불교가 대안학교 등을 통해 마음공부를 시민정신의 근간으로 삼고 생명, 평화, 환경, 여성, 인권, 통일문제, 종교협력 등 사회의 광범위한 분야에 지속적으로 참여해온 점에서 마음공부는 정신개벽을 이루기 위한 실천운동이며, 시민운동의 근간이다.[124] 원불교의 마음공부가 한국사회에서 대표 브랜드로 인지되고 있는 점은 개벽의 종교로서 당연한 일로 여겨지며, 그것이 시민단체의 개혁운동과 맞물린다면 바람직한 일일 것이다. 마음개혁에서 사회 국가로 파급되는 개혁운동은 단계적으로나, 그 범주 상에 있어서 설득력을 지니기기에 충분하다고 본다.

4. 교단개혁의 과제

어느 국가나 사회의 조직이든 절박함이 없이 쉽게 개혁될 수 있는

123) 박상권, 「송정산의 건국론에 대한 의의와 그 현대적 조명」, 『원불교사상』 19집, 원광대 원불교사상연구원, 1995, p.284.
124) 박광수, 「원불교 사회참여운동의 전개양상과 과제」, 『원불교사상과 종교문화』 30집, 원광대 원불교사상연구원, 2005, p.253.

것만은 아니다. 개혁이란 기존의 지체된 일에 손질을 가한다는 뜻으로
거기에는 기득권의 안위를 지키려는 세력이 적지 않다는 점도 문제이다.
그러나 부단한 자기 개혁이 없으면 정체 현상으로 인해 조직의 소멸로
이어진다는 점을 주의할 일이다. 원불교라는 조직이 활력을 얻어 더욱
건강한 성년으로 성장하기 위해서는 지속적인 자기정화와 자기혁신이
필요하며, 잘못을 지적하지 않고 개선하지 않는다면 언젠가는 그 문제점
으로 인해 조직의 와해와 퇴보를 맞지 않을 수가 없다.[125] 구성체 조직의
성장을 위해서는 쌓인 정체현상을 극복해야 하며, 세월이 흐르다보면
새롭게 변모하지 못한 개혁의 과제들은 얼마든지 쌓이는 법이다.

　종교계에도 역사가 흐르면서 쌓인 문제점에 대해 개혁이라는 과제의
해법을 제시하지 못하면 신자 감소와 이탈의 위기를 맞게 된다는 당연한
사실이다. 특히 종교를 찾는 젊은 층의 사람들은 정체된 상태보다 쇄신
된 종교에 더 매력을 느끼기 때문이다. 한국의 각 종교들은 갈수록 새
신자 확보가 어려워질 뿐만 아니라 기존 신자의 이탈도 증가될 가능성이
매우 높으며, 이 점에서 오늘날의 한국종교는 커다란 위기에 직면하고
있다.[126] 한국의 종교가 개혁해야 할 필요성이 요구되는 것도 종교계의
위기 탈출을 위함이라 본다. 종교 신자가 이탈함으로 인하여 세상은
변하는데 종교는 안주하는 상황에 치닫게 되며, 그것은 세상 구원과
관련한 교리의 생명성을 발휘할 수 없게 된다.

　따라서 종교 개혁의 과제로는 시대 변화의 요청에 대응하지 못하는
것이 우선적으로 거론될 수 있으며, 그로인한 개혁의 방안 마련에 몰두

125) 최상태, 「원불교 교무상의 시대적 모색」, 《원불교교무상의 다각적인 모색》,
　　원광대 원불교사상연구원, 2003.2, p.13.
126) 박윤철, 「원불교 예비교무 지원자 감소 원인과 대응방안 연구」, 일원문화
　　연구재단, 2004.4, p.3.

해야 한다. 시대의 빠른 변화에 대응하여 개선하고 혁신할 것을 요구당하고 있으며, 그중에는 원불교 교당도 예외는 아니어서 지속적으로 개선하고 혁신한 새로운 방법을 투입해야 한다.[127] 원불교가 타종교에 대해 '개벽'이라는 독창성으로 차별화하지 못한다면 그것은 시대 변화의 흐름을 타지 못하게 된다. 개벽의 뉴 패러다임으로 교단을 운영함으로써 시대적 변화에 능동적으로 대응하는 일이 필요하다는 뜻이다.

그러면 교단 개혁의 과제에 대하여 몇 가지 실천 항목들을 살펴보도록 한다.

첫째, 종교의 성향은 보수적일 경우가 많으며, 그것은 종교집단의 안일주의, 안주의식으로서 교단 개혁의 장애현상이자 과제라는 것이다. 종교 지식인과 사회 지도자들이 하나의 안정된 역사적 블록 안에서 안주하려는 경향을 나타낼 경우에는 사회의 지배 이데올로기를 지지하고 지배계급과 제휴함으로써 보수적이고 통합적인 성격을 나타내지만, 반대의 경우에는 적극적인 개혁적 성향을 나타내게 된다.[128] 우리가 오늘의 편리함에만 길들여지는 것이 미래의 창조적 방향을 모색하는 장애현상으로 나타난다는 것을 인지할 필요가 있다. 종교의 보수적 안주 현상이 종교 지도자들의 안일의식으로 이어져 더욱 굳어진다는 것을 알자는 것이다.

둘째, 교단 개혁을 주장하는 교역자들이 오히려 개혁의 걸림돌이 되는

---

127) 최경도, 「교당의 교화 프로그램 개발-인구 50만명 이상 도시 중심으로-」, 《일원문화연구재단 연구발표회 요지》, 일원문화연구재단, 2005.9, p.27.

128) 오경환, 종교사회학, 서광사, 1990, pp.314-315.; 노길명, 「한국사회에 있어서 원불교의 소명-사회발전을 위한 원불교의 역할과 과제를 중심으로-」, 제23회 원불교사상연구 학술대회 《원불교개교 백주년기획(Ⅰ)》, 원광대 원불교사상 연구원, 2004.2, p.15.

경우는 없는가를 냉철하게 살펴봐야 한다. 개혁을 주장하는 사람들이
개혁의 대상인 경우가 있어 힘 빼는 경우를 보면 더욱 그런 생각이 들며,
어떤 집단이나 움직이는 것은 20%이며 집단을 주도해 가는 것은 5%라
한다.[129] 누구나 쉽게 개혁을 하자는 슬로건에는 동의하지만 막상 개혁
하려고 한다면 교단의 지도자들이 안일한 주인의식으로 인해 망설이는
경우가 적지 않다. 개혁을 하는데 장애요인이 종교 신자인가, 그 종교를
이끄는 지도자인가를 상기해 본다면 보다 엄정하게 종교 지도자들의
성찰이 필요한 일이다. 종교 지도자들은 지나친 주인의식으로 어느 새
교단주의에 떨어지기 때문이다.[130] 주인의식이 긍정적인 성향을 내포하
고 있다면 주인 행세라는 말이 적합할지 모르며, 정작 주인이 되어야
할 때 객으로서 방관하는 경우는 없는가를 성찰해야 한다.

셋째, 교단 개혁의 깃발을 세우는데 건전한 비판이 필요한데 교법에
대한 우월의식에 취한 나머지, 호교론에 떨어지는 우를 범하지 말아야
한다. 호교론이란 교학을 보는데 비판적 시각보다는 오히려 교법 수호적
인 입장에서 교리 수월성을 강조하는 성향으로 여기에서 교단주의로
떨어지는 경우가 적지 않다. 따라서 호교론적 입장에 서다보면 교단
비판에 소홀해지고 신조(信條)의 도그마에 떨어지게 된다. 원불교학이란
원불교 사상을 학술적으로 융통, 이해하도록 하는 학문으로 단순히 호교
학이나 변호학의 입장에 서는 것이 아니라 현실 속에서 보다 발전하고

---

129) 박법일, 「교수칼럼-변화의 중심에 사람이 있다」, 《원불교대학원》 제10호,
2002.5.29, 4면.
130) 지나친 주인심리의 소유자는 지혜집단을 교단주의로 전락하게 하는 장본인
이 될 수 있다. 결국 이런 사람들이 뜻을 같이하게 되면 다른 한편으로는
이 법에 다가서려는 사람들에게 거부감을 불러올 수도 있다는 것을 알아야
한다(류병덕, 「21C의 원불교를 진단한다」, 제21회 원불교사상연구 학술대회
《21세기와 원불교》, 원광대 원불교사상연구원, 2002.1, p.16).

더욱 전진할 수 있는 창의적인 위치에 서서 연구하는 학문[131]임을 참조할 필요가 있다. 교리 이해에서 본연의 사명을 망각하고 교법우월주의 떨어지다 보면 비판에 소홀해지고 교단 정책의 방향제시에 있어서도 객관성을 상실하는 경우가 있어 그것은 원불교의 개혁에 장애현상으로 나타난다.

넷째, 교단 개혁이 더딘 이유로는 중앙과 교당간 소통의 문제 때문이다. 개신교의 개교회주의에 비하여 천주교와 원불교는 중앙집권주의적 교단 운영방식을 취하고 있다. 이에 중앙총부와 지방교당 사이의 소통이 원활해야 행정과 교화에 걸림돌 없이 교화활력을 얻게 된다. 원불교는 교정(敎政)의 신속성·정확성 그리고 신뢰성을 제공하기 위해 교정의 각종 통신망을 자동화해야 하며, 총부와 교구, 총부와 교당, 교구와 교당의 전자 네트워크 운영을 가동시켜야 한다.[132] 만일 중앙총부와 교구 및 지방교당 사이의 소통이 원활하지 못한다면, 그리고 교화 일선에서 원하는 요청들이 중앙총부에서 정체된다면 개혁에 걸림돌로 작용하며 결국 교화는 정체되고 만다.

근래 교단에서 우려스러운 현상이 나타날 수 있는 것으로, 교단의 반개혁적인 전반 요소들로서 그것은 무관심, 무기력, 냉소주의, 방관주의일 것이다. 교단 미래의 설계는 새로운 교화의 지평을 여는 바탕이자 시대를 이끌어 갈 중심 설계인데, 아무리 좋은 정책과 설계라 할지라도 그 정책과 설계를 실행하는 중심체인 교역자들이 무관심하고, 나아가 교역자의 자세, 사명감, 역할과 능력이 미비하다면 성과를 기대하기 어

131) 백준흠, 「영산원불교대학교 교과과정과 원불교학」, 한국원불교학회보 제10호《원불교학 연구의 당면과제》, 한국원불교학회, 2002.12.6, p.55.
132) 서경전, 「21세기를 향한 원불교 교단행정 방향」, 『원불교와 21세기』, 원광대 원불교사상연구원, 2002, pp.27-28.

렵다.133) 오늘날 팽만하고 있는 교단개혁에 대한 교무들의 무관심, 교화에 활력을 가져야할 교화자의 무기력, 지성의 비판에 대한 냉소주의, 교도들의 방관주의가 지속될 때 원불교 개혁의 장애현상은 극에 달하리라 본다.

---

133) 황도국, 「바람직한 출가 교역자상」, 《종합발전계획 수립을 위한 연구발표》, 원불교중앙총부 기획실, 2000.7, p.6.

제3편

원불교 100년의 진단과 개혁사상

제1장

●

원불교 100년의 진단

1. 백년 기념대회의 서막

원기 101년(2016) 5월 1일, 재가출가 5만여 명이 운집한 가운데 원불교 창립 백주년을 기리는 성업기념대회가 서울 월드컵 경기장에서 성대하게 거행되었다. 백주년 성업의 축제를 지켜보면서 원불교 창립의 1세기를 돌아보고 새로운 2세기를 준비해야 하는 기점이라고 본다. 교단사를 돌이켜 보면 원불교 발전사의 매듭으로서의 성업 행사는 여러 차례 거행되었다. 교단의 굵직한 성업으로서 1971에는 50주년 기념성업, 1991년에는 소태산 대종사탄생 백주년, 2000년에는 정산종사탄생 백주년, 2014년에는 대산종사탄생 백주년의 성업을 기렸던 것이다.

교단 발전의 역사적 주기를 살펴보면서 우리는 그간 거행한 성업기념을 통하여 무엇을 이루었고 또 무엇을 고민해야 할 것인가에 대하여 깊은 성찰이 요구되는 시점이다. 교단 성장의 역정(歷程)을 돌아보고 새로운 발전의 방향을 점검하는데 재가출가 모두가 합력해야 것이다. 문화관광부 종무실의 김장실 전(前) 실장에 의하면, 원불교가 세계종교

로 발돋움하기 위해서는 과연 무엇을 준비해야 하는가의 질문을 던지면
서 다음과 같이 말하였다. "시대 변화에 맞게 지난 성과를 정리하고
앞으로 100년, 200년간 어떻게 움직일 것인지 준비해야 한다. 긴 호흡으
로 1,000년을 움직일 브랜드 비전을 마련하는 것이 필요하다."[1] 그의
언급은 원불교 창립 100년을 지낸 후 새로운 도약을 위해 철저한 준비를
해야 한다는 뜻이다.

교단 구성원들은 원불교 100년 성업의 결실을 위해 성실히 준비해
왔다. 교단 100주년을 기리기 위해 교단적으로 수년 전부터 만반의 준비
를 했던 것이다. "우리는 10년 후에는 교단 창교 100년을 맞이하게 된다.
그리고 또 8년 후에는 교단 3대말을 맞이하게 되어 있다"[2]라고 말한
교역자의 역사의식에서 이를 엿볼 수 있다. 원불교 중앙총부와 각 기관
교당에서 백주년 기념성업을 위해 적공의 기도를 간절히 올렸던 것도
교단 미래를 위해 새 출발을 기약한다는 뜻이다.

타산지석으로 기독교 선교 100년의 눈부신 발전을 주목해볼 필요가
있다. 선교 100년이 지난 한국에서 근래 급성장한 한국 기독교의 모습인
민중신학을 토대로 더욱 세계적 자원으로 국제 신학운동에 새로운 해방
적 패러다임을 제시하였다.[3] 이러한 패러다임 속에는 도시선교의 활동
이라든가, 민주화, 인권, 노동자, 농민, 통일 등의 문제에 정의구현사제단
과 기독교장로회를 비롯한 진보의 종교 세력들이 앞장을 섰다. 한국기독

1) 김장실(문화관광부 종무실장), 중앙총부 월례특강 「원불교의 성과와 향후 발
   전방안」(원불교신문, 2007.4.6, 9면).
2) 최경도, 「교당의 교화 프로그램 개발-인구 50만명 이상 도시 중심으로-」,《일
   원문화연구재단 연구발표회 요지》, 일원문화연구재단, 2005.9, p.23.
3) 김종서, 「광복이후 한국종교의 정체성과 역할」, 제32회 원불교사상연구원 학
   술대회《광복이후 한국사회와 종교의 정체성 모색》, 원광대학교 원불교사상
   연구원, 2013.2, p.14.

교의 선교 100년을 전후하여 나타난 괄목할만한 성장에서 볼 수 있듯이, 원불교 창립 100주년을 기해 교단이 나아갈 할 방향과 실천운동들이 보다 적극적으로 모색되어야 한다고 본다.

교단의 실천운동 가운데 우리가 주목해야 할 것은 소태산의 개교정신이 제대로 전개되고 있는지, 교단 발전의 정체현상에 대한 개혁 마인드의 필요성과 개혁방향은 무엇인지에 대한 과제이다. 원불교 개교의 목적을 가늠하지 않고서는 원불교 100주년의 의미는 퇴색될 것이라 본다. 이에 개교 100주년을 성찰하면서, 원불교는 소태산의 본래 의도대로 교단이 충실히 이행하고 있는지를 점검하는 단계를 마련해야 하리라 본다.4) 원불교가 탄생했던 19세기를 보내고 교단의 정착기인 20세기마저 보낸 21세기의 현재에 처하여, 원불교 2세기의 발전을 위한 개혁운동은 아무리 시도해도 지나치지 않으리라 본다.

이 같은 교단 개혁을 위한 성찰과 문제의식에서 본 연구의 방향은 우선 원불교 100년의 의미가 무엇인가를 살펴보고자 한다. 이어서 교단의 현안에 대하여 우선적으로 해결해야 할 몇 가지 측면을 살펴보고자 한다. 즉 교단 개혁에는 여러 가지가 있겠지만, 본 연구에서는 원불교 100주년의 핵심과제로 한정하였다는 뜻으로, 창립 100년이 지난 역사 속에서 교단 현안을 중심으로 접근하려는 것이다.

교단 현안으로 등장한 개혁의 방향과 과제에 대한 해법 제시에 등한히 할 경우, 원불교가 변화에 둔감한 채 무기력한 종교로 낙오될 수 있다는 문제의식이 본 연구의 목적과 직결되어 있다. 교단 개혁에 둔감할 경우 소태산의 「조선불교혁신론」의 역동적인 정신과 거리가 멀어지고 만다.

4) 양은용, 「소태산대종사의 『조선불교혁신론』과 불교개혁이념」, 『원불교사상과 종교문화』 32집, 원광대 원불교사상연구원, 2006, p.134.

개벽시대의 새로운 교법은 과거 묵은 시대의 윤리와 도덕이 아님에도
불구하고 어느 순간 우리 교단은 새로운 시대를 향도할 참신성과 역동성
을 잃고 말았다[5]는 비판을 간과할 수는 없다. 소태산의 불법연구회 창립
은 불교 개혁을 통해 참신한 종교로서의 낙원세계 건설을 위한 것이었음
을 환기해야 하리라 본다.

2. 원불교 100년의 의미

교단 창립의 역사의식에서 볼 때 100년의 의미를 새겨보는 것은 당연
한 일이라 본다. 원불교 100년의 의미를 살펴봄으로써 원불교의 비전을
세우는 일이 가능하기 때문이며, 그것은 원불교 2세기의 교단 발전과
자신 및 사회 구원이라는 목표를 실현하기 위함이다. 원기 100년(2016)
은 이같이 교단사적으로 중요한 의미를 지니고 있음과 동시에 사회적으
로 새로운 시대의 도래와 변혁이 요구되는 시점에서, 새로운 패러다임의
획을 긋고 있는 21세기의 시점에서 안주에 빠져있지는 않는가[6]를 성찰
해 보자는 것이다.

교단 창립 100주년의 의미를 새기는데 있어서 우선 '100'이라는 어원
을 살펴본다. 영어의 'millennium'이라는 단어는 '1000'을 뜻하는 라틴어
'mille'에서 연유하는데, 백년제로서의 'centennial'은 100년을 기념하는
것이고, 천년제는 1000년을 기념하는 것이다.[7] 영어로 백년기념이란 'a

5) 박경석, 원사연 제149차 월례발표회 「네트워크 세대의 이해와 교화」, 원광대
   원불교사상연구원, 2005.11, p.1.
6) 김순금, 「21세기 원불교의 과제와 방향」, 『원불교학』 6집, 한국원불교학회,
   2001, p.95.

centennial' 혹은 'a centenary'이며, 그리고 'centennial'이란 1세기를 뜻하는 'centry'와 관련된다. 1세기로서 'centry'는 'centennial'과 어근이 서로 같다. 원불교 100주년이란 영어로 'The centenary of Won Buddhist founding'라 한다. 또한 한문으로는 100주기로서 '주기(週期)'란 한 바퀴 순환하는 기간을 뜻하는 것으로, 100주기는 1년을 기점으로 해서 100번 순환한다. 동양에서는 60갑자 회갑을 60주기의 생일이라 하며, 100주기 역시 100년째 맞는 생일을 의미한다.

어느 단체든 창립이 시작된 이래 일정한 주기(週期)를 맞이하면서 그 것이 역사적으로 의미 있으며, 이에 대한 기념행사를 하는 것이 바람직한 문화적 활동의 단면이다. 그 행사를 통해서 역사적 의미 부여와 발전 방향을 점검하는 것은 종단의 경우 성찰과 비전 제시에 있어서 중요한 일이다. 원불교의 역사적 주기의 한 매듭으로서 전개된 성업 행사는 이번 교단 창립 100주년만이 아니었다. 창립 50주년을 기념하는 반백년 행사, 소태산 대종사와 정산종사, 대산종사의 탄생 100주년 성업이 이와 관련되며, 교단의 창립한도로서 3회 3회까지의 각 회기의 성업봉찬사업 또한 같은 맥락이다. 예컨대 교단은 2대(1987)를 거쳐, 3대에 들어 1991 년「소태산대종사 탄생100주년 기념사업」과 2000년「정산종사 탄생100 주년 기념사업」이 이어지면서 학술적 업적을 축적해 왔으며, 2016년의 개교 100년을 기념하여「원불교100년 기념성업」을 전개하였다.[8] 이처럼 교단은 역사적으로 중요한 회기에 각종 기념성업을 거행하면서 그

---

7) 존 나이스비트 외 1人, 金弘基 譯, -1990년대 대변혁 10가지-『메가트렌드 (Megatrends) 2000』, 한국 경제신문사, 1996, p.15.
8) 양은용,「원불교 학술활동의 현황과 과제-원불교사상연구원의 학술·연구활 동을 중심으로」,『원불교사상과 종교문화』47집, 원광대 원불교사상연구원, 2011, p.116.

주기의 의미 부여와 미래 발전을 위한 비판적 성찰을 시도하였다.

　역사적으로 중요한 회기로서 2016년 5월의 교단백주년 기념성업은 교단 결복기를 향한 시점이라는 점에서 이미 거행한 반백주년 기념사업도 교단 결실기로서 중흥기에 접어드는 시점이었다. 반백주년 기념사업은 제2의 교단창립이라고 할 수 있을 만큼 교단사에서 큰 의미를 갖는 동시에 많은 성과를 가져왔다. 본 기념사업은 원기 49년(1964)부터 원기 56년(1971)까지 8년간에 걸쳐서 추진되었으며 이는 결실 성업이라는 의미와 제1대 성업봉찬사업의 연장 발전이라는 의미를 지닌다.9) 반백주년 기념사업은 창립의 역사적 한 주기로서 교단 100주년 기념사업과 관련된다는 점을 상기, 이러한 성업들을 디딤돌로 삼아 교단 100년의 성업을 진단한 후 비전 제시에 골몰해야 한다.

　100주년의 성업과 비전을 음미하는 것은 교단의 역사적 부침(浮沈)을 진단하는데 도움이 된다. 특히 그것은 원불교 사관정립에 있어서 주목할 부분이라 본다. 역사의식에 바탕한 원불교 사관(史觀)의 정립이 필요한 과제로 등장하기 때문이다. 여기에서 원불교 학계에서는 원불교 역사관의 정립문제가 등장하며, 그간의 선행연구는 원불교 역사인식의 태도에 대한 전반적인 내용을 밝히지 못했다10)는 비판이 있다. 교단사 인식에 대한 시야를 확대하기 위해서는 초기교단사와 관련한 사료의 보완이 필요하고, 이를 통해 교단사관의 정립에 게을러서는 안 된다. 역사의식에 바탕한 교단의 백주년 성업을 음미해 보자는 것이며, 이것은 미래지향적 교단 발전을 위해서 반드시 필요한 일이다.

9) 손정윤, 「개교반백년 기념사업」, 『원불교70년 정신사』, 성업봉찬회, 1989, p.330.
10) 신순철, 「불법연구회창건사의 성격」, 김삼룡박사 화갑기념 『한국문화와 원불교사상』, 원광대학교 출판국, 1985, p.911.

원불교 창립 100주년이라는 교단사적 성업을 음미하는데 있어서 이웃 종교가 지내온 100년의 자취도 역사적 시각에서 참고할 필요가 있다. 기독교의 경우 구약복음서가 기독교 창립 100년을 전후하여 결집되었고 한국 천주교의 선교 100년(1885)은 순교의 역사였다. 한국 개신교 100년 (1966)의 역사를 보면, 1866년 토마스 선교사가 처음 선교를 시작한 후, 인권과 민주화 등 도시산업선교와 세계교회 운동에 앞장섰다. 짧은 100 년 선교사에도 불구하고 급성장한 한국 개신교는 민중신학을 토대로 국제 신학운동에 새로운 방향을 제시하였다.

불타 사후 100년을 즈음하여 불교는 안빈과 청정 가치를 추구하는 출세간적 성향에서 화폐를 긍정하고 보시를 인정함으로써 민중불교로 전환하는 계기를 맞이하였다. 또 일부 비구가 종래 계율을 무시하고 10종의 새로운 주장(十事)을 하자 교단의 분쟁이 일어나 상좌 장로들은 회의를 열어서 십사를 부정, 700인 회의를 열면서 경전의 결집을 단행했다.

원불교 100년사의 성찰에 있어서 한국 기성종교의 100년사를 참조해 야 하며, 이를 계기로 원불교는 100주년의 의미를 새기면서 거듭나는 교단이 되어야 할 것이다. 필자는 「원불교 100년의 의미」를 <원불교신문>에 다음과 같이 세 가지로 접근하였다.[11] 첫째, 교단성업 축하의 의미를 지닌다. 소태산이 예시한 4, 5십년 결실은 반백년 기념의 성업에서, 4, 5백년의 결실은 원불교 100년 성업에서 거룩한 축하의 의미를 지진다. 둘째, 교단의 사회 역할론 부각이라는 의의가 있다. 개교 백주년을 기하여 교단의 위상과 역할이 크게 달라질 것으로 예상되기 때문이다. 셋째, 교단의 새로운 매듭과 혁신의 의미를 지닌다. 새로운 매듭이란 교단 1세기의 마감과 2세기의 시작이며 여기에 '혁신'의 동인(動因)이 있다.

11) 류성태, 「원불교 100년의 의미」, 《원불교신문》, 2013.8.16. 20면.

성업 축하와 사회적 역할, 나아가 혁신의 동인을 새겨봄으로써 원불교 100주년 성업행사를 거친 오늘의 시점에서 교단의 현실진단과 과제의 해법을 제시해야 할 시점에 이르렀다.

원불교 100년의 몇 가지 의미를 새겨보면서 교단은 이제 세계평화와 인류의 공존을 향한 하나의 진리를 제시, 실천에 옮겨야 한다. 종교의 창립동기와 역할론의 의의를 새기지 않는다면 그것은 또 하나의 종교탄생 정도에 머무르고 말기 때문이다. 새 시대의 종교로서 원불교는 개교백년대를 맞이하였으므로 어두웠던 일제시대에 민족과 인류 구원을 추구해 왔던 바, 현대 인류가 본연의 인간성을 회복하고 평화적인 공존을 지향하는 좌표로 궁극적인 하나의 진리를 제시해야 한다.[12] 이러한 의식 속에서 교단의 현실진단과 대응방안 마련이 필요한 시점이다.

3. 교단의 현실진단

2016년 5월 원불교 100주년 행사를 거행한 후 교단이 현실적으로 직면한 일 가운데 무엇이 현안인지에 대한 진단이 필요하다. 원불교가 현재의 규모를 뛰어넘어 다음 200년, 또는 1000년에 세계적 종교로 거듭나기 위해 현실적으로 무엇이 문제인지를 살펴본다면 원불교는 전통의 분위기가 강한 불교와 근대적 성향이 강한 교회 사이에 끼어있는 형국이라고 본다.[13] 불교의 오랜 역사와 전통성, 가톨릭의 엄숙성과 민주화 운동, 개신교의 교육 및 의료사업 등을 시금석으로 삼아 원불교 미래의 정체성

---

12) 이공전, 『凡凡錄』, 원불교출판사, 1987, p.354.
13) 김장실, 중앙총부 월례특강 「원불교의 성과와 향후 발전방안」(원불교신문, 2007.4.6, 9면).

을 찾는 일이 무엇보다 중요하다.

원불교 100주년을 보내며 성찰할 사항으로 원불교 교법이 일상생활에서 제대로 실천되고 있는가에 대한 점검이 요구된다. 원불교 개교 100주년에 당도하여 무엇이 변화해야 할까를 고민해 본다면, 소태산이 지향했던 것이 바로 불교의 생활화에 있으며 불법이 활용되는 정법불교였다.[14] 그럼에도 불구하고 교단에 산재해 있는 과제는 불법의 혁신과 생활화를 제대로 실천에 옮기고 있는가를 성찰하지 않을 수 없다.

여러 측면에서 원불교 100년의 현실 진단과 과제가 거론될 수 있을 것이다. 이미 필자는 『원불교 100년의 과제』(학고방, 2015)라는 저서를 통해서 교단의 여러 과제 가운데 57항목을 진단한 적이 있다.[15] 교단 과업의 비판적 접근에 있어서 우선순위와 그 중요성의 정도를 가늠하지 않을 수 없었기 때문이다.

여기에서는 교단의 주요 현안으로서 다양한 과제들을 다음 네 가지로 한정하여 진단해 보고자 한다.

첫째, 원불교 신앙호칭의 통일과 관련한 교의(敎義)의 재정립이다. 원불교의 교학정립에 있어서 가장 중요한 것은 오늘날 중요한 이슈로 부각되고 있는 원불교 신앙 호칭의 통일이다. 원불교가 개교 100주년 성업을 거행한 시점에서, 여러 종교의 역사가 보여주듯이 신앙의 본질을 다시 점검하고 참된 종교로서 거듭나는 것은 매우 중요한 일이라고 보며, 그 중의 하나가 신앙의 호칭에 대한 정비작업이다.[16] 종교인의 신앙심

---

14) 김방룡, 「보조 지눌과 소태산 박중빈의 선사상 비교」, 『한국선학』 제23호, 한국선학회, 2009, p.182.

15) 류성태, 『원불교 100년의 과제』, 학고방, 2015, pp.244-280.

16) 정순일, 「법신불 사은 호칭 재고」, 『원불교사상과 종교문화』 49집, 원광대학교 원불교사상연구원, 2011, p.123.

유발에서 절대자에 대한 신앙호칭이 갖는 의미가 적지 않으며, 이에 다양한 신앙호칭이 혼재해 있다면 신앙 응집력이 분산될 수 있기 때문이다. 원불교의 교학정립에 있어서 신앙호칭의 통일문제가 부각된 것은 신앙호칭 용어가 종교인의 신앙정서에 미치는 영향력이 크기 때문이다. 부처님, 법신불, 사은, 원불님, 일원불 등으로 혼재되어 있는 현재의 신앙 대상의 호칭을 공론(公論)에 의해 통일하는 일이 시급하다는 뜻이다.

이에 걸맞게 근래 원불교 신앙호칭의 단일성을 주장하는 견해가 적지 않다. 최근 지상을 통하여 신앙의 대상과 그 호칭에 관한 교학논쟁이 전개되어 왔다. 현실적으로도 신앙정서를 극대화할 수 있는 호칭이 절실히 요청되고 있는데, 현재는 법신부처님, 법신불사은, 사은, 원불님, 진리부처님, 부처님 등 다양한 형태로 사용되고 있으나, 그 가운데 『정전』「심고와 기도」장에 근거한 법신불사은이 가장 보편화된 호칭으로 통용되고 있다.17) 교단에서는 법신불사은이 공식으로 호칭되지만 문제는 그것이 신앙정서 유발에 부합하지 않은 측면이 있다는 것이다. 보편적이고 대중적 감성에 호소한다는 점에서 부처님이라는 통칭을 쓰고, 신앙의 대상을 공식적으로 표현할 때는 법신불이라는 용어를 사용하면 좋겠지만, 일각에서는 일원불 혹은 원불님이라는 호칭을 제시하기도 한다.18) 학계에서 지적되고 있는 이 같은 신앙호칭의 단일화 및 신앙정서 유발이 시급한 것은 원불교 2세기의 돈독한 신앙감정 귀의와 더불어 그것이 일선교화의 활력으로 연결되기 때문이다.

둘째, 교서 결집(結集)과 정역(正譯)의 과제이다. 개교 2세기를 맞이하

---

17) 노권용, 「교리도의 교상판석적 고찰」, 『원불교사상과 종교문화』 45집, 원광대 원불교사상연구원, 2010, pp.276-277.
18) 정순일, 「법신불 사은 호칭 재고」, 『원불교사상과 종교문화』 49집, 원광대학교 원불교사상연구원, 2011, p.122.

여 교단이 해결해야 할 중대한 과제의 하나가 기본 교서의 결집이라는 것은 교리의 수월성과 언어의 변화성에서 볼 때 소태산의 교법을 바르게 이해하고 효율적으로 전달해야 하는 시대적 요청과 관련된다. 이에 부응하기 위해 개교 100년대의 결복기를 여는 교단의 중대한 일로서 세계적 종교로 발돋움하기 위한 교서의 결집과 정역사업은 당연한 일이다. 원불교의 교서 가운데 원경으로 받드는『정전』은 소태산의 대각 내용을 구세경륜으로 친히 편수하였고, 통경으로 받드는『대종경』은 그 구세경륜에 의한 일대 제도행화(濟度行化)의 업적에 대한 결집이다.[19] 이처럼 정역의 문제를 언급하는 것은 교서를 여러 나라의 언어로 번역하는데 오류가 발생할 경우이며, 결집의 경우 원불교 교서들에 있어서『정전』과『대종경』등의 결집과정에 한계는 없었는지, 법어 전달에 용이성이 결여되어 보완해야 할 부분이 없는지에 대한 점검의 필요성 때문이다. 원불교 기본 경전의 정역과 결집은 기성종교의 지속적인 경전 결집사에서 볼 때에도 필요한 일이다.

원불교 백년이라는 역사적 시점을 지내면서 원불교 교서결집에 대한 당위성을 언급하며 필자는 논문으로 발표하였다. 원광대 원불교사상연구원에서 2013년 10월 11일에 주최한 '제33회 원불교사상연구원 추계학술대회'「원불교 개교백년 기획」의 일환으로 발표한 것이 이와 관련된다. 원불교 신문지상에서도『대종경』재결집의 필요성을 언급하였다.『대종경』재결집은 중요한 성업 중 하나임을 역설하고 "교조의 정신과 교단 발전을 계승하기 위해서는 창립에서부터 교리의 체계화와 교조법어의 용이한 전달이라는 당위성이 요청된다."[20]며,『대종경』은『정전』

---

19) 오광익, 「정전 대종경 한문 인용구의 원전검토」, 제30회 원불교사상연구 학술대회《인류정신문명의 새로운 희망》, 원광대 원불교사상연구원, 2011.1, p.135.
20) 류성태, 「대종경 재결집, 원100년의 핵심과제」,《원불교신문》[1680호], 2013.

과 더불어 중심교서인 만큼 제자들에게 생명력 있게 다가서야 할 것이라
고 하였다. 원불교 백주년을 기해 교서결집이 이루어지지 못한 점에서
냉철한 반성이 요구된다. 출간된 원불교 교서가 완성된 상태가 아니라는
점에서 교서 결집은 지속적인 보완작업이 필요하다는 것을 인지할 필요
가 있다.

셋째, 교단의 제도개선이다. 여기에서 말하는 제도란 무엇이며, 왜
제도개선이 필요한가? 교단의 제도는 종교 이념의 실현의지를 반영하는
그릇이자 수단이므로 21세기에 당도하여 원불교 교정(敎政)에서도 새로
운 시대와 사회를 향도하는 교화 위주의 교단적 제도가 요청된다.[21]
원불교의 제도개선을 통해서 3대사업을 수행함은 물론 교화를 중심으로
한 제도적 수월성이 요구된다는 뜻이다. 특정종교가 외부로부터 무엇인
가 이질적이고 단절된 폐쇄집단으로 오인될 그런 틀을 여전히 유지하고
있다면 그 교단이 갖춘 조직과 제도를 검토해야 할 것[22]이라는 지적도
같은 맥락이다.

어느 종교든 제도개혁의 충실성 여부에 따라 교단 발전이 속도를 더하
게 된다. 제도개혁이 미비할 경우 어떠한 단체든 사업을 성취하는데
정체 내지 제약이 따르기 때문이다. 교단이 정체된 원인의 하나로서
사회 변화의 속도에 능동적으로 대응할 제도개혁이 미비했다는 점을
아쉽게 새겨야 한다. 이에 교단은 사회 변화에 능동적으로 대응하기
위해 제도적 변화를 시도하는 적극적인 노력을 해왔어야 한다.[23] 원불교

10.18, 13면.
21) 서경전, 「21세기를 향한 원불교 교단행정 방향」, 『원불교와 21세기』, 원광대
원불교사상연구원, 2002, p.23.
22) 이기영, 「현대에 있어서의 종교의 진리성」, 『인류문명과 원불교사상』(下), 원
불교출판사, 1991, pp.1388-1389.

가 교화 교육 자선이라는 3대사업의 목표를 성실히 수행할 수 있도록 제도적 뒷받침이 되어왔는가를 성찰해보자는 것이다. 사회 변화에 능동적으로 대응할 수 있도록 중앙총부·교구·교당 등 전반의 제도개선이 요구되는데, 제도개선 자체가 충분조건은 아니지만 필요조건임[24]을 인지할 필요가 있다.

넷째, 교단의 인재로서 성직자 지원의 감소 극복이다. 물질문명의 발달에 따른 가치전도의 현상과 더불어 종교에 등한히 하거나, 관심이 없어지는 오늘의 실상인 점은 알겠지만, 기성종교의 교역자 지원율이 더욱 줄어들고 있는 것도 사실이다. 교단의 역량 있는 인재확보와 인재관리를 위해 강력한 개혁의 드라이브를 걸어야 한다. 원불교 100년을 전후한 현재 예비교무 지원자 수는 정원에 미달하고 있으며, 교역자 성비(性比)는 남학생에 비해 여학생 수가 매우 적은 편이다. 근래 여성 예비교역자 숫자가 현저하게 줄어드는 이유는 과거에 비해 여성교무에 대한 선호도가 떨어졌기 때문으로 남녀 평등성에 바탕한 결혼문제 등 교단제도의 개선이 요청된다[25]는 지적이 있었다. 다행스럽게 2019년도에 여자 정녀제도의 자율적 선택이라는 혁신이 가해진 점은 제도 개혁의 신선한 단면이다.

원불교 100주년을 지낸 오늘의 시점에서 교단 인재의 확보는 사실상 비상사태에 있다고 보아야 할 것이다. 해마다 예비교역자 지원율이 현격하게 감소하는 상황 속에 있기 때문이다. 원광대 원불교학과 교수들은

---

23) 서경전, 「21세기 교당형태에 대한 연구」, 제21회 원불교사상연구 학술대회 《21세기와 원불교》, 원광대 원불교사상연구원, 2002.1, p.55.
24) 류성태, 『원불교 100년의 과제』, 학고방, 2015, p.247.
25) 박도광, 「원불교예비교무 인재발굴 및 육성에 관한 연구-설문조사를 바탕하여」, 일원문화 연구재단, 2004.4, p.4.

교단에서 진행되는 원불교교육 개혁에 대한 논의는 전무출신 지원자의 수가 급감하는 현실에 따른 위기의식에서 시작되었고, 교육개혁위원회는 무엇보다 전무출신 지원자 급감에 대한 대책 마련을 최우선으로 해야 한다[26]고 하였다. 중앙총부 교정원과 각 교육기관에서는 교역자 양성기관으로서 예비교무 발굴에 안간힘을 다하고 있지만, 그럼에도 불구하고 예비교무 지원자 수가 급감하고 있는 현실에 대하여 위기의식을 갖지 않을 수 없다.

제반의 현안을 진단함으로써 앞으로 교단이 발전할 수 있는 방안 마련에 중의(衆意)를 모아야 할 것이며, 교단의 정책 가운데 교단 현안의 해결에 몰두해야 한다. 원불교 100주년을 지내면서 현안의 합리적 해법을 제시하지 못한다면 원불교는 개교의 동기 실현과 종교적 사명을 수행하는데 한계가 있을 수밖에 없다. 개혁을 서둘러야 하는 이유가 여기에 있다.

4. 교단 100년의 미래적 방향

1916년 4월 28일에 창립된 원불교는 그동안 창립기와 결실기를 지나 결복기를 향하는 100년의 역사를 지내며 새 종교로서 적극적이고 긍정적 면모를 보여 왔다. 과거 증산교나 천도교와 같은 신흥종단에 비해 원불교가 전개한 과업들이 성실하게 추진, 성취되어 왔다는 뜻이다. 이제 100년의 역사 속에서 원불교는 자신의 역사적·종교적 구성요건에

---

26)「공개질의서」원기99년(2014) 9월 15일, 원광대학교 교학대학 원불교학과 교수교무 일동

대해 적극적이고 긍정적인 자세를 지닐 충분한 근거를 갖고 자기주장을 할 수 있다[27]는 평가를 받을만하다. 한국사회에서의 종교적 역할에 있어서 세계의 종교로 나아가야 할 전환기적 시점이 원불교 100년을 보낸 지금 이 순간이라 할 수 있다.

원불교 백주년 기념성업회에서는 이러한 시대적 소명을 실현하기 위해 「원불교 100년 비전」을 제시한 적이 있다. "우리 원불교인은 개교100년을 맞아, 교화단의 창의적 운영과 훈련강화로, 2만교화단을 결성하여 전법교화에 새 전기를 마련한다. 교역자제도를 혁신하고 의식을 개혁하여 재가출가가 함께하는 회상공동체를 만들며, 교서정역과 미주총부 건설로 세계교화를 활짝 열어간다. 민족과 세계가 직면한 시대과제에 헌신하며, 심전계발과 종교연합운동으로 인류 평화에 앞장서는 주세교단을 이룩한다."[28] 교단 내외적 선언의 성격인 '백년의 비전'이란 원불교의 미래적 역할과 활동방향을 제시하는 것이며, 이의 성실한 이행만이 원불교 2세기의 발전을 기약할 수 있으리라 본다.

앞에서 원불교 현안을 진단하였듯이 신앙호칭 단일화의 해법을 통해서 원불교 신앙정서의 돈독함과 교단 발전을 더할 것이다. 사실 원불교는 학문적으로 모든 분야에서 접근이 가능해지고 있다. 원불교 개교 100주년을 맞은 지금, 원불교는 종교학·불교학이 다룰 수 있는 거의 모든 분야를 통해 접근할 수 있는 면모를 갖추게 되었으니, 이제 원불교는 그 형성으로부터 시작하여 역사적 상황, 문화적 연관, 종교적 맥락이며 그것이 지닌 교리체계와 신앙 그리고 상징들에 이르기까지 종교가

---

27) 이민용, 「원불교와 불교의 근대성 각성」, 제28회 원불교사상연구 학술대회 《개교100년과 원불교문화》, 원광대 원불교사상연구원, 2009. 2, p.12.
28) 원불교 100년 기념성업회 편, 《세상의 희망이 되다-원불교 100년》, 원기 100년, p.4.

지닌 어떤 분야에서건 학문적 접근을 가능하게 하고 있다.[29] 교학의 다양한 접근과 정착, 신앙호칭의 단일화를 통한 신앙의 돈독화가 소태산이 천명한 교학의 재정립과 직결되어 있는 것이다.

  그동안 원불교의 제반 발전분야에서 교학연구는 단연 돋보인다. 원불교가 전개한 사업들 가운데 가장 괄목할만한 분야는 학술 및 교육사업으로, 원광대학의 인가를 계기로 원불교는 일원상 진리의 학술적 전개, 그리고 원불교사상의 대사회적 보급이라는 과제를 현대 대학기구를 통하여 해결할 수 있게 되었으며, 이는 다른 민족종교에서 찾을 수 없는 일대 특기 사실이 아닐 수 없다.[30] 앞으로 교학을 정립하는 측면에서 새겨야 할 것은 신앙과 수행에 대한 적극적이고 긍정적인 방법론의 정립이 요구된다는 것이다. 원불교 2세기의 과제로서 교의의 창의적 접근을 통해서 '부처님'(혹은 원불님) 호칭과 같은 단일화에 의한 원불교 신앙감정 유발의 정체성 확보, 교법의 사회실현에 도움이 되기 때문이다.

  근래 교서의 결집과 정역의 필요성을 진단한 적이 있는데, 이는 미래 교단발전에 있어서 중요한 과제의 하나이다. '결집(結集)'이란 '결합집성(結合集成)'의 의미로서 부처가 입멸한 후 제자들이 모여 불법을 외워서 경전을 만드는 것을 뜻한다. 교서 결집은 기성종교들의 역사가 흐르면서 부단히 전개되었다. 불교에 있어서 칠엽굴(七葉窟)의 고요 속에서 가섭존자를 받들고 5백 비구가 첫 결집을 이루었다. 불경 결집사를 약술해 보면 ① 왕사성에서의『소승경』, ② 바이샬리성에서의『대승경』, ③ 파탈리푸트라성에서의『비밀경』(秘密經), ④ 카슈미르성에서의『소승경』

29) 이민용,「원불교와 불교의 근대성 각성」, 제28회 원불교사상연구 학술대회《개교100년과 원불교문화》, 원광대 원불교사상연구원, 2009. 2, p.5.
30) 윤이흠,「사회변동과 한국의 종교」,『민족종교』, 한국정신문화연구원, 1987, p.202.

결집이라는 제4기로 분류할 수 있다.[31] 오늘의 불교가 비약적으로 발전한 것은 이러한 불교 초기교단의 교서결집과 무관하지 않다고 본다. 기독교의 성경 역시 2000여년에 거쳐 꾸준한 결집과 정역의 과정을 통해 전승되어 왔다.

원불교에 있어서 교서 결집사를 보면 초기교서 시대(1927~1943), 『불교정전』 시대(1943~1962), 『원불교 교전』 시대(1962~1977), 『원불교 전서』 시대(1977 이후)를 언급할 수 있지만, 지속적인 결집작업이라는 과제가 부여되어 있다. 원불교 100년을 전후하여 교서재결집 운동을 하자는 주장들이 있어온 것이다. 경산종법사는 「원불교 100년의 약속」에서 각종 교서의 오탈자를 점검하여 정리하자(「출가교화단보」 258호, 2013. 10.1)고 하였다. 필자도 「교서결집에 대한 연구」라는 주제로 학술발표를 하였으며(원불교사상연구원 추계학술대회, 2013.10.11), 원불교 언론에서도 교서 재결집의 필요성[32]을 언급하였다. 이웃종교들의 지속적인 결집사를 참조하면서 시대의 변화에 따른 언어 유동성이 갖는 간극(間隙)을 줄임으로써 새 시대에 맞는 법어의 효율적 전달을 유도하자는 뜻이

31) 류성태, 「교서결집에 대한 연구~『대종경』을 중심으로」, '2013제33회 원불교사상연구원 추계학술대회' <원불교 개교 백년 기획(7) 개교 백년과 원불교문화(2)>, 원광대 원불교사상연구원, 2013.10, pp.75-76.
32) 교서 재결집이라는 과제가 있으며, 교단 현안과 원불교사상의 다양한 해석학적 접근이 요구된다. 교서결집사를 보면, 원기 12년 『수양연구요론』과 『불법연구회규약』, 원기 17년 『육대요령』, 원기 28년 『불교정전』, 원기 47년 『원불교 교전』의 결집으로 이어졌다. 교서 결집연도의 순환곡선을 보면 5년, 11년, 19년의 간격이 있으며, 어느덧 마지막 결집 후 41년이라는 긴 세월이 흘렀다. 물론 숫자가 중요한 것은 아닐 것이나 「원불교 100년」이라는 상징적 숫자를 염두에 두면 맞춤법 등을 포함하여 수정해야 할 부분이 적지 않다(류성태, 「원불교 100년의 의미」, 원불교신문, 2013.8.16. 20면). 원불교 100년에 즈음한 시점에서 교서대결집운동이 일어났어야 한다(서경전, 「기고-원불님과 교화의 활력」, 원불교신문, 2013.2.22).

제3편 원불교 100년의 진단과 개혁사상 189

다. 원불교 100주년에 교서 재결집이 이루어지지 못한 점은 아쉽지만 앞으로 3대 3회말(원기 108년)의 과제로 남겨둔 셈이다. 교단의 중의를 모아 지속적인 재결집이 요구된다.

그리고 원불교 2세기에 접하여 『정전』『대종경』의 재결집은 물론 『원불교 요전』이 발간될 필요가 있다. 『원불교 교고총간』에서는 유불도 3교의 활용정신에 따라 『원불교 요전』을 앞으로 발간하기로 하였던 것이다. 원기 47년(1962) 2월 21일 제5회 임시수위단회에서 정화사는 『원불교 요전』 발간에 관한 건으로 종전의 근행법 제2부 「불교요목」과 종전의 『정전』 2권·3권에 편입된 경론(經論)과 유(儒), 선(仙), 기독교 및 한국 신흥종교의 경전 중에서 정선(精選)한 제교요목(諸敎要目)을 합편하여 보조경전으로 엮되 서명은 『원불교 요전』으로 한다[33]고 하였다.

현재 원불교 교서로서 소의경전으로 편찬한 것이 『불조요경』이며, 유불도 등을 망라한 『원불교 요전』은 아직까지 발간되지 않았으므로 본 경전의 결집은 원불교 2세기 출발에 즈음한 과제이자, 교단 발전의 방향에서 추진되어야 하리라 본다. 교서의 번역에 있어서도 10여개 국어로 정역되어 원불교 백주년 기념식(서울 월드컵 경기장, 2016.5.1)에서 헌정된 사실을 보면 정역(正譯)사업도 교단 발전의 지남이 되고 있다.

또한 원불교 100년의 미래적 방향에 있어서 소태산의 제도개혁과 혁신 정신을 살펴볼 수 있다. 원불교 개교의 동기를 실현하기 위해서는 구시대의 제도개혁과 예법혁신을 주요 과제로 삼았던 소태산은 당시의 예법이 너무나 번거하여 사람들의 생활에 많은 구속을 주고, 경제 방면에도 공연한 허비를 내어, 사회의 발전에 장애가 있음을 개탄하여 원기 11년(1926) 2월에 신정의례를 발표하였다. 출생의 예, 성년의 예, 혼인의

---

33) 『교고총간』 제6권, 원불교출판사, 1974, p.303.

예, 상장의 예, 제사의 예를 새롭게 혁신하였던 것이다.[34] 이어서 그는 원기 20년(1935) 불교혁신을 통하여 교단을 쇄신하고자 하였다. 그 내용을 보면 '과거 조선사회의 불법에 대한 견해, 조선승려의 실생활, 세존의 지혜와 능력, 외방의 불교를 대중의 불교로, 소수인의 불교를 조선의 불교로, 분열된 교화과목을 통일하기로, 등상불 숭배를 불성 일원상으로'라는 항목으로 되어 구성되어 있으므로 불법을 연원으로 삼되 새 불교로서의 미래적 불법을 지향하고자 하였다.

급변하는 시대상 속에서 교단의 민주적·합리적 발전에는 제도개혁과 혁신적 의지가 뒷받침되어야 행정의 지체와 교화 정체의 장애물을 극복할 수 있다. 오늘날 교단의 정체현상도 시대에 대응한 제도 개선의 시기를 놓쳤기 때문이다. 이에 화두가 되고 있는 교단의 제도 중에서 특히 행정과 관련한 제도라든가 각 기관의 제도에 있어서 새로운 변신이 요구된다. 이를테면 교단의 행정수반이나 수위단 제도의 지속적 보완과 합리적 의사결정, 교정 간부의 적정 임기제와 엄정한 책임의식 등에 대한 건설적인 토론이 필요하다. 교단 집행부 제도와 관련한 의견들이 토의됨으로써 보다 합리적인 방향으로 의사결정이 이루어진다면, 원불교 100년대는 개방적 사유의식에 더하여 개혁 속도를 앞당길 수 있다. 교단 집행기관의 권한과 책임에 관련된 건설적이고 합리적 의견을 열린 안목으로 수렴, 보완함으로써 교단은 더욱 민주적인 방향으로 전진할 수 있으리라 본다.

또한 교단의 미래를 담당할 수 있는 청소년의 인재 발굴 역시 원불교 2세기에 있어서 중요한 과제임은 주지의 사실이다. 오늘날 예비교역자

---

34) 『원불교 교사』, 제2편 회상의 창립, 제2장 새 제도의 마련, 3. 의례제도의 개혁과 4기념례.

발굴에 어려움을 겪고 있는 상황에서 그 해법으로는 청소년 교화에 활력이 있어야 한다는 점이다. 교단적 차원의 새로운 정책적 시도로는 대표적으로 교단 제3대설계 특별위원회(1987-88년)와 교육발전위원회(1991년)의 활동, 교화부가 중심이 되어 시도했던 원불교 개교 100년을 향한 청소년교화 종합계획(1996년), 교단 제3대 제2회 종합발전계획(2000년), 청소년교화특별위원회가 1년여의 활동 끝에 마련한 원기 100년을 향한 청소년교화 발전계획안(2003년) 등이 있으며35) 이의 지속적인 과업들이 수행되어야 한다. 청소년 교화의 활성화, 인재양성의 다양한 채널 가동을 위한 일면으로 근래 정녀지원서 제출 폐지에 더하여 여성교역자 결혼 선택의 자율권이 부여되었다.

원불교 100년 이내에 교단이 발전할 수 있었던 것도 그동안 교단 인재의 양성과 관리가 가능했기 때문이다. 그럼에도 불구하고 오늘날 교단의 인재발굴에 어려움이 있는 것은 청소년 교화의 침체와 더불어 기성 교역자의 후생대책 미흡 등이 복합적으로 작용하고 있으며, 이에 대한 해법 제시가 교단 미래의 발전방향과 직결되어 있다. 즉 교화의 인재확보에는 청소년교화에 더하여 성직자의 후생문제가 관건이다. 전무출신의 복지 향상으로 후생제도 마련(요양환자 지원확대, 퇴임 후 복지대책 마련, 휴양제 확대 및 교무휴일제 실시, 교구별 휴양관 마련, 후생회비 운영에 대한 검토), 생활보장제도 마련(전무출신 후원공단 활성화, 정토장학회 육성)이 제3대 제2회 95대 전략과제 중 제2과제로 부상하였음36)을 참조할 일이다.

전무출신 복지 및 생활상의 열악함은 이미지에 좋지 못한 영향을 주게

---

35) 박윤철, 「원불교 예비교무 지원자 감소 원인과 대응방안 연구」, 일원문화 연구재단, 2004.4, p.9(주13).

36) 교단 제3대 제2회 『종합발전계획』(안), 교정원, 2000.11.

되는데, 교역자의 후생은 교단이 책임진다[37]는 사실을 간과해서는 안될 것이다. 여기에는 막대한 예산이 필요하므로 교단의 경제적 부담이 적지 않다. 교단사업의 우선순위에서 후생사업이 차지하는 비중을 높여야 하며, 이에 대한 제정대책 방안의 강구가 요청된다. 전무출신의 사기를 진작시키는 일에 대하여 교단 지도자들은 지속적인 관심을 가져야 하는 이유이다. 「현장교무의 사기진작」, 「재가출가들의 사기·법열 충만」, 「전무출신의 사기진작」도 마찬가지이다. 교무들의 사기저하의 원인은 여러 가지가 있으리라 본다. 곧 교단 상층부와 대화의 통로가 막혔다는 것이며, 인사에 관한 불만이 쌓이고 경제적인 어려움이 겹쳐 좌절감으로 이어졌으며, 급기야 교단을 등지거나 휴무에 들어간 교무들을 심심찮게 볼 수 있는 것이 오늘의 현실이다.[38] 전무출신 정신의 재무장, 후생복지 지원, 훈련과 교육을 통한 사기진작 등의 방법으로 교역자들의 저하된 사기를 북돋우는 일이 교단적인 과업이다.

아울러 원불교 백년의 미래적 방향 설정에서 간과할 수 없는 것으로는 종교예술의 계발과 문화 창조의 부문이다. 원불교는 100년대를 지나고 있으며, 다소 짧은 역사에도 교리·교서·제도 등은 거의 확립되어 있지만 원불교 문화·예술은 형성 태동되어가고 있는 과정이다.[39] 원불교의 종교예술 분야에 대한 관심은 원불교 정체성을 확보할 수 있는 길로서, 기성종교의 발전상을 참조할 수 있다. 기독교문화와 예술이나 불교문화

---

37) 출가교도 의견-출가교화단 건항 1단 건방 4단(원불교정책연구소, 『교단발전을 위한 10가지 혁신과제 선정-의견수렴 자료집』, 원기 94년 4월, p.7).

38) 김덕권, 「원불교 교무상의 다각적인 모색」, 《원불교교무상의 다각적인 모색》, 원광대 원불교사상연구원, 2003.2, p.26.

39) 손정윤, 「문학·예술사」, 『원불교70년정신사』, 원불교출판사, 1989, p.668 참조.

예술이 이와 관련되며, 그것은 원불교 고유문화의 창조와 발현을 지향하
는 시금석이 된다. 윤이흠 교수는 종교발전의 제3단계로서 창업기, 제도
정착기를 지나 원불교는 이제 문화 창조기에 들어서서 다종교사회의
주도적 성원으로서 지도적 역량을 발휘하기 위하여 지금보다 더 적극적
이고 세련된 철학을 계발하고 세련된 운동의 계획을 수립하여야 한다[40]
고 했다. 문화 창조기에 접어든 원불교는 2세기의 종교다원주의 사회에
서 사회 국가를 위해 새로운 문화활동의 방향을 선도할 수 있는 교단으
로 자리매김해야 한다.

5. 반복과 성찰의 역사

원불교 100년대의 진단과 비전 제시는 지난 50주년 당시에 논의했던
방향을 살펴보면 많은 도움이 될 것이다. 역사는 반복과 성찰 속에서
새롭게 전개되기 때문이다. 원기 56년(1971) 10월 10일, 반백주년을 기념
하여 교역자총회가 열려 교단의 새 방향에 관한 논의를 한 끝에 9개항의
교역자 결의문을 채택하였다. "우리 교역자 일동은 개교반백년기념대회
를 원만히 마치고 새 출발을 다짐하는 오늘, 지난날을 회고하고 현재
당면해 있는 교단의 모든 중대과제를 잘 해결하면서, 이제 내적 결실과
함께 세계적 종교로 지향하는 역사적 사명을 완수하기 위하여 다음과
같이 결의를 굳게 다짐한다."[41] 여기에서는 혈인정신, 법통 존중, 공부풍

40) 윤이흠, 「21세기의 세계종교상황과 원불교사상」, 『원불교사상과 종교문화』
35집, 원광대 원불교사상연구원, 2007, p.31.
41) <<원불교신보>> 제58호, 1971.10.15, 7면(손정윤, 「개교반백년 기념사업」, 『원
불교 70년정신사』, 성업봉찬회, 1989, p.329).

토 조성, 법치교단, 훈련과 실력본위, 선후진 동지애, 결실 교단과 세계적 종교로서의 역사적 사명 완수와 같은 결의를 다지고 있다.

위의 언급들을 검토해보면 다분히 창립정신의 환기와 교단대의에 합하는 자세가 거론되고 있다. 원불교 100년대의 발전에는 보다 구체적인 교단발전의 방향 제시가 요구되며, 그 핵심 과제로 교의(敎義)의 정립-신앙호칭 단일화, 교서의 재결집, 교단제도의 개선, 교역자 지원의 감소 극복 등이 거론될만하다. 물론 교단으로서 풀어갈 과제는 적지 않을 것이나, 여기에서는 원불교 100주년의 의미 파악과 「원불교 백년의 슬로건」42)에 걸맞게 원불교 2세기를 지나면서 해결해야 할 우선과제를 거론하였다.

이미 필자는 『원불교 100년의 과제』(학고방, 2015년)라는 저술에서 교단이 숙고할 57가지 항목을 열거하면서 교단개혁의 방향을 언급하였다. 엄밀히 말해서 이 항목들은 소태산의 근본정신으로 회귀하자는 뜻에서 원불교 100년대의 과제일 수 있고, 또는 미래에 개혁해야 할 주요

---

42) 원불교 100년 슬로건 : 「정신개벽으로 하나의 세계」 '진리는 하나 세계도 하나 인류는 한가족 세상은 한일터 개척하자 하나의 세계'에서 나온 이 슬로건은 대산종사가 소태산 대종사의 일원주의, 정산종사의 삼동윤리에 바탕하여 세계평화의 이념으로 제창하였다. 물질이 개벽되니 정신을 개벽하여 파란고해의 일체생령을 광대무량한 낙원으로 인도하려는 실천의지를 담고 있다. 「마음공부로 은혜로운 세상」 소태산 대종사는 '은혜로운 세상은 사람들이 천지 부모 동포 법률의 네 가지 은혜에 감사하며 보은하고, 자력양성 지자본위 타자녀교육 공도자숭배의 사요를 실천할 때 이루어진다'고 강조했다. 은혜로운 세상을 열어가기 위해서는 삼학수행의 마음공부가 필요하다. 몸과 마음을 원만하게 지키는 정신수양, 일과 이치를 원만하게 아는 사리연구, 몸과 마음을 원만하게 사용하는 작업취사의 속깊은 공부를 하여 은혜가 넘치는 낙원으로 인도하려는 의지를 담고 있다. 원100슬로건은 개인 가정 사회 국가 세계가 처한 당면과제를 풀어나갈 열쇠가 될 것이다(《세상의 희망이 되다-원불교 100년》, 원불교 100년 기념성업회, 원기 100년, p.5).

사항들이다. 여기에서 제시한 방안들은 현재 직면한 원불교의 한계를 극복하면서 사회의 문화 공기(公器)로서의 큰 변혁을 시도하여 더 큰 발전을 도모해야 하는 과제이자 방향이다.[43] 교단의 과제로 제기한 57항 목들의 성격은 신앙, 수행, 교리, 제도, 행정, 경제, 교육, 대인관계 등으로 분류하였다. 언급된 사항들은 문제제기의 성격이며 교단 2세기의 새로운 해법을 모색하는데 도움이 될 것이다.

원불교 100년의 현실진단과 개혁의 방향을 모색한 이유는, 교단의 비판적 접근이라는 점에서 교단 2세기에 진입한 교단이 구각(舊殼)을 벗겨냄과 동시에 해법을 찾는 계기로 삼으려는 성찰의식 때문이다. 원불교의 조직이 활력을 얻어 건강한 성년으로 성장하기 위해서는 지속적인 자기정화와 자기혁신이 절대적으로 필요하다.[44] 어느 단체든 구습을 비판하는데 게으르거나 개혁하려는 노력이 없다면 정체의 늪으로 빠질 것이며, 결과적으로 조직의 와해와 퇴보를 야기할 수밖에 없다.

다행히 원불교가 짧은 역사 속에서 발전상을 보이게 된 것은 개교 100년의 발전과 건설적 비판 그리고 평가와 대안제시가 있었기 때문이다. 원불교를 어떻게 이해하느냐 하는 문제는 마치 기독교나 이슬람교를 어떻게 접근, 파악해야 하느냐의 현실적인 문제와 같으며, 원불교는 이제 역사화되었고 따라서 객체화된 것으로 100년의 시간적인 성숙뿐만 아니라 비판과 평가의 대상으로서의 성숙이기도 하다.[45] 100년이라는 교단사가 역사로서 객체화되었으며, 그것은 보다 엄정한 평가를 통해서

43) 이운철, 「출판언론사」, 『원불교 70년정신사』, 성업봉찬회, 1989, p.559.
44) 최상태, 「원불교 교무상의 시대적 모색」, 《원불교교무상의 다각적인 모색》, 원광대 원불교사상연구원, 2003.2.7, p.13.
45) 이민용, 「원불교와 불교의 근대성 각성」, 제28회 원불교사상연구 학술대회 《개교100년과 원불교문화》, 원광대 원불교사상연구원, 2009.2, p.5.

원불교의 발전상을 기대해야 하는 시점이라는 뜻이다. 교단 1세기에 대한 진단과 해법 제시가 교단 2세기의 발전을 기약하는 길이라는 점에서 본 연구의 의미가 크다고 본다.

원불교 100주년에 더하여 교단 제3대 제3회 말의 성업결실이 원기 108년이라는 점에서, 원불교의 단순한 성업행사에 그치지 말고 3대 3회 말의 설계방향과 비전이 새롭게 제시되어야 한다. 원불교 2세기와 제3대 3회 말을 맞이하는 이 시점에서 교단의 주인의식을 가질 필요가 있다. 세계적 종교로의 전개와 불법의 생활화를 위해서는 후세에 법통을 길이 전하는 참 주인이 필요하다. 개교 1백주년을 보내면서 재가출가 전 교도가 소태산 대종사의 일원대도를 몸으로 실행하고 마음으로 증득하여만 고 후세에 이 법통을 길이 힘차게 굴려 나가는 새 회상의 참 주인으로 거듭나기를 다짐하고 하루하루 새롭게 결심해 나아가야 한다.[46] 원불교 100년의 의미, 그리고 교단의 현실진단과 미래적 방향을 가늠하는 것에 더하여 주인의식을 갖는 일이야말로 원불교의 세계화를 지향하는 버팀목이다.

---

46) 박장식, 『평화의 염원』, 원불교출판사, 2005, p.162.

제2장

●

「회설」에 나타난 개혁사상
- 초기교단의 정기간행물을 중심으로 -

1. 과거로부터의 탈피

과거의 시간변화 속도에 비해 현대사회는 급변하는 시대이다. 매우 빠르게 변화하는 현대사회에 살면서 시대가 요구하는 변화에 적극 대응하지 못한다면 개인이나 사회는 낙오되고 만다. 시시각각으로 변모하는 오늘날, 시대적 요청에 의한 개혁이 화두로 등장하고 있는 시대이기 때문이다. 사회의 개혁은 고금을 통하여 부단히 요청되고 있으며, 18세기 중엽 산업혁명이 시작된 이래 19세기의 과학문명이 발달되면서 그 변화의 강도가 더욱 커지고 있다. 21세기의 상징성이 가져다주는 급변의 시대상황에 슬기롭게 대응하느냐 못하느냐에 따라 각자의 계획에 성공과 실패의 갈림길이 있게 된다.

성패에 직결되는 시대 변화의 물결은 선후천 교역기에 출현한 원불교 초창기에서 이미 감지되었다. 세계는 발전의 가속도로 질주하고 있음을 인지하여 원불교 초기간행물의 「회설」에서는 '시대의 낙오를 면하며

진(進)하여 선각자가 되려면 반드시 갱일층(更一層)의 분력(奮力)을 발하지 않으면 안 될 것[47]이라 했다. 초기교단의 정기간행물인 『월말통신』 회설(1929년)에서도 교단은 시대에 뒤떨어지지 말아야 함을 환기하고 있다. 본 「회설」에서 "세계는 발전에 발전을 가하고 시대는 변천에 변천을 거듭한다."라고 하면서 개혁의 세부적인 대상으로 국제봉쇄의 타파, 물질문명 폐단의 극복, 계급제도와 개인주의 철폐 등을 주장하고 있다.

어느 종교 교단이든 타성화된 안주의 폐단을 극복하기 위해 밀려오는 시대적 개혁의 요청에 부응하기 위해서 어떻게 대응책을 세워야 할 것인가? 원불교는 창립 2세기에 진입한 관계로 인하여 그 어느 때보다 개혁의 고삐를 죄어야 할 시점이다. 교단 창립의 명분 역시 개혁과 관련된 것이었다. 세기적 개혁으로서 개벽은 선천시대로부터 후천시대로의 변화를 뜻한다. "물질이 개벽되니 정신을 개벽하자."라는 소태산의 가르침에는 시대적 대전환의 인식이 담겨있으니, 정신적 개혁을 통하여 물질세계의 개혁을 유도하자는 판단은 새로 다가오는 시대를 준비하자는 뜻이다.[48] 새롭게 열리는 개벽의 시대에 맞추어 원불교는 개혁의 종교로 거듭나야 한다.

개벽의 새 종교라는 가치에 큰 비중을 두면서 교단의 제반 현안을 거론함에 있어, 초기교단의 개혁정신에 바탕하여 개혁의 당위성과 그 방향을 모색하는 것이 바람직하다고 본다. 그것은 교조 소태산의 창립정신과 직결되는 것으로 교조 당시의 정기간행물이 사료로 남아있기 때문에 가능한 일이다. 개혁 정신은 소태산 당대의 기록물 중에서도 초기

47) 편집자, 「우리의 가질 주장과 주의」, 『월말통신』 11호, 불법연구회, 원기14년 1월.
48) 윤이흠, 「21세기의 세계종교상황과 원불교사상」, 『원불교사상과 종교문화』 35집, 원광대 원불교사상연구원, 2007, p.28.

정기간행물의 「회설」에서 용이하게 모색된다. 본 「회설」을 통해 개혁론을 거론하는 이유는 「회설」이 갖는 비판적 성격에 더하여 과거의 안주에서 탈피, 현실을 냉철히 진단하는 언론의 역할[49]과 관련되어 있기 때문이다.

따라서 본 연구에서는 초기교단의 정기간행물 「회설」에 나타난 개혁의 필요성, 나아가 현실 진단과 교단 개혁의 중심 방향이 무엇인가를 살펴보고자 한다. 과연 소태산의 본의를 전하는 것으로서 대중을 위하여 무엇을 환기시키는가를 「회설」에서는 다음과 같이 말한다. "우리의 대중을 위함이다. 즉 다시 말하면 서산낙일(西山落日)과 같이 기울어가는 세도를 정의도덕으로 잡아매며 악화한 인심을 선량하게 개혁하여 서로 죽이고 빼앗는 인간으로 하여금 자리이타의 선상에 안락이 살도록 함이라."[50] 흉흉한 세도인심의 현실을 직시하고, 그러한 인심을 개혁한다는 방향 설정이 분명하며, 이는 안락한 세상을 유도하려는 새 종교 본연의 목적과 부합된다.

교단 개혁과 관련한 본 연구의 범주는 초기교서 정기간행물 중에서 『월말통신』과 『월보』의 「회설」로 한정하였다. 『회보』의 「회설」을 연구 범주에서 제외한 것은, 『회보』가 일정(日政)에 의한 언론탄압의 심한 감독으로 본의를 훼손한 경향이 있었기 때문이다. 『월보』가 폐간되자 교단에서는 기록물 간행에 있어서 조선총독부의 허가를 얻어야 했다.

---

49) 각 교단의 제도 언론 기관들은 인권과 존엄성의 가치를 증진시키기 위해 그 수호자, 그리고 짓밟힌 자에게 발언할 기회를 제공해야 한다(박영학, 「문명충돌과 한국의 종교·언론 과제」, 제21회 원불교사상연구 학술대회《21세기와 원불교》, 원광대 원불교사상연구원, 2002.1, p.88).

50) 전음광, 「지절지중하신 종사주의 대봉공심을 뵈옵고」, 『월보』 35호, 불법연구회, 원기17년 11·12월.

특히 『회보』 시대인 원기 22년(1937)부터 원기 30년(1945)까지는 우리나라 잡지 문화사에 있어서 친일언론을 강요받던 시대로서 『회보』의 경우도 예외일 수 없었으며, 1937년 8월 제38호 이후에는 이렇게 이용당한 기사가 상당수 나타나 있다.[51] 이리경찰서에 정기간행물의 원고를 사전 제출하여 총독부 정무국 도서과의 검열을 받지 않을 수 없었던 것은 교단 언론의 수난사였다.

다행히 일정의 간섭이 적었던 시기가 『월말통신』과 『월보』 발간의 시기로서 이때는 초기교단의 개혁 담론이 「회설」에 자유롭게 표현되었다. 다시 말해서 원기13년(1928) 5월에 월간 『월말통신』이 창간되어 34호(원기15년 12월호)까지 발행되었고, 교서편찬 등 관계로 한동안 중단되었다가 원기 17년(1932) 4월에 복간, 『월보』로 개제하는 등 48호(원기 18년 6월호)까지 발행되었다. 그로 인해 초기교단의 개혁정신이 외부의 간섭에 의한 왜곡 없이 드러나 있었던 관계로, 본 연구의 주요 자료는 여기에 해당될 것이다. 구체적으로 원기 13년부터 원기 18년까지 5년간의 초기교단의 정기간행물 「회설」에 나타난 원불교 개혁의 당위성과 방향을 점검하고자 한다.

본 연구의 방법에 있어서 주목할 것으로, 「회설」이 구한말 국한문 혼용체로 쓰였으므로 맞춤법은 현대어법과 평서문으로 교정하였다. 한자는 가능한 한글로 표기하였고, 난해한 부분은 원문의 내용을 크게 훼손하지 않는 선에서 한글(한자)로 처리하였다. 이와 관련한 맞춤법의 한 예를 소개해 본다. "대세(大勢)를 탄 문명의 사조는 동(東)으로 서(西)으로 홍수갓치 밀여오고 우주를 휩쓰난 온화한 바람은 이곳저곳에서

---

51) 『회보』에 게재될 원고를 사전에 이리경찰서에 제출하여 총독부 정무국 도서과의 검열을 거쳐야 했다(이운철, 「출판언론사」, 『원불교 70년정신사』, 성업봉찬회, 1989, p.555).

꽃을 피게 합니다."[52]의 경우, "대세를 탄 문명의 사조는 동으로 서로 홍수같이 밀려오고 우주를 휩쓰는 온화한 바람은 이곳저곳에서 꽃을 피게 한다."로 교정하는 형식을 취했으며, 이는 해석상 난해한 용어를 용이하게 접근하기 위함이다.

2. 「회설」과 개혁의 필요성

1) 정기간행물과 회설

인류문명이 발달되면서 자유로운 의견이나 사상을 전달하는 대중 매체로서 일간지나 월간지 등의 정기간행물은 민중의 지팡이 및 소통의 장으로서 역할을 해왔다. 어떤 형태로든 간행물이라는 기관지를 발행하는 단체는 상호 활발한 의견교환의 장을 공유하면서 그 발전에 큰 도움을 얻게 되는 것이다. 원불교 초기교단 역시 정기간행물을 발행해 왔으므로 기관지 발행에 대한 당위성을 소개해 본다. 즉 조선 내에 발행되는 신문이나 잡지 등의 기관지로 인하여 인지의 발달과 문화의 향상은 이루 말할 수 없다는 것이다. 교단 간행물의 「회설」에 의하면 일반 사회나 국가의 기관지는 선전에 몰두하고 있을 따름이며 종교 기관지와 그 성격을 차별화한다고 하였다. 불법연구회 단회(團會)의 제의에 의한 기관지 발행의 새 역사를 언급하며 "셋만 모아도 선전에 주력하고 열만 합해도 외식에 몰두하는 현 사회의 유행 식에 비하여는 부끄럽지 않다."[53]라며, 원불교 본연의 기관지 발행의 당위성을 신념 있게 거론하고 있다.

---

52) 편집자, 「우리는 한번 변합시다」, 『월말통신』 32호, 불법연구회, 원기15년 9월.
53) 전음광, 「기관지 발행에 대하야」, 『월말통신』 17호, 불법연구회, 원기14년 7월.

발행의 가치 가운데 공부인의 신앙과 수행을 독려하는 측면에서 초기 교단의 정기간행물은 『월말통신』, 『월보』, 『회보』를 말하며, 이에 본 기관지 발행의 역사를 개괄해 본다.[54] 제1회 기념총회(원기 13년 3월)를 마치고 제2회에 접어들면서 교단의 주요 과제의 하나가 교화 기관지의 발행이었다. 원기 13년(1928) 5월에 월간 『월말통신』은 송도성 주간으로 창간되어 복사판으로 34호(원기 15년 12월호)까지 발행되다가 교서편찬 등으로 잠시 중단되었다. 원기 17년(1932) 4월에 복간, 『월보』로 개칭하여 전음광 주간 아래 등사판으로 48호(원기 18년 6월호)까지 발행했지만 출판 문제로 『월보』 48호 전부를 일경에게 압수당하고 폐간되었다. 뒤이어 원기 18년(1933) 9월, 총독부의 허가를 얻어서 월간 『회보』를 창간, 등사판으로 발행하다가 원기 19년(1934) 12월호(『회보』 13호)부터 이공주 주간으로 인쇄판을 발행했다. 원기 25년(1940) 제2차 세계대전으로 인해 계간으로 바꾸었으며, 26년(1941) 1월에 통권 65호를 끝으로 휴간하였다. 그 뒤 원기 34년(1949), 월간 『원광』의 발행에 이어 <원불교신문>도 발행되면서 지금에 이르고 있다.

위에서 살펴본 것처럼 일정 당국의 간섭으로 간행물의 발간이 어려움에 봉착한 경우가 있었지만 초기교단의 기관지 발행은 불법연구회 회원들로서 삶의 호흡이자 교단의 발전을 위한 초석이었다. 비유컨대 우주에 충만한 공기가 있어 호흡할 수 있으며, 이러한 호흡의 역할로서 당시의 간행물은 종교문화 창달의 숨통으로 작용하였다. 전음광은 「기관지 발행에 대하여」라는 「회설」을 통해, 기관지란 그 사람과 사람을 모은 단체나 '사회의 호흡'이라며 다음과 같이 말한다. "시대에 적응한 문물과

---

54) 『원불교 교사』, 제2편 회상의 창립, 제3장 교단체제의 형성, 1. 교화 기관지의 발행.

사조를 때때로 주입하여, 잠자는 자로 하여금 일어나게 하고, 게으른 자로 하여금 근면케 하고, 쉬는 자로 하여금 동하게 하여, 그 사회 그 단체의 생명을 유지케 한다. 다시 말하면 기관지는 사람의 정신을 끄는 기관차이다."55) 교단 동력의 기관지를 매개로 하여 불법연구회의 공부와 사업에 활력을 얻게 된다며, 기관지 발간의 필요성을 설득력 있게 언급하고 있다.

기관지 발간의 필요성을 인지하면서 그 의의를 다음 세 가지 측면에서 살펴보고자 한다.

첫째, 불법연구회의 법설, 감각감상, 의견을 게재함으로써 도가 공동체의 법풍을 굴리는 권면의 성격을 지닌다. 이 기관지에는 소태산의 법설, 회원들의 감각감상과 의견제시 등이 게재되어 공부 풍토를 적극 진작시켰기 때문이다. 묵어가는 회원들의 공부길을 개척하는 호미가 되게 하고, 풀려가는 회원들의 신성에 나사를 감는 열쇄가 된다는 것이다. 기관지는 "흩어진 회원들의 생각을 이 기관차에 모아 한 생각 한 힘으로 이 사업을 끌고 한 낙원으로 가게 함."56)이라고 언급하고 있음을 주목해볼 일이다. 신앙인의 공부심을 유도하고 신심을 발양시켜 소태산의 염원인 광대무량한 낙원으로 인도하는 것이 기관지의 사명이라는 뜻이다.

둘째, 불법연구회의 활동 상황과 세상 소식을 전하는 계몽지적 역할을 하였다. 『월말통신』의 발간 1개성상을 지내면서 언급한 내용으로, 회원들의 저열한 사상을 배제하고 숭고한 포부를 소유케 하였으며 교단의 기관지 발간을 높이 평가하였다. 하지만 기관지 창설의 차제에 준비가 완비되지 못한 결과, 충분한 통신 자료를 제공치 못 하는 것은 유감이라

---

55) 전음광, 「기관지 발행에 대하야」, 『월말통신』 17호, 불법연구회, 원기 14년 7월.
56) 위의 책.

고 아쉬움을 토로하기도 하였다. 이어서 "본회의 상황과 시사의 가급적 필요건을 수집하여 「회설」 일건을 첨부 발행키로 하오니 회원제위는 졸문독필(拙文禿筆)임을 넓이 용서하기를 바란다."57)라고 하였다. 미비한 점이 없지 않았지만 기관지의 역할로서 교단 내외의 상황파악과 시사전달에 숨통 역할을 충실히 하려는 의지가 충천되어 있음이 감지되고 있다.

셋째, 기관지의 발간에서 주목되는 분야는 「회설」로서 그것은 언론매체의 냉철한 현실 진단과 비판적 대안의 성격을 지녔다. 「회설」을 쓰는 자는 세상을 바르게 보는 지견을 가진 자로서 당시 교단에서 선견지명이 있는 지성들이 담당하였다. 혜산 전음광은 초기교단의 기관지 역할을 언급하며 다음과 같이 말한다. "그 소식을 아는 그 찰나 그간에 쓰여 있는 정의도 대강 알고 불의도 더러 알아 천연적으로 뚫려있는 입으로 비평까지 하게 된다."58) 그는 찰나 찰나의 현실 진단에 더하여 성찰과 비판의 역할까지 담당해야 함을 진솔하게 밝히고 있다.

여기에서 주의를 끄는 것은, 교단 기관지의 「회설」을 담당했던 당시의 지성이 누구였는가에 대한 것이다. 그들은 교조 소태산에 대한 신성과 시사에 밝은 창립제자들로서, 「회설」은 서대원·송도성·전음광 등이 담당하였으며59) 이들 중에서도 전음광이 주도하시피 했다. 전세권(음광)

57) 『월말통신』 11호, 불법연구회, 원기 14년 1월(서두에 나온 글로 제목은 없고 회설반 기자 白)이라고만 되어 있다).
58) 전음광, 「기관지 발행에 대하야」, 『월말통신』 17호, 불법연구회, 원기 14년 7월.
59) 전음광의 「회보를 인쇄함에 제하여」, 「기관지 발행 제안의 이유」(회보 13호, 1935년 11월-12월분) 등의 글에서는 모두 언론 매체의 중요함을 강조하고 언론을 통한 대중 계몽의 내용이 중심을 이루고 있다(김성철, 「혜산 전음광의 생애와 사상」, 원광대 원불교사상연구원 編 『원불교 인물과 사상』(Ⅰ), 원광

은 일제하 불법연구회 정기간행물(『월말통신』, 『월보』, 『회보』)에 「회
설」 95편 중 78편(82%)을 집필하였으며, 기타 수많은 시문과 시사평론을
남기었다.[60] 「회설」을 통해 개혁의지를 자유롭게 표현할 수 있었던 것은
소태산의 제자 신임과 이들의 선견지명이 함께 하였기 때문이라 본다.
그리하여 전음광과 송도성은 소태산의 법문을 수필하고 『월말통신』과
『월보』, 『회보』 등의 초기 간행물을 발간하는 등 핵심 역할을 하였다.
　아무튼 초기교단 정기간행물의 첫 「회설」은 『월말통신』 1호(원기 13
년 5월)에 등장한 것이 아니라 11호(원기 14년 1월)에 등장한다. 「회설」
등장 이전까지는 소박한 일지나 회의록 성격의 글들이 게재되었다. 본
창간호에는 ① 전음광·송도성 직무분담기, ② 특신부 승급의 내용, ③
제5회 전무출신 실행단의 조직, ④ 단원성적 조사법, ⑤ 법설 1편이라는
비교적 도가풍의 소박한 내용으로 구성되어 있으며, 주로 법위향상과
법설을 전하는 형식을 지니고 있다. 이어서 2호에서는 ① 삼(三)예회록,
② 조실의 낙성, ③ 단원조사법 상시, ④ 인사동정, ⑤ 법설 2편 및 감각
2편이 기록되어 있으며, 이러한 교단 활동을 기록하는 회의록 성격의
흐름이 10호까지 지속되어 왔다.

2) 개혁의 필요성

　종교와 국가의 역할이 다르듯이 원불교에서 추구하는 개혁의 성격은
정치계에서 시도하는 개혁과 그 성격상 다르다고 본다. 정치는 치국(治
國)을 중심한 개혁에 관련된다면, 소태산의 개혁론은 주로 수신(修身)을

대 원불교사상연구원, 2000, p.350).
60) 전팔근, 『세상은 한일터』, 원불교출판사, 2010, pp.78-79.

중심한 개혁에 관련되기 때문이다. 여기에서 원불교 개혁의 본질적 의미가 드러나며, 그것은 후천개벽기에 당하여 개인의 마음 개조와 인류 구원에 직결되어 있다.

이 같은 원불교의 개혁 개념에서 볼 때, 마음 개혁이란 후천시대에 대응하려는 새 종교의 역할에 관련되며, 거기에는 변화에 대응하지 못하면 선천시대에 머무르고 만다는 교단 정체(停滯)의 불안감이 작용하고 있다. 원불교가 변화해야 시대를 향도할 수 있다는 간절함이 표출되고 있기 때문이다. 이를테면 「우리는 한번 변합시다」라는 「회설」에서 변화의 기대심리가 그대로 드러나 있다. "시대를 따라 변한다는 것보다 차라리 시대에 한걸음 앞서 변하는 것이 자각각타의 거대한 사명을 두 어깨에 가득 진 우리로서의 당연히 할 바의 의무일 것이니, 만약 조금이라도 이때에 방황 주저하다가는 반드시 후일의 뉘우침이 있을지며, 영원히 낙오자의 비애를 느끼게 될 것은 다시 의심할 여지가 없다."61) 초기교단의 창립 구성원들은 이처럼 시대의 성찰과 새 시대의 향도라는 개혁 심리로 가득 차 있었음을 알 수 있다.

개혁이 요청되는 구성원의 심리와 시대성향을 읽지 못한다면 교단은 사회의 향도자적 종교로서 역할을 할 수 없다는 것은 자명한 일이다. 시대는 날로 변천되는데 매너리즘의 타성으로 인해 각성치 못한다면 고통스러운 일이라 비판하면서 "각성하라. 발분하라. 모든 동지여."라고 읍소한 「회설」62)이 시대변화의 절박함을 호소하고 있다. 또 절박한 시대 진단 속에서 '현대는 전에 비하여 실로 문명한 시대'라며 동방의 일부에

61) 편집자, 「우리는 한번 변합시다」, 『월말통신』 32호, 불법연구회, 원기 15년 9월.
62) 편집자, 「대업을 완성토록 용왕매진하라」, 『월말통신』 12호, 불법연구회, 원기 14년 2월.

서 깊이 잠들었던 아시아의 국가들도 급격이 밀려오는 구주(歐洲) 풍조의 세례를 받아 모든 것이 점차 혁신되어 갈 수밖에 없다고 『월보』 36호 「회설」에서 언급했다. 시대에 뒤떨어지지 않으려는 초기교단의 위기의식이 그대로 노정되어 있다.

고금을 통하여 시대변화에 대한 위기의식은 새로운 개혁의 기대와 성현의 출현을 암시한다. 다시 말해서 새 시대 구원의 메시아로서 인심(人心) 개혁과 시대에 맞춘 새 교법이 요구된다는 뜻이다. 「회설」에 의하면 시대가 이미 바뀌었으니 종교의 교법도 새롭게 개정되어야 하는 시점이라고 한다. '인심이 바뀌고 시대가 달라짐을 따라 세상을 구원하는 성현이 출세하사 시대에 통합한 법을 제정하는 것이 필연 또는 당연한 자연의 법칙'[63]이라고 했다. 구한말 선·후천 전환기에 탄생한 소태산은 구 도덕이 아닌 신 도덕으로 인류 구원의 포부와 경륜을 전개한 것이 이와 관련된다.

신 도덕에 근거한 소태산의 시대적 경륜 곧 문명의 전환 및 인류의 마음개조에 관련된 개혁론이 주목된다. 소태산의 개혁 원리는 마음의 개념을 동원하여 나무에 접붙이듯 마음을 접붙이는 일에서 비롯된다. 『월말통신』 32호의 「회설」에 의하면, "우리는 변할 수 있는 시기에 처한 것뿐 아니라 겸하여 변하는 방법을 지도하여 주시는 우리 종사주를 뫼시게 되었사오니 어찌 기쁘지 않겠는가?"라고 하였다. 방문객이 어떠한 방법으로써 사람들을 지도하느냐고 묻자, 소태산은 자신 스스로 마음의 접을 붙이는 '제조업자'라고 하면서 척박한 땅에서 자라는 과실나무를 비옥한 땅에 옮겨 심고, 좋은 나무에 접붙임으로써 풍미한 과실을 먹을

---

63) 서대원, 「宗師主의 修養을 드리기 위하야」, 『월말통신』 30호, 불법연구회, 원기 15년 7월.

수 있기 때문이라 했다. 그는 또 말하기를 "현대에 와서는 인지가 점점 발달됨에 따라 그런 것까지라도 지질(地質)을 택하여 재배할 줄을 알며, 좋은 가지를 떼어다가 접목할 줄도 안다."[64]라며 이에 과실도 현대의 과실은 더 크고 맛이 아름답다고 했다. 접목(接木)의 원리에 따라 중생의 마음을 성자의 마음으로 접붙임으로써 사람의 마음을 개혁한다는 것이다.

그럼에도 불고하고 마음 개혁에 소홀하여 심신을 변화시키지 못하면 중생의 나락에 떨어져 쓸모없는 인간이 되고 마는 것은 어쩔 수 없는 일이다. 변화의 물결에 능동적으로 대응하는 것이 인간 이성의 작용이지만, 이를 거부하거나 태만할 경우 그는 범부 중생으로 살아갈 수밖에 없다. 「회설」에서 다음과 같이 말한다. "우리는 한번 변하자. 굼벵이도 변해서 뱀이 되고, 뱀도 변해서 신룡(神龍)으로 화한다. 그러한 미물 곤충도 오히려 변함이 있거든 하물며 최령하다는 사람으로서 변하지 않아서 되겠는가?"[65] 만물의 영장인 사람이 변하지 않으면 이 세상에 아무 소용이 없는 중생이 되고 만다. 중생으로 남을 것인가, 아니면 불보살로 승급할 것인가는 마음 개혁의 여부에 달려 있다.

이러한 마음 개혁을 '심전계발'[66]이라는 구체적 용어로 사용한 소태산은 심전계발의 물꼬를 정신개벽의 슬로건으로 확 터놓았다. 곧 그는 선천시대를 보내고 승급기의 후천시대를 맞이한 개벽의 시대임을 직감하고, 물질개벽에 따른 정신개벽의 당위성을 강조하고 있다.[67] 대세를 탄 문명의 사조는 동과 서로 홍수같이 밀려오고, 우주를 휩쓰는 온화한 바람은 이곳저곳에서 꽃을 피우며, 세계의 새 국면에 대응한 정신개벽으

64) 「우리는 한번 변합시다」, 『월말통신』 32호, 불법연구회, 원기 15년 9월.
65) 위의 책.
66) 『대종경』, 수행품 59장.
67) 『정전』, 제1 총서편, 제1장 개교의 동기.

로 낙원세계를 지향하자는 뜻이다. 이에 「회설」에서 다음과 같이 말한다. "세계의 국면은 나날이 변천되고 인심의 상태는 각각으로 추이(推移)된다. 아, 이때를 당한 우리여, 우리는 시대를 따라 변하여야 한다."[68] 시대 변화의 물결에 대응한 정신개벽의 기수로서 광대한 낙원세계를 건설하는 주인공이 되라는 당부이다.

낙원세계 건설을 목적으로 하여 창립된 교단의 주인공들은 도도히 밀려오는 시대 변화의 물결을 적극적으로 받아드려야 한다. 인류의 행복을 위해 모두가 개혁의 대상임을 인지해야 한다는 것이다. 개혁의 대상은 한 개인이나 가정만이 아니라 국가, 세계이다. 「회설」에서는 다음과 같이 말한다. "우리의 목적은 한 가정에 있지 않고, 한 사회에 있지 않고, 한 국가에 있지 않다. 전 세계 인류의 행복을 주기 위하여 신 도덕으로써 인류 정의를 밝히려는데 있다."[69] 이에 교단의 냉철한 현실진단을 통해 인류의 행복 추구의 교단이 되어야 하며, 그것은 개벽의 신 도덕으로 사회를 향도할 수 있는 힘이 된다.

3. 초기교단의 시대진단

교단 현실은 과거 발전과정에서 볼 때 많은 난관이 따랐다고 본다. 초기교단의 실상을 냉철히 파악해 보면 물질문명이 비등했고, 일제의 압정(壓政) 상황이었으며 경제적 자립이 미비했다. 본 연구의 범주에서 이미 밝힌 바 있듯이, 당시 교단이 처한 시대상황은 『월말통신』과 『월보』

---

68) 「우리는 한번 변합시다」, 『월말통신』 32호, 불법연구회, 원기 15년 9월.
69) 편집자, 「다시 宣誓의 언약을 두고」, 『월말통신』 24・25호, 불법연구회, 원기 15년 2・3월.

의 발간 시기로서 원기 13년(1928)부터 원기 18년(1933)까지 5년 동안에 한정되어 있다. 자본주의의 물결에 따라 물질문명이 범람하기 시작한 것은 근대로서 당시는 전 세계적으로 문맹률이 매우 높았다.

원불교가 개교했을 때는 일제 식민 침탈시기에 해당되는데 국내외적으로 선후천 교역기로서 암울한 시기였다. 교서 발행사에서 볼 때 원기 12년(1927)의 첫 교서 『수양연구요론』이 선보인 1년 후로부터 원기 17년(1932) 『육대요령』이 간행된 1년 후까지가 이에 해당된다.[70] 이들 초기 교서에는 인생의 요도, 공부의 요도와 같은 교강(教綱)이 정립된 때로서 본 교강을 실행에 옮기려는 강한 의지가 드러남으로써 교단적으로 시대 변화에 능동적으로 대응하려 했던 시기이기도 하다. 정기간행물 「회설」에서는 당시의 시대상황을 비교적 상세히 진단하였고, 교조정신과 능동적 새 교법에 의한 「병든 사회와 그 치료법」[71]을 제시하던 시기였다.

초기교단의 시대진단으로는 여러 가지가 거론될 수 있다. 『월말통신』과 『월보』라는 두 정기간행물의 「회설」에서는 현대문명의 병폐, 기성종교의 폐단, 인간 무명에 의한 고통, 교조정신의 해이 등이 진단되었다. 이를 항목화한다면 다음 네 가지의 접근이 가능하다.

첫째, 물질문명의 폐단이다. 원불교 출현의 동기가 이와 관련되는 것으로, 산업화의 물결에 따라 물질만능의 폐단이 비판적으로 접근되고 있다. 「회설」에 의하면 "아무리 물질만능이고 과학문명인 이 시대지만 물질과 과학의 힘으로는 절대 불가능한 일이다."(『월말통신』 23호)라는

---

70) 『수양연구요론』은 원불교 최초의 교서 성격을 지니며, 『육대요령』은 원불교 최초의 『정전』 성격을 지닌 초기교서로서의 상징적 의미가 크다.

71) 원기 5년(1920) 회성곡에 「병신된 사람이 병을 고치는 법」이 처음으로 등장하며, 원기 21년(1936) 『회원수지』에 「병든 세상을 치료하는 방문」이라 했다(류성태, 『정전풀이』 하, 원불교출판사, 2011, p.498).

지적이 이와 관련된다. 물질주의로 인해 탐진치가 치성하여 전쟁의 시대가 지속될 수밖에 없다는 입장에서 서로 상처를 입히고 모욕을 준다는 것이다. 가정, 국가, 세계 어디를 물론하고 이 전화(戰禍)가 미치지 않는 곳이 없으며, 남자나 여자, 늙은이나 젊은이, 어떠한 사람을 물론하고 이 전고(戰苦)를 맛보지 않은 자가 드물다[72]고 하였다. 물질문명의 범람으로 인해 인류는 가히 정신세계의 고갈이라는 고통 겪을 뿐이다.

인류가 겪는 이 같은 심신 치명상의 원인으로는 도학과 과학의 불균형에 의한 것으로서, 과학자들이 도학을 폄하하거나 도학자는 과학을 제대로 인지하지 못하기 때문이라 했다. 즉 현하 인심을 보면 왕왕 이 방면에 이해가 부족하여 과학자는 도덕학을 비평할 때 완고 혹은 미신적 요소로 간주하게 되며, 또 소위 도학에 뜻을 두는 자는 과학의 요긴함을 다 인식치 못하니 이것이 시대 발전에 큰 유감[73]이라는 것이다. 물질문명의 과학 그리고 정신문명의 도학이 조화롭게 전개되지 않았던 탓이다. 각국에서 과학교육은 성히 진전되어 만능으로 간주되는 관계로, 악의 습관을 제거하기 위해서는 반드시 도덕교육이 필요하지만, 안목이 편협하여 널리 보지 못하게 되었으니 사회제도의 불안이 야기되었다(『월말통신』 18호, 「회설」)고 진단하였다. 과학의 독주로 인한 물질문명의 피폐를 진단함으로써 도학(道學) 없이는 고통이 있을 뿐이라는 뜻이다.

둘째, 기성종교의 안일주의에 따른 법구생폐를 진단하였다. 구한말

---

72) 송도성, 「利己主義와 利他主義」, 『월말통신』 31호, 불법연구회, 원기 15년 8월.
73) 전음광, 「科學과 道學」, 『월보』 46호, 불법연구회, 원기 18년 4월. 『월보』 41호의 「회설」에서도 유감된 바를 다음과 같이 말한다. "정신계의 수련을 망각한 현대 인류는 정신의 위력을 알지 못하고 그 반면에 물질의 위력만을 장하다고 경탄한다. … 물질의 위력이 사실상 굉장무비(宏壯無比)치 않은 바가 아니며 그 위력을 칭양(稱揚)하는 시대인들도 무리라고는 생각되지 않는다(전음광, 「정신의 위력」, 『월보』 41호, 불법연구회, 원기 17년 10월).

기성종교는 유불선 3교가 중심을 이루면서도 서구문물의 도입에 의해 기독교가 들어오기 시작하였다. 이 종교들은 창립된 지 오랜 역사가 흘렀음에도 불구하고 정의도덕이 쇠미했던 원인은 '법구생폐'(法久生廢) 때문이라 본 것이다. 『월보』 39호 「회설」에서 말하기를, 동양에는 과거 유불선 3교가 종교계의 패권을 잡고 일반 생령에게 도덕의 혜택을 주기 위하여 많이 노력하여 왔지만, 근래 이들 종교의 근원을 탐구해 보면 수천 년 전에 창립된 것으로 '법구생폐'란 문자 그대로 창조시대의 본원적 정의 도덕에 어그러짐이 많다[74]고 하였다. 기성종교의 역사가 오래되었다고 해도 교리나 제도가 이미 낡게 되어 현대사회에 적법하게 대응하지 못한다는 성찰을 하고 있다.

또한 기성종교는 미신과 외학에 치우친 결과를 야기하였다. 곧 교회의 주의에는 그 기능과 수완을 따라 정의·불의 2종의 주의가 있는데 그 주의 중에는 미신주의자와 사실주의자가 수없이 많은 관계로, 암매한 과거시대는 오직 권도와 세력이 약자를 정복하는 유일한 무기로써 이용되었다[75]고 했다. 그리고 기성종교는 외학에 끌려 참 종교의 역할을 하지 못한 원인으로 이해되고 있다. 이 세상에는 유교와 불교, 기타 교회가 있어 수천 년 동안 교리와 여러 방편을 베풀어 왔지만, 유감 되는 것은 주세성자의 지나간 자취가 아득하게 멀어진지 이미 오래임에 따라 모든 사람의 정신이 문자와 언어에 끌려 실질적 공부는 놓아버리고 단지 외면 지식을 학습하기에 급급하였다[76]고 본다. 미신주의가 판을 치고 외학에 매몰되다 보니 기성종교는 신비와 이적, 기복신앙으로까지 변질

---

74) 전음광, 「도덕과 도인」, 『월보』 39호, 불법연구회, 원기 17년 8월.

75) 전음광, 「주의에 충실하라」, 『월말통신』 22호, 불법연구회, 원기 14년 12월.

76) 서대원, 「宗師主의 修養을 드리기 위하야」, 『월말통신』 30호, 불법연구회, 원기 15년 7월.

되고 그 결과 종교 아노미 현상을 야기하게 된 것이다.

셋째, 무명 인간이 겪는 심신의 고통을 진단하였다. 무명이란 육근작용이 불법의 지혜에 근거하지 않고 쾌락적 본능을 따름으로 인하여 죄업을 짓는다는 점에서 반드시 극복되어야 한다. 이에「회설」에서는 인간이 무명으로 욕심의 바다에 잠기고 말았다고 비판하였다.『월보』「회설」에 의하면, 사람이 본래 욕심은 있으나 지혜와 능력이 닿지 못하여 그 욕심을 채우지 못한 결과, 도적이 물건을 탐내듯이 진여의 마음이 어두워지면서 자신의 욕망을 채우려는 것에 급급한다[77]고 하였다.『월보』23호「회설」에서도 만족을 채우려는 욕심은 세계평화를 파괴하는 원인이 되며, 이것이 탐심과 진심 나아가 치심을 일으켜 무명의 삼독심을 야기한다고 하였다.

이 같은 무명의 삼독심은 주로 무엇 때문에 발생하는가? 무명이 낳는 구체적 항목들은 인간의 육체가 사려 없는 본능에 치닫는 것들로서, 오욕의 발동으로 인한 재색명리가 그 대표적인 것임을 알 수 있다.『월말통신』19호의「회설」에 의하면, 육체에 색, 재, 명예, 수면, 안일로 인한 욕심과 습관이 굳어서 육체를 손상케 하는 병이 되었다[78]고 하였다. 그로 인해 자행자지의 비행을 낳게 되고, 욕심의 바다에 침몰되고 만다(『월말통신』20호,「회설」)고 했으니, 재색명리로 인해 겪는 인간의 고통이 여실함을 지적한 것이다. 이처럼「회설」에서 중생들이 무명으로 재색명리에 유혹되고 있음을 지적하고 있으며, 무엇보다 중생심 극복의 대책마련이 시급함을 상기시키고 있다.

넷째, 소태산이 밝힌 교법정신의 해이(解弛)를 진단하였다. 구한말 암

77) 전음광,「현대문명과 미래도덕」,『월보』36호, 불법연구회, 원기 17년 5월.
78) 전음광,「冬禪期를 앞두고」,『월말통신』19호, 불법연구회, 원기 14년 9월.

울했던 시대의 고통을 극복하고 새 시대 새 종교를 창건한 소태산의 교법정신을 망각하기 쉽다는 점을 각인하자는 뜻이다. 스승이 밝힌 삼강 대도법을 알고 있음에도 불구하고 불의에 타락되는 우리 인생이라 지적하며, 삼십계문 등의 함정을 경계하라[79]고 했다. 원기 15년(1930) 제3회 정기총회를 마친 후, 소태산은 무슨 일인지 본회 간부와 이미 귀가한 각지 요인들을 다시 익산총부 회의실로 모이도록 하명하였다. 과거 14개 년은 무사히 지내왔지만, 비장한 심경에서 앞으로 더욱 실패 없이 진행할 방책을 토의하기 위함이었다. 소태산은 만일 실패가 있다면 우리는 어느 방면으로 향할 것인가[80]라고 했는데, 「회설」에서 이를 새기도록 하였다. 새 시대의 교법을 깊이 인식하지 못함으로 인한 제자들의 나태와 실패를 우려하여 소집령을 내렸다.

제자들에게 소집령을 내린다는 것은, 교조정신의 해이와도 관련될 수 있으며, 그것은 교법을 실천하지 못함으로 인한 환기 차원이라 본다. 「회설」에 의하면 오늘날 사은의 설법을 들음으로써 겨우 잃었던 복전을 찾았다고 해서 우리가 할 일을 다 한 것은 아니며, 철두철미하게 깨달아서 사은을 실행하기에는 아직 제1보도 옮겨 놓지 못하였음을 솔직히 고백해야 한다[81]고 보았다. 또 「회설」에서 언급하기를 '알고도 실행이 없으면 안 효력이 없는 것'[82]이라 했다. 실행력이 없을 때 '서산일락(西

---

79) 전음광, 「精神과 肉體를 正義에 질박아 訓練받은 人生으로써 活動하라」, 『월말통신』 18호, 불법연구회, 원기 14년 8월.

80) 전음광, 「다시 宣誓의 언약을 두고」, 『월말통신』 24·25호, 불법연구회, 원기 15년 2·3월.

81) 편집자, 「福田發見과 善根栽培」, 『월말통신』 33호, 불법연구회, 원기 15년 10월.

82) 전음광, 「善이 적다고 하지 말며 惡이 적다고 하지를 말라」, 『월말통신』 26호, 불법연구회, 원기 15년 4월.

山落日)과 같이 기울어가는 세도'에 더하여 서로 죽이고 빼앗는 세상으로 변질되고 만다(『월말통신』 35호, 회설)고 하였다. 소태산이 밝힌 교법을 일상생활에서 실천하지 못할 때 창립제자들이 갱생의 동아줄을 놓칠 수 있음(『월말통신』 18호, 「회설」)을 우려하고 있다.

초기교단 정기간행물의 「회설」에서 밝힌 것처럼, 당시 시대상의 폐단이 네 가지로 지적되는 것은, 새로 창립된 원불교가 앞으로 개혁해야 할 방향이 무엇인가를 분명히 하는 것으로 이해된다. 소태산에 의하면 지금 세상은 전에 없던 문명한 시대가 되었지만, 그에 따른 결함과 장래의 영향이 어떠할 것인가를 잘 생각해 보아야 할 것이라며, 병맥의 근원을 그대로 놓아두다가는 장차 구하지 못할 위경에 빠지게 된다(『대종경』, 교의품 34장)고 하였다. '지금 세상의 이 큰 병을 치료하는 큰 방문'(동서, 교의품 35장)을 찾아 결함 없는 세계를 대비하라고 하였으니, 교단 개혁의 방향을 구체적으로 심도 있게 모색하지 않을 수 없다.

4. 교단개혁의 방향

초기교단 당시의 실상 진단이 교단 내외의 현재적 상황 진단과 크게 다를 것이 없다고 본다. 교단 초기라는 19세기와 교단 현재라는 21세기의 시간 간극이 있다고 해도 시대에 당면한 물질문명의 문제점과 교단 개혁의 방향에 있어서 상통하는 바가 적지 않기 때문이다. 교단 개혁의 방향은 여러 측면에서 거론할 수 있을 것이다. 초기교단의 정기간행물 「회설」에서 밝힌 시대진단에 대한 대안적 방향을 큰 틀에서 본다면 일면 교단 개혁의 방향이라는 점에서 개혁의 방향을 다음 네 가지 측면에서 모색하고자 한다.

첫째, 물질문명의 폐단에 대한 개혁의 해법은 원불교 「개교의 동기」에서 밝힌 것처럼 '정신개벽'이다. 18세기 영국의 산업혁명으로 인한 과학의 발달은 세상의 물질문명을 범람하게 하였다. 이 같은 물질문명의 홍수 속에 황금만능주의의 가치전도 현상은 정신 세력의 고갈을 가져다 주었다. 이에 소태산은 물질을 선용할 정신을 강조할 수밖에 없었으므로 물질 활용을 위한 정신개벽으로 세상을 구원하고자 하였다. 『월말통신』 「회설」에서 언급하기를, 인류의 정신이 명철할 때는 시대가 문명하였고 암흑할 때는 시대도 암흑하였으며, 세상의 흥망성쇠가 모두 정신 작용으로부터 되었으니 우월한 정신은 높고 귀한 것[83]이라고 하였다. 정신 작용은 세상의 흥망(『월보』 41호, 「회설」)에 직결되는 만큼 정신개벽의 필요성이 역설되고 있다. 「개교의 동기」에 드러나는 것처럼 정신 세력을 확장할 정신개벽이 간절함[84]을 「회설」에서 밝히고 있는 것이다.

여기에서 교단은 시대의 암흑을 초래할 물질의 한계를 분명히 알고 적극 대응해야 한다. 그것은 물질이 정신의 형상에 불과한 것으로 형상 없는 정신을 우선으로 개벽해야 한다는 사실 때문이다. 이 사회에 구성되어 있는 모든 물질은 곧 정신의 형상을 그려 놓은 것에 불과하다[85]는 지적이 이와 관련된다. 유형한 형상에 불과한 물질을 집착하게 되면 물질 소유의 욕망이 허무한 것이다. 따라서 형상 없는 정신세력을 확장하는 것이 무엇보다 중요한 일이며, 정신의 위력을 발하면 흔천동지(掀

83) 전음광, 「정신과 육체를 정의에 질박아 훈련받은 인생으로써 활동하라」, 『월말통신』 18호, 불법연구회, 원기 14년 8월.
84) "전 세계가 오즉 물질발명에만 전력하고 물질의 원조인 정신수련을 망각하고 있는 때에 본회는 오직 이 정신수련을 목적하고 창립된 바라."(전음광, 「정신의 위력」, 『월보』 41호, 불법연구회, 원기 17년 10월).
85) 전음광, 「정신의 위력」, 『월보』 41호, 불법연구회, 원기 17년 10월.

天動地)도 할 수 있으므로 붕산도해(崩山倒海)도 할 수 있어서 인류를 개벽시킬 세력을 가지고 있다(『월보』 36호, 「회설」)고 하였다. 시대를 향도할 정신개벽을 통해서 물질에 탐닉되어 이에 노예가 된 인간들을 구제하자는 뜻이다.

둘째, 낡고 무기력해진 기성종교의 폐단을 개혁함으로써 개혁종교로서 새 종교적 면모와 실력을 갖추는 일이 요구된다. 구한말 기성종교가 아노미현상으로 무기력해진 것은 오랜 세월이 지나면서 초기교단의 정신을 상실했기 때문이며, 이의 극복방안은 새 시대의 종교적 면모를 갖추고 실력을 향상해야 한다. 「회설」에서는 기성종교의 교조인 석가나 공자 같은 성자가 존숭 받아온 이유를 환기시키며, 불법연구회에 참예한 우리가 삼대력을 갖추어 완전한 인격은 못 된다 하더라도 삼대력 중 한두 가지 만이라도 갖춘 인격자가 되어야 한다[86]고 하였다. 기성종교는 교단 설립자인 교조의 본의를 저버린 채 일상의 매너리즘적 행태로서 안주와 기행(奇行)으로 무기력만이 더해졌다는 사실을 알자는 것이다. 여기에는 개혁을 통한 새 시대의 새 도덕의 종교를 갖춤과 동시에 실력을 양성해야 한다고 하였다.

더욱이 기성종교를 신봉하는 신도들이 기복신앙의 미신과 외학에 치우쳤으므로, 새 시대의 개혁종교는 이를 극복하여 정의에 바탕한 정법신앙과 공중을 위한 공익정신을 키워가야 한다. 『월말통신』「회설」에 의하면, 시대의 사조가 밝아오면서 인류가 세상에 활동할 때에 이왕 주의(主義)를 세우려 한다면 될 수 있는 데까지 정의(正義)주의를 세울 것이며, 일신일가(一身一家)에 국한한 수신·제가에 그치지 말고 나아가 공중(公衆)을 위하는 주의에 그쳐야 할 것[87]이라 하였다. 과거종교의 미신행위

---

86) 전음광, 「인격완성」, 『월보』 45호, 불법연구회, 원기 18년 2·3월.

로 인해 이적과 기복신앙이 판을 쳐왔던 것을 극복하자는 것이며, 또한 개인주의적 기성종교의 행태를 비판하고 공익을 위한 새 시대의 종교인이 되자는 것이다. 원불교의 신앙이 개체신앙을 전체신앙으로, 이기주의를 이타적 공익주의로 나아가는 종교이기 때문이다. 개혁에 안일하거나 무관심해지기 쉬운 상황에서 새 시대를 선도할 종교로서 원불교의 사명의식을 촉구한 것으로 보인다.

셋째, 무명의 고통으로부터 벗어나는 개혁 방안으로는 심신 마탁이라는 방식, 곧 훈련법에 따른 인간 개조가 요구된다. 소태산은 인간 개조의 당위성을 설명하면서 우리의 수행을 '용광로'에 비유하였으며(『대종경』, 교단품 8장), 이에 쇠를 녹여 잡철을 제거하듯이 정금 같은 맑은 성품의 양성을 주문하였다. 「회설」에서도 마탁에 의한 인간 개조에 대하여 언급하고 있다. "적막한 광산에 침묵을 지키던 한 뭉치의 쇠도 쇠 자체가 발로된 이상 그대로 이 세상의 쓰임은 되지 못한다. 열화의 단련을 거쳐 철공의 망치를 지나 찬물의 세례를 많이 받은 후에야 견강한 쇠 값있는 쇠가 되어 그릇으로 기계로 각종 물품으로 쓰임 있는 쇠가 된다."[88] 사실 금옥(金玉)이라 하여도 인류사회에 소중한 보배로 탄생하려면 마탁조각(磨琢彫刻)의 과정을 거쳐야 하고, 우리의 공부도 정신적으로나 물질적으로 일층의 용력(勇力)을 북돋워야 한다(『월말통신』 20∼29호, 「회설」)고 하였다. 인간 개조의 당위성이 심신 마탁이라는 훈련과 관련되어 있음을 알 수 있다.

무명 극복과 인간 개조의 심신 마탁과 관련한 구체적 방법은 다름 아닌 훈련법이다. 『월보』 44호 「회설」에 의하면 '불의한 욕심을 실행하

---

87) 전음광, 「주의에 충실하라」, 『월말통신』 22호, 불법연구회, 원기 14년 12월.
88) 전음광, 「정신과 육체를 정의에 질박아 훈련받은 인생으로써 활동하라」, 『월말통신』 18호, 불법연구회, 원기 14년 8월.

려고 하나니 이로 인하여 개인, 가정, 사회, 국가는 결국 투쟁이 일어나게 되며 세상은 평화를 잃게 되는 것'[89]이라고 하였다. 무명을 극복하기 위해서 선원에 입참하여 정법으로써 망치질하고 갈고 닦아 육근에 잠겨 있는 더러운 습관은 세척하여 마탁과 훈련을 놓지 말라[90]는 「회설」의 언급처럼, 인간 개조를 위해서는 심신의 마탁, 즉 훈련이 필요하다. 이러한 방식의 인간 개조는 '금수에 초월한 영장(靈長)의 가치를 보존하는 것'[91]과 같으므로 소태산이 강조한 훈련법으로서의 정기훈련과 상시훈련은 중생에서 불보살로 진급하는 길이기도 하다.

넷째, 교조정신의 해이를 환기시키기 위해서는 교법실천을 통한 새 생활개척이다. 소태산은 새 시대의 새 교법으로 삼학팔조 사은사요라는 교법을 창안하여, 중생들로 하여금 이를 실천케 함으로써 진급의 낙원생활로 인도하고자 하였다. 「회설」에서 말하기를 '종사주 창정(創定)하신 삼강(三綱) 대도는 만병통치의 원형'[92]이라 했으며, 그 스스로 실천하여 모범과 표준을 지었으니 이로 인하여 인생은 각자 지닌 양심을 만분지일이라도 보존케 되었고 인류 사회에 체면을 유지하게 되었다[93]고 하였다. 교조정신의 구현은 이처럼 새롭게 주창된 교법, 즉 인생의 요도와 공부의 요도라는 교법을 실천에 옮김으로써 가능하다.

교법의 실천은 새 생활로 이어지는데, 그것은 낡은 허례허식을 타파하

89) 전음광, 「빛은 동방에서」『월보』 44호, 불법연구회, 원기 18년 1월.
90) 전음광, 「입선의 필요에 대하야」, 『월말통신』 20호, 불법연구회, 원기 14년 10월.
91) 전음광, 「歷代 聖佛의 恩澤을 알나」『월말통신』 14호, 불법연구회, 원기 14년 4월.
92) 전음광, 「동선기를 앞두고」, 『월말통신』 19호, 불법연구회, 원기 14년 9월.
93) 송도성, 「利己主義와 利他主義 結果는 그 主義와 正相 反對로」, 『월말통신』 31호, 불법연구회, 원기 15년 8월.

고 새 생활운동을 도모하는 것이다. 「회설」에서 말하기를, "묵은 옛것을 버리고 새로운 생활을 개척하라."(『월말통신』 17호, 「회설」)고 하였다. 또 '과거의 번다한 전통과 의식을 일체 소탕하여 버리고' 거북스러운 이론과 까다로운 행의(行儀)를 떠나서 시끄러운 세상으로 하여금 평화한 세상을 건설코자 함이 종사주의 본래 목적임을 주지시킨다[94])는 주장이 이와 관련된다. 우리가 과거 지내오던 각 생일, 명절, 제사, 혼인, 상장 등의 허례폐식을 개선하고 낭비를 절약하여 사회 민중에 이로움을 끼칠 공익기관을 창립해야 한다[95])는 것이다. 번다한 의례와 허식을 과감히 개혁함으로써 소태산이 밝힌 「개교동기」와 같이 낙원세계를 건설하자는 뜻이다. 이처럼 원기 41년(1956) 5월에 시작한 새 생활개척 운동은 교조정신의 해이를 벗어나는 길임과 동시에 창립정신을 새기면서 살아가는 자세이다.

위에서 언급된 네 가지 교단개혁의 방향을 하나하나 실천에 옮긴다면 원불교 창립 100년대의 도약을 확신할 수 있다. 다시 말하면 원불교 2세기는 희망에 찬 새 시대의 종교로서 역할을 충실히 하게 된다. 개혁해야 할 상황에 직면하여 이에 적극 개혁함으로써 교조의 경륜이 실현되기 때문이다. 옛날에 성인군자나 위인달사들이 오늘날까지 모든 사람의 존경을 받으며 그 불후의 명성을 떨치게 된 것은 오직 한번 잘 변하였던 까닭인데, 그 변하는 방법을 일반 민중과 후세 인류에게까지 전하여 모든 인생을 행복의 길로 인도하였기 때문[96])이라고 「회설」에서 주지시

---

94) 서대원, 「宗師主의 修養을 드리기 위하야」, 『월말통신』 30호, 불법연구회, 원기 15년 7월.
95) 전음광, 「公益機關 創立을 두고」, 『월말통신』 21호, 원기 14년 11월.
96) 편집자, 「우리는 한번 변합시다」, 『월말통신』 32호, 불법연구회, 원기 15년 9월.

킨다. 반면에 변하지 못한 사람들은 생명이 점차 사라져 흔적조차 없어
지게 된다는 사실을 환기시키고 있다. 원불교의 운명이 교단 개혁의
여부에 달려 있음을 일깨워주고 있으며, 변화의 방법도 국가적 혁명이
아니라 『정전』 「최초법어」에서 밝힌 것과 같이 수제치평의 점진적 개혁
임을 알 수 있다.

5. 개혁과 미래의 이슈

원불교 초기교단의 정기간행물로서 원기 13년(1928) 5월에 『월말통신』
이 창간된 이래, 원기 14년(1929) 1월에는 『월말통신』 11호가 발행되면
서 「회설」 난이 구비됨으로써 비로소 교단 기관지로서 시대 진단의 비판
적 성격이 가미되기에 이른다. 최초의 「회설」은 「송구영신을 제(際)하여
-우리의 가질 주장과 주의」로 되어 있으며, 주목을 끄는 내용으로는 「회
설」이 실리게 된 사명감과 당위성이 거론되고 있다. 그리하여 숭고한
포부를 소유케 한 기관지가 되었다[97]고 했다. 첫 「회설」을 기록한 주인
공은 이름을 밝히지 않고 기자 대표의 성격으로 '회설반 기자 백'이라
밝히고 있다.

다소 담담한 기자의 심경으로 써내려간 「회설」 내용에서 주목을 끄는
것은 불법연구회의 활동상황과 시사(時事)를 수집하여 「회설」 코너를
만들었다는 점이다. 기자의 고백에 나타나듯이 「회설」 등장의 목적이
불법연구회의 상황을 단순하게 기록하는 회의록 성격을 벗어나 신문
사설처럼 '시사'를 보강하였다는 것이다. 「회설」의 시사코너가 등장함으

---

97) 『월말통신』 11호, 불법연구회, 원기 14년 1월.

로 인하여 시대 진단과 비판적 대응방안 제시가 가능해졌으니 불법연구회의 '개혁' 방향이 거론됨은 물론 교단 내외의 현안과 해법이 교사의 기록으로 남는 계기가 되었다.

이처럼 초기교단의 개혁론에서 획을 긋게 된「회설」의 등장을 고려하면,「회설」의 시대 진단은 교단사적으로 여러 측면에서 의미 있게 접근될 수 있다. 이를테면 현대문명의 폐단, 기성종교의 문제점, 무명인간의 고통, 교조정신의 해이라는 네 가지 측면이 성찰되고 있다. 이것은 구한말 원불교가 창립되던 당시 혼돈의 선천기라는 시대상황에 관련되며, 종교적으로는 기성종교의 폐단과 무명 중생으로서 겪는 고통 및 불법연구회의 교조정신을 환기하는 내용이 전반을 차지하고 있음을 알 수 있다.

하지만「회설」의 역할이란 비판을 통한 현실 진단만이 능사가 아니다. 현실을 냉철하게 진단함과 동시에 그 대응방안이 제시되어야 하기 때문이다. 교단창립기의 시대상황에 근거한 교단개혁의 방향으로는 ① 물질문명에 대응한 정신개벽, ② 기성종교에 대한 개혁의 종교, ③ 인간개조와 훈련, ④ 교법실천과 새 생활운동 등이 제시되고 있다. 즉 물질문명의 범람에 대한 정신개벽 운동, 기성종교가 안고 있는 문제의 해법으로서 새 종교로의 혁신, 무명의 극복으로는 인간개조와 훈련, 교조정신의 해이에 대해서는 낙원건설을 위한 교법실천과 새 생활운동이 제시되었다. 오늘의 언로역할인 <원불교신문>은 이를 간과해서는 안 되리라[98] 사료된다.

---

98) "교단의 기관지는 그 교단의 홍보를 위주로 하는 것이 일반적이다. 그러나 원불교의 기관지인 『원불교신문』을 살피면서, 원불교는 다른 교단에 비해 언로가 트인 교단이라는 점에 주목할 수 있었다. 교단을 대표하는 종법사의 주요 인사에 대한 불만을 토로하는 기사를 볼 수 있었다."(강돈구, 「원불교의 일원상과 교화단」, 『한국종교교단연구』 5집, 한국학중앙연구원 문화종교연구소, 2009, pp.42-43).

다만 정기간행물 「회설」에서 거론됨직한 내용으로서 간과한 개혁 조목으로는 '불교혁신'이다. 불교혁신을 밝힌 『조선불교혁신론』(원기 20년)에서는 그야말로 개혁의 정점인 구체적 혁신방안이 제시되어 있기 때문이다. 하지만 본 연구 범주로서 『월말통신』과 『월보』의 「회설」에는 불교혁신의 구체적 내용이 나타나기 이전이다. 시기적으로 원기 13년(1928) 5월에 월간 『월말통신』 창간호가 간행되기 시작한 이래 원기 17년(1932)까지 『월보』가 발간되었기 때문이다. 불교혁신의 비판적 성찰이 나타나기 시작한 것은 이때를 지나 원기 18년(1933)~원기 25년(1940)의 『회보』 시기에 해당되며, 원기 20년(1935) 『조선불교혁신론』이 발간되었다. 다만 불교혁신의 단서가 된 「회설」(『월말통신』, 『월보』)은 기성종교의 폐단이라는 항목에 대하여 대체적인 언급뿐인 관계로 차기 연구 과제로 남기며, 여기에서는 주로 법구생폐에 관련된 유불선 3교의 문제점만을 다루었다.

아쉽게도 『회보』의 「회설」을 본 연구 범주에서 제외한 것은 일정감시에 의한 「회설」의 순수성 여부 때문이다. 『회보』 「회설」에 나타난 것처럼 대외 인식의 문제로서 세계정세 등 시사 문제에 관심을 피력하면서 민중의 기저에 흐르는 전통 불교의 제도를 혁신해야 하며, 이에 불교의 구각을 벗겨 버리고 본래 불법을 이념적 토대로 삼아 개혁하는데 불법연구회의 관심이 모아지고 있었음[99]을 참조할 일이다.

교단 언론을 겸한 기관지의 역할을 해오던 『회보』가 아쉽게도 원기 25년(1940) 1월 통권 65호로 끝을 맺었다. 그것은 일정의 탄압과 친일언론을 강요받던 시대로서 「회설」의 경우도 예외일 수는 없었으며, 이렇게

99) 박영학, 「일제하 불법연구회 會報에 관한 연구」, 『원불교학』 창간호, 한국원불교학회, 1996, pp.175-176.

이용당한 기사가 상당수 드러나 있다.[100] 일제총독부 당국은 출판법 등에 의하여 모든 출판물에 대하여 사전 검열제를 실시하여 『회보』 발간 때부터 검열용 원고를 제출하여 조선총독의 이름으로 된 출판 허가장을 받아서 인쇄하게 하였다.[101] 본 연구에서 『월말통신』과 『월보』의 「회설」은 다루면서 『회보』의 「회설」을 다루지 않은 이유가 이와 관련된다.

어느 종교든 교단 미래를 전망하는 개혁론은 고금을 통하여 중요한 이슈로 등장하며, 이와 관련하여 소중한 사료(史料)로서 초기교단의 정기간행물이 고스란히 전해지는 것은 다행스러운 일이다. 역사의 기록물로서 뿐만 아니라 교단 미래를 가늠할 수 있는 「회설」이 기록물로 남는다는 사실 때문이다. 원불교는 『원광』 35년을 기념하는 교단 문화사업으로 『월말통신』, 『월보』, 『회보』를 영인하여 <원불교자료총서> 전 10권을 펴내게 되었으니(원기 69년), 본 자료들은 원기 13년부터 원기 25년(1940) 사이에 발행된 원불교 초창기의 기관지들로서 당시 교단의 공부, 사업, 생활 3방면에 걸친 방향이나 상황 등이 소상하게 기록된 소중한 자료들이다.[102] 원불교 100년의 화두로서 '개혁'이라는 주제를 연구한 것도 초기교단의 교단 미래적 방향제시와 관련한 소중한 사료가 뒷받침 되었기 때문에 가능한 일이다.

---

100) 이운철, 「출판언론사」, 『원불교 70년정신사』, 성업봉찬회, 1989, pp.551-562.
101) 신순철, 「불법연구회 창건사의 성격」, 김삼룡박사 화갑기념 『한국문화와 원불교사상』, 원광대학교 출판국, 1985, p.905(주14).
102) 이공전, 『凡凡錄』, 원불교출판사, 1987, pp.352-353.

초기교단의 강연분석

1. 초기교단의 공부풍토

교학의 정립에 있어서 초기교단의 공부풍토를 파악하는 것은 교조정신의 계승과 깨달음의 혜두단련, 인재양성 등에 도움이 된다는 점에서 절실한 일이라 본다. 교단 역사가 흐르면서 초기교단의 창립정신이라든가 깨달음을 향한 구원의식 등에 소홀해질 수 있기 때문이다. 소태산 재세 시에 충만했던 법열 분위기 및 창립선진들의 교리 연마법을 조명하는데 여러 방법이 있을 것이며, 교단 초기의 정기훈련과목으로 설정된 '강연'103) 연구는 그중 하나일 것이다.

소태산 주재 당시(원기9년~43년)의 익산총부는 교단 초창기로서 체계적인 조직제도와 완비 시설이 있었던 것이 아니다. 재가와 출가를 명확히 구분한 공동체도 아니었다. 부부와 자녀가 한 동네에 살며 교조 법문

---

103) 강연은 1932년(원기 17) 간행된 『육대요령』의 정기훈련 과목으로 설정되었다.

을 받들었고 법회를 볼 때에도 재가 출가의 구분 없이 강연과 회화, 의견안을 발표했고, 정기훈련에 있어서도 재가 출가가 공히 훈련에 참여하였다.[104) 외형적 형식보다는 내적인 실력 중시에 의한 불법연구회 회원들의 공부 풍토를 권면하는 현장이었다. 회원들의 법열로 충만된 정기훈련의 현장은 당시 불비한 여건들을 극복케 하는 원동력이 되었다.

정기훈련이 강조되면서 당시의 생생한 현장이 기록물로 보존된 것은 초기 교단사에서 볼 때 다행이라 본다. 소태산 주재 당시의 공부 현장을 기록물로 확인할 수 있는 것은 창립 선진들의 역사의식에 의함이다. 강연에 대한 연구에 있어서 이 같은 초기교단의 사료(史料)인 정기간행물에 주목하지 않을 수 없으며, 그것은 『월말통신』, 『월보』, 『회보』에는 초기교단의 법회와 강연에 대한 생생한 기록이 드러나 있기 때문이다.

본 연구의 전거(典據)인 『월말통신』, 『월보』, 『회보』를 보면, 정기훈련의 상황과 예회 때의 출석원 점검, 임원들의 작업 상황, 법설과 강연, 회원들의 공부 평가에 관한 것들이 수록되어 있다. 매월 삼(三)예회의 상황이 기록된 것은 초기교단의 정기간행물이 원불교의 주요 사료임을 확인해 준다. 이때 송도성은 『월말통신』 편집 발행을 주로 담당하였으며 예회 때 출석원도 점검하였다. 당시 익산본관의 예회 출석원은 40여명 안팎이었고, 강연의 연사들은 연구부 서기 송도성, 교무부 서기 전음광, 서무부 서기 김영신 등이었다.[105) 정산(송규), 김기천, 박대완, 조송광,

---

104) "전무출신이 출가중심의 신분상 개념으로 사용된 것은 1924년 익산총부 건설 이후이다. 익산 본관의 건설과 함께 고향을 떠나 본관에서 거주한 이들을 전무출신으로 호명하면서부터이다. 『창건사』의 기록에 의하면 1927년 1월에 발표된 「유공인 대우법」에 전무출신이란 명칭이 공식적으로 등장한 것으로 되어 있다."(장진영, 「원불교 교역자제도 변천사 연구」, 『원불교사상과 종교문화』 46집, 원광대 원불교사상연구원, 2010, pp.194-195).

105) 박용덕, 선진열전 1-『오, 사은이시여 나에게 힘을 주소서』, 원불교출판사,

이공주, 이동진화, 조전권 등은 신성과 학식이 도저한 창립회원들로서 불법연구회 지부 및 출장소(이후 교당)에서 강연자로서 창립교단의 법풍을 형성한 주요 인물들이었다.

정기간행물에 나타난 강연 전개의 첫 기록은 『월말통신』 2호이며, 이는 1928년(원기 13) 6월을 기점으로 하고 있다. 그리고 정기간행물의 마지막 호인 『회보』 65호(1940년 6월)를 끝으로 전 교단적 예회 및 강연의 기록상황[106])이 더 이상 보이지 않는다. 이에 본 연구의 주요 범주로는 초기교단의 강연 기간 12년간(원기 13.6~원기 25.6)에 한정되어 있음을 밝힌다.

초기교단의 정기간행물(『월말통신』, 『월보』, 『회보』)에 근거하여 당시의 강연 상황을 용이하게 접근할 수 있도록 '도표'(1~6)를 예시하고자 한다.[107]) 이를테면 도표 전반(1~6)을 분석함으로써 강연의 주제와 강연자, 강연 전개장소의 접근을 시도할 것이며, 이러한 도표 분석은 초기교단의 강연 전개에 대한 전반적 흐름을 파악하기 위함이다.

구체적으로 말해서 본 연구는 원불교 교서에 나타난 강연의 성립과정

1993, p.33.

106) 초기교단 정기간행물에 의한 강연일지의 첫 기록과 마지막 기록은 다음과 같다. <첫기록> 「우리의 의무와 본회의 장래」(송도성), 「인심과 도심」(김기천), 「무궁화의 덩치를 찾아서 무궁한 혜복으로 무궁하게 살아갑시다」(전음광)(『월말통신』 2호, 불법연구회, 원기 13년 6월). <마지막 기록> 익산본관의 경우 「운명개척」(서공남), 「만법귀일」(채귀원), 「수도의 낙」(전음광)이 있으며, 기타 영광신천지부, 부산하단지부, 부산남부민지부, 초량지부, 용신지부, 진안마령지부, 진안좌포출장소, 운봉출장소의 강연기록도 보인다(『회보』 65호, 불법연구회, 원기 25년 6월 참조).

107) <도표 1~6>의 내용은 원전 자료의 중요성을 감안, 가능한 정기간행물에 수록된 내용을 그대로 제시했다. 다시 말해서 원전 내용을 필자 편의주의로 도표에서 요약하지 않았다는 것이다. 다만 고어체 형식의 어구나 문장은 원전을 훼손하지 않는 범위 내에서 의미 전달을 위해 부분 수정하였다.

과 개념을 어떻게 접근할 것인가의 문제의식에서 출발한다. 그리고 당시 강연을 통한 법풍진작과 제자들의 강연 직후 소태산의 보설(補說)은 어떠했는가를 파악하고자 한다. 강연 연사들 중에서도 소태산을 계승한 정산에 한정한 강연 내력과 회원들의 강연에 대한 견해는 어떠하였는가를 접근해 본다. 나아가 강연이 전 교단적으로 어떻게 계승되었는가를 알기 위해서 각 교당의 예회기록 상황을 분석함과 더불어 궁극적으로 강연에 대한 의의와 과제는 무엇인가를 살펴보고자 한다.

본 연구에서 '강연'과 같은 성격으로 사용된 '강덕' '강도' '윤강(輪講)' '경강' 등의 용어를 섭렵하였고, 원기연도는 서기로 환원하였음을 밝힌다. 정기간행물에 기록된 원문은 부득이 살려야 할 경우는 제외하고 가능한 현대적 어법으로 수정하였다.

2. 강연의 성립과 개념

소태산 생존 당시 강조되었던 강연은 처음에는 회원들의 교리 및 혜두단련으로서 문목 연마를 위한 것(규약 제1장 총칙)이었으며, 뒤이어 그 중요성을 인지하여 정기훈련의 과목으로 정착되었다. 소태산 주재 하의 정기훈련이 전개된 시기는 1925년(원기 10) 하선부터 1943년(원기 28)까지로서 전후 36회에 걸쳐 시행되었다. 출가와 재가 합동으로 실시한 전문 입선공부는 공부인들이 공부길을 바로잡는 한편 교단적으로 선원·임원·교원을 길러내는 역할로 이어졌다.[108] 원기 10년부터 시행한 정

---

108) 양은용, 「소태산 대종사의 정기훈련 중 법문 연구」, 『원불교사상과 종교문화』 41집, 원광대 원불교사상연구원, 2009, pp.161-162.

기훈련에서는 재가 출가 회원들의 공부 방법으로 강연·회화 등이 특히 강조되었다. 개인적으로는 진리 연마의 측면에서, 교단적으로는 교화자로서 교리전달의 역량 개발을 위한 것으로 당시 익산총부에서 전개된 강연은 소태산이 직접 참관하였다.

초기교단에서 강연이 전개된 일과는 어떠했는가? 우선 정기훈련이 진행되면서 소태산 법문과 각종 의견안의 채록을 위해 1929년(원기14) 11월 29일 임원회의에서 제도적으로 작성한 『선원일지』가 주목된다. 본 『선원일지』(1936년 하선~1940년 동선까지의 일지기록)의 기록에 의하면 인사동정·학습상황·지요(誌要)·법설(대종사법문) 등을 아침·오전·오후·저녁으로 나누어 기록하였으며, 그 횟수가 거듭됨에 따라 강연 등이 강화되면서 강연·회화순서·강연순서·고시(古詩) 식순[109]이 나타난다. 이러한 일과 속에 전개된 강연의 상황기록은 『월말통신』, 『월보』, 『회보』를 통해서 자세히 확인할 수 있다.

정기간행물에 기록된 초기교단의 강연이 전개된 상황을 분석하기 위해서는 우선 강연의 개념 파악이 필요하다. 이는 초기교서에 나타난 강연이 회원들에게 어떻게 이해되었는가를 알 수 있게 해주며 <도표1>이 이와 관련된다. 강연이 교리연마와 혜두단련이라는 문목연마 개념으로 이해되었으며, 뒤이어 그 중요성에 비추어 정기훈련의 한 과목으로 성립되고 교서에 정착되었다.

초기교서에 강연이 처음 나타난 것은 『불법연구회규약』(1927년)이다. 이때의 강연은 정기훈련과목으로 정착되기 이전으로, 본 규약에서는 연구부의 직무, 연구인의 솔성요론, 동하 6개월에 공부하는 정도로 거론되고 있었다. 곧 강연은 불법연구회에 입회한 공부인으로서 「연구부」에서

---

109) 위의책 p.147.

주관한 삼대력 중 사리연구 과목의 하나로 볼 수 있는데, 그것은 동하 6개월에 공부하는 순서로서 문목 의두를 연마하는 방편[110]으로 이해되었다. 『규약』에 나타난 강연은 정기훈련과목으로 분리되기 이전의 문목과 의두를 연마(강연)하는 성격이었다.

이어서 『육대요령』(1932년)에 나타난 강연의 개념을 살펴보고자 한다. 『불법연구회규약』과 달리 『육대요령』은 원불교 첫 경전의 성격으로서 강연의 개념을 분명히 하고 있다. 강연은 의두 문목에 부속하여 연마하는 수단이 아니라 문목·성리와 별리(別離)하여 정기훈련과목의 하나로 정립된 것이다. 강연이 『육대요령』의 「교리도」에 포함되고, 제3장 훈련편의 「공부의 요도 정기훈련과목」으로 소속되는 점을 주목해 보면, 「사리연구 정기훈련과목의 해석」에서 강연의 개념을 밝히고 있다. '강연이라 함은 사리 간에 어떠한 문제를 정하고 그 의지(意旨)를 해석시킴'[111]이라는 것이다.

소태산의 열반 직전에 초안된 『불교정전』(1943년)에서는 『육대요령』의 강연 개념을 그대로 계승하면서 『육대요령』과 같이 정기훈련 과목으로 분류되어 있다. 다만 강연이 『육대요령』의 교리도에 등장한 것과 달리 『불교정전』과 현행본이나 『정전』의 교리도에는 등장하지 않는다. 그것은 교리도의 정착과정에서 정기훈련의 세목을 생략하였기 때문으로 보인다. 『육대요령』의 「훈련편」과 달리 『불교정전』에서는 「수행편」의 일기법으로서 「상시일기의 대요, 기재법」이라는 항목을 둠으로써 강연을 듣고 강연을 한 시간수를 기재토록 한 점[112]이 첨가된다.

---

110) 『불법연구회규약』, 「연구인 공부하는 순서」, 동하 6개월에 매일 공부하는 순서 2조.
111) 『육대요령』, 제3장 훈련편, 공부의 요도 정기훈련과목~사리연구.
112) 『불교정전』, 제4 수행편, 제3편 수행, 제4장 일기법, 1. 상시일기의 대요, 기재

　현행본『정전』(1962년)의 강연 개념은『불교정전』의 경우와 큰 차이
가 없다.『육대요령』의 '강연은 사리 간에 어떠한 문제를 정하고 그 의지
를 해석시킴'이라는 강연의 개념을『불교정전』과『정전』에서 그대로
전수하였다. 다만『정전』에서 강연의 개념은 매우 간소하게 설명되고
있다. 그 이유로『육대요령』과『불교정전』에서는 강연과 회화를 동시에
설명하면서 서로 대비하는 형식을 띠고 있다면,『정전』에서는 이러한
형식을 취하지 않고 강연 자체만을 설명하고 있기[113] 때문이다.

　또한 강연이『대종경』에서는 <도표1>을 통해 알 수 있는 것처럼「교
의품」에 1회,「수행품」에 2회 등장하고 있다. 여기에서 강연은 불교를
교판적으로 접근하는 과정에서 정기훈련 과목인 강연을 설명하고, 덧붙
여 강연을 듣는 자세에 대하여 설명하고 있다.『대종경』은 소태산의
언행록이라는 점에서 강연에 대한 언급이 수기설법의 형식으로 등장하
고 있다.

〈도표1〉 원불교 교서에 나타난 강연

번호	교서	세목	교서 내용	비고
1	불법연구회규약	본회의 규약, 제1장 총칙, 3. 연구부의 직무	염불도 하고 좌선도 하여 정신을 수양케 하며, 각항 문목을 연구하게 하고, 연구한 문목을 감정하여 주며, 그 문목으로 강연하여 연마하기로 함	1927년
		연구인 공부순서, 솔성요론	어느 때든지 노는 시간이 있고 보면 강연문제를 제출하여 차제로 강연할 일	16조
		연구인 공부순서, 동하 6	오전 2시간은 좌선하고, 또 2시간은 취지·규약·경전을 연습하고, 오후 2시간은 일	2조

법 2항.
113) <도표1>을 참조할 것.

번호	교서	세목	교서 내용	비고
		개월에 매일 공부하는 순서	기를 하되 시간을 대조하여 기재하며 응용하는데 각항 처리건을 기재하며, 어떠한 감각이 있고 보면 감각된 사유를 기재하며, 또 2시간은 문목·의두를 강연하기로 함	
2	육대요령	교리도	염불, 좌선, 경전, 강연, 회화, 문목, 성리, 정기일기, 주의, 조행, 수시설교	1932년
		제3장 훈련편 공부요도,정기훈련과목	염불, 좌선, 경전, 강연, 회화, 문목, 성리, 정기일기, 주의, 조행, 수시설교	〃
		제3장 훈련편 공부의 요도 정기훈련과목-사리연구 정기훈련과목의 해석	강연이라 함은 사리간에 어떠한 문제를 정하고 그 의지를 해석시킴을 이름이니, 이것은 공부자로 하여금 그 지견을 교환하며 혜두를 단련하게 하고 또는 대중의 앞에서 하는 어법에 조리·강령·聲音 言彩와 신체의 자세까지도 연습시키기 위함이요. … 강연과 회화의 대의는 사람의 혜두를 단련시킴에 있나니, 사람의 혜두라 하는 것은 너무나 자유를 주어도 거만하고 누그러져서 참다운 밝음을 얻지 못하는 것이요, 너무나 구속을 주어도 눌리고 小怯하여져서 또한 참다운 밝음을 얻지 못하는 것이다. 고로 강연의 일정한 문제로는 그 혜두에 구속을 주어 단련시키며, 회화로써는 그 혜두에 자유를 주어 단련시켜 이 구속과 자유 두 사이에서 사람의 혜두로 하여금 과불급이 없이 진정한 혜광을 얻도록 함이니라.	〃
3	불교정전	제3편 수행. 제2장 공부의 요도 정기훈련과목 및 해석	염불·좌선·경전·강연·회화·의두·성리·정기일기·상시일기·주의·조행	1943년
		제3편 수행, 제2장 공부의 요도 정기훈련과목	강연이라 함은 사리간에 어떠한 문제를 정하고 그 의지 해석시킴을 이름이니, 이는 곧 공부자로 하여금 그 지견을 교환하며 혜두를 단련하게 하고, 또는 대중의 앞에서	

번호	교서	세목	교서 내용	비고
		및 해석, 2. 사리 연구 정기 훈련 과목의 해석	하는 어법에 조리·강령·聲音·言彩와 신체의 자세까지도 연습시키기 위함이요, 단, 강연과 회화의 대의를 말하자면 사람의 혜두는 단련시킴에 있나니, 혜두라 하는 것은 너무나 자유를 주어도 거만하고 누그러져서 참다운 밝음을 얻지 못하는 것이요, 너무나 구속을 주어도 눌리고 小㎖하여져서 또한 참다운 밝음을 얻지 못하는 것이니, 그러므로 강연의 일정한 문제로는 그 혜두에 구속을 주어 단련시키며 회화로써는 그 혜두에 자유를 주어 단련시켜, 이 구속과 자유 두 사이에서 사람의 혜두로 하여금 과불급이 없이 진정한 혜광을 얻도록 함이니라.	
		제3편 수행, 제4장 일기법, 1. 상시 일기의 대요, 기재법	학습란 중 수양과 연구는 전부 시간수로써 기재하되, 염불·좌선·경전연마·문목은 자기가 실행한 시간수를 기재하고, 강연·회화는 자기가 직접 강연·회화를 한 것과 타인의 강연·회화를 들은 시간까지 합하여 기재하며, 청법은 당시 법사(법강항마위 이상은 법사의 說로 인증하고 그 下人의 설교는 강연시간에 기재함)의 설법 들은 시간수를 기재하고, 예회나 입선에 참석이 有할 시는 사선을 치고 참석이 無할 시는 空을 침이 가함	2항
4	정전	제3 수행편, 제2장 정기훈련과 상시훈련, 제1절 정기훈련법	공부인에게 정기로 법의 훈련을 받게 하기 위하여 정기훈련과목으로 염불·좌선·경전·강연·회화·의두·성리·정기일기·상시일기·주의·조행 등의 과목을 정하였나니, 염불·좌선은 정신수양 훈련과목이요, 경전·강연·회화·의두·성리·정기일기는 사리연구 훈련과목이요, 상시일기·주의·조행은 작업취사 훈련과목이니라.	1962년
		제3 수행편, 제2장 정기훈련과 상시	강연은 사리간에 어떠한 문제를 정하고 그 의지를 해석시킴이니, 이는 공부인으로 하여금 대중의 앞에서 격을 갖추어 그 지견을	

번호	교서	세목	교서 내용	비고
		훈련, 제1절 정기훈련법	교환하며 혜두를 단련시키기 위함이요, 회화는 각자의 보고 들은 가운데 스스로 느낀 바를 자유로이 말하게 함이니, 이는 공부인에게 구속없고 활발하게 의견을 교환하며 혜두를 단련시키기 위함이요.	
5	대종경	교의품	재래 사원에서는 염불종은 언제나 염불만 하고, 교종은 언제나 간경만 하며, 선종은 언제나 좌선만 하고, 율종은 언제나 戒만 지키면서, 같은 불법 가운데 서로 시비장단을 말하고 있으나 그것은 다 계정혜 삼학의 한 과목들이므로 우리는 이것을 병진하게 하되, 매일 새벽에는 좌선을 하게 하고, 낮과 밤에는 경전·강연·회화·의두·성리·일기·염불 등을 때에 맞추어 하게 하며, 이 여러가지 과정으로 고루 훈련하나니, 누구든지 이대로 정진한다면 재래의 훈련에 비하여 몇 배 이상의 실효과를 얻을 수 있나리라.	20장
		수행품	그대들이 법설이나 강연을 들을 때에는 반드시 큰 보화나 얻을 듯이 정신을 고누고 들어야 할 것이니, 법사나 강사가 아무리 유익한 말을 한다 하더라도 듣는 사람이 요령을 잡지 못하고 범연히 듣는다면 그 말이 다 실지효과를 얻지 못하나니라. 그러므로 무슨 말을 듣든지 내 공부와 내 경계에 대조하여 온전한 정신으로 마음에 새겨 듣는다면 그 얻음이 많아지는 동시에 실지 행사에 자연 반조가 되어 예회 공덕이 더욱 드러나게 되리라.	25장
			나의 법은 인도상요법을 주체삼아 과거에 편벽된 법을 원만하게 하며 어려운 법을 쉽게 하여 누구나 바로 대도에 들게 하는 법이어늘, 이 뜻을 알지 못하고 묵은 생각을 버리지 못하는 사람은 공부를 하려면 고요한 산중에 들어가야 한다고 하며, 혹은 특별한 신통을 얻어서 이산도수와 호풍환	41장

번호	교서	세목	교서 내용	비고
			우를 마음대로 하여야 한다고 하며, 혹은 경전 강연 회화는 쓸 데 없고 염불 좌선만 해야 한다고 하여, 나의 가르침을 바로 행하지 않는 수가 간혹 있나니, 실로 통탄할 일이니라.	

위의 교서들을 통하여 정립된 강연 개념을 정리한다면, 강연은 정기훈련의 사리연구 과목으로서 사리 간에 어떠한 문제를 정하고 혜두 단련을 위해 그 뜻을 해석하는 것이라 할 수 있다. 여기에서 말하는 사리간의 문제는 주로 교리와 관련한 혜두 단련으로 삼학의 사리연구 과목에 관련되어 있다. 교법의 바른 이해에 더하여 교리의 사회 응용으로서 사회계몽, 세계구원까지를 포함하는 것으로도 확대 해석할 수 있다. 소태산은 제자 유허일 등의 사회적 명망과 뛰어난 학식을 높이 평가하여 예회 시에는 사회의 식견을 바탕으로 하여 교리 이해에 대해 여러 차례 강연을 하도록 했으며, 그 내용도 세계 경제에 대한 내용들을 아우르고 있음[114]을 알 수 있다.

3. 초기교단의 강연특성

소태산이 익산 본관에 주재할 당시에 강연이 전개된 상황을 분석하는 데에는 여러 방법이 거론될 수 있다. 여기에서는 <도표1>의 강연 개념을 참조하면서 <도표2~6>의 「초기교단의 법풍진작」(2), 「강연 후 소태산의

---

114) 원불교사상연구원 編, 『원불교 인물과 사상』(Ⅰ), 원광대 원불교사상연구원, 2000, p.186.

보설」(3), 「정산(宋奎)의 강연록」(4), 「회원들의 강연평론」(5), 「교당의 등장과 삼(三)예회강연 기록」(6)에 한정해서 접근해 본다. 사리연구 과목으로 출발한 강연과 그 개념의 중요성을 통해 창립교단의 공부풍토와 소태산의 보설 및 정산의 활동상, 나아가 익산 본관에서 시작된 강연이 점차 전 교단적으로 전개된 상황을 살펴보려는 것이다.

먼저 <도표2>에 나타난 것처럼 초기교단의 강연전개 상황을 통한 '법풍진작'을 파악하고자 한다. 초기교단의 공동체적 법풍에 있어서 주목할 사항으로 창립선진 중에서도 정산, 김기천, 송도성, 전음광, 박대완, 조송광, 조전권, 김영신 등의 강연 상황이며, 이들에 의한 법풍진작의 정도가 크다는 사실이다. 이들의 강연 등장 빈도수가 많다는 것으로[115] 그것은 초기교단의 창립멤버로서 교조의 제자 신뢰도, 나아가 정산의 법력과 김기천의 최초 견성인가 등과 관련된다.

여기에서 강연과 관련한 법풍진작의 시기는 소태산이 익산총부에 주재하던 교단 초창기라고 할 수 있다. 당시 연사들의 강연과 더불어 법열이 충만했던 점은 교조 소태산의 구전심수적 제자 사랑이 돈독했다는 점과 직결되며, 교법을 주체로 한 강연의 법풍이 온전히 전개된 이유는 일제의 교단 압박이 비교적 적었던 시기였기 때문이라 본다. 1940년을 전후하여 일제의 간섭이 시작되면서 『회보』의 폐간(65호, 1940년 6월)으로 이어진 점을 상기하자는 것이다.

일제 간섭에서 다소 벗어나 있던 교단 초창기의 법풍과 강연의 흥겨움은 이루 말할 수 없었다. 정기간행물의 기록에 의하면, 소태산의 익산본관 주재와 더불어 교법연마에 따른 강연장의 법풍이 훈훈한 분위기였음

---

115) 「법풍진작」과 관련한 도표 기록상의 등장횟수를 보면 송규(3), 김기천(4), 박대완(2), 전음광, 송도성, 조송광, 조전권(1)로 나타난다.

을 알 수 있다. 강연에 의한 회원들의 법열과 관련한 내용들을 살펴본다면 대중의 박수갈채가 우레와 같았다. 그리고 대중을 포복절도케 하고 환희용약하며 기혼(氣魄)을 소신(甦新)케 하는 등 법열이 충만했음을 알 수 있다. 법해(法海)에서의 법무(法舞)를 통한 자락감심(自樂感心)하고 기금을 희사하는 등 일반인들이 다투어 입회하였으며, 귀신의 형상을 발견한 듯 이목을 놀라게 하기도 하였다. 이처럼 다채로운 법열의 감성적 표현들[116]은 강연장의 분위기, 강연자의 설득력, 청취자의 흥겨움, 연사와 청중의 교감에 의한 진리의 깨달음과 관련되어 있다.

〈도표2〉 강연을 통한 법풍 진작

번호	교당	법풍진작의 내용(축약)	연사	강연제목	비고
1	익산 본관	講道로 청중은 열광적 갈채와 박수를 끊이지 아니하였고 더욱이 종사주의 법설이 계셔 이날의 금강원은 오로지 法海에 浮沈되었더라.	1.송규 2.박대완 3.전음광	1.법어의두 2.사은사요 의두 3.학과설명	월말통신 21호 (1929.11)
2	"	일반대중을 포복절도케 하였다. 다음 문정규씨의 道舞가 있고…	조송광	10회동선에 나의 소득	월말통신 23호 (1930.5)
3	신흥 분회	自樂이 그만 衆樂이되어 일동 歡喜不已하였으며…	송도성	자락	월보37호 (1932.6)
4	부산 출장소	대중은 환희용약하고 방관인도 感心하여 입회인이 10수명에 至하다.	김기천	?	월보37호 (1932.6)

---

116) 「청중은 열광적 갈채와 박수」, 「금강원은 오로지 法海에 浮沈」, 「대중을 포복절도케」, 「自樂이 그만 衆樂이 되어」, 「방관인도 感心하야 입회인이 십수명」, 「氣魄을 甦新케 하고」, 「團員들은 다투어 團金을 희사하더라」, 「환희용약하며 박수讚聲이 四隣共通하고 … 法舞며 講座欣然樂道聲은 遍講空中」, 「이목을 놀라게」, 「가는 데에 한길을 얻음과 같이」, 「귀신의 형상을 발견한 듯 미신의 암굴을 비로소 파괴한 듯이」(도표2 참조).

번호	교당	법풍진작의 내용(축약)	연사	강연제목	비고
5	영광 지부	場의 氣魄을 甦新케 하고…	송규	진실한 각오	월보38호 (1932.7)
6	부산 출장 소	월보 보고를 할새 청중은 감탄치 않은자 없더라. 김교무의 인재양성단 취지설명이 끝나자 단원들은 다투어 團金을 희사하더라.	김기천	월말보고 및 인재양성단 취지	월보39호 (1932.8)
7	〃	대중은 환희용약하며 박수讚聲이 四隣共通하고, 80當年 白峻明華 선생 法舞며 講座欣然樂道聲은 遍講空中하여 '氣魂更新케 하며…	1.양원국 2.김종성	부모피은 보은	월보40호 (1932.9)
8	김제 출장 소	강령조리를 장시간 설명하여 일반청중의 이목을 놀라게 하는 동시에 대찬성과 대환영을 받은…	1.조전권 2.박대완	1.사은사요 2.공부인의 효과	월보40호 (1932.9)
9	신흥 분회	座中에 모인 남녀 대중은 공부하여 가는데에 한길을 얻음과 같은 느낌이 되었다.	송규	본말론	월보40호 (1932.9)
10	부산 출장 소	청중은 만고의 보지못한 귀신의 형상을 발견한 듯 미신의 暗窟을 비로소 파괴한 듯이 박수와 환희성이 회장을 울리었다.	김기천	率性을 잘 하려면 귀신에 대한 의심을 파하라	월보42호 (1932.11)
11	부산 남부 민정 지부	김기천씨의 강연이 있어 일반 대중은 환희 용약하였고…	김기천	본회의 장래	회보13호 (1934.10)
12	〃	강연이 있어 듣는 자로 하여금 흥미를 일으켰으며…	1.임현기화 2.이성주화 3.임정술 4.윤문선 5.김대명화	계 문	회보14호 (1934.11)

다음으로 <도표3>을 통해서 창립선진들의 '강연 후 소태산의 보설'은 어떠했는가를 파악하고자 한다.

  교단의 창립제자들은 초창기의 어려운 경제여건 속에서도 소태산의 법설을 들으며 교법에 흥취하여 도락을 누렸다는 점에서 삶에 큰 의미를 두었다. 정기훈련 기간에 강연을 하지 않고서는 공부의 진취 및 교당 교화자 되기가 어렵다는 사실을 밝힌 소태산은 제자들로 하여금 도락을 얻도록 훈련 차원에서 강연을 하도록 하였다. 불법연구회의 강연 연사들은 교리 연마의 필수코스로 강연에 임하였으며, 소태산은 강연 청취 후 즉석에서 자상한 보설을 통해 견성성불, 즉 진리의 깨달음[117]이라는 도락을 누리도록 인도하였다.

  제자들의 강연이 진행된 후 소태산이 보설을 설한 또 다른 이유는 제자들에게 자신감을 불어넣기 위함이었다. 청중 앞에서 강연을 한다는 것은 누구나 쉬운 일이 아니다. 그러나 소태산은 제자들에게 예외 없이 강연의 의무를 부과하여 강연 연습의 시행착오를 겪게 한 후 교법 설파에 자신감을 가져다주었다. 어느 때는 남녀별 조를 짜서 강연을 겨루게 하여 소태산이 친히 채점을 하고 점수가 낮은 편이 벌칙으로 이긴 편에게 큰 절을 하게 하였다. 이런 상황에서 회원들은 강연 연습에 몰두하지 않을 수 없었으며, 화장실에 가서, 밥 먹다가, 마당에 비질을 하면서, 자다가 꿈속에서도 강연 잠꼬대를 하였다[118]고 김영신 선진은 회고한다.

  이 같은 소태산의 강연 보설은 후일 제자들로 하여금 대 강연자 혹은 대 설교자가 되도록 하는데 기여하였다. 1936년(원기 21) 초량회관에서 7월 24일부터 30일까지 교리강습이 열렸는데 소태산은 여기에 참관하였다. 뒤이어 부산 하단교당의 강연회에 참관한 소태산은 조전권 교무에게

---

117) "講道가 끝난 후에 선생주께서 출석하시어 「見性成佛하고 극락에 갈 방침」이라는 법설로써 일반 대중에 警示하옵시다."(『월말통신』 4호, 불법연구회, 원기 13년).
118) 박용덕, 『금강산의 주인되라』, 원불교출판사, 2003, pp.211-212.

직접 강연을 하도록 하자 조교무는 강연을 자신 있게 하였다. 이를 지켜본 소태산은 "강습을 네가 날 것인데 그랬구나."라고 칭찬하였으며, 이때부터 조전권은 설교하는데 한층 용기가 생겼고 강연에 더욱 공을 들였다.[119] 조교무는 소태산의 보설과 격려의 힘으로 설력(說力)을 얻어 후일 순교감 재임시 지방순회 강연으로 교화사업에 큰 역할을 하였다.

익산 본관의 강연시간에 소태산은 반드시 참관하여(도표 3의 7항) 제자들에게 보설을 하였다. <도표3>에 나타나듯이 정산, 김기천, 유허일, 송도성, 송만경, 전음광, 이호춘 등의 제자들이 강연하는 것을 듣고 스승으로서 손수 보설을 했다. 이들은 견문과 학식이 충분히 갖추어져 있었으므로 스승의 보설이 필요하지 않을 수도 있었을 것이다. 그러나 소태산은 근기가 수승한 제자들에게도 반드시 강연에 임하도록 하면서 엄정한 평가를 통해 분발하도록 하였다.[120] 교단 미래를 책임질 제자들에게 보다 많은 공을 들였다는 뜻이다.

〈도표3〉 강연 후 소태산의 보설

번호	교당	소태산 대종사 법설(보설)	연사	강연제목	비고
1	익산 총부	講道가 끝난 후에 선생주께서 출석하시어 「견성성불하고 극락에 갈 방침」이라는 법설로써 일반 대중에 警示하옵니다.	1.송도성 2.송만경 3.전음광	1.다시 우리의 삼강령을 취하여 2.恥人不如 3.우리의 희망의 표준	월말통신 4호 (1928.8)
2	〃	선생주께서 각 연사의 언론을 수합하사 更訂 補論하옵시니…	1.송도성 2.송만경 3.전음광	1.本을 구하라는 법설 2.사람된 책임	월말통신 5호 (1928.7)

119) 박용덕, 선진열전 5권, 『정녀』상 「부산교화」(『금강산의 주인되라』, 원불교 출판사, 2003, pp.313-314).
120) 『월말통신』 15호, 불법연구회, 1929(도표 3의 7항).

번호	교당	소태산 대종사 법설(보설)	연사	강연제목	비고
				3.유불선 3도와 우리의 삼강령	
3	〃	諸氏의 講道가 있었고 계속하여 종사주의 무수한 설법이 계셔 화기애애한 중 同 12시에 산회하니…	1.김기천 2.송도성 3.최상옥 4.전음광 5.이호춘	1.재가응용주의 사항 6조 이행에 대하여 2.대도의 전환기에 있어서 3.계문의 공덕 4.이론과 실천 5.果樹를 본 나의 감상	월말통신 17호 (1929.7)
4	〃	講道로 청중은 열광적 갈채와 박수를 끊이지 아니하였고 더욱이 종사주의 법설이 계셔…	1.송규 2.박대완 3.전음광	1.법어 의두 2.사은사요 의두 3.學課설명	월말통신 21호 (1929.11)
5	〃	各 연사의 講道가 있었고 종사주의 설법이 계신 후 同12시에 폐회하니…	1.송도성 2.전음광	1.우리의 前路 2.知識心自開	월말통신 24-25호 (1930.2)
6	〃	講道, 종사주의 법설 등으로써 결제식을 종료하고…	1.송도성 2.김기천 3.전음광	1.인생의 요도 사은사요의 대의 2.공부의 요도 삼강령팔조목 3.공부과정及在禪規約 설명	월말통신 28-29호 (1930.6)
7	〃	종사주께서는 때때로 선원에 출석하시어 … 회화 강연의 시간에는 반드시 임석하시어 등수를 판정해 주십니다.		「익산본관의 근황」	월말통신 15호 (1929.5)
8	〃	종사주께서 승좌하시어 선원 諸氏의 성적을 수여하시는 중 무수한 法訓이 계셨고…	1.송도성 2.김기천 3.전음광	1.6과정의 공덕 2.고락의 설명 3.재가응용 주의 사항 이행에 대하여	월말통신 18호 (1929.8)
9	영광	종사주께서 간간이 보설이 계셔	송규	금수와 인생의	월말통신

번호	교당	소태산 대종사 법설(보설)	연사	강연제목	비고
	지부	서 일반 청중은 상쾌한 정신과 浹洽한…		구별처	32호 (1930.9)
10	〃	종사주 친히 법좌에 오르사 諄諄明快하신 법설로써 인생 생활의 파멸의 원인과 自救의 방책을 말씀하시니…	송도성	농촌 진흥책에 관하여 各區에 순회강연	월보41호 (1932.10)
11	경성지부	四, 五人의 경강이 있었고 … 종사주께서 회원의 만반정곡을 解剖髓破하시는 간절하신 훈화가 계시니 청중은 감격함을 금치 못하다.	4~5人	제목 未詳	월보46호 (1933.4)
12	익산총부	종사주의 보설이 계신 후 휴회를 선언하다.	유허일	團長 月調査 방식	회보11호 (1934.7)
13	〃	종사주 말씀하여 가라사대 "누구나 이 공부를 하면 시비가 밝아지나니 그것을 잘 이용하면 좋은 것이나 만일 잘못 이용하면 도리어 큰 죄를 짓게 된다"는 의미심장하신 법설…	1.송규 2.전음광	1.天意와 人心 2.개인생활과 공중 사업 3.신심은 성공의 근원	회보12호 (1934.8)
14	〃	종사주의 밝은 보설이 계시고…	전음광	일기 방식	회보13호 (1934.1)
15	〃	간간히 종사님의 보설이 계시었다.	송규 유허일	經解 단규 강의	회보19호 (1935.7)
16	부산하단	종사주의 보설이 계시고 휴회하다.	유허일	제목 未詳	회보21호 (1935.11)
17	익산총부	종사주의 보설이 계시고 폐회하다.	1.조갑종 2.이공주 3.송규	1.공명 정직은 입신의 자본 2.대국의 변천과 시대적 교법 3.나는 낙생활	회보23호 (1936.2)
18	〃	종사주의 보설이 계시고 휴회하였다.	전음광	회보소개	회보23호 (1936.3)
19	〃	종사주의 밝으신 보설이 계시고 휴회하였다.	유허일	예전설명	회보25호 (1936.4)
20	〃	종사주의 보설이 계시다.	1.전음광 2.서대원	1.재가의 요법 2.대도	회보25호 (1936.4)

번호	교당	소태산 대종사 법설(보설)	연사	강연제목	비고
21	〃	종사주의 보설과 불은미 보고가 있은 후 휴회하였다.	전음광	회원수지	회보39호 (1937.9)

이어서 <도표4>를 통해서 소태산의 종통을 계승한 정산의 강연 활동 상을 파악해보고자 한다. 당시 많은 연사들 중에서도 특히 정산의 강연 을 언급하려는 것은 종통 계승과 더불어 소태산의 정산에 대한 신뢰가 대단하였다는 사실에 있다. 초기교단의 강연연구에 있어서 소태산의 수 제자로서 종법사위를 계승하기 전 정산의 강연이 주목받기에 충분하다 는 뜻이다.

정산에 대한 소태산의 신뢰는 원불교 교서 곳곳에 나타난다. 『대종경』 성리품에서 제자 문정규는 일찍부터 정산을 존경하옵는데 그도 견성을 하였느냐고 여쭈자, 소태산은 집을 짓는 것과 관련하여 답하기를 정산은 큰 법기(法器)라고 하였다. 또한 정산을 부안 월명암에 보내며 불경은 보지 말라고 했는데 경상까지 외면하였고, 진안 만덕산에 보내며 전주는 들르지 말라고 했는데 전주를 바라보지도 않았다는 사실은 사제간의 돈독한 사자상승의 경지를 드러낸다. 정산은 후일에 말하기를, 대종사께 물건으로 바친 것은 하나도 없지만 정(情)과 의(義)에 조금도 섭섭함이 없었고, 한 번도 그 어른의 뜻을 거슬러 본 일이 없었다[121]고 하였다.

그동안 정산의 사상은 정산종사탄생백주년을 전후하여 그 연구 빈도 가 많아졌으며, 그것은 주로 『정산종사법어』나 『한울안 한이치에』 등의 교서에 근거한 것이었다. 그와 관련한 여러 채널의 자료를 동원하는 연구방식이 필요한 것은, 법통을 계승한 정산이기 때문만이 아니라, 원

121) 이와 관련한 언급은 『대종경』 성리품 22장과 『정산종사법어』 기연편 4장을 참조할 것.

불교 해석학의 선구였다[122]는 사실에서 정산사상에 대한 외연 확대가
요구되기 때문이다. 이에 교단 초창기 정산의 강연 상황에 접근하여
강연 등장횟수, 강연장소, 강연주제의 파악은 교학 정립의 다채로움을
더하리라 본다. 정산의 강연 등장횟수가 김기천 송도성 전음광 박대완에
비해서 정기간행물에 많이 나타난다. 강연 장소도 한 곳만이 아니라
여러 교당을 순회하며 강연을 한 것으로 보아 다른 사람에 비해 정산의
당시 활동상이 두드러진다.

정산의 강연 주제는 일원상을 주체로 하여 인생의 요도 사은 사요와
공부의 요도 삼학 팔조 등이 주류를 이루고 있다.[123] 그리고 우연한 고와
우연한 낙 등 『정전』의 「고락에 대한 법문」 관련 내용도 있으며, 심고의
대의는 『정전』의 「심고와 기도」에 관련되는 것으로 보아 교법 중심의
강연을 하였다는 것을 알 수 있다. 당시 교단초창기로서 경제적으로도
어려웠던 점을 감안, 그의 경제관 등 교단경제와 관련한 강연제목도
눈에 뜨이며[124] 용심법, 본말론, 만법의 근원, 수도자의 자질과 본연성에
관련한 제목도 있어 그의 적공 정도를 알게 해준다. 정산은 소태산의

122) "정산은 소태산 사상을 체계화하여 조직적인 원불교 교리의 정형을 창조하
였을 뿐 아니라 후인들이 생전의 법문을 정리하여 편집한 『정산종사법어』는
원불교 교리를 해석하는 최초이자 최고의 해석서라 할만하다."(박성기, 「정
산종사의 과학사상」, 제19회 원불교사상연구 학술대회 《鼎山宗師의 信仰과
修行》, 원광대 원불교사상연구원, 2000년 1월 28일, p.167).
123) 「일원상에 대하여」와 관련한 강연 내용은 『회보』 38호에 보이며, 그것은
매우 강령적이고 자세한 내용으로 정리하였음을 보여준다. 『정산종사법어』,
기연편 2장(대종사께서 초창 당시에 몇몇 제자에게 글을 지으라 하시며 정산
종사에게는 「일원(一圓)」이라는 제목을 주시매, 「萬有和爲一 天地是大圓」이
라 지으시니, 번역하면 「만유는 일(一)로써 되고 천지는 크게 둥근 것」이라
하심이어라).
124) 경제에 관련한 제목은 <도표4>의 강연주제에 나타나듯이 「수입 지출을 알라」,
「저금통장」, 「이용을 하라」, 「돈버는 방식」 등이 있다.

『정전』편찬에 보필하고『대종경』발간 등에 직접 역할을 하였다는 점에서 그의 강연 제목, 강연 장소에 대한 세심한 연구가 더욱 요구된다.

〈도표4〉 정산(宋奎)의 강연록

강연일지 등징횟수	월말통신(호수)	2, 12, 13, 14, 15, 16, 17, 18, 19, 20, 21, 22, 23, 24-25, 26, 27, 28-29, 30, 31, 32, 33, 35	특성 결호:1, 3-11, 34
	월보(호수)	36, 37, 38, 39, 40, 41, 43, 44, 45, 46, 47	결호:42
	회보(호수)	1, 2, 3, 4, 5, 6, 8, 9, 11, 12, 13, 14, 15, 16, 17, 18, 19, 20, 21, 22, 23, 24, 26, 27, 28, 29, 30, 31, 32, 34, 35, 37, 38, 39, 40, 41, 42, 43, 53, 54, 55, 56, 57, 58, 59, 60, 61, 62, 63, 64, 65	결호:7, 10, 25, 33, 36, 44-52
강연장소	익산본관, 영광지부(길룡리지회, 신흥분회, 신하리출장소), 경성지회, 하단지부, 남부민정지부, 부산초량지부, 전주지부, 관촌출장소, 김제출장소		총부, 영광 중심 활동(각지 방문)
강연주제 (주제중복 피함)	본회 교강대의/일원상/유상무상/인과(법)의 대의/인과법의 정의/영생과 인과/인생의 요도와 공부의 요도 훈련/사은/사은사요/천지부모은/동포은과 법률은/사요 내역/공부의 요도/통합설명/주의사항설명과 창립요론/공부의 8계급/삼강령의 총론/삼강령의 대의/삼강령/삼대력을 조사하라/정신수양/사리연구/연구력/信과 불신/의심과 정성/용심법/우연한 고, 우연한 낙/병 고치는 법/심고의 대의/보통급·특신급 계문/십법계/승급과 강급의 난이/승급강급/인생과 도학/인생과 종교/인생의 眞假生活/인생의 사계단/大善과 小善/선생이거든 배우고 弟子거든 引導 할 일/부모로서 자녀에 대한 관념과 책임/4기념의 의의/법어의두/이소성대/교의문답/단규문답/각종사업기관문답/금수와 인생의 구별처/본회 역사설명/천지상생의 원리/단결의 偉力時/진실한 각오/덕/승급과 강급/公法의 위력/近頃所感의 一二/본말론/본말을 알라/육도초월/경외심을 놓지맙시다/정신을 개혁하여야 한다/혁신적 정신을 가지자/공부인의 취득/인생과 도덕/자유연구의 감상/감상보고/회보소개/단금수합 의견심의/사업성적부 체표/자유연제/天意와 인심/자아에 있음을 알라/자포자기를 맙시다/수입 지출을 알라/저금통장/이용을 하라/		신흥분회 9월 8일(송규 씨 登席하여「본말론」이란 題로 講話를하니 座中에 모인 남녀 대중은 공부하여 가는데에 한 길을 얻음과 같은 느낌이 되었다 (월보40호)

	돈버는 방식/의견제출/대력금강이 되라/수도자여/재래 수도와 우리 수도/심불과 극락/극락가는 방법/무산락을 얻으라/복의 내역/만법의 근원을 알자/원시경과 근시경/죽은 사람과 산 사람/우리의 아상/우치한 욕심과 지혜있는 욕심/음부경 해설/시사만담/대국의 변천과 시대적 교법/진발심/세계에 높은 위는 배우는 자에게/육도/일체유심조/만법유심/은혜로써 원수를 삼지 말라/세 가지 비결/표준을 세우라/우리는 송죽이 되자/利害의 正見/虛와 滿/忍苦福生/一念/담담여수/同而異/常懷慶幸之心/교헌설명/근행법/단규원칙/조단	
여타 강연자명단	김기천/송도성/전음광/송만경/권동화/김영신/박대완/송봉환/이공주/유허일/박길선/이동진화/조갑종/송벽조/조원선/이완철/이재문/이원화/이춘풍/조전권/김삼매화/민자연화/이형국/성성원/이성각/이정원/이현공/이천갑/이동안/정일성/서대원/박사시화/이운외/권대호/성정철/김광선/조송광/양원국/장적조/이호춘/이청춘/이준경/오창건/김대거/박창기/김형오/서공남/양혜성/박제봉/오종태/조만식/정관음행/지환선 外	초기교단의 주요인물

이어서 <도표5>를 통해서 회원들의 강연에 대한 의견은 어떠했는지 살펴보고자 한다. 강연 평론이란 개인의 강연에 대한 비판적 시각 및 평가의 성격을 지닌다는 점에서 강연 자체에 대한 관점을 파악하는데 용이하다[125]고 본다.

강연은 초기교단의 사리간 혜두 단련법으로서 회화와 더불어 중요한 공부법이었다. 강연의 중요성이 『월말통신』의 「회설」에 등장하여 그 비중이 대단하였음을 알 수 있다. 전음광은 「회설」에서 강연 방식의 사항들을 지적하고 있다. 즉 강연 서두에 교서를 봉독하고, 연사는 강연 후 청중의 질문에 답변해야 한다는 것이다. 그에 의하면 강연 방법은 종래와 같이 몇 명의 연사가 출석하여 각자의 의견만을 기술할 것이

125) 구체적으로 강연의 평론은 강평과는 다른 의미로, 강연에 대한 자유로운 의견 개진과 평가에 대한 시각을 포괄하여 언급하는 것으로 보면 좋을 것이다.

아니라면서 그와 같이 지적하였다.[126] 정기간행물의 「회설」이 차지하는 비중은 오늘날 일간지의 '사설'과 같은 비중이라는 점에서 의미심장한 것으로 볼 수 있다. 강연과 관련한 「회설」이 또 등장한다. 「예회를 존중히 하라」(월보 40호, 원기17년 9월)는 「회설」에서 강연에 대한 의견 제안으로, 연사의 강연을 들을 때 '더럽힌 뇌수를 시원한 호해수(浩海水)로 세탁하여 초인간적 청정미를 맛볼 수 있을 것'이라며 대중들에게 강연을 들을 때 깨달음을 얻음은 물론 법력의 증진을 권면하고 있다.

회원들의 강연발표 후의 평가도 돋보인다. 여성 회원들이 강연을 하면 남성 회원들이 평가를 하는 방식이 더욱 흥미롭다. 강연평가를 보다 흥미롭고 엄정하게 하려는 측면으로 이해된다. 동성끼리 있을 수 있는 원근친소의 평가를 우려하여 사전에 이를 극복하려는 의도가 그것이다. "김영신씨의 의견에 의하여 연사의 목적으로 선원 및 임원 측에서 권동화 김영신 박길선 정라선 4씨를 선구(選球)하여 또 1조를 성(成)하여 매석(每夕) 1조씩 강연을 연습하면, 김기천 송도성 문정규 이춘풍 이동안 제씨(諸氏)로 비평원에 추(推)하여 각 연사의 강연한 것을 호점(呼點)케 하고, 또 비평원끼리 호점한 이유를 변론하여 감정한 후 1조와 2조를 상대로 총수를 비교하여 승부 보게 됩니다."[127] 김영신 교무는 이 같은 성찰적 의견 제안을 통해 강연 평가의 객관성과 엄격한 평가방식을 갖추도록 함으로써 강연에 임하는 연사들의 진지함과 긴장감을 통해 강연

---

126) "講道 방법도 종래와 같이 幾個人 연사가 출석하여 각자의 의견을 述할 것이 아니라 교과서를 1편씩 一齊 낭독하고 낭독을 마친 후 회중에 질의를 許하야 연사는 이를 해답하여 주기로 되었다. 금년까지 민중들의 의아심을 유발케 되고 이에 대한 각종 蜚言搖語도 없지 아니 하였다."(전음광, 「회설-番 水害는 우리의 受驗期 大圓 同校正人」, 『월말통신』 28~29호, 불법연구회, 원기15년 6월).

127) 『월말통신』 16호, 불법연구회, 원기 14년 6월(도표 5의 1항).

효과를 얻도록 했다.

이처럼 강연과 관련하여 깊은 관심을 가진 김영신이 제안한 「대중집
회시 주의요건」128)을 소개하여 본다. 청중의 강연을 듣는 태도와 관련한
것으로, 소태산 이하 누구를 막론하고 강연자가 강연을 잘하든 못하든
실소(失笑)하는 것은 결례라고 하였다. 또한 연사가 강연을 성의껏 한다
고 해도 청중은 청법에 성의가 없으면 말문이 막히고 인격을 무시할
수 있다며 강연자의 고충을 대변하고 있다. 이는 김영신 자신이 강연에
자주 등장한 원인도 있겠지만, 교리 향상을 위해 누구를 막론하고 연사
및 청중으로서 정기훈련에 진지하게 임하는 자세가 중요하다는 것을
환기시키는 내용이다.

〈도표5〉 회원들의 강연평론

번호	강 연 평 론	정기간행물	비고
1	김영신씨의 의견에 의하여 연사의 목적으로 선원 및 임원 측에서 권동화 김영신 박길선 정라선 四氏를 選球하여 또 一組를 成하여 每夕 1조씩 강연을 연습하면, 김기천 송도성 문정규 이춘풍 이동안 諸氏로 비평원에 推하야 각 연사의 강연한 것을 呼點케 하고 또 비평원끼리 呼點한 이유를 변론하여 감정한 후 1조와 2조를 상대로 總數를 비교하여 승부보게 됩니다.	월말통신 16호 (1929.6)	익산본 관 의 근황
2	삼대강령을 전문적으로 훈련시키기 위하여 매년 夏3월 冬3월로 정식 禪期를 두고(陰 5월6일 결제 同 8월6일 해제, 同11월6일 결제 익년 2월6일 해제) 입선인을 모집하여 6과정(좌선, 염불, 회화, 강연, 경전, 일기)으로 나날이 薰陶講磨의 功을 加하여 그 동안 저 진속의 모든 습관을 묵히고 대도의 광명을 더우잡게 하는 것(右答案人 권동화 박길선 이공주 외 구두 제출인 약간).	월말통신 18호 (1929.8) 「교법상으로 본 요법·입선전 문훈련법」	제 1 회 교의문 답안
3	연습 성적 內에도 갑·을 양반으로 나누어 있으니, 갑반이라	월말통신	익산본

128) 『월말통신』 19호, 불법연구회, 원기 14년 9월(도표 5의 4항 참조).

번호	강 연 평 론	정기간행물	비고
	함은 좌선 염불 경전 강연 회화 일기 6과정을 다 훈련받은 반이요, 을반이라 함은 6과정 內 다른 과정은 같이 진행하였으되 일기만은 老衰眼昏하여 하지 못하고 일기시간에 염불로 대행한 반이니, 즉 말하자면 삼강령의 훈련 중 취사공부만 빠진 셈이다.	18호 (1929.8)	관8월6일
4	종사주 이하 어떠한 사람이든지 등단하여 강연 설명을 할 때에는 그 사람이 잘 하였든지 못하였든지 듣는 자체에 있어서는 2~3인 서로 이야기를 하며 웃는 것은 큰 실례라고 생각합니다. 우리는 배우는 자입니다. 타인의 잘한 것은 실행토록 잘못한 것은 고치도록 전감은 삼을지언정 그 장소에서 소근거리며 웃는 것은 각자가 會席에 참예한 목적을 망각한 표정입니다. 어느 곳을 물론하고 衆人이 모이는 곳일수록 개인 개인이 주의하여야 회석은 문란하지 않으며 또한 연사의 말소리를 분명히 들을 수 있습니다. 그뿐만 아니라 연사는 자기의 誠力껏 하나 듣는 대중의 열성이 적고 보면 좋은 말문이 막히고 또 인격을 무시하는구나 하며 오해하기가 쉬우며 오해는 안한다 하나 호감은 아니오니, 방청하는 우리 공부자는 회석에서 사담을 금지합시다.	월말통신 19호 (1929.9) 김영신, 「대중집회 시 주의요건」	
5	講道 방법도 종래와 같이 幾個人 연사가 출석하여 각자의 의견을 述할 것이 아니라 교과서를 1편씩 一齊 낭독하고 낭독을 마친 후 회중에 질의를 許하여 연사는 이를 해답하여 주기로 되었다. 금년까지 민중들의 의아심을 유발케 되고 이에 대한 각종 蜚言謠語도 없지 아니하였다.	월말통신28-29호 (1930.6) 전음광, 「회설-番水害는 우리의 受驗期 大圓同校正人」	익산본관 6 월 16일
6	秋收의 方劇임도 불구하고 每夜 평균 28~9명의 회우가 參集하여 상순에 회화, 중순에 경전, 하순에 강연 이와 같이 정하여 織組講談하는 바 때로 禪時의 感을 일으키더라. 前月信에 보도한 바와 같이 이청춘 정세월 이대교 정라선 諸氏는 방금 蠶繭製絲에 노력중이더라.	월말통신 31호 (1930.8)	각지근황익산본관
7	일반회원이 무사하고 비록 각기 사무에 분망한 중이라도 아침 좌선과 저녁 강연은 기필 이행하여 아주 낙도의 생활을 하고 있음. 이 앞으로 얼마만 지내면 秋事가 분망할 것은 사실이나 아직은 그리 대단치는 않습니다.	월보 40호 (1932.9)	각지근황익산총부

번호	강 연 평 론	정기간행물	비고
8	예회는 전문공부를 한 사람에게도 없어서는 안될 필요한 期日이다. 그뿐 아니라 그날만큼은 복잡한 塵累를 떠나 신선한 회당에 와가지고 친절한 동지도 상면하며 법사의 법설이나 연사의 강도를 들을 때 더럽힌 뇌수를 시원한 浩海水로 세탁하여 초인간적 청정미를 맛볼 수 있을 것이다. 그리고 참된 마음으로 사실다운 예회를 본 사람일진대 남의 말도 듣고 나의 의견도 교환할 때 상당히 얻은 바가 있으리니, 정신이 한가하고 마음이 밝을 때면 법사의 일언하에 인간고해와 생로병사를 초월할 능력도 얻을 수 있을 것이다. 설사 이러한 큰 얻음은 얻지 못한다 할지라도 그 사람의 정도를 따라 약간 약간의 얻음은 있을 것이며, 그 공부에 주력하는 시간만큼은 다른 사심이 침노치 못할 것이니 은연자연 중 공부 진행상 이익됨이 실로 많을 것이다.	월보40호 (1932.9) 전음광, 「예회를 존중히 하라」	회설
9	재래의 예회는 오전에만 限하여 법사의 법설이나 연사의 講道만 듣게 되었으므로 그 信과 誠을 촉진하였을 뿐이요, 실제 공부 진행상의 계통적 次第道法을 얻을 수 없다 할지 모르나, 현재는 그와 式을 변경하여 오전부와 오후부로 나누어 가지고 오전에는 법사 혹은 연사의 설법이 있어 청중의 혜두를 개척시켜주며, 오후에는 2~3인씩 반을 정하야 경전의 字音通音과 의지해석을 실습시키고, 남은 시간을 이용하는 연구자의 10일간의 경과보고와 의두문답과 감각감상 처리한 바를 제출하여 상호 의견을 교환케 하나니 형식과 사실을 아울러 공부상 실익됨이 무수할 것이며, 참다운 생각으로 오는 자라면 일취월장의 공부는 되지 못한다 하더라도 점차 그 昭然한 길을 알게 될 것이다.	월보40호 (1932.9) 전음광, 「예회를 존중히 하라」	회설
10	농촌진흥책에 관하여 各區에 순회강연을 하게 되었는데 當 지부로 연사 1인을 초빙하였으므로 송도성씨를 파견하여 5일간 各區에 순회 강연하는 중 특히 본회의 정신을 일반에게 선포하였으며, 巡講의 최종일에는 當 지부강당으로 장소를 정하여 各 담임자의 강연이 있었고, 끝으로 종사주 친히 법좌에 오르사 諄諄 명쾌하신 법설로써 인생생활의 파멸의 원인과 自救의 방책을 말씀하시니 자리에 모인 모든 청중들은 한사람도 点頭唯唯하지 않은 자 없으며 모두가 황공감격에 넘치는 태도이더라.	월보41호 (1932.10)	각지상황영광지부
11	강연이라 하는 것은 여러 經傳 연구 중에 한 문제를 지정하고 해설함을 이름이나 의견교환 서로 되고 어법 또한 익혀	월보44호, (1933.1)	

번호	강 연 평 론	정기간행물	비고
	져서 혜두단련 하게 하네. 회화라 하는 것은 문목 감상 물론 하고 자유대로 언론하여 또한 혜두 단련하네. 회화 강연 小異하나 자유구속 그 가운데 바른 지혜 단련일세. … 염불 좌선 두 과정은 정신수양 방편이요, 경전 회화 강연이며 문목 성리 이 과정은 사리연구 방편이요, 정기일기 시킨 것과 주의 조행 조사법은 작업취사 방편이요, 수시설교하는 것은 모든방편 지도하네.	김기천, 「교리송」下.	
12	저 세상 오욕의 前 습관은 없어지고 사은사요와 삼강령팔조목과 솔성요론과 계문 등의 좋은 법으로 새 습관이 들었으니, 이것은 우리가 입선을 한 결과 습관이 변경된 것이요, 또는 회화 강연 한다, 법설을 듣는다, 經傳을 연습한다 함에 따라 전에 모르던 것을 많이 알았으니, 이것은 역시 우리가 입선을 한 결과가 아닌가.	회보1호, (1933.8) 서대원 수필, 「입선의 효력」	법설
13	익산교당에서 종사님 법좌에 출석하서 대중을 향하여 말씀하여 가라사대, 제군은 법사의 설법이나 혹은 연사의 강연을 듣게 된 때에는 반드시 주의할 바가 있나니 그것은 다름이 아니라 곧 그 말을 들을 때에 인형 허수아비와 같이 앉아 있지 말고 오직 은금보화나 얻을 듯이 정신을 고누고 들어 보라는 말이다. 왜 그런가 하니 가령 저 법사나 연사 편에서는 아무리 유익한 말을 한다 하더라도 듣는 사람들 자체에서 아무 요령을 잡지 못하고 건성으로 듣는다면 추호의 유익도 얻지 못하게 되는 까닭이다.	회보29호, (1936.10) 이공주 수필, 「설법이나 강연을 듣는 諸君에게」	법설
14	종사주께서 출좌하서 설법하시는 아래에 청법하는 것과 조금도 다름없는 엄숙한 기상이었다. 다음은 강연이다. 나에게 강연을 청하였으나 일반에게 보감될 만한 말씀을 못드린 것이 미안할 뿐이었다. 예정 순서도 끝나자 시계는 4시를 알리니 이로써 폐회하고 교당 소제까지 깨끗이 마치고 각기 집으로 발을 돌리는 여러분의 얼굴에는 희색이 만면하게 보였다.	회보42호, (1938.2~3) 김형오, 「김제방면을 다녀와서」	
15	야회에는 교과서를 실지 훈련시키기 위하여 교과서 내에서 형편에 따라 문제를 정하고 강연을 한다는데, 이번은 회원 수지내 20계문에서 연제를 정하였다 한다. 남녀노소를 물론하고 순서를 띠리 활발하게 등단하여 의기 있게 열변을 토하는 것이 교화상 적의의 선책이라 아니할 수 없었다.	회보 49호, (1938.11) 김형오, 「김제원평 지부를 다녀와서」	

아울러 <도표6>을 통해 「교당의 등장과 삼(三)예회강연 기록」에 대하여 살펴보고자 한다. 당시 정기간행물의 기록을 통해 확인할 수 있는 것은 익산본관 예회의 강연일지가 빠짐없이 수록되었다는 점이다. 각 교당의 3예회록도 일지 형식으로 수록됨과 동시에 그곳 강연도 예외 없이 기록되었다. 그 이유를 보면 익산본관은 불법연구회의 중심이자 소태산이 주재하였다는 점에서, 또한 기록자로서 송도성과 전음광이 익산총부에 거주하고 있었다129)는 점에 그 원인이 있을 것이다. 아울러 초기교단의 주역들로서 정산(영광), 이공주(경성), 김기천(부산), 박대완(김제), 김광선(진안) 등과 같은 창립 인재들이 지방의 각 교당에 주재하면서 훈훈한 법풍을 계승하고 있었기 때문이다.

<도표6>은 1928년(원기 13) 『월말통신』 2호부터 강연 기록이 등장한 이래 1940년(원기 25) 『회보』 65호 폐간까지 총부와 각 교당의 기록을 쉽게 접할 수 있다는 점에서, 13년간의 모든 교당의 예회 및 강연 상황을 알 수 있다. 13년이라는 긴 세월동안 원불교 중앙총부와 지방교당의 예회 전개 및 강연상황이 정기간행물에 모두 수록되었다는 것은 높이 평가할만한 것으로 초기교단사의 일거수일투족을 파악하는데 수월하다. 이러한 역사적 기록은 교당 창립사와 강연에 관련된 예회활동 상황을 알 수 있게 해준다는 점에서 그 의의가 크다. 역사는 세상의 거울이라 하였으니, 어느 시대를 막론하고 모든 일의 흥망성쇠가 다 이 역사에 나타나는 까닭이라130)는 법어를 설한 정산은 이때 교단사의 중심에 있었다.

전 교단적인 3예회록에서 알 수 있듯이 익산본관과 일선교당의 예회

---

129) 익산본관 연구부 서기로는 송도성, 교무부 서기로는 전음광, 서무부 서기 김영신 이었다(박용덕, 선진열전 1-『오, 사은이시여 나에게 힘을 주소서』, 원불교출판사, 1993, p.33).
130) 『정산종사법어』, 권도편 37장.

상황을 보면 각 교당이 창립됨과 동시에 강연이 곧 바로 전개되었으며, 예컨대 경성교당, 영광교당, 부산교당, 진안교당, 대판교당, 관촌교당, 김제교당, 남원교당, 개성교당, 운봉교당, 이리교당 등의 예회기록이 빠짐없이 드러난다. 이는 익산총부 및 교당발전사뿐만 아니라 불법연구회 전 회원들의 공부 정도를 짐작케 한다. 익산총부의 강연 법풍이 각 교당으로 전파되는 교세에서 알 수 있듯이 소태산은 교당 파견의 대비 차원에서 제자들에게 철저히 강연을 연습시켰다.

〈도표6〉 교당의 등장과 삼(三)예회강연 기록

번호	연 도	정기간행물	강연교당 첫 수록	「강연」코너	비 고
1	1928.6	월말통신2호	익산본관(총부)	「各地會合」일지	
2	1928.12	월말통신10호	경성지부	「각지회합」	
3	1929.2	월말통신12호	영광지부	〃	
4	1929.3	월말통신13호	영광신흥분회	〃	
5	1932.4	월말통신35호	김제출장소	〃	
6	1932.5	월보36호	부산출장소 진안출장소	〃	1) 삼예회마다 강연상황을 수록함. 2) 교당의 사정상 강연일지를 중간에 생략한 경우도 있음
7	1932.10	월보41호	진안좌포리지부	〃	
8	1933.8	회보1호	영광학산분소	〃	
9	1934.8~9	회보11호	진안마령출장소	〃	
10	1934.11~12	회보13호	부산남부빈정지부 김제용신출장소	〃	
11	1935.7	회보18호	부산초량출장소	〃	
12	1935.8~9	회보19호	대판지부	〃	
13	1935.12~36.1	회보21호	대판서성구지부	〃	
14	1936.7	회보26호	관촌출장소	〃	
15	1938.1	회보41호	신천리지부	〃	
16	1938.10	회보48호	남원출장소	〃	
17	1938.11	회보49호	개성출장소	〃	
18	1939.12	회보61호	운봉출장소	〃	
19	1940.6	회보65호	이리출장소	〃	

이처럼 초기교단의 강연은 정기훈련 과목으로서 가장 중시한 과목으로 간주되었고, 지방에 교당이 설립되면 바로 예회 순서에 강연을 넣도록 하는 상황이었다. 『불법연구회규약』에서는 강연이 단지 문목과 의두의 부속어로서 의미 부여된 것에 한정되었지만, 『육대요령』을 비롯하여 『정전』에서 정기훈련 과목으로 정착된 것은 강연이라는 정기훈련 과목의 중요성에 기인한다. 익산 본관의 강연시간에는 소태산 자신도 임석하여 제자들의 강연 상황을 꼼꼼히 지켜보면서 보설과 칭찬도 아끼지 않았으며, 초기교단의 법풍은 구전심수의 철저한 일과 속에서 유지되었다.

구전심수의 바람직한 현상으로서 강연이 전 교단적으로 확산될 수 있었던 것은 교조 소태산의 지극한 관심과 더불어 제자들의 강연연습 후 교리에 대한 자신감, 나아가 진리의 깨달음에 대한 의욕이 일선교당에서도 함께 하였기 때문이다. 또한 정기간행물에서 각 교당에 전개된 강연 상황을 빠짐없이 수록하였던 점은 당시 관련회원들의 교단관 및 역사의식에 바탕한 것이었다. 만일 어느 교당의 강연이 부득이 진행되지 않게 된다면 강연상황이 정기간행물에 기재되지 않기 때문에 누구나 이를 알 수 있도록 했다는 점은 은연중 훈련 차원에서 강연을 할 수밖에 없는 교단의 분위기로 이어졌다. 이러한 상황에서 예시된 도표들에 의한 초기교단의 강연 분석의 결과를 통해 모색될 수 있는 강연의 의의와 과제는 무엇인가를 살펴보고자 한다.

4. 강연의 의의와 과제

불법연구회 훈련의 한 과정과도 같이 강조된 강연실습은 사리간 지혜 단련이라는 점에서 교리 연마의 주된 과정이었다. 매월 3예회 때에는 어김없이 강연이 진행되었고, 동하 정기훈련 때에도 강연이 훈련 교과목으로서 강조되었다. 당시의 강연은 회화와 더불어 혜두 단련의 양 날개로 인식되었는데, 강연은 한 주제에 구속을 주어 단련시키며, 회화는 그 혜두에 자유롭게 단련시켜 구속과 자유 사이에서 진정한 혜광을 얻도록 하였다.131) 이처럼 중시된 강연은 초기교단의 교리 터득의 장이자 교역자 배출의 교육과정이었다. 새 교당이 설립되면 그곳에 배치되어 교법을 전파해야 하기 때문에 교역자들로 하여금 사전에 강연을 연습하도록 한 것이다.

따라서 회원이라면 누구나 진력하여 강연을 할 수밖에 없었고 소태산은 여기에서 보설을 주로 하면서도 때로는 솔선하여 법설 겸 강연도 하였다. 1936년(원기 21) 7월 24일부터 30일까지 초량 4동 산막에 있는 중앙유치원(私設)에서 교리강습을 열었는데, 소태산은 이에 참관하였다. 1주일간 저녁 7시 30분부터 9시 30분까지 2시간씩 <불교혁신론>이란 주제의 교리강습에서 소태산의 법설과 제자들의 강연이 전개되었으며, 당시 김영신은 힘들었던 상황을 다음과 같이 말한다. "나는 경성서 신식 교육을 받은 신식여성으로 소문났는데도 강연 발표를 당하여는 쩔쩔 맸다. 학교 과정에는 이런 과목이 없어 한 번도 해보질 못했었다. 번번이 삼산님을 찾아가 '어쩌면 좋아요?' 하고 성가시게 묻곤 하면 한 번도 싫다는 기색 없이 흔연히 그 요령을 일러주었다."132) 이처럼 강연은 초기교단의 회원이라면 누구나 해야 했으며, 심지어 대 사모(양하운)까지 강연을 하도록 하였으니 참가의 의의가 크지 않다고 할 수 없다.

이러한 초기교단의 분위기 속에서 누구나 참여해야 했던 '강연'의 의

131) 정순일, 「성리개념의 변화와 그 본질」, 『원불교사상과 종교문화』 35집, 원광대 원불교사상연구원, 2007, p.129(주7).
132) 박용덕, 『금강산의 주인되라』, 원불교출판사, 2003, p.313 & p.210.

의에 대하여 「초기교단의 강연분석」 도표(1~6)를 중심으로 살펴보고자 한다.

첫째, 초기교단에서 전개된 강연은 일정한 주제를 가지고 연마한다는 측면에서 오늘의 경우와 관련지어 본다면 교립대학 원불교학과 커리큘럼의 '설교학'을 연상하게 한다. <도표1> 「원불교 교서에 나타난 강연」에서 볼 수 있듯이 『육대요령』의 「정기훈련과목」으로는 "염불, 좌선, 경전, 강연, 회화, 문목, 성리, 정기일기, 주의, 조행, 수시설교"로서 이 '수시설교' 과목이 있었는데, 『불교정전』에서는 "염불, 좌선, 경전, 강연, 회화, 의두, 성리, 정기일기, 상시일기, 주의, 조행"으로 수시설교가 사라지고 상시일기가 그 자리를 대신하고 있다.133) 강연과 수시설교가 한 주제를 놓고 연단에서 발표하는데, 다소 겹치는 부분이 있었을 것이므로 수시설교를 없앤 것으로 본다.

이러한 변천과정에서 볼 때 강연은 수시설교의 역할까지 떠맡은 셈이다. 오늘날 예비교무 커리큘럼의 설교학과 유사한 의미가 있음을 알 수 있다.134) 초기교단의 강연 연습이라는 용어 외에 설교 연습이라는 용어를 찾아볼 수 없는 것도 개념상 중첩되기 때문으로 보인다.

둘째, 「강연을 통한 법풍진작」은 강연장의 훈훈한 법열의 분위기뿐만 아니라 실제 연사로서 강연 주제의 조리 강령을 철저히 연마하도록 하였다는데 의의가 있다. <도표2>에 보이듯이 김제출장소의 강연자 조전권

---

133) 『육대요령』 제3장 훈련편, 공부요도 정기훈련과목.; 『불교정전』, 제3편 수행. 제2장 공부의 요도 정기훈련과목 및 해석.

134) 원광대 원불교학과의 경우, 강연이 예비교역자의 커리큘럼에 없으며, 다만 설강되어 있는 설교학이 이와 유사한 역할을 한다. 대학 원불교학과의 커리큘럼에 속하지 않았다고 해도 예비교역자 겨울방학의 정기훈련에 강연 연습이 있다.

의 「사은사요」와 박대완의 「공부인의 효과」라는 강연에서 "강령 조리를 장시간 설명하여 일반 청중의 이목을 놀라게 하는 동시에 대찬성과 대환영을 받은…"(『월보』40호, 원기17년 9월 28일)이라고 기록되어 있다. 법풍진작이라는 온화한 분위기의 속에서도 반드시 주제의 조리 강령을 통해 강연 연습의 효과를 극대화하였다. 『대종경』 인도품 34장에서 발언에 '상욕눌(常欲訥)'이라 했다. 이를 잘못 해석하면 말만 어눌하게 하면 되는 것으로 오해할 수 있으며, 소태산은 강연·회화도 조리 강령을 따라 엄정히 연습하라고 하였다.[135] 이처럼 강연 법풍의 훈훈함 속에는 조리와 강령이 수반되어야 설득력이 더해져 공부의 효과를 얻는다.

셋째, 강연은 스승의 훈도를 통해 구전심수라는 법맥 전수에 그 의의가 있다. <도표3>「소태산의 보설」을 통해 알 수 있듯이, 연사는 스승의 보설을 통해서 자신의 부족한 점을 보완함으로써 자신감을 얻게 된다. 아무리 훌륭한 연사가 강연을 할지라도 여기에는 스승의 감정과 전문가의 지도가 있어야 발전된 강연을 할 수 있기 때문이다. 중앙총부에서 예회 때 강연이 열렸는데, 정산은 「천의(天意)와 인심」이라는 주제로, 전음광은 「개인생활과 공중사업」이라는 주제로 강연을 했다.

당시 법력과 학식이 갖추어진 두 선진의 강연이 있은 후에도 소태산의 보설이 뒤따랐으니 구전심수의 장으로 활용된 것이다. 소태산은 제자들의 강연 후에 "누구나 이 공부를 하면 시비가 밝아지나니 그것을 잘 이용하면 좋은 것이나, 만일 잘못 이용하면 도리어 큰 죄를 짓게 된다."는 의미심장한 보설을 하였다.[136] 그의 보설은 학식이 있건 없건 제자 모두에게 행해졌으며, 이러한 과정에서 교조 훈도의 법맥이 전해졌다.

---

135) 박장식, 『평화의 염원』, 원불교출판사, 2005, pp.232-233 참조.
136) 『회보』 12호, 불법연구회, 원기 19년 8월 1일.

넷째, 강연의 주체성과 관련한 것으로, 강연은 불법연구회에 있어서 교리를 중심으로 연마하는 것을 원칙으로 했으며, 그것은 계몽가적 교양강의가 아니었다는 점에 의의가 있다. 초기교단의 강연은 교리를 깊이 있게 이해하는 것에 큰 의미를 두고 있었기 때문이다. 그것은 정산의 강연제목에서 알 수 있다. <도표4> 「정산종사(宋奎)의 강연록」을 보면 그가 영광지부에서 주재한 관계로 그곳에서 행한 강연 기록이 주류를 이루며, 그의 강연 주제도 다양하지만 대체로 교리를 중심으로 전개되었다.[137] 이것은 정산의 확고한 교법 인식 및 교단관을 드러내는 것이며, 그의 다양한 소재의 강연 속에서도 교법을 주체화하여 신성으로 강연에 임했다는 뜻이다.

다섯째, <도표5> 「회원들의 강연평론」에 나타나듯이 회원간 강연에 대하여 의견을 개진하였으며, 강연에 대한 평가기준을 설정함으로써 강연 성적을 알 수 있도록 한 점에 의의가 있다. 학교에서 시험을 통해

---

137) <도표4>를 참조하여 교리 및 수도자의 본분 중심의 강연제목을 재정리하면 다음과 같다. 본회 교강대의/정신을 개혁하여야 한다/혁신적 정신을 가지자/일원상/유상무상/인과(법)의 대의/인과법의 정의/영생과 인과/인생의 요도와 공부의 요도 훈련/사은/사은사요/천지부모은/동포은과 법률은/사요 내역/공부의 요도/통합설명/주의사항설명과 창립요론/공부의 8계급/삼강령의 총론/삼강령의 대의/삼강령/삼대력을 조사하라/정신수양/사리연구/연구력/신과 불신/의심과 정성/용심법/우연한 고, 우연한 낙/병 고치는 법/심고의 대의/보통급·특신급 계문/십법계/승급과 강급의 난이/승급 강급/인생과 도학/선생이거든 배우고 제자거든 인도할 일/부모로서 자녀에 대한 관념과 책임/법어의두/이소성대/각종사업기관문답/천지상생의 원리/덕/승급과 강급/公法의 威力/본말론/본말을 알라/육도초월/공부인의 取得/인생과 도덕/천의와 인심/수도자여/재래 수도와 우리 수도/심불과 극락/극락가는 방법/무산락을 얻으라/복의 내역/죽은 사람과 산 사람/우리의 아상/우치한 욕심과 지혜 있는 욕심/시사만담/대국의 변천과 시대적 교법/세계에 높은 위는 배우는 자에게/육도/만법의 근원을 알자/일체유심조/만법유심/은혜로써 원수를 삼지 말라/우리는 송죽이 되자/수입 지출을 알라/일념/본회역사설명/교헌설명/근행법/단규원칙/단규문답.

학업성적을 평가하는 것은 학생의 교육의 질을 향상하고 성취도를 얻도
록 하려는 것이며, 초기교단의 강연 역시 평가를 통해서 연사의 성취감
을 맛보게 한 것은 당시 강연이 갖는 의의라고 본다. 익산본관 3예회
기록(8월6일)을 보면 다음과 같이 거론된다. "연습 성적 내에도 갑을
양반으로 나누어 있으니, 갑반이라 함은 좌선 염불 경전 강연 회화 일기,
6과정을 다 훈련받은 반이요, 을반이라 함은 6과정 내(內) 다른 과정은
같이 진행하였으되 일기만은 노쇠안혼(老衰眼昏)하여 하지 못하고 일기
시간에 염불로 대행한 반이니, 즉 말하자면 삼강령의 훈련 중 취사공부
만 빠진 셈이다."[138] '갑・을'이라는 강연평가를 엄정하게 할 수 있도록
그 표준을 정하였다.

여섯째, <도표6>의 「강연일지와 교당예회상황」에 나타나듯이 익산총
부와 지방교당의 예회 및 강연 상황을 정기간행물에 빠짐없이 기록함으
로써 전 교단의 공부실상을 알 수 있게 했다는 것은 초기교단 강연이
갖는 의의이다. 언론과 출판의 역할이란 그 조직이 갖는 순기능과 역기
능을 살펴, 순기능은 더욱 잘하도록 하고 역기능은 비판적으로 접근하여
개선하도록 여론화하려는 뜻이다.

이러한 맥락에서 익산총부와 각 교당 3예회록의 상황을 불법연구회의
정기간행물이라는 기관지를 통해 기록하여, 예회와 강연의 진행 여부라
는 충실도를 살필 수 있도록 했다는 점에서 강연의 지속성을 촉구하는데
의미가 있다. 본 연구에서는 각 교당의 강연전개 상황과 관련한 도표
작성은 방대한 분량이라 약술할 수밖에 없었지만, 정기간행물의 기록에
의하면 총부 경성지부, 영광지부(송규), 부산출장소(김기천), 김제출장소
(박대완), 진안출장소(김광선) 등의 3예회 및 강연 전개상황이 있는 그대

---

138) 『월말통신』 18호, 불법연구회, 원기 14년 8월.

로 드러난다는 점이다.

다음으로 초기교단에서 전개되었던 강연에 대하여 해석학적 과제를 성찰해 보고자 한다.

먼저 <도표1> 「원불교 교서에 나타난 강연」의 경우, 강연을 포함한 정기훈련 과목이 포괄하는 범주의 한계는 없는지 궁금하다. 즉 현재 11과목(?)이란 용어가 고착화된 현 훈련의 상황에 대한 성찰이 필요하다는 것이다. 오늘날 유행하는 말로 11과목 중심이라고 하는데, 이 '11과목'이라는 용어가 경전 어디에도 없는 것[139]이라는 지적이 있다. 이것은 교서에 나타난 정기훈련 과목이 11과목으로 포괄될 수 있느냐는 우려와 관련된다. 여기에 대하여 초기교서 발간에 참여한 박장식은 다음과 같이 말한다. "보통 정기훈련 11과목이라 하는데, 이것은 11과목이라 정해진 것이 아니라 대체적인 것을 말씀해 주신 것이다. 심고와 기도, 참회하는 법 등 얼마나 해야 할 것이 많은가?"[140] 정기훈련과목 범주의 확대 가능성을 조심스럽게 거론한 셈이다. 『불법연구회규약』(원기 12년)에는 정기훈련 과목이 정해지지 않았지만, 『육대요령』(원기 17년)에 정기훈련 과목이 등장한 이래, 『불교정전』(원기 43년)과 현행본 『정전』에 정기훈련 과목이 정착되었다. 초기교단의 강연에 대한 연구를 시도함에 있어서 원불교 정기훈련 과목의 정착과정에 나타난 강연의 개념에 더하여, 11과목(?)이라는 범주의 쟁점은 앞으로 해석학적으로 풀어야 할 과제라 본다.

이어서 <도표2> 「강연을 통한 법풍진작」의 기록에 나타난 성찰의 과제는 없는가? 교단의 강연과 관련한 법풍 진작에 대한 정기간행물의 기록상황이 매우 부족하다는 점이 지적될 수 있다. 『월말통신』 제1호가

139) 김성장, 「원불교학 연구의 당면 과제」, 《원불교학 연구의 당면》, 한국원불교학회, 2002.12, p.14.
140) 박장식, 『평화의 염원』, 원불교출판사, 2005, p.227.

1928년(원기 13)에 시작되었고 『회보』 65호가 1940년(원기 25)에 폐간되었다는 점에서 강연과 관련한 교단사의 기록 13년 이전과 25년 이후의 지속적인 기록이 없다는 점에서 당시 강연의 법풍에 대한 기록이 아쉬운 부분이다. 물론 3가지 정기간행물의 강연 기록이 남아있는 것만 해도 초기교단사의 보고(寶庫)로서 그 의미가 크다는 점은 부인할 수 없다. 하지만 정기간행물의 강연 기록은 형식적인 면이 적지 않음을 부인할 수 없으며, 더욱이 법풍 진작과 관련한 기록상황은 인색할 정도로 적다.[141] 정기간행물의 지면 관계상 세세한 수록이 어려울 수 있었으리라 보면서도 강연의 법풍 진작에 대한 지면 할애가 더 있어야 한다는 문제제기가 가능한 일이다.

같은 맥락에서 「강연 후 소태산의 보설」이라는 <도표3>의 20항목의 보설 기록을 보면, 그 내용의 구체성이 미흡한 편이다. 소태산의 보설을 보다 구체적으로 수록, 제자들의 강연에 대하여 잘한 점과 부족한 점에 관련된 상세한 기록이 있었다면 소태산의 경륜과 관련한 법설의 상당부분을 발췌하는데 도움이 될 수 있었을 것이다. 아울러 소태산의 모든 연사들에 대한 보설에는 교조로서 중책상 한계가 있었을 것이며, 그로 인해 일부의 제자들에 한정된 보설 기록에 그치고 있는 점이 아쉬움으로 남는다.

<도표4> 「정산(宋奎)의 강연록」에서 제기되는 사항은 정산의 강연 원고가 다른 연사들과 마찬가지로 오늘날 남아있지 않다는 점이다. 정산의 강연원고가 사료로 남아 있다면 교법에 대한 해석학적 의미가 클 것이며, 『정산종사법어』의 결집에도 큰 영향을 미쳤을 것이다.[142] 그러

---

141) <도표2>에 의하면 법풍과 관련한 기록은 12회에 그치고 있다.
142) 박정훈 편저의 『한울안 한이치에』, 오선명 편저의 『정산종사법설』, 박제권의 『정산종사 수필법문』 상~하(원불교출판사, 2008)이 있어 정산의 강연 내용

나 초기교단은 종이 한 장도 귀한 상황이었기 때문에 강연의 원고 기록을 염두에 두기는 어려웠으리라 본다. 정산은 선지자적 지혜로 강연 원고가 필요 없었을 지도 모르며, 그로 인해 간단한 메모만 가지고 강연에 임했을 수도 있다. 하여튼 강연기록의 원고가 발견되지 않는 것은 매우 아쉬운 일이 아닐 수 없다.

이어서 <도표5> 「회원들의 강연평론」에 나타난 과제는 없는지 살펴본다. 교단초기의 정기간행물로서 『월말통신』, 『월보』, 『회보』에서는 각 교당의 3예회에서 행해진 강연자와 강연제목을 빠짐없이 기록하고 있다. 하지만 강연과 관련한 의견제안, 강연 자체의 평론 기록은 매우 적은 편이다. 이는 전술한 것처럼 정기간행물의 지면 부족으로 부득이한 측면도 있을 것이며, 회원들이 강연 연마에 치중한 나머지, 강연 자체와 관련한 토론이 활발하지 못했기 때문이었으리라 사료된다.

<도표6> 「교당의 등장과 3예회강연 기록」의 경우는 어떠한가? 『월말통신』, 『월보』를 계승하여 간행된 『회보』가 폐간된 이후, 총부와 각 교당의 강연기록 상황을 더 이상 정기간행물에서 파악할 수 없다는 점이 아쉽다. 『회보』 폐간 이후 『원광』이 등장하고 있으나 여기에는 주로 개인의 신앙 수행과 관련한 수필집의 성격으로 전환되었다는 점에서 일지 형식의 강연기록을 알 수 없을 뿐만 아니라 각 교당의 예회상황과 관련한 지속적인 기록물도 없다. 1957년 2월에 자체 인쇄시설을 갖춘 원광사에서 격월간 또는 계간으로 『원광』 발간을 시작하면서[143] 신앙 수행담의 기록 중심으로 변화되었다. 다만 불법연구회는 1927년(원기 12년)부터 『사업보고서』를 발행하기 시작하여 교당인물사 및 발전사는

이 제자들의 노트기록 등에 의해 편찬되고 있는 것은 그나마 다행이다.
143) 『원불교사』 제3편 성업의 결실, 제5장 개교반백년의 결실.

다소 파악할 수 있지만[144] 강연에 대한 지속적인 기록은 없다는 점이 아쉬움으로 남는다.

어떻든 초기교단에서 그토록 강조하였던 매 예회시 2~3연사의 강연을 통한 법풍진작은 앞으로 어떻게 계승해야 하는가? 초기교단의 전통에 의해 한동안 일선교당에서 활발하게 전개해 왔던 교리 강연회가 오늘날 사라지고 있는 것을 어떻게 해석해야 하는가? 이에 신앙과 수행에 맞게 강연 프로그램을 개발해야 한다는 과제가 등장할 법하다. 교화의 목적은 개인 및 사회구원에 있으므로 각 교당이나 기관에서는 그 특수성을 감안한 실질적인 프로그램 개발이 필요하며, 교리강연 등은 계층별 혹은 특정지역의 정서에 맞게 운용되어야 한다[145]는 지적이 이것이다.

5. 확신과 설득력

초기교단에서 정기훈련과목으로 중시된 강연이라면 당시 강연구성의 구체적 방법론은 기록에 없었을까 하는 의구심이 있을 수 있다. 정기간행물에는 나타나지 않지만 선진어록에 이와 관련한 언급이 있어 주목된다. 이는 초기교단 시절 신지식을 섭렵한 박창기(1917~1950)의 글로서 오늘날 『묵산정사문집』에 나타나 있다.[146] 여기에서 언급한 「강연의 도」를 보면 당시의 상황을 직간접으로 알 수 있다. 이를테면 강연은 자신이

---

144) "초기 교서류와 정기간행물, 사업보고서, 각종 회의록 등과 그리고 구술자료들이 최대한 활용되어야 한다."(신순철, 「불법연구회 창건사의 성격」, 김삼룡 박사 화갑기념 『한국문화와 원불교사상』, 원광대학교 출판국, 1985, p.910).
145) 박혜명, 「교화실용주의의 실현은?」, 『원광』 284호, 월간원광사, 1998, p.24.
146) 청하문총간행회, 『묵산정사문집』, 원불교출판사, 1985, pp.170-173.

하고자 하는 말에 확신을 가지고 상대방을 설득하는 것이 '강연의 목적'
이라 밝히고 있다.

또한 '강연 준비'는 평소에 시간이 있을 때 좋은 책을 많이 읽을 것이
며, 남의 강연을 통해 예화를 준비하도록 하라고 하였다. '강연의 주의사
항'으로는 중요한 말을 빼놓지 말고 하라 하였으며, '강연의 자세'는 자
연스럽게 하여 청중의 인상을 상하지 않도록 하라고 했다. 강연의 방법
과 강연시의 의복, 강연 언어, 강연 연습의 방법 등을 항목별로 상세히
거론하고 있다.147) 본 기록이 어떠한 방식으로 연사들에게 교과서적 역
할을 하였는지는 알 수 없지만, 당시의 기록물로서 상당한 영향을 주었
으리라 추측한다.

알다시피 강연은 교단 최초의 교서인 『수양연구요론』(1927년 3월刊)
에는 보이지 않고 동년 2개월 뒤에 발간된 『불법연구회규약』에 처음으
로 나타나며, 여기에서 강연은 정기훈련 과목으로는 확정되지 않았는데

---

147) 「강연자세」 1) 연단에 나오고 들어갈 때 경솔한 행동과 거만한 태도를 삼가
되도록 恭肅하게 할 일, 2) 경례는 직립한 후 합장을 하고 약 30도를 표준하여
공순히 할 일, 3) 다리는 左足을 조금 앞에 내어 놓고 뒷발에 체중을 두었다가
혹 다리가 아프거든 가끔 바꿀지며 신체는 과히 흔들거나 너무 목석같이
섰거나 하지 않도록 할 일, … 「의복」 청결하고 단정하게 하며 그때에 적합한
의복을 입도록 할 일, 「언어」 언어는 청중의 인상에 큰 관계가 있으므로
될 수 있는대로 겸손한 어조로 할지며 훈시나 敎諭的 언사와 너무 俗되고
야비한 언사는 절대로 피하며 타인 공격이나 자기선전 등은 더욱 주의하여
하지 않도록 할 일, 「연습방법」 참고 될 만한 강연을 필기해 두었다가 거기에
연구를 加하여 가지고 실지로 하여 보는 것이 처음으로 하는 사람에게는
좋은 도움이 될 것이다. 「군중심리」 군중심리라 하는 것은 자기 개인의 판단
력이 약해지고 공통적 심리로 합해지고 동시에 이해력이 저하되는 것이니
이 심리를 잘 알아가지고 될 수 있는 대로 알기 쉽고 흥미 있도록 할지며
만일 군중심리가 없으면 이 심리를 일으켜 가지고 할 것을 잊지 말을 일(묵산
정사문집).

단지 연구 문목을 연마(강연)하는 것에 의미를 부여하였다. 1932년(원기 17)에 발간된『육대요령』에 강연이 처음으로 정기훈련 과목으로 설정된 뒤 오늘에 이르고 있다. 소태산은 강연의 중요성을 인지하여 초기교단의 법풍 진작[148]을 도모하였으며, 강연을 예회와 정기훈련에 필수과목으로 하였다. 강연 후 소태산의 보설을 통해 제자의 신성과 혜두단련을 유도하였으며, 그를 계승한 정산 역시 철저한 강연을 통해 교리 연마는 물론 교단 미래의 방향을 대비하였음을 확인할 수 있다. 당시 강연과 관련한 의견개진의 사항을 보면 강연의 중요성과 방향을 감지할 수 있으며, 각 교당 예회의 강연기록을 보면 익산총부뿐 아니라 일선 교당에서의 강연전개 상황까지 파악할 수 있다.

하지만 초기교단에서 중시된 강연은 오늘날 크게 주목을 받지 못하고 있는 상황이다. 당시 강연은 3예회는 물론 정기훈련시간에 필수과목으로 등장하여 당일에 2~3인의 강연이 진행되었고 강연의 평가도 반드시 뒤따랐지만, 현재 간헐적으로 원불교중앙총부의 법회시간에 강연 대신 경강(익산총부)이 진행되고 있을 따름이며, 전무출신 훈련에서 강연은 형식적으로 전개되고 있는 실정이다.[149] 예비교무의 교과과정 중에는 강연 과목이 있는데, 영산선학대의 경우 11과목으로 설정되어 있으며, 원광대의 경우 설교학이 이를 대신하고 있다. 초기교단의 강연을 오늘날 어떻게 부활해야 할 것인가의 과제가 남겨진 셈이다. 강연은 고금에

---

148) <도표2>의 2항과 4항 등에 나타나듯이 강연을 듣고 방관자가 회원으로 입회하였고, 회비도 다투어 희사하는 등 법열 충만 그대로였다.

149) 원불교중앙중도훈련원에서는 2000년대 전후하여 매년 전개되는 전무출신훈련의 프로그램의 강연시간(90분)에는 훈련단별(10여명) 각자 5분정도의 시간을 통해 輪講하는 정도에 그치고 있으며, 원불교 100년을 대비하여 '자신성업봉찬'의 일환으로 대산종사의 대적공 법문을 중심으로 강연에 임하고 있다. 이에 대한 구체적 평가작업 없이 진행되고 있는 실정이다.

걸쳐 교역자로서 교리연마의 주요 과목이라는 점에서 앞으로 설교, 경강, 강연을 한 범주로 하여 인재교육에 있어서 중시해야 할 것이다.

다만 강연과 관련한 본 연구에 있어서 소태산을 비롯하여 정산 및 창립선진들의 강연 내용이 원불교 교서결집에 어떠한 영향을 미쳤는지에 대한 것은 파헤치지 못했다. 강연이 교서결집에 영향을 미친 것으로, 일례를 들면 강연을 듣는 태도와 관련한 법문으로서『대종경』수행품 25장의 내용이『회보』29호의 내용과 직결된다.[150] "그대들이 법설이나 강연을 들을 때에는 반드시 큰 보화나 얻을 듯이 정신을 고누고 들어야 할 것이니…."(수행품 25장)와 "제군은 법사의 설법이나 혹은 연사의 강연을 듣게 된 때에는 반드시 주의할 바가 있나니…."(회보29호)의 법어가 그것이다. 이에 대하여 보다 적극적인 접근이 필요하며, 그러한 작업은 원불교 경전의 재결집이나 경전 법어의 상황성 파악에 일익이 된다.

앞으로 초기교단의 정기훈련 과목으로 중시된 강연에 대한 지속적인 접근은 교단의 강연 활성화에도 도움이 될 것이다. 강연 주제의 대상으로 의두, 성리, 교리, 사회현안은 모두가 일선교화 및 혜두단련에 도움이 되기 때문이다. 교단적으로 강연 전개의 빈도가 낮아진 현 상황에서 강연의 활성화가 필요한 이유이다. 강연의 빈도가 낮아진 이유, 그리고 강연 활성화를 위한 방향 및 방법론에 대한 연구는 과제로 남는다. 본 연구에서는 강연의 개념이 정착된 과정과 소태산의 강연보설, 나아가 강연 연사들의 법풍진작, 소태산을 계승한 정산의 강연 내력, 강연이전 교단적으로 전개된 상황을 파악함으로써 초기교단의 강연에 대한 분석에 무게를 두었다.

---

150) 이공주 법설수필,「설법이나 강연을 듣는 諸君에게」,『회보』29호, 불법연구회, 원기21년 10월.

제4장

정기훈련법의 성찰
- 정기훈련 11과목의 성찰을 중심으로 -

1. 개교동기와 훈련

　교화·교육·자선이라는 원불교 3대사업 중에서도 그 중심의 과제는 단연 '교화'이다. 원불교 출현의 동기가 인류의 교화와 직결되어 있기 때문이다. 원불교 「개교의 동기」는 파란고해에서 고통 받고 있는 중생을 낙원세계로 인도하는 것이며, 이를 위해서 교화가 활성화되어야 한다. 교화의 활성화에는 여러 방법이 있겠으나 교화의 주체인력에 대한 훈련은 필수적이며, 여기에서 교화와 훈련은 밀접하다. 교화의 범주에 훈련이 소속되는 경향이 있지만, 훈련의 중요성을 감안하면 교화·교육·자선·훈련이라는 4대사업이라 해도 틀린 말은 아니라고 본다. 그만큼 훈련은 종속변수에서 독립변수로 전환이 가능하다는 뜻이다. 하지만 엄밀한 의미에서 교화와 훈련을 관련짓는데 있어서, 교화는 교육·자선·훈련 등의 종합적인 활동의 과정으로 전개되며, 훈련은 훈련기간 중의 일정한 목표에 따라 진행하는 수련과정이다.[151] 여기에서 원불교의 교화적 역할로서 훈련에 대한 재인식이 필요하다.

교화는 우선적으로 자신교화 곧 자기훈련부터 그 실마리를 풀어갈 수 있다고 본다. 원불교 100년대의 교단 발전의 방향과 과제로서 원불교를 향도하는 구성원 자신들에 대한 훈련과 그 중요성 인식이 필요하다. 훈련을 여하히 인지하느냐에 따라 훈련 목표의 성취가 가늠될 수 있기 때문이다. 원불교 훈련법에서 자신훈련의 목적은 기질 및 심성변화를 통한 일원상의 진리에 합일하자는 것이다. 대산종사는 대종사가 제정한 정기훈련과 상시훈련을 통해 철저한 자신훈련으로 기질변화를 시켜 일원대도의 대법륜을 자신과 가정과 사회와 국가세계에 굴리어 그 광명을 널리 비추어야 한다[152]고 하였다. 따라서 일원상 진리에 합일하는 삶을 위해서는 훈련의 중요성을 인지하고 자기훈련에서 이웃훈련으로 확대되도록 해야 한다.

이 같은 원불교 훈련의 중요성에 비추어볼 때, 그동안 교단적으로 전개되어온 원불교 훈련 중에서 '정기훈련'에 대한 비판적 시각이 적지 않았던 것도 사실이다. 여기에는 여러 이유가 있겠지만 정기훈련의 개념에 대한 이론 정립의 미비라든가, 훈련 실제의 효율성이 기대만큼 드러나지 않았던 점이 지적될 수 있으리라 본다. 정기훈련의 중요성이 이념적으로 강조된 반면 실제에서 뒤따르지 못함으로써 개개인들이 체감하는 중요성은 이미 일상화되어진 감이 없지 않다.[153] 출가자들에게 매년한번 전개되는 정기훈련법 인식의 매너리즘, 형식상의 반복적인 수행,

151) 박혜훈, 「21세기의 원불교 교당교화 방향 모색」, 『원불교와 21세기』, 원광대 원불교사상연구원, 2002, p.269(서경전, 교화학, 원대출판국, p.222).

152) 『대산종사법문』 2집, 제9부 행사치사, 국제수련대회 치사.

153) 김경일, 「정기훈련의 의의와 그 실천의 반성」, 『정신개벽』 제4집, 신룡교학회, 1985, pp.40-41.

훈련의 방만한 프로그램이 적지 않았다는 점에서 정기훈련의 개념 및 실천방법에 대하여 새로운 인식전환이 요구되는 시점에 있다.

본 연구는 오늘날 전개되고 있는 정기훈련 11과목의 인식에 대한 제반 문제점을 밝히고 그 대안 모색에 초점을 두고자 한다. 이와 관련한 1차자료의 참고경전으로는『수양연구요론』,『육대요령』,『불교정전』,『교전』, 정산종사와 대산종사의 법어집 등이 있다. 그리고 정기훈련과 관련한 선행논문으로는 ①「소태산 대종사의 정기훈련중 법문 연구」(양은용, 『원불교사상과종교문화』 41집, 2009), ②「정기훈련 11과목의 구조적 조명』(이성택,『원불교사상』 14집, 1991), ③「정기훈련의 의의와 그 실천의 방향」(김경일,『정신개벽』 4집, 1985), ④「원불교 훈련과정에 관한 연구」(이화택,『원불교사상』 3집, 1979) 등이 있다.

특히 본 연구는 원불교 훈련법 중에서도 정기훈련법 11과목을 중심으로 하되, 이를 비판적으로 접근하고자 한다. 연구의 전개에 있어서 정기훈련의 성립과정에 나타난 문제점, 정기훈련 11과목에 대한 재인식의 필요성, 그리고 이의 해법이 무엇인가의 쟁점을 중심으로 살펴보려는 것이다. 정기훈련 11과목 대한 비판적 접근과 그 해법 제시는 연구의 성격상 원불교학의 해석학적 접근이라 할 수 있다.

2. 정기훈련의 성립과 의의

원불교의 훈련법으로는 정기훈련과 상시훈련이라는 두 종류가 있다. 이와 관련한 최초의 기록은 원기 17년(1932)에 간행된『육대요령』의 「교리도」에 나타난다. 본 교리도의 하단에는 훈련의 조목이 있으며 좌우에「상시응용주의사항 6조」와「정기훈련의 과정」이 있다. 처음 등장한 정기훈련 11과목으로는 염불, 좌선, 경전, 강연, 회화, 문목, 성리, 정기일기, 주의, 조행, 수시설교이며, 「교리도」 중간에는 「공부인이 교무부에 와서 하는 책임 6조」가 배열되어 있다.

정기훈련과 상시훈련의 성립사에서 볼 때 상시훈련법은 곧바로 정립되었지만 정기훈련법은 상시훈련이 정립된 5년 후에 그 윤곽을 드러낸다. 원기 12년(1927) 발간된 최초의 교서인 『불법연구회규약』에 상시훈련이 나타나는데, 여기에는 상시훈련법으로서 「재가공부인 응용할 때 주의사항」과 「재가공부인의 교무부에 와서 하는 책임」이 발견되지만, 정기훈련 11과목은 원기 17년(1932)에 발행된 『육대요령』에 최초로 등장한다는 사실이다. 정기훈련법이 늦게 그 윤곽을 드러낸 것은 동하 6개월 공부하는 방향을 강구하면서 훈련법의 체계화 및 정착과정에 다소의 시간이 소요되었기 때문이다. 『불법연구회창건사』의 교사 기록에 의하면 정기훈련법의 정착과정이 드러나는데, 정기훈련의 「동하 6개월에 매일 공부하는 순서」에서는 11과목의 초기형태[154]를 응용하면서 상시훈련보다 5년 후에 점진적으로 정착되었다.

이 같은 정착과정을 살펴보면서 정기훈련의 개념을 살펴보고자 한다. 개념을 어의적(語義的)으로 접근해 보면 상시(常時)에 훈련하는 상시훈

---

154) 『불법연구회규약』, 「연구인 공부순서」, 동하 6개월에 매일 공부하는 순서 : 1) 주야 24시간 내에 8시간은 잠자고, 8시간은 공부하고, 8시간은 육신을 운동하여 정신도 소창하며, 모든 동류(同類)로 더불어 각항 의견을 교환하기로 함. 2) 오전 2시간은 좌선하고, 또 2시간은 취지·규약·경전을 연습하고, 오후 2시간은 일기를 하되 시간을 대조하여 기재하며 응용하는데 각항 처리건을 기재하며, 어떠한 감각이 있고 보면 감각된 사유를 기재하며, 또 2시간은 문목·의두를 강연하기로 함. 단 처음에는 시간을 정하고 과정을 정하였으나, 공부하는 정도를 따라서 시간과 과정을 차차 없애고, 무시간단으로 수양하는 방법과 연구하기를 주장함.

련의 개념을 대비하면서 정기(定期)에 훈련하는 정기훈련의 개념을 이해하는 것이 용이한 일이다. 곧 정기훈련이란 정기적으로 일정한 기간을 정하여 분주한 세상사를 피해서 전문적으로 훈련을 하게 되는 것이니 일원의 진리에 이탈함이 없이 진리 활용에 자유를 얻는 것이다.[155] 또한 정기훈련은 정기훈련 11과목에 의하여 마음을 묶고 법으로 몸을 제재하여 심신을 단련시키는 것을 말한다.[156] 이 모두가 '정기(定期)'라는 용어의 어의와 직결된 것으로, 결제와 해제라는 기한(期限)을 둔 정할 때의 공부법이 정기훈련법이다. 일상적 생활의 상시 개념과 달리 일정한 장소와 시간의 제약 속에서 임하는 것이 정기훈련의 개념으로, 정기훈련 11과목의 수행을 통해서 전문 훈련의 효율성을 배가하는 것이 원불교 정기훈련법이다.

전문 훈련의 효율성을 위해 한정된 시간과 장소라는 훈련조건을 통해 마음의 안정을 얻고 일원상 진리에 합일하는 공부가 정기훈련이라는 의의를 살펴보면 처음으로 정기훈련이 시작된 초기교단사가 주목된다. 원불교 훈련의 시원은 소태산의 대각과 더불어 제자들을 훈도한 원기 원년(1916)이 첫 출발이라 할 수 있지만, 시공간의 제약 속에서 전문 훈련을 시행한 연도는 원기 9년(1924) 만덕산 훈련이다. 만덕산에서의 첫 훈련은 익산 신룡리에 총부를 건설하던 '신룡전법상'이 이루어지던 시기로서, 동년 5월 소태산은 진안 이곳에서 1개월간 선(禪)훈련을 하면서 최도화 노덕송옥 김대거 등 교단의 주요 인물들을 만남과 더불어 소박한 형태로서의 첫 정기훈련을 시작한다.

엄밀히 말해서 원불교 정기훈련법의 공식 선포는 만덕산에서 최초의

155) 이운권, 고산종사문집1 『정전강의』, 원불교출판사, 1992, pp.65-67.
156) 안이정, 『원불교교전 해의』, 원불교출판사, 1998, p.520.

정기훈련을 마친 후 이듬해인 원기 10년(1925) 3월의 일로서 이때 소태산은 새 교법을 지도 훈련하기 위하여 정기훈련법과 상시훈련법을 발표하였다. 정기훈련[冬夏禪]은 매년 정기로 교도들을 훈련시키는 방법으로서 동하 양기(兩期)의 선으로 하되, 하선은 음 5월 6일에 결제하여 8월 6일에 해제하고, 동선은 11월 6일에 결제하여 이듬해 2월 6일에 해제하는데, 그 과정은 염불, 좌선, 경전, 강연, 회화, 문목, 성리, 정기일기, 주의, 조행, 수시설교 등 11과로 정하였다.[157] 동년(同年) 10년 3월 훈련법의 제정 발표에 따라 실시된 공식 정기훈련은 동년 5월 6일에 결제한 하선, 그리고 11월에 결제한 동선이었다. 하선은 정산종사의 지도를 통해, 동선은 이춘풍 선진의 지도를 통해 이루어졌음이 『불법연구회창건사』에 수록되어 있다.

정기훈련으로서 동하선이 한동안 지속되다가 원기 23년(1938)에 이르러 정기훈련의 연장선에서 최초의 교무강습이 개최되었는데, 그것은 교역자 양성교육의 일환이기도 하였다. 다시 말해서 동년 11월 21일에는 새 회상 처음으로 교무강습회를 열었는데, 첫 교무강습(乙丑 兩期禪, 인재양성 기성조합단)은 모두 교단 내의 교역자양성 내지는 교육을 위한 노력이었다고 볼 수 있다.[158] 뒤이어 원기 25년(1940) 6월, 일제의 민족문화 언론 말살정책으로 교단의 정기간행물 『회보』가 폐간되고 대중집회가 검열 대상으로 규제를 받기 시작하면서 그로부터 3년 동안 문서교화의 통로가 막히고, 동하 정기훈련도 단축되거나 폐지되어 만족할만한 교리 전달은 기대할 수 없게 되었다.[159] 원기 55년(1970) 원불교 반백년

157) 『원불교 교사』, 제2편 회상의 창립, 제1장 회상의 공개, 4. 훈련법의 발표와 실시.
158) 김혜광, 「교육사」, 『원불교 70년정신사』, 성업봉찬회, 1989, p.583.
159) 박용덕, 『천하농판』, 도서출판 동남풍, 1999, p.44.

기념대회에 이르러 교세가 확장되면서 교역자 강습회는 근무기관 별로 분할됨과 동시에 일선교화의 공백 때문에 정기훈련의 기간도 대폭 축소되었다. 오늘날 매년 7일간의 전무출신 훈련이 원불교 정기훈련을 대신하고 있는 것이 이와 관련된다.

이처럼 초기교단의 정기훈련이 교세확장과 더불어 새로운 형태로 변경된 이유는 여러 가지가 있다. 원기 10년(1925)부터 시작한 동하 6개월 정기훈련이 폐지된 원인으로 크게 두 가지를 거론할 수 있다.160) 첫째, 학원의 독립적인 체계화인데 동·하선과 함께 병설했던 학원이 원기 31년(1946) 5월 1일에 개설된 유일학림으로 대치되며, 원기 36년(1951) 9월 5일 원광대학이 인가되면서 인재 배출 및 수급체계가 달라진 점이다. 둘째, 동·하선에 병행해서 운영하던 교무강습회가 지방교당의 증가와 함께 독자적인 체계화가 필요했던 차에 지방강습이 발전하여 오늘의 교무훈련으로 정착되었다. 특히 정산종사의 주도에 의한 원기 32년(1947) 1월 16일, '재단법인 원불교'의 인가와 교단의 새로운 변신에 따른 훈련기간 및 그 규모가 달라질 수밖에 없었다.

정기훈련의 형성 및 변천사를 조망해 보면서 주목되는 점으로, 훈련과목에 일부 변경사항이 있었음을 알 수 있다. 그 대략을 살펴봄으로써 정기훈련 11과목의 재인식을 통한 성찰적 접근이 가능하다고 본다. 목차의 변경사항을 보면 '정기훈련'이 『육대요령』의 목차에는 제3장 「훈련편」으로 되어 있으며, 『불교정전』의 목차에는 제3편 「수행」으로 변경되었다. 훈련과목의 교리적 성격의 변경사항을 보면 '정기일기'가 『육대요령』에서는 작업취사로, 『불교정전』에서는 사리연구로 변경되었다. 과목

---

160) 양은용, 「소태산 대종사의 정기훈련 중 법문 연구」, 『원불교사상과 종교문화』 41집, 원광대 원불교사상연구원, 2009, p.146.

의 변경사항에 있어 『육대요령』에 있던 '수시설교'가 사라지면서 『불교 정전』에서는 '상시일기'로 변천되었고, 문목이 후에 의두와 성리로 변경 되면서 개념의 변화[161]를 가져온다.

원불교 훈련법의 성립사를 통해 정기훈련의 중요성을 인지하면서 정 기훈련법의 의의를 다음과 같이 거론하고자 한다. 그것은 원불교 훈련법 의 방향 설정에 도움이 되기 때문이다.

첫째, 정기훈련 11과목은 소태산 생존 당시에 형성되어 초기교단의 법풍을 간직한 채, 큰 변화 없이 계승된 훈련법이라는 정체성을 지닌다. 원기 10년(1925) 3월, 처음 훈련법이 발표된 이래 정기훈련(동·하선)은 각각 3개월씩 거행되어 왔는데, 소태산의 열반년도인 원기 28년까지 36 회나 계속되었다. 「소태산 대종사 재세시의 정기훈련 상황」과 관련하여 접근된 『선원일지』는 『원불교사상과 종교문화』 41집에 자세히 게재되 어 있음[162]을 참조할 일이다. 이를 참조하면 소태산은 총부 주석시 정기 훈련 전 과정에 참관하면서 제자들에게 수시로 법문을 설하고 있다. 오늘날 당시의 훈련기한 및 과목의 일부가 변화되었지만 초기교단의 공부풍토가 11과목을 중심으로 소박하면서도 법열에 넘친 모습으로 전 개되어 왔다.

둘째, 정기훈련법은 삼학구조 속에 배열될 수 있는데, 인격수행의 구 체적 방법이라는 점에서 그 의의가 있다. 정기훈련 과목의 하나하나

---

161) 예를 들면 불조의 화두가 『불교정전』에는 의두에 속해 있지만 오늘의 『교전』 에는 성리에 속해 있어 개념의 변화를 가져다준다(류성태, 「수양연구요론의 문목연구」, 『원불교사상과 종교문화』 45집, 원광대 원불교사상연구원, 2010, pp.379-381 표2 참조).; 정순일, 「성리개념의 변화와 그 본질」, 『원불교사상과 종교문화』 35집, 원광대 원불교사상연구원, 2007, p.138 그림참조.

162) 양은용, 「소태산 대종사의 정기훈련 중 법문 연구」, 『원불교사상과 종교문화』 41집, 원광대 원불교사상연구원, 2009, p.140.

살펴보면 삼학으로 연결되고 있다. 정기훈련법 11과목은 공부인으로 하여금 일정한 기간 삼학수행의 구체적인 방법에 의해서 철저하게 훈련하도록 하는 동시에, 순역경의 모든 경계를 무난히 헤쳐 나가고 활용할 수 있도록 상시훈련의 자료를 준비하고 상시훈련의 실습을 하게 하는 것이다.163) 이를테면 염불 좌선은 정신수양, 경전 강연 회화 의두 성리 정기일기는 사리연구, 상시일기 주의 조행은 작업취사라는 구조적 전개가 이와 관련된다. 물론 정기훈련 11과목 모두가 삼학으로 배대된 훈련 범주에 대한 비판의 여지는 남겨두고 있다.

셋째, 정기훈련법의 교화적 의의로는 현장교화에서 지친 훈련 참가자의 심신을 회복시켜주고 재충전해준다는 점이다. 교화자로서 매년 의무로 동참하는 정기훈련은 인간의 정신적 고갈과 내면세계의 불안정에 대하여 안식과 회복의 기능을 수행함에 그 의의를 들 수 있다.164) 일상의 생활상에서 지내다보면 순역의 경계로 다가오는 세파(世波)에 지친 나머지 영혼의 맑은 샘이 고갈되곤 한다. 그래서 일정기간 동안 세속의 일상성에서 벗어나 정기훈련에 임함으로써 심신의 안정과 에너지의 재충전이 필요하다. 현장교화에 지친 일선교역자들이 1년에 한번 정기훈련의 참여를 통해서 신앙적 법열과 교리의 심화는 물론 상호 친화와 심신의 안정을 되찾는 것이 정기훈련이 갖는 의미심장함이며, 여기에는 지속적인 훈련 프로그램의 변신이 요구되는 것도 사실이다.

넷째, 동과 정을 아우르는 원불교 훈련법으로서 정기훈련은 상시훈련을 준비하는 훈련이라는 점에서 그 의의가 있다. 교단적으로 정기훈련과 상시훈련으로 나누어 일정한 시간을 정하여 정기훈련을 한 후, 다시

163) 신도형, 『교전공부』, 원불교출판사, 1992, p.257.
164) 김경일, 「정기훈련의 의의와 그 실천의 반성」, 『정신개벽』 제4집, 신룡교학회, 1985, p.36.

생활 속에 돌아가 상시훈련을 하도록 하고, 또 다시 정기훈련에 참여하게 함으로써 재가적 요소와 출가적 요소를 하나로 통일하여 놓았다.[165] 정할 때 훈련을 통해서 동할 때 활용하자는 것이 이것으로, 동정간 물샐틈 없는 원불교 훈련법이 갖는 특징이기도 하다. 정기훈련과 상시훈련의 병행을 강조한 소태산은『대종경』에서 상시훈련으로서의「상시응용주의사항」과「교당내왕시주의사항」을 정하여 물샐 틈 없이 그 수행방법을 정하였으니, 그대들은 이 법대로 공부하여 하루 속히 초범입성의 큰 일을 성취하라(수행품 1장)고 하였다. 따라서 정기훈련법은 정할 때 공부로서 수양과 연구를 주체 삼아 상시공부의 자료를 준비하는 공부법이 되며, 상시훈련법은 동할 때 공부로서 작업취사를 주체삼아 정기공부의 자료를 준비하는 공부법이라 하였으니 상관성을 지닌 훈련법임을 숙지해야 할 것이다.

정기훈련법의 성립과 그 의의를 살펴볼 때, 교화자로서 훈련에 적극 참여함으로써 그 효과를 지속해 나가도록 하는 점이 오늘날 교단적 과제이다. 훈련법이 아무리 원만히 완비되었다고 해도 이를 실천하는 훈련 참가자의 입장에서 정기훈련의 인식과 효율적 응용이라는 훈련 목표에 이르지 못하는 경우가 적지 않기 때문이다. 그동안 전개되어온 원불교 정기훈련법과 11과목의 이해에 있어서 드러난 문제점들을 비판적으로 접근해 볼 필요가 있는 것은 바로 이러한 문제의식과 관련된다.

---

165) 김방룡,「보조 지눌과 소태산 박중빈의 선사상 비교」,『한국선학』제23호, 한국선학회, 2009, pp.143-144.

3. 정기훈련법의 성찰적 접근

원불교 정기훈련법을 접근하는 방법에 있어서 긍정적 시각과 비판적 시각이 가능하다고 본다. 정기훈련법의 비판적 시각에서 조망하는 제반의 문제의식은 정기훈련 11과목 전반을 통해 나타난 사항들이다. 이러한 몇 가지 문제의 인식은 정기훈련법의 재인식과 바른 평가로서 훈련법에서 미래지향적으로 시정할 수 있는 사항이라고 본다.

첫째, '정기훈련 11과목'이라는 용어의 적합성 여부, 나아가 정기훈련 11과목의 변천과정에 나타난 일부 개념의 변질에 대한 해석학적 과제를 살펴보고자 한다. 먼저 '정기훈련 11과목'이라는 용어가 공식적 용어인가의 여부이다. 원불교 교단의 구성원들은 어느 때부터인가 이 11과목이라는 용어를 자연스럽게 사용하여 왔다. 하지만 초기교서들 가운데 11과목이라는 용어가 공식적으로 사용되지 않았다. 이에 「원불교학 연구의 당면 과제」라는 논문에서 이러한 용어 사용의 문제점을 지적하고 있어 주목된다. "유행시키는 말로 11과목 중심이라고 하는데, 11과목이라는 용어가 경전 어디에도 없는 교학적 사투리가 아닌가 생각한다."[166] 일부의 견해이기는 하지만 '교학적 사투리'라는 용어라 할 정도로 '정기훈련 11과목'의 용어 사용에 대한 거부감 내지 부정적 시각을 보이고 있다.

그리고 정기훈련 11과목의 변천과정에서 일부 과목의 개념 변질은 없었는지도 검토해볼 사항이다. 이를테면 수시설교가 없어지고(『육대요령』) 상시일기가 그 자리를 대신하며(『불교정전』), 또한 문목(『수양연구요론』)이 의두와 성리로 변화된다(『불교정전』). 훈련과목의 변천은 교

---

166) 김성장, 「원불교학 연구의 당면 과제」,《원불교학 연구의 당면》, 한국원불교학회, 2002.12, p.14.

리정착 과정에 있어서 있을 수 있는 일이라 본다. 그러나 주목할 것으로 소태산 사후 문목이 의두와 성리로 정착되면서 개념에 대한 이의제기의 논문이 발표되었다. 즉 소태산은『불교정전』에서 문목으로부터 성리를 독립시키고 그 성리의 항목에 '불조의 화두'를 연마하는 것이라 했다. 그러나 소태산 사후에 결집된『원불교 교전』(1962년)에 이르러서는 성리 항목에서 핵심 내용인 '불조의 화두'가 의두 항목에 배열됨으로써 성리의 본질을 훼손할 우려를 낳았다[167]는 것이다. 이는 불조의 화두를 성리 개념에 환원해서 해석해야 하는가, 아니면 의두 개념 그대로 정착시켜야 하는가의 해석학적 과제를 남겨둔 셈이다.

둘째, 훈련참가자로서 정기와 상시에 대한 원불교 훈련법의 안이한 인식, 그리고 이에 따른 정기훈련 과목의 단순 나열방식에 대한 문제점을 살펴보고자 한다. 먼저 훈련법 인식의 안이함 속에는 정기훈련과 상시훈련의 상호 보완적 의미가 약화되고 양자의 개별성으로 보는 측면이 적지 않았다. 사실 정기훈련의 의미가 퇴색되었다고 하는 것은 정기훈련[靜]과 상시훈련[動], 즉 동과 정의 인식이 심한 불균형 상태를 노정하는 데서 비롯된다.[168] 대산종사는 이에 "정기훈련을 해제하였다고 상시훈련도 해제하면 그 사람은 영점이다."[169]라고 지적한 것도 같은 맥락이다. 정기와 상시의 양 훈련을 수행하면서도 훈련자들의 동정간 일상생활이 불균형 현상을 보였던 점이 적지 않았기 때문이다. 물론 정기훈련과 상시훈련의 독립성이 있다고 해도 원불교 훈련법은 정(靜)의 정기훈

---

167) 정순일, 「성리개념의 변화와 그 본질」,『원불교사상과 종교문화』35집, 원광대 원불교사상연구원, 2007, p.143.
168) 김경일, 「정기훈련의 의의와 그 실천의 반성」,『정신개벽』제4집, 신룡교학회, 1985, pp.39-40.
169)『대산종사법문』3집, 제2편 교법, 85. 훈련법은 만고의 대도.

련과 동(動)의 상시훈련 상호 유기체성을 지닌 동정 일치의 훈련이라는 점을 인식하는데 미흡했다.

더욱이 정기훈련 11과목의 단순 나열식 이해가 문제점으로 지적될만 하다. 11과목의 중층적 측면은 고려하지 않고 11과목의 단순하고 평면적인 나열이라는 것은 정기훈련 과목의 응집력을 약화시킬 우려가 커진다. 교단의 전문 훈련기관에서 실시하는 훈련 내용을 점검하여 보면 11과목에 대한 중층적 시너지 효과를 노정하지 못하고 있다는 상념을 떨쳐버릴 수 없다. 근래 교단의 훈련과정이 그저 평면적인 11과목의 나열로 보려는 방식에 머무른 채 정기훈련 11과목의 병진이라고 하는 분위기를 보아도 알 수 있다.[170] 11과목의 안이한 인식과 단순한 배열에서는 정기훈련의 시너지 효과라는 생명력이 사라지는 것이며, 그것은 소태산이 정기훈련을 창안한 의도와는 멀어진다.

셋째, 정기훈련 11과목이 삼학의 정신수양, 사리연구, 작업취사에 고정된 과목[171]이라는 점, 그로 인한 훈련과목 계발의 부족이 문제점으로 지적되고 있다. 다시 말해서 정기훈련 11과목의 위상이 삼학에 한정되어서 배속된 채 정신수양, 사리연구, 작업취사로 나뉘어 접근된다는 비판을 상기하자는 것이다. 정기훈련 11과목은 원불교 삼학수행의 고정된 과목이 아니며, 11과목을 잘못 인식하면 삼학에 고정된 것처럼 착각하기 쉽다[172]는 지적도 같은 맥락이다. 물론 정기훈련 11과목이 삼학을 훈련

---

170) 이성택, 「정기훈련 11과목의 구조적 조명」, 『원불교사상』 14집, 원광대 원불교사상연구원, 1991, p.180.

171) 교리 구조상에서 볼 때 정기훈련 11과목은 염불 좌선은 정신수양, 경전 강연 회화 의두 성리 정기일기는 사리연구, 상시일기 주의 조행은 작업취사라는 구조로 되어 있다.

172) 이성택, 「정기훈련 11과목의 구조적 조명」, 『원불교사상』 14집, 원광대 원불교사상연구원, 1991, p.190.

하기 위한 방법적 성격을 강하게 지닌다는 것은 원불교 훈련법의 특성으로 나타난다.

그러나 원불교 정기훈련법 11과목이 삼학에 고정배치된 것으로만 이해한다면 이에 대한 해석학적 과제가 등장하게 된다. 왜냐하면 원불교 훈련법은 교리 전반을 실천에 옮기는 원만한 훈련법이어야 하는 데도 불구하고 삼학 수행에 치우친 훈련이라고 단정해버리면 신앙과 관련한 훈련의 성격을 퇴색시킬 수 있다는 문제점을 드러내기 때문이다.

그리고 정기훈련을 11과목이라는 숫자에만 집중, 이를 고착화시켜 다른 훈련과목의 계발 및 응용에 한계가 있을 수 있다. 이러한 지적은 원불교 전문훈련기관에서 근무하는 교역자들도 공감했다. 일부 교역자들은 교무훈련이 심각하게 11과목 중심의 훈련에 치중되어 있다[173]고 지적하였다. 설사 정기훈련이 『정전』에 밝혀진 11과목 중심으로 전개될 수밖에 없는 점을 인지한다고 해도 다양하게 요청되는 신앙적 정서 및 인품 향상의 해법을 찾아야 마땅한 일이다. 훈련을 받는 목적이 소태산이 밝힌 일원상의 진리를 신앙하고 수행하는 양면성에 비추어 볼 때 11과목이 갖는 수행 중심의 측면에서 신앙과목의 계발과 응용이 미흡하다면 문제가 심각해진다.

넷째, 원불교 교역자의 전문 훈련기관에서 반복되는 훈련의 역기능적 매너리즘의 측면에서 살펴보고자 한다. 우선 정기훈련의 양적 확대에 따른 질적 저하를 꼽을 수 있다. 매년 많은 훈련 참가자들에게 반복적으로 수행되는 훈련의 양적 횟수에 비해 훈련 프로그램이 질적으로 미흡한 경우를 상기하면 양질의 훈련이 이루어지지 못한 경우가 적지 않다.

---

173) 중앙훈련원에서 훈련교무로 부임하여 활동했던 교역자들의 견해는 다음 논문에 잘 나타난다. 한덕천·안훈(중도훈련원), 「교무훈련에 대한 연구」, 《현장교화를 위한 세미나》, 교정원 교화연구소, 1997년 6월 18일, p.48.

정기훈련의 경우 현실적 여건에 밀려 점차 양적으로 구축되고 양의 구축은 필경 질의 저하를 수반한다[174]는 비판을 새겨봐야 한다. 오늘날 정기훈련의 양적·질적 불균형 현상은 정기훈련의 효율성을 약화시킬 수 있으며, 그것은 정기훈련 담당자의 지속적 성찰과 예산의 확보가 요구되는 문제라 본다.

또한 예비교역자 육영기관에서 해마다 실시하는 정기훈련에서의 매너리즘적 현상은 없는가를 성찰해야 한다. 영산선학대와 원광대 원불교학과, 원불교대학원대학교라는 3대 육영기관에서 나타나는 교과과정의 문제가 있을 수 있기 때문이다. 영산선학대학교의 교육에서 나타난 과제로는 본 교과과정에 원불교학 영역과 인접학문 영역간 조화가 필요하며, 교육환경의 지속적 업그레이드가 필요하다.[175] 그리고 예비교역자 교육제도 개혁으로서 현재 원광대 원불교학과 학생들의 교육안이 제대로 되어있지 않은 상황이며, 원불교대학원 과정을 마치면 현장에 바로 적응할 수 있는 교과과정이 정비되어야 한다.[176] 육영기관의 교과과정은 부단히 개혁되어야 하는 시대적 과제로 등장한다는 점에서 그동안 반복되어온 육영기관 정기훈련의 매너리즘적 현상을 극복할 수 있는 방법 모색이 시급하다.

이러한 여러 측면에서 현재까지 전개되어 오고 있는 원불교 정기훈련과 11과목에 대한 비판적 시각은 정기훈련법의 바른 인식과 바람직한

---

174) 김경일, 「정기훈련의 의의와 그 실천의 반성」, 『정신개벽』 제4집, 신룡교학회, 1985, pp.39-40.
175) 백준흠, 「영산원불교대학교 교과과정과 원불교학」, 한국원불교학회보 제10호 《원불교학 연구의 당면과제》, 한국원불교학회, 2002.12, pp.71-72.
176) 『교단발전을 위한 10가지 혁신과제 선정-의견수렴 자료집』, 원불교정책연구소, 원기 94년 4월, p.9.

방향의 측면에서 검토되어야 할 과제이기도 하다. 정기훈련의 대안 마련
과 방향 제시는 교단은 물론 훈련기관의 담당자와 이에 동참하는 피훈련
자 모두의 과제이며, 그 해법 제시에 있어서 원불교학의 해석학적 접근
이 요구되는 사항이다.

4. 정기훈련의 바람직한 방향

원불교 훈련법 중에서 정기훈련 11과목과 관련한 제반의 검토할 사항
을 확인하고 이의 방향 제시를 위해서 부단한 연구가 필요하다고 본다.
본 연구는 전장에서 거론된 문제점에 대한 해법 제시로서 다음 네 가지
측면에서 접근해 본다.

첫째, 정기훈련의 형성과정에서 거론된 '정기훈련 11과목'이라는 용어
사용의 근거를 찾아보고자 한다. 이미 문제점으로 지적되었듯이 '11과
목'이라는 용어 자체가 어울리지 않다는 비판은 전혀 일리가 없는 것은
아니지만, 교학적 사투리라는 지적은 지나친 단정으로 볼 수 있다. 이와
관련한 용어들로서 초기교서와 『원불교 전서』에서 접근해 보려는 것이
며, 또는 각종 법어집에서 그 실마리[177]를 찾아볼 수 있다.

이를테면 『육대요령』, 『불교정전』, 『교전』에는 '정기훈련의 과정'이
라는 표현이 있다. 『원불교 전서』『교사』에는 정기훈련을 소개하면서
"정기훈련 과정은 염불, 좌선, 경전, 강연, 회화, 문목, 성리, 정기일기,
주의, 조행, 수시설교 등 11과로 정하였다."는 기록이 있다. 또한 대산종

---

177) 『육대요령』 제3장 훈련편, 공부의 요도 정기훈련의 과목. 『교사』 제2편 회상
의 창립, 제1장 새 회상의 공개, 4. 훈련법의 발표와 실시. 『대산종사법문』
3집, 제2편 교법, 118. 무시선 무처선.

사는 "진리의 눈을 뜨는 법이 대종사님께서 밝혀주신 정기훈련 11과정이니 이 공부로 진리의 눈을 뜨기 바란다."[178]라고 하였다. 초기교서에는 '11'이라는 용어가 발견되지는 않지만, 교사와 법어집에는 정기훈련 '11과'라는 용어와 '정기훈련 11과정'이라는 용어가 등장한다. 소태산이 사용하지 않고 초기교서에서 발견되지 않는다는 점을 상기하여 엄격히 사용하지 말아야 한다는 점은 교학적 과제로 풀어갈 일이다.

또한 정기훈련 11과목의 형성과 정착과정에서 나타난 개념의 변천이 등장하는데, 문목이 의두와 성리로 분립, 정착됨으로 인해 나타나는 개념의 해석학적 접근이 필요하다. 초기교서에 나타난 용어의 변천사를 보면 『수양연구요론』에서는 각항 문목, 『육대요령』에서는 문목·의두·성리, 『불교정전』에서도 문목·의두·성리, 『교전』에서는 의두·성리로 변화되었다.

여기에서 주목할 것은 문목이 의두·성리로 분립하는 과정에서 토론의 여지가 발견되는데, 성리 개념의 하나인 '불조의 화두'이다. 소태산의 친저 『불교정전』(원기28년)에는 '불조의 화두'가 성리에 속해 있었지만, 소태산 사후 『원불교 교전』(원기47년)으로 결집되면서 그것이 의두로 바뀌었다. 불조의 화두가 의두에 속할 것인가 성리에 속할 것인가의 여부에 대한 선행 논문들이 있다.[179] 두 선행논문을 요약해 보면 성리로 환원해야 한다는 것이다. 불조의 화두는 성리 연마의 성격인 관조와 직관으로 접근된다는 점에서 타당성이 있다고 보며, 원불교 100년대에 교서결집의 과정에서 이는 반드시 집고 넘어가야 할 사항이다.

---

178) 『대산종사법문』 3집, 제2편 교법, 118. 무시선 무처선.
179) 정순일, 「성리개념의 변화와 그 본질」, 『원불교사상과 종교문화』 35집, 원광대 원불교사상연구원, 2007, pp.138-139.; 류성태, 「수양연구요론의 문목연구」, 『원불교사상과 종교문화』 45집, 원광대 원불교사상연구원, 2010, p.377.

둘째, 원불교 두 훈련법 수행에 동정간 불균형을 야기할 수 있다는 지적에 대해서 정기훈련은 상시훈련과 깊은 관련성이 있음을 상기해야 한다. 다시 말해서 정기훈련과 상시훈련에 대한 유기체적 관계를 살려나 가는 전문적인 훈련도량의 기능을 수행해 가는 것이 원불교 교화의 큰 방향이다.[180] 정기와 상시의 밀접한 관련성 속에서 볼 때 정기훈련과 상시훈련은 유기체적 훈련으로 이어져 상호 불균형의 한계를 극복하도록 해야 한다. 원불교 훈련은 동정간 일심으로 생활을 이끌어가는 것이 상도로서 정기훈련과 상시훈련의 유기적 관계를 가능하게 하는 프로그램 의 개발이 그 대안이라 본다. 상시훈련 가운데 짧은 정기훈련의 형식을 응용하는 방법이라든가, 정기훈련 가운데 상시훈련의 요소를 응용해보는 것도 좋은 방안이라 보며, 여기에는 훈련 전문가의 식견이 필요하다. 정기와 상시의 일체화된 훈련 프로그램의 운영이 요구되기 때문이다.

이에 더하여 정기훈련 11과목의 안이한 인식의 틀을 극복하는 방안 마련이 요구된다. 정기훈련 각 11과목의 인식에 대한 비판적 접근으로서 11과목의 평면적 접근이 아닌, 중층적 구조로 접근하라는 점이다. 정기 훈련 11과목을 단순한 나열의 형식을 극복해야 하므로 11과목을 동일한 평면의 선상에 위치한 것이 아니라 하나하나 독특한 입체적 위치를 가지 면서 훈련의 효과를 높여야 한다.[181] 11과목의 상호 입체적이고 조화적 인 적용을 위해서는 11과목 하나하나를 개체된 독립변수로 보지 말고 유기체적으로 접근해야 한다. 예컨대 정신수양의 염불 좌선에서 작업취 사의 주의 조행과 관련지어 보고, 사리연구 경전 회화 등에서 정신수양

---

180) 박혜훈, 「21세기의 원불교 교당교화 방향 모색」, 『원불교와 21세기』, 원광대 원불교사상연구원, 2002, p.273.
181) 이성택, 「정기훈련 11과목의 구조적 조명」, 『원불교사상』 14집, 원광대 원불 교사상연구원, 1991, p.193.

및 작업취사 과목과 직접 관련지어 보는, 그리하여 상호 시너지 효과의 프로그램 응용이 필요하다.

셋째, 정기훈련 11과목이 삼학수행에 치우쳐 있다는 지적, 그리고 11과목이라는 숫자에 구속받는다는 점에 대한 해법은 무엇인가? 우선 정기훈련 11과목의 삼학수행 중심이라는 고정관념을 극복하는 것이 필요하다. 『정전대의』(대산종사)의 내용을 보면 이와 관련한 언급이 있다. 「정신수양」에서 좌선 염불 외에 기도 심고 송경 등은 일심으로 만들어 통일시키는 공부요, 「사리연구」에서 경전 강연 회화 외에 청법은 반야지가 솟아나게 하는 공부요, 「작업취사」에서 상시일기 주의 조행 외에 참회 등은 과거 현재의 모든 악을 고쳐서 선을 실행하는 공부이니 대중도행, 대보은행, 대원만행 등의 덕행이 나타나게 된다[182]는 것이다. 이처럼 정기훈련 11과목이 삼학 중심의 고정된 시각에서 탈피한다면 교리 전반이 용해될 수 있는 훈련과목으로의 접근이 가능하다. 대산종사는 정신수양에 심고와 기도를 넣고, 정기훈련 작업취사 과목에서 '사은사요의 실천'(대산종사법문』2집, 원기 63년도 개교경축사)을 거론한 것은 삼학 중심의 고정된 과목에서 신앙과목을 아울러 열거함으로써 교리 전반을 고루 수렴하는 과목으로의 접근 가능성을 열어준 셈이다.

특히 정기훈련 11과목의 '11'이라는 숫자에 고정된 과목이라는 견해에 대해서도 융통성을 지닐 필요가 있다. 『정전』 자구는 하나도 바꿀 수 없다는 사고방식에 고정되어 정기훈련 운영의 묘를 살리지 못하고 11과목에 매인 채, 훈련 프로그램의 계발이 정지된다면 그것은 원불교 교리의 시대화 생활화 대중화의 정신에서 멀어지고 만다. 원기 41년 (1956) 5월 정산종사·대산종사 등이 포함된 대중경편수위원회가 발족

---

182) 『대산종사법문』 1집-『정전대의』, 9. 삼학.

되었는데 여기에 일원으로 참여한 박장식 교무는 다음과 같이 밝히고 있다. "보통 정기훈련 11과목이라 하는데, 이것은 11과목이라 정해진 것이 아니라 대체적인 것을 말씀해 주신 것이다. 심고와 기도, 참회하는 법 등등 얼마나 해야 할 것이 많은가?"[183] 그의 언급처럼 정기훈련 11과목의 고정된 숫자라는 사고방식에 국한하지 말고 신앙과목들을 확충함으로써 얼마든지 시대정신에 맞는 훈련과목의 계발과 응용이 가능하다고 본다.

넷째, 원불교 전문 훈련기관에서 전개되는 훈련의 매너리즘 극복의 측면에서 어떠한 해법이 있는가를 살펴보고자 한다. 무엇보다도 훈련의 전문성을 위해 질적 성숙을 기하자는 것으로, 전문성이 결여되면 그만큼 타성화되어 반복적인 훈련 형식에 떨어진다. 훈련의 전문성이란 훈련 프로그램과 훈련지도의 전문화와 관련된다. 또 훈련의 전문성에는 지식과 기능 등의 능력도 좋지만 진지한 신앙과 깊숙한 수행의 증과(證果)로서의 전인적 역량이라는 점에서 인재양성에 대한 원대한 안목이 요구된다.[184] 21세기는 전문화의 시대로서 교단의 각종 훈련기관에서는 훈련의 전문화를 통해 매년 반복되는 형식적인 훈련이라는 매너리즘의 현상을 극복하는 방안 제시에 진력해야 한다. 여기에는 전문 훈련요원의 교단 훈련기관에서의 지속적인 근무 보장과 충분한 학습과 역량 발휘가 필요하다고 본다.

어떻든 훈련의 매너리즘에 노출될 수 있는 기관으로는 원불교의 전문 훈련기관들 뿐만 아니라 육영기관들이 있다. 매년 11과목 중심으로 전개되는 동계 정기훈련과 1~2학기에 정기훈련을 담당하는 원불교 육영기관

---

183) 박장식, 『평화의 염원』, 원불교출판사, 2005, p.227.
184) 김경일, 「정기훈련의 의의와 그 실천의 반성」, 『정신개벽』 제4집, 신룡교학회, 1985, p.39.

의 경우 교법정신을 살리면서도 새 시대에 맞는 교과과정의 변신이 필요하다.[185] 원광대, 영산선학대, 원불교대학원대는 교과목을 자체적으로 구성하여 교육시키고 있으므로 상호 연계된 교육프로그램을 운영하지 못하고 있다[186]는 지적을 계기로 각 기관의 공통적 훈련프로그램 개발이 요구된다.

이들 3대 육영기관의 각기 다른 학습방법과 목표를 일정부분 공통화시킴과 더불어, 각 대학 고유의 특성에 따라 단계별, 특성별, 맞춤형 훈련[187] 등으로 전문화된 교과과정을 구성하도록 하여야 한다. 예비교무 커리큘럼의 정기훈련 과정에는 원불교학과의 교과과정과 서원관의 교과과정이 있음을 환기시키며, 전자의 '원불교학 및 인접학문 탐구를 위한 교과과정'(규칙 8조 2항)과 후자의 '정기 상시의 신앙, 수행훈련 및 기타 일과생활에서 이루어지는 교과과정'(규칙 8조 1항)[188]이 상호 유기체적으로 운행될 필요가 있음을 숙고해야 한다.

환기컨대 성경의 무오류적 사고에 편승하듯, 경전 문구에 있어 일언반구도 고칠 수 없다는 고착된 사고방식은 앞으로 교서 재결집이라는 역사적 요청에서 본다면 재검토의 여지가 있다. 과연 고착된 사고방식이

---

185) 예비교무 정기훈련이 주로 11과목 중심이라는 지적이 있어왔던 바 최근 정기훈련도 「11과목 중심, 예비교무 정기훈련」이란 표제로 <원불교신문>의 기사 참조(2013년.2.22. 16면).

186) 박도광, 「원불교예비교무 인재발굴 및 육성에 관한 연구-설문조사를 바탕하여」, 일원문화 연구재단, 2004.4, p.6.

187) 원불교대학원대학교에서는 맞춤형 교육으로 교수와 학생들의 밀착된 관계 속에서 인재교육의 부단한 변화를 추구하고 있다(이상덕, 「원불교대학원대학교 맞춤형 교육에서의 포트폴리오 활용에 대한 연구」, 『실천교학』 11호, 원불교대학원대학교, 2012, pp.185-218참조).

188) 김도현, 원기93년도 기획연구《예비교무 교과과정개선 연구》, 원불교 교정원 기획실, 2008.11, p.6.

교서의 바람직한 이해와 교리 응용 및 교단 발전에 도움이 되느냐는 점에서 숙고해 보자는 것이다. 소태산은 열반 전 다음과 같은 부촉의 법어를 설한다. "나의 교법 가운데 일원을 종지로 한 교리의 대강령인 삼학 팔조와 사은 등은 어느 시대 어느 국가를 막론하고 다시 변경할 수 없으나, 그 밖의 세목이나 제도는 그 시대와 그 국가에 적당하도록 혹 변경할 수도 있나니라."[189] 삼학과 사은이라는 교강은 고칠 수 없다는 점은 누구나 인지하면서 그 밖에 세목에 대하여 변경할 수 있다는 여지를 남겨두고 있다.

위의 법어를 고려할 때 정기훈련 11과목의 세목화 내지 새로운 응용이 교단적 과제임과 동시에 원불교 해석학적 과제로 등장하며, 차기의 교서 결집과정에서 검토해야 할 것이라 본다. 그것이 새 시대에 적극 대응하는 것이자 양질의 훈련 프로그램과 방향을 제시하는 것으로, 원불교 100년대를 향한 비전과 직결된다.

5. 훈련의 방향제시

원불교의 훈련법은 '성불제중'이라는 교단이 지향하는 궁극적 목적과 결부되어 있다. 소태산이 인류를 구원하려는 「개교의 동기」는 원불교 훈련법의 효율적 전개라는 과제와 맞물려 있기 때문이다. 그럼에도 불구하고 소태산이 제시한 정기훈련 11과목의 인식과 응용에 있어서, 지금까지 전개되어온 원불교 훈련의 전개방식에는 미흡한 점이 적지 않았다. 창립 100년대라는 원불교 교단사의 중대한 시점에서 소태산의 불교혁신

189) 『대종경』, 부촉품 16장.

의 의지를 교단 훈련법과 관련하여 되새겨 보아야 할 시점에 와 있다.

소태산은 원기 10년(1925) 새 시대의 훈련법이 필요함을 절감한 후, 전통불교와 달리 불법연구회가 지향하는 생활불교에 적합한 훈련법에 대한 고민이 적지 않았다. 그는 미래불법을 구상하는 차원에서 이미 불교의 지인 백학명 선사와 교류를 통해 불교의 안거(安居)[190]에 짧은 기간 참석하는 계기를 갖기도 하였다. 원기 4년(1919) 겨울, 소태산이 변산에 입산할 당시, 그곳 월명암에서 백학명 선사의 주재로 겨울 안거를 나고 있을 때 잠시 안거를 체험하였던 것이다. 그러나 소태산은 조선 불교의 안거방법이 새로운 불교를 표방하는 불법연구회의 방향과 차이가 있음을 알았다. "정기훈련은 매년 동·하 양기로서 정하되 재래불교의 정기훈련 시기는 농촌에 맞지 아니한 점이 있으므로…"[191]라고 지적하며 그는 새로운 방식의 정기훈련법을 구상하였다.

이에 소태산은 훈련 방식을 새롭게 하는 방안 마련에 정신을 집중하였다. 과거불교의 방식을 탈피하여 새 시대에 맞는 대중 교화의 차원에서 훈련 방법이 시도되었다. 정산 송규를 변산의 월명암에 일정기간 보내어 불교의 교리와 제도, 의식 등 전반에 대해 파악토록 하는 한편, 그 자신도

---

190) 소태산이 원기 10년(1925) 혁신교리와 제도의 일환으로 발표한 훈련법에 의하면 정기훈련은 재래불교의 安居에서 착안된 것임을 알 수 있다. "정기훈련은 매년 동·하 양기로서 정하되 재래불교의 정기훈련 시기는 농촌에 맞지 아니한 점이 있으므로…"(불법연구회창건사, 『교고총간』 5권, 1973, p.41)라 하여 원불교 훈련법의 정기훈련이 불교의 安居 형태에서 착안된 것임을 보여주고 있다. 이는 소태산이 이미 불교가 무상대도임을 찬탄하는 가운데 원만한 수행길을 갖추었음을 들었던 점이나 그의 상수제자 정산을 사찰에 보내 재래불교의 교리와 제도를 연구케 하였던 점에서도 시사되어진다(김경일, 「정기훈련의 의의와 그 실천의 반성」, 『정신개벽』 제4집, 신룡교학회, 1985, pp.33-34).

191) 『불법연구회창건사』(『교고총간』 5권, 1973, p.41).

월명암과 내장사 등 사찰을 편력하기도 하고, 실상사와 인접한 초당에서
4년 동안 우거하며 승려들과 교제하면서 사원의 법도를 하나하나 점검
할 기회를 가졌다.[192) 원불교 훈련법의 변천사에서 볼 때 소태산의 이러
한 전통불교의 체험은 새로운 방식의 훈련법 창안을 예고한 셈이다.
불교의 안거와 같은 훈련방식을 극복하려는 시도에서 원불교의 교리정
신에 입각한 훈련법을 선포한 것이다.

　미래지향적 개벽시대의 등장과 더불어 생활불교를 표방한 원불교는
개교의 이념에 따라 인간개조와 사회구원의 방안 마련을 적극 시도한다.
이를 위해서 등장한 훈련법은 상시훈련과 정기훈련법으로서, 동정(動靜)
병행이라는 훈련 방식을 통해「개교의 동기」실현을 위해 강조되어 왔
다. 수도와 생활을 둘로 보지 아니하고 그에 대한 준비로써 때로는 전문
훈련을 시켜 심신을 단련케 하고, 때로는 생활 속에서 끊임없이 수도가
되도록 새 훈련법으로써 인격을 도야하고 훈습시켜 수도와 생활을 일치
시키는 정기훈련법과 상시훈련법을 전하고자 하였다.[193) 이러한 초기교
단의 훈련법이 지속되어오는 과정에서, 오늘의 시각에서 새롭게 발전시
켜야 하는 과제에 직면하여 있다. 정기훈련법 11과목에 대한 재인식을
통해서 원불교 훈련의 바람직한 방향 탐색을 시도한 것이 본 연구의
의의라고 본다.

　현대사회에 직면하여 명상을 통한 영성이 강조되는 상황에서 영성의
계발 방법으로는 여러 가지가 있을 것이며, 원불교는 각종 훈련법을
통해 이를 확충해감과 동시에 인류 치유의 방안 마련에 골몰하고 있다.
이러한 시대적 요청에 응하는 차원에서 원불교 정기훈련법의 새로운

192) 박용덕,『천하농판』, 도서출판 동남풍, 1999, p.165.
193) 이은석,『정전해의』, 원불교출판사, 1985, p.194.

전개는 아무리 강조해도 지나치지 않다고 본다. 오늘날 물질문명의 발달에 따라 정신가치가 간과되어 사회적 문제가 가중되고 있는 상황에서, 원불교는 전문 훈련을 통한 개인의 영성적 치유와 사회 구원을 위해 그 사명을 다해야 한다.

정기훈련 11과목의 성찰과 재인식을 통하여 소태산이 일찍이 선포한 훈련법의 본의를 돌이켜 보면서 훈련의 바른 인식과 새로운 방향제시의 중요성을 심각하게 인지할 필요가 있다. 원불교 출현의 의의를 되새기면서, 어떻게 하면 정기훈련법의 효율성을 배가할 것인가 하는 점이 숙고되어야 한다. 원불교 훈련법의 비판적 성찰은 앞으로 교단 발전을 향한 학술적 차원에서 더욱 필요하다고 본다. 양질의 정기훈련 과정을 통해 심성단련과 기질변화를 도모함으로써[194] 현대인의 고통을 치유하려는 교단의 사명이 이와 관련되기 때문이다.

21세기의 원불교 100년대라는 새로운 시대인식을 통해서 소태산의 정기훈련법이 지니는 근본정신은 살리되, 형식이나 방법의 측면에서 적절하고도 과감한 변신이 필요하다. 이를 위해서 훈련법의 성립사에서 그 의의를 모색하면서 지금까지 나타난 정기훈련법의 과제를 노정시키는 일은 정기훈련의 새로운 방향 제시에 일익이 될 수 있다고 본다.

---

194) 최근 원불교 주요 매스컴의 사설에서는 양질의 전무출신 훈련에 대하여 다루고 있다. "전무출신 정기훈련이 소기의 목적을 달성하려면 훈련원측의 보다 양질의 훈련 프로그램 설정과 강사들의 수준도 동반되어져야 하겠지만 그 핵심은 우리 전무출신들의 훈련에 임하는 정신자세와 의지에 달려있다."(「사설-전무출신 정기훈련은 귀한 것」, 『원불교신문』, 1913.3.22, 19면).

제4편
교리변천과 해석학

제1장

교리도의 변천과정

1. 교리의 강령이해

원불교의 교리도는 교법의 전체 강령을 이해하기 쉽게 전달하는 '도해
(圖解)'라는 점에서 교리의 대체를 연마하는데 있어서 편의성을 제공해
준다. 특히 교리도는 『정전』 교리 이해의 큰 틀로서 일원상을 중심으로
사은 사요, 삼학 팔조, 표어, 사대강령 등을 이해하는데 용이하다. 교리의
강령적 체계를 도식(圖式)으로 전할 수 있기 때문에 교리의 구조적 접근
을 쉽게 해준다.

원불교 창립 후 2세기에 접하여 원불교학의 발전과 더불어 교리이해
의 용이성에 더하여 교리의 구조적 접근은 중요하며, 이 같은 교리도의
중요성에 비추어볼 때 그 형성과 변천과정에 관심을 가질 필요가 있다.
교리도가 형성된 이래 변천과정에서 나타난 쟁점이 무엇인가를 분석,
그 쟁점의 해법은 무엇인가에 대해서 고민이 필요한 시점이다.

교리이해에 있어서 교리도의 중요한 역할을 직시하면서 그 변화과정
에 나타난 개혁정신과 문제의식을 갖고 이의 해법을 제시하기 위해 다음

세 가지 시각에서 접근하고자 한다.

첫째, 교리도가 교서에 처음 등장한 이래, 그 교리도의 변천과정을 살펴본다. 교리의 체계를 도해로 나타낸 교리도는 어느 한 시점에 정립된 것은 아니라는 점에서 변천의 궤적을 더듬어보는 일이 필요하다. 종교의 신앙론과 사상체계를 알 수 있게 해주는 교리도는 세월의 흐름과 더불어 교리의 체계화 과정을 통해서 정착되어 왔다. 몇 번의 변천과정을 거쳐 교리도가 정립되는데, 인도에서는 이상적 불타의 세계를 다양한 변상도(變相圖)나 만다라를 통하여 그림으로 나타내 왔으며, 동아시아에서는 송대의 주렴계 이후 하나의 사상체계를 도설(圖說)로 표현하는 방식이 성행해 왔고, 원불교의 교리도는 조선 후기 유학자들 사이에 널리 유행했던 태극도설이나 심학도설(心學圖說) 등에서 간접적인 영향을 받았으리라 본다.[1] 형성과정에서 볼 때 원불교 교리도와 태극도는 그 상단의 ○(태극-일원상)을 비롯하여 대칭적 형태에 유사한 점이 있다는 점도 관심을 끌만한 일이다.

둘째, 교리도의 변천과정에서 나타난 문제점은 무엇인가를 비판적으로 살펴보고자 한다. 교리도가 『육대요령』을 효시로 해서 『불교정전』과 현행본 『교전』으로 몇 차례 변천된 점에서, 그 변천과정의 쟁점사항이 있다면 그것이 무엇인지를 밝히려는 것이다. 현행본 『교전』 교리도로 정착되기까지 여러 쟁점 항목들이 발견되기 때문이다.

셋째, 교리도의 변천과정에 밝혀진 쟁점에 대하여, 교서결집 과정에서 이미 해법을 제시한 것에 의미부여를 하면서도, 교리도에 대한 건설적 의견제시할 사항이 있다면 무엇인지 살펴보려는 것이다. 그것은 앞으로

---

1) 노권용, 「교리도의 교상판석적 고찰」, 『원불교사상과 종교문화』 45집, 원광대 원불교사상연구원, 2010, p.257.

교서 재결집 과정의 교리도 정착을 위한 하나의 방향제시적 성격이라고 보기 때문이다.

본 연구의 실마리를 풀어가는 뜻에서 원불교 교리도와 관련한 선행연구를 참조하였다. 송천은의 「교리도의 문제점」(『교학연구』 4, 1970)과 노권용의 「교리도의 교상판석적 고찰」(『원불교사상과 종교문화』 45집, 2010)이 있다. 단행본으로는 이성택의 『교리도를 통해본 원불교』(도서출판 솝리, 2003)가 있으며, 그리고 개인 저술에 나타난 편편의 언급들이 있다.2) 선행연구는 대체로 교리도의 성격과 의의가 밝혀져 있으며, 노권용의 교리도 연구는 교판적 성격을 지닌다는 점에서 본 연구와 유사한 점이 있다. 하지만 본 연구는 변천과정에 나타난 쟁점사항들을 하나하나 열거하여 이의 비판적 성찰과 방안제시라는 점에서 차별화하였다. 초기 교서의 자료적 접근 방법으로서 『육대요령』, 『불교정전』(초판본, 재판본), 『교전』 등을 중심으로 살펴보고자 한다.

본 연구에서 교리도 정착에 대해 문제의식을 갖고 비판적으로 접근하는 것은, 설사 몇 차례 재결집 과정에서 일부 쟁점들의 해법이 제시되었다 해도 교리도가 정립되는 과정을 거치면서 당시의 시대적 제약에 따른 아쉬웠던 점 내지 현행본 『교전』의 교리도는 완성태인지에 대한 고민도 있어야 한다는 뜻이다. 『교전』의 결집이 완성태가 아니라는 점을 고려하여 볼 때, 앞으로 새롭게 결집될 교서의 교리도는 교단사의 시각에서 보면 진행과정이어야 하기 때문이다. 교리의 체계화는 그 속성상 지속될

---

2) 참고할만한 저술 자료는 대략 대산종사의 「교리도 약해」, 신도형의 『교전공부』 (원불교출판사, 1992), 안이정의 『원불교 교전해의』(원불교출판사, 1988), 한종만의 『원불교정전해의』(도서출판 동아시아, 1999), 서경전의 『교전개론』(원광대학교 출판국, 1991), 고시용의 「교리도의 형성과정」(『원불교 교리성립사 연구』, 원광대 박사학위논문, 2004), 류성태의 『정전풀이』 上(원불교출판사, 2011) 등이 있다.

것이며, 이에 교리도의 변천과정을 살펴보려는 것에서 그 실마리를 풀어
보고자 한다.

2. 교리도의 변천과정

교리도의 변천과정의 모색에 있어 우선 교리도의 개념이 무엇인가를
살펴보고자 한다. 교리도가 무엇을 의미하는가를 인지해야 변천과정에
나타난 문제점을 쉽게 알 수 있기 때문이다. 교리도의 개념을 보면, 교리
의 진수를 일목요연하게 도식(圖式)으로 상징한 것이다. 또 일원상을
종지(宗旨)로 하여 신앙문과 수행문을 밝히어 인생의 요도와 공부의 요
도로써 제생의세의 묘방을 제시해 주었으며, 교단의 목표인 사대강령을
드러내고 일원상의 내용과 전법게송을 골자로 하였다.[3] 이에 교리도란
교리의 핵심을 중층적으로 접근, 교리의 구조와 체계를 쉽게 이해할
수 있는 교리강령의 도표이다.

이처럼 원불교 교리도가 지니는 개념을 염두에 두면서 원불교 교리도
가 어떻게 구조화되어 있는가를 살펴볼 필요가 있다. 기본적으로 교리도
는 종적인 구조와 횡적인 구조를 지닌다. 종적인 구조를 보면 첫째 상징
구조로서 제일 상단은 일원상의 상징이며, 둘째 강령구조로서 교리도
자체가 이미 『교전』의 표현에 근거하여 도형으로 표시된 것이며, 셋째
종합실천 구조로서 원불교 교리도의 제일 하단부분에 해당하는 무시선
무처선과 처처불상에서 개괄적으로 하였다.[4] 이에 대해 교리도의 횡적

---

3) 신도형, 『교전공부』, 원불교출판사, 1992, p.29.
4) 이성택, 『교리도를 통해본 원불교』, 도서출판 솝리, 2003, pp.136-155참조.

인 구조는 최고의 종지로서 일원상 진리의 핵심구조, 양대문인 신앙
·수행의 구조, 덧붙여 교리의 실천구조로서 삶의 체험적 현장으로의
접근이 가능하다.

이처럼 교리도의 종과 횡이라는 두 구조를 고려하여 그 위상을 상기하
면서 교리도의 변천과정에 대해 접근해 보고자 한다. 각 종교의 교리는
반드시 체계화 과정을 거친다는 면에서 교리도는 세월의 변천과 더불어
정착의 과정을 밟게 되며, 그러면 교리도의 변천 내역이 무엇인지 궁금
한 일이다. 원불교의 교리도는 크게 4단계의 변천과정을 거쳤다. 첫째
단계로는 원기 17년(1932) 『육대요령』에 수록된 최초의 교리도였고, 둘
째 단계로는 원기 28년(1943) 『불교정전』 초판본과 『근행법』의 교리도
였다. 셋째 단계로는 원기 30년(1945) 『불교정전』 개쇄본의 교리도였으
며, 넷째 단계로는 원기 47년(1962) 『원불교 교전』의 교리도였다.

교리도의 변천과정의 접근에 있어 우선 『육대요령』의 최초 교리도를
살펴볼 필요가 있다. 원기 17년(1932)에 편찬된 본 교서의 교리도에는
오늘날 상단에 일원상이 있는 것과 달리 팔괘도가 있었으며,[5] 소박한
형태로서 그것은 교단의 첫 교리도라고 볼 수 있다. 여기에는 사은 사요
(인생의 요도)와 삼강령 팔조목(공부의 요도) 및 훈련법이 나타나 있다.
사실 『육대요령』에서 처음으로 개교동기와 교리도가 발견되며, 이는
기본 교리인 사은 사요와 삼강령 팔조목을 제시한 순수 교리서[6]인 만큼
단순한 구조의 도해(圖解) 성격이었음을 알 수 있다.

복잡하지 않고 단순한 형태의 교리도 효시로서 『육대요령』은 원불교

---

5) 교리도 맨 위 중앙에 있는 일원상은 최초의 교리도에서는 팔괘방위도가 있었
   는데, 역사박물관에 소장된 1931년판 『육대요령』의 교리도를 그린 족자에서
   이를 확인할 수 있다.
6) 이운철, 「출판언론사」, 『원불교 70년정신사』, 성업봉찬회, 1989, p.547.

최초의『정전』성격이라는 점을 염두에 둘 필요가 있다. 우선 최초 교리
도의 구성을 보면, 초기교단의 교리가 가장 소박하면서도 강령적으로
드러나 있다. 교리도의「상단」에 인생의 요도 사은 사요가 밝혀 있으며,
사요로서 남녀권리동일, 지우차별, 무자녀자타자녀교양, 공도헌신자이
부사지라는 네 항목이 밝혀져 있다.「중단」에는 공부의 요도 삼강령
팔조목이 밝혀져 있으며,「하단」에는 훈련의 조목이라고 하여 좌우에
상시응용주의사항 6조와 정기훈련과정과 중간에 공부인이 교무부에 와
서 하는 책임6조가 밝혀져 있다.7) 상시응용주의사항 6조로서 ① 응용시
취사할 일, ② 응용시 연마할 일, ③ 공간시 경전연습할 일, ④ 공간시
연구할 일, ⑤ 공간시 수양할 일이 기록되어 있고, 정기훈련 과정으로
염불, 좌선, 경전, 강연, 회화, 문목, 성리, 정기일기, 주의, 조행, 수시설교
가 있다. 그 중간에 '공부인이 교무부에 와서 하는 책임 6조'가 밝혀져
있다.

　뒤이어『육대요령』(원기 17년)의 최초 교리도는 새로운 변천의 과정
을 겪었다. 그것은 원기 28년(1943) 계미 1월에 편찬된『불교정전』의
교리도이다. 여기에는 초판본과 재판본이 있어서 일정(日政) 당시의 출
판과 해방 후 출판이라는 점에서 교리도 변천사에 왜곡이 있었고,『불교
정전』의 교리도는『육대요령』과 달리 체계화가 가미되었다. 상단에 일
원상을 봉안하고 그 밑에 "① 이상원공(以上圓空)은 우주만물의 본원이
요, ② 제불조사 정전의 심인이요, ③ 청정법신 비로자나불이요, ④ 자각
선사는 고불미생전에 응연일상원이라 하고, ⑤ 혜충국사는 형식으로써
이 원상(圓相)을 그려내서 법으로써 그 제자에게 전하시었다."8)라고 했

다. 그리고 『불교정전』의 교리도에 길운을 상징하는 거북모양이 나타난다. 다만 일정(日政)의 종교탄압으로 경전의 편찬에 어려움을 겪자 교단에서는 불교 김태흡 스님의 협조를 얻어 출판한 관계로 교서에 불교용어의 색채가 강화되었다.

교리도 변천의 첫 과정에서 나타난 『불교정전』의 교리도는 어떻게 구성되었는가를 살펴본다. 상단에 일원상을 그리고, 그 아래 좌우에는 사은을 인과보응의 신앙문과 삼학 팔조를 진공묘유의 수행문이라 하여 하였다. 그리고 삼학과 계정혜 삼학을 연결시켰고, 사은의 밑에 보은의 강령을 밝히고 그 밑에 처처불상 사사불공, 삼학 팔조 밑에 무시선 무처선을 밝혔다. 이어서 좌우상하의 사면에 사대강령을 배치하였다. 이 같은 재결집을 통한 교리도의 완성에 대해 소태산은 그의 신념을 밝힌다. 원기 28년(1943) 1월, 그는 새로 정한 교리도를 발표하며 말하기를 "내 교법의 진수가 모두 여기에 들어 있건마는 나의 참 뜻을 아는 사람이 몇이나 될꼬?"9)라 하여 교리도 숙지의 중요성을 설파하였다.

여기에서 주목해야 할 사항들이 적지 않음을 발견한다. 『불교정전』의 초판본과 재판본의 변화된 교리도를 보면, 초판본에 양대은(황은·불은)이 있어 출판의 허가과정에서 편입되었다가 해방 후 삭제되었기 때문이다.10) 그리고 사대강령 부분에 진충보국(초판본)이 무아봉공(재판본)으로 변경되었으며 여전히 현행본 『교전』에서는 볼 수 없는 '불교보급'이라는 용어가 그대로 남아있음이 주목된다. 당시의 사회상황에 대비된 상고(詳考)가 요망되나 개쇄(改刷)는 소태산의 본회를 찾는 노력으로 평가될 것이다.11) 따라서 『불교정전』의 초판본의 교리도에는 안타깝게도

---

9) 『대종경』, 부촉품 7장.
10) 『원불교 교사』, 제2편 회상의 창립, 제4장 끼쳐주신 법등, 3. 불교정전의 편수 발간.

종교탄압이라는 수난의 흔적이 그대로 노출되어 있다. 『육대요령』의
교리도가 체계화되어서 『불교정전』에 나타났지만, 출판의 허가 문제가
난제로 등장했다.

다음으로 『불교정전』에서 『교전』으로 결집된 교리도에 대하여 주목
해 보고자 한다. 그것은 소태산을 계승한 정산·대산의 결집이었기 때문
이다. 『불교정전』의 교리도에는 '일원상의 유래'가 있었다면, 『교전』의
경우 '일원상진리'와 '게송'을 새롭게 첨가하였다. 또한 전자의 교리도에
는 사은의 '보은의 대요'가 있었으나 후자에는 '사요'로 대신하였다. 『교
전』 교리도의 일원상 아래에 일원은 법신불이라고 단서를 달면서 우주
만유의 본원, 제불제성의 심인, 일체중생의 본성이라 한 것이다. 본 교리
도에서 게송을 일원상진리 바로 아래에 넣은 이유로서, 게송 그 자체는
교리의 어느 일부분을 설명하는 것이 아니라 교리 전체를 포괄하여 간단
명료한 언어로 표현한 것으로, 단순한 전법게송의 의미 차원보다 원불교
진리의 함축적 표현을 나타내고자 했기 때문이다.12) 또한 사대강령 가운
데 '불교보급'이 '불법활용'으로 바뀌었다.

이처럼 『육대요령』에서 『불교정전』으로, 또 『교전』으로 결집되면서
교리도가 몇 차례 변화된 과정을 파악할 수 있다. 『육대요령』에서 『정전』
에 이르기까지 교리도가 꾸준히 계승되고 있는 것은 사은, 사요, 삼학,
팔조, 계문, 솔성요론, 최초법어 등으로, 원불교의 기본 교리는 『육대요
령』에서부터 확고하게 틀이 잡혀져 왔으며, 그 밖의 다양한 교리는 지속
적으로 체계화되었음을 알 수 있다.13) 교리도의 변천과정에 나타나듯이

11) 양은용, 「불교정전에 대하여」, 『원불교사상』 제9집, 원광대 원불교사상연구
원, 1986, pp.267-268.
12) 김인종, 「인명논리와 일원상게송의 순환성 고찰」, 『원불교사상』 제14집, 원광
대 원불교사상연구원, 1991, p.144.

『육대요령』의 소박한 교리도 형태가 『불교정전』 초판본에는 일정의 교
단수난사 흔적을 노정시키고, 『교전』에서는 게송 등이 가미되면서 체계
화된 교리도의 정착과정을 파악할 수 있다. 다음으로 한국의 해방 전과
후라는 전환점에서 표출된 교리도의 변천과정에서 나타난 쟁점사항이
무엇인가를 파악하고자 한다.

3. 교리도 변천과정의 쟁점

원불교 교리도의 변천과정에는 여러 단계를 거쳤는데 여기에 나타난
쟁점이 무엇인가를 모색해 보도록 한다. 원불교의 교리가 시대의 흐름을
따라 체계화되어가는 과정에서 교리도의 일부 항목들이 변경되면서 나
타난 사항들이 무엇인가를 밝혀보자는 것이다. 크게 네 단계의 변천과정
을 거치면서 쟁점항목들이 수정 보완되었으며, 이에 대하여 비판적 시각
에서 변천과정의 쟁점들을 접근해 보고자 한다.

첫째, 원불교 최초의 경전인 『육대요령』 교리도에 '팔괘'가 그려져
있는데, 첫 교리도에 팔괘가 있다는 것은 교리의 정체성과 관련된 경우
로서 문제의 쟁점이 야기된다. 교리도 상단에는 당연히 원불교 교의의
핵심인 '일원상'이 있어야 함에도 불구하고 유교 『주역』에서 거론되는
'팔괘'가 처음으로 등장하고 있기 때문이다. 초기교서의 편수 당시 교조
소태산의 친감 하에 작업을 맡은 서대원 교무의 건강이 좋지 않아 교리
도 구상이 중단되자 박장식에게 맡겨 계속하게 하였는데, 맨 처음 '팔괘'

---

13) 고시용, 「정전의 결집과 교리의 체계화」, 『원불교학』 제9집, 한국원불교학회,
    2003, p.274.

를 중심으로 교리도가 구성되어 있었다[14]는 사실을 직시할 필요가 있다. 박장식은 일원상을 중심으로 재구성의 의견을 밝히자 소태산은 자신의 구상을 참고하고자 대중에게 하나씩 초안을 만들어 오라며 교리도 초안에 심혈을 기울였다. 어떻든 『육대요령』의 교리도 상단에 '일원상' 대신 유교의 '팔괘'가 들어 있었던 것은 원불교의 정체성에서 볼 때 쟁점으로 부각될 수 있다.

둘째, 교리도 변천사에 나타난 또 하나의 쟁점으로는『불교정전』초판본에 나타난 '양대은[兩大主恩과 四從屬恩]'과 '진충보국'의 문제이다. 원불교 사은신앙의 대상과 관련한 용어가 굴절된 현상은 적지 않은 파장으로, 교리도 변천사에서 가장 큰 쟁점으로 부각되고 있다. 원기 28년(1943)『불교정전』에 나타난 교리도는 일원상을 중심으로 신앙문에 사은과 보은강령이 있고 수행문에 삼학 팔조가 있으며 수행문 4면에 사대강령을 표시하였는데, 처음 일제의 압력으로 간행 허가가 나오지 않자 간행허가의 방편으로 양대은을 넣고 진충보국을 사대강령에 넣었다.[15] 여기에서 양대은이란 불은과 황은을 말하며, 진충보국이란 국가에 충성하는 의미가 있는 관계로, 이들은 식민당시 종교탄압의 극단으로서 교리도 정착과정의 수난사였다.

셋째,『불교정전』교리도에는 수행문의 삼학 팔조와 신앙문의 사은 및 '보은의 대요'가 있는데, 현행본 『교전』에는 '보은의 대요' 대신에 '사요'가 들어가 있어서 쟁점으로 거론될 수 있다. 보은의 대요를 대신하여 사요가 타당한가의 교학적 논쟁이 있어 왔던 것도 사실이다. 당시 『교전』의 결집과정에서 이에 대한 논란이 끊이지 않다가 제1차 교전감

---

14) 상산 박장식 교무의 언급이다(우세관 정리, 「성리법회-불법승 삼보의 교단적 의미」,《원불교신문》, 2002년 5월 24일, 2면).

15) 서경전,『교전개론』, 원광대학교 출판국, 1991, p.115.

수위원회의(1962년 6월 21일)가 열리는 등 의견이 분분한 가운데, 사요
가 신앙문에 들어갈 수 있느냐 하는 문제에 대한 설명에 대하여, 사요는
원안대로 신앙문 아래 넣을 것을 결의했다.[16] 이러한 토론이 있기 직전
인 동년 4개월 전, 『정전』 수정시안(1962년 2월 2일)을 감수위원과 자문
위원들에게 보내어 그 안을 받았는데 사요와 관련된 내용을 살펴보면,
교리도 신앙문에 '보은의 대요'를 약하고 '사요'를 넣도록 감수위원의
이름으로 대외적으로 발표하였다.[17] 이에 대해 근래 일부에서는 현행본
『교전』의 교리도에 나타난 '사요' 대신, 『불교정전』 교리도 그대로 '보은
의 대요'를 다시 환원시키면 좋을 것[18]이라고 하는 제안을 하였다.

넷째, 『불교정전』의 교리도에 전통불교의 화두가 지나치게 인용되고
있는 점이 쟁점으로 거론될 수 있다. 불교를 연원으로 한 불법연구회가
불교 화두를 표어로 원용하는 것은 있을 수 있는 일이지만, 핵심교리를
도해한 교리도의 상징적 측면에서 볼 경우 원불교 교리의 정체성에서
과연 적합한가를 따져보자는 것이다. ① 불일증휘 법륜상전(佛日增輝
法輪常轉), ② 심불(佛性) 법신불〇 아래 4귀자로 줄임<근행법> 첩에서

16) 김탁, 「원불교 사요교리의 체계화 과정」, 『인류문명과 원불교사상』(上), 원불
교출판사, 1991, pp.277-278.

17) 1962년 7월 5일 「교전의 종결확정 및 발간에 관하여」라는 문서가 감수위원인
박광전, 박장식, 이운권, 이완철, 이공주의 서명날인과 함께 종법사 김대거의
이름으로 7월 17일 확인하여 7월 26일 대외에 발표하였다.

18) 정유성 교무에 의하면, 『불교정전』이 현행 『원불교교전』으로 재구성되면서
내용상 차이를 보이는 것이 교리도라는 것이다. 『교전』의 교리도에는 좌측에
사은 사요가 있고 우측에 삼학 팔조가 있으나 『불교정전』에는 좌측에 '사은'
과 '보은의 대요'가 있다고 했다. 『교전』 교리도에서 '보은의 대요'가 빠진
관계로 본 교리도를 그대로 서양인에게 소개할 때 원불교 윤리의 원천이며
윤리적 행위의 지침이 되는 '보은의 대요'가 교리도에서 드러나지 않아 사은
사상의 중요성을 이해하는데 문제가 있다는 것이다(대담-천지은, 「특집-정유
성 원로교무」 <원불교신문>, 2009년 8월 28일 참조).

는 일원상 아래 '고불미생전 응연일상원 석가유미회 가섭기능전(古佛未生前 凝然一相圓, 釋迦猶未會 迦葉豈能傳)'을 삭제함, ③ 사대강령을 설정, ④ 원동태허 무흠무여 일상삼매 일행삼매(圓同太虛 無欠無餘 一相三昧 一行三昧), ⑤ 불법시생활 생활시불법 동정일여 영육쌍전, ⑥ 무시선 무처선 사사불공 처처불상이다.19) 이 가운데 ①, ②, ④는 불교 화두를 원용한 것이다.『육대요령』의 교리도와 달리『불교정전』의 교리도에 불교용어가 많이 등장한 것은 원불교 교의의 정체성에 비추어 문제화될 수 있다. 일정(日政)의 종교탄압에 의한 경전 발간의 방편성과 관련되어 있다고 해도, 교리도가 원불교 교리의 강령을 상징한다는 점에서 교리 주체성의 측면에서 문제가 적지 않다고 본다.

다섯째,『불교정전』교리도의 네 귀퉁이에 사대강령이 배치되어 그 항목이 변화된 것으로, 현행본『정전』교리도의 '불법활용'과 달리 '불교보급'이라는 용어가 쟁점화될 수 있다. 곧 재래불교의 혁신이라는 명분으로 전개된 불법연구회로서 '불교보급'이란 용어가 당시로서는 부득이했다고 해도 적합한 것이었는지 검토해보자는 것이다. 다시 말해서 '불교보급'이라는 용어가 지니는 함의는 전통불교의 보급이라는 뜻인가, 아니면 후천개벽시대의 정신개벽을 개교동기로 한 새 불교의 보급이라는 뜻인가는 원불교 정체성의 문제로 등장한다.

위에서 열거한 다섯 가지 쟁점은『육대요령』(원기 17년)의 교리도에 이어서 해방 전 초판본의『불교정전』(원기 28년), 그리고 해방 후 재판본의『불교정전』(원기 31년)과 현행본『교전』(원기 47년)으로 재결집되는 과정에서 나타난 것들이다. 따라서 교리도의 네 단계 변천사에서 볼 때 제시된 쟁점의 해법과 방향에 대한 접근이 필요하다.

---

19) 박용덕,『천하농판』, 도서출판 동남풍, 1999, pp.176-177.

4. 쟁점 해법의 방향

교리도가 네 단계 변천과정을 거치면서 나타난 쟁점사항에 대하여 비판적으로 접근하고자 한다. 그리고 네 번의 교서결집을 통해 제시된 해법, 앞으로『정전』재결집의 가능성을 염두에 두면서 방향제시의 측면에서 접근하려는 것이다. 교서가 결집되면서 이미 쟁점 항목을 인식하여 새 교서에서 상당부분 해법을 제시하였지만[20] 교단의 역사적 시각에서 결집된 과정의 의미부여, 나아가 쟁점사항의 비판과 미래안적 방향을 제시하고자 한다.

첫째,『육대요령』(원기 17년)에 나타난 최초의 교리도에 일원상 대신 '팔괘'가 있었다는 점에 대하여 의미를 부여해 본다. 일원상의 신앙대상화 및 봉안(원기 20년) 이전의 일로서 팔괘가 등장한 것은 초기교단으로서 교리정립 과정의 단면이었다. 다만 원불교의 첫 교리도 상단에 팔괘가 그려진 것은 교의의 정체성에서 문제제기가 가능하며, 그것이 유교교의에 관련된 것이기 때문이다. 교리도의 형성과정 당시에 소태산을 받든 제자의 회고를 소개해 본다. 소태산은 계미 1월에 새 교리도를 초안하고, 평소 늘 자비하던 그 성안에 기쁨을 감추지 못하였으며, "마치 하도낙서의 고사에 거북이가 팔괘를 지고 나온 것 같다."[21]라고 하였다. 교리도의 유교적 영향이 없지 않았음을 알 수 있다.

같은 맥락에서 신도형 교무의『교전공부』에서 이와 관련하여 언급하고 있다. 곧 교리도가 거북이 모습으로 되어 있으며, 문왕이 우주의 진리를 팔괘로 표현하였는데 그 기연이 거북이 등에 그려진 것을 유심히

---

20)『불교정전』초판본(1943)에서 재판본(1945)으로,『교전』(1962)으로 변천되면서 상당부분 쟁점의 해법을 제시하여 결집되었다.
21) 박장식,『평화의 염원』, 원불교출판사, 2005, p.197.

본 것에 있었다[22]는 것이다. 『육대요령』의 교리도에 원불교 신앙의 대상인 일원상 대신 유교 사상과 관련된 '팔괘'가 교리도 상단에 있었던 것은, 설사 원불교 신앙대상의 정착 이전이라 해도 교리도 모형이 '거북' 모양[23]과 유사하여 교운을 상징하는 점에서 어색하지만은 않다고 본다.

유교에 대한 언급에 나타나듯이 소태산은 교법을 제정할 때 유불도 사상을 섭렵함으로써 원불교의 미래적 교법을 구상하였다. 『대종경』에 의하면 과거에는 유불선 3교가 각각 그 분야만의 교화를 주로 하여 왔지마는, 앞으로 이 모든 교리를 통합하여 수양·연구·취사의 일원화와 또는 영육쌍전·이사병행 등 방법으로 모든 과정을 정하였으므로 3교의 종지를 일관하고 사통오달의 큰 도를 얻게 될 것(교의품 1장)이라 하였다. 유교가 원불교 교리체계에 직접 간접으로 끼친 영향은 적지 않은데, 그것은 우선 『정전』의 교리도나 교리체계의 유교적 영향[24]이 그것이며, 『대종경』의 편집이 『논어』와 유사한 점이라든가, 『예전』 내용의 유교적 성향을 함유하고 있음이 그것이다.

유교와 원불교적 회통성에 비추어보듯이 오늘날 교리도 맨 위의 중앙에 '일원상'이 있는데, 최초의 교리도에서는 '팔괘 방위도'가 이것을 대

---

22) 신도형, 『교전공부』, 원불교출판사, 1992, pp.32-33.

23) 일원상 정착 이전의 초기교단으로서 일원상과 거북의 관계보다도 팔괘와 거북의 관계가 갖는 일치성이 적지 않다는 점에서, 『주역』의 기원과 관련할 경우 자연스러운 일이었다.

24) 鄭舜日, 「圓佛敎의 三敎圓融思想」, 제13회 국제불교문화학술회의 『儒·佛·道 三敎의 交涉』, 원광대 원불교사상연구원, 1992, p.118. 여기에 대하여 다음의 견해가 있다. "원불교의 교리체계는 교리도에 나타나 있듯이 그 체계가 불교에서는 찾아볼 수 없는 조직화된 면을 보이고 있다. 이는 조선조 유학이 관념 철학화하면서 조직적이고 논리적인 설명으로 발전되었던 점에서 볼 때 유학적 논리성에 일정한 영향을 받은 것으로 보인다."(申淳鐵, 「鼎山宗師의 儒學과 宋浚弼 선생」, 《院報》 제20호, 원광대 원불교사상연구원, 1983, p.2).

신하였다. 현재 역사박물관에 소장된 1931년 출간『육대요령』의 교리도를 그린 족자에서 이를 확인할 수 있다.[25] 이것은 원불교 교리가 유불도 3교사상의 활용과 관련되어 있다는 점에서 최초의 교리도에 팔괘가 등장한 이유를 알 수 있다. 따라서『육대요령』(원기 17)의 팔괘가 최초의 교리도 상단에 있었던 것은 유불도 섭렵에 더하여 원기 20년(1935) 일원상 봉불이 공식화되기 전이라는 점에서 이에 대한 쟁점은 해석학적으로 접근이 가능하다고 본다.

둘째,『불교정전』초판본(1943)의 교리도에 처음 등장한 양대은과 진충보국이라는 용어가 갖는 일제탄압의 흔적에 대한 비판이 필요하다고 본다. 역사인식의 심각한 문제점을 갖는 용어인 만큼 해방직후 재판본(1945)에서는 관련용어의 삭제와 대안을 곧바로 제시하였다는 점에 주목해야 한다. 동시에 교조 생존당시의 경전 발간이라는 가치에서 보면, 시대적 난국 상황에서의 출판허가라는 방편의 측면에서도 살펴볼 일이다.

이러한 맥락에서 볼 때『불교정전』이라는 소태산 열반 전의 친저(親著)가 갖는 교서의 상징적 가치가 지대하다.[26] 소태산은 원기 28년(1943) 3월에 친저『불교정전』인쇄본을 본 것으로, 종교 역사상에서 교조가 직접 경전을 편찬하고 발행한 일이 거의 없었으니 교조가 직접 편찬하고 발행한 것이 원불교 경전의 특성이기 때문이다.[27] 교조가 친저한 경전은 과거 다른 종교경전에 거의 나타나지 않는다는 점에서 당시 시국에 따른

---

25) 이성전, 「선천·후천론과 원불교 팔괘기의 의미」, 『원불교사상과 종교문화』 44집, 원광대 원불교사상연구원, 2010, p.64.
26) "결집과정에서 우리 교단이 자랑할 만한 것은 교조의 재세 당시에 교리의 기본이 세워지고 친히 감정하여 교서를 낸 일은 아마 세계 종교사상 유례없는 일로서 매우 중요한 일인 것 같습니다."(이공전, 「鼎談-2대 2회를 마감하면서」, 원기 62년 『원광』 95호; 이공전, 『凡凡錄』, 원불교출판사, 1987, p.438).
27) 한종만, 『원불교 대종경 해의』(下), 도서출판 동아시아, 2001, p.554.

교서발간의 방편성이라는 점과, 그럼에도 불구하고 교리수난사라는 양면성에서 공과를 살펴봐야 한다.

경전 발간의 용이성이라는 연유로 인해 나타날 수 있는 용어의 쟁점들이 해방을 맞이하여 개쇄본으로 발간되면서 교리수난의 질곡을 극복하려 했다는 점은 다행이라 본다. 1945년(원기 30)『불교정전』개쇄본의 교리도를 보면, 광복을 맞아 일제에 의해 왜곡되었던 부분들을 삭제하고, 약간의 자구를 수정하였는데, ① 황은과 불은의 양대주은(兩大主恩)이 삭제되고, ② 사종속은(四從屬恩)은 사중은(四重恩)으로, 진충보국은 무아봉공으로 바로잡았다.[28] 여기에서 초판본 및 재판본의 발행과 관련하여 해방 전과 해방 후에 나타난 쟁점사항의 해석학적 접근은 어떻게 할 수 있는가? 초기교단으로서『불교정전』의 발간에 어려움을 겪던 차에 김태흡(1899~1989) 스님이 불법연구회를 방문하여 교단의 현안인 교서 발간에 적극 협력하기로 하면서 초판본이 발행되었다. 하지만 교리도에 이 같은 문제점이 나타났는데 다행히 해방 후 일제의 탄압을 벗어나 원불교 정체성을 드러낸『불교정전』을 재판하면서 이의 성찰이 뒤따랐다.

셋째,『불교정전』교리도의 신앙문 아래에 '보은의 대요'가 배치되어 있지만, 현행본『교전』의 교리도에는 '사요'가 있어서 그렇게 변화된 이유 및 그로 인한 쟁점의 해법은 무엇인가?『불교정전』에 '보은의 대요'가 들어간 이유는 사은의 실천방법으로 본 것이며, 이는 삼학의 실천방법으로 팔조가 들어간 경우와 같다. '사요'는 변경 가능하다는 점에서, 또 사은의 실천방법으로서 사요보다는 '보은의 대요'가 바람직하다고

---

28) 노권용, 「교리도의 교상판석적 고찰」, 『원불교사상과 종교문화』 45집, 원광대 원불교사상연구원, 2010, p.259.

볼 수 있을지 모른다. 설사 사은의 실천방법으로 '보은의 대요'가 들어가
도 무방한 일이라 해도, 교리 교강의 대대관계29)를 고려해 보면 삼학
팔조와 사은 사요라는 점에서 후래『교전』결집에서 '보은의 대요' 대신
'사요'가 들어가는 것이 더 바람직하다고 판단했다. 더욱이 사요가 인과
보응의 신앙문에 속한 이유에 더하여, 교리 전체의 비중으로 볼 때 사요
는 중대한 비중을 갖는 관계로 교리도에서 뺄 수 없으며, 교리도는 교리
의 진체를 일목요연하게 밝혀준 것이다.30) 사은 사요라는 교강의 구조적
대대 관계와, '보은의 대요'라는 사은의 실천방법 간에 쟁점이 있을 수
있다고 해도, 교리체계를 고려하면 삼학 팔조와 사은 사요라는 교강의
대대관계로 풀어가야 할 것이라 본다.

여기에서 주목할 것으로,『불교정전』교리도에 '보은의 대요'가 들어
가고 '사요'가 들어가지 않은 이유가 있다. 즉 사요 교리가 중요하지
않아서가 아니다. 상산 박장식 교무는 이에 말하기를,『불교정전』의 교
리도 초안 당시 사요를 삽입치 않은 것에 대해 소태산은 "그 비중이
다른 교리보다 떨어져서가 아니라 사요는 삼학수행과 사은신앙의 결과
에 해당하는 것으로서, 따로 한 편에 넣을 수 없어 그러한 것이다."31)라
고 하였다. 신앙과 수행의 결과를 고려해볼 필요가 있다는 뜻이다.

29) "교리도란 원불교 교리체계를 일목요연하게 도표화시킨 것으로서 신앙과 수
행의 구도적 표현을 구체화한 것이다. 교리의 축약된 표현양식인 교리도의
주 내용은 총섭적 차원의 일원종지를 신앙문과 수행문으로 병렬시켜 구체적
으로 접근케 하여 일치화를 도모하였다."(서경전,『교전개론』, 원광대학교 출
판국, 1991, pp.117-118).
30) 신도형,『교전공부』, 원불교출판사, 1992, p.31.
31) 2003년 5월 스승의 날, 원광대 원불교사상연구원 임원들의 예방시 상산 박장
식 종사의 구술자료이다(노권용,「교리도의 교상판석적 고찰」,『원불교사상
과 종교문화』45집, 원광대 원불교사상연구원, 2010, pp.282-283).

어떻든 '보은의 대요' 대신 '사요'가 들어간 것은 원불교 교리의 기본 강령을 압축한 결과이다. 즉 교리도 수행문에 삼학 팔조, 신앙문에 사은 사요를 배치하여 전자를 통해 혜(慧), 후자를 통해 복(福)을 원만하게 갖추도록 하였음과 더불어 일원상에 바탕한 삼학 팔조, 사은 사요는 원불교 교리의 기본강령이다.32) '보은의 대요'가 들어간 것과 후에 사요로 변경된 것에는 다양한 해석학적 접근법이 있지만, 교리도의 기능은 교리 전반의 기본체계를 밝힌다는 점을 고려해야 한다고 본다. '보은의 대요'가 아닌 '사요'로 변천된 것은 교리의 강령적 체계 면에서 바람직하다고 본다.

넷째, 원기 28년(1943)에 발간된『불교정전』의 교리도에 원용한 불교의 화두들이 원기 47년(1962)에 발간된『정전』의 교리도에서는 상당부분 삭제됨으로써 원불교의 종파불교에 대한 논쟁의 불씨를 없앴다. 즉『불교정전』교리도의 표어적 성격의 용어로서 '일행삼매 일상삼매'라든지, '고불미생전 응연일상원' 등의 재래불교에서 널리 쓰이던 용어들은『정전』교리도에 수록되지 않았기 때문이다.33) 구체적으로 말해서 일원상 아래 "① 이상원공(以上圓空)은 우주만물의 본원이요, ② 제불조사 정전의 심인이요, ③ 청정법신 비로차나불이오, ④ 자각선사는 고불미생전에 응연일상원이라 하시고, ⑤ 혜충국사는 형식으로써 이 원상을 그려내서 법으로써 그 제자에게 전하시었다."라는 용어가『교전』의 교리도에서는 삭제되면서 재래불교와의 차별화를 통해 종파적 오해의 소지를 없앴다. 이것은 일정(日政)이라는 시대적 제약 속에서 간행된『불교정전』교리도

---

32) 양은용, 「원불교의 마음공부와 치유」, 『한국그리스도 사상』 제17집, 한국그리스도사상연구소, 2009, pp.114-115.
33) 양은용, 「불교정전에 대하여」, 『원불교사상』 제9집, 원광대 원불교사상연구원, 1986, p.267.

의 전통불교 용어들을 현행본『교전』에서 삭제함과 동시에 정산종사는
'원불교'로의 개명을 선포한 이후 재래불교의 종파적 오해의 소지를 벗어
나도록 하였다.

이 같은 교리도의 변화에서 주목할 것으로, 종파불교의 극복과 더불어
'불법연구회'라는 교명 하의『불교정전』교리도에서, '원불교'라는 교명
에 의해 새롭게 발간된『교전』교리도의 결집으로 새 불교로서의 정체성
을 확보하였다. 즉 원기 47년(1962)『교전』의 교리도는『불교정전』개쇄
본과 대동소이하나 몇 가지 수정을 통해 새롭게 완비된 것이다. ① 일원
의 내용설명에 있어 불교적 유래 부분이 삭제되고 "일원은 법신불이니
우주만유의 본원이요, 제불제성의 심인이요, 일체중생의 본성이다."라
고 선언한다. ② 나아가 그 아래 게송을 밝혀 법신불 일원의 본질적
성격을 확연히 드러내고 있다.[34] 원불교적 정체성을 보면『불교정전』
교리도의 일원상 아래 위에 언급한 화두 항목들이 사라지고『교전』의
일원상 아래에 일원상의 의미를 '법신불'이라는 전제 하에 '본원, 심인,
본성'이라 하였다.『교전』교리도 하단에 '게송'을 게재한 점에서 원불교
신앙의 정체성을 분명히 한 것은『불교정전』교리도에 있던 불교적 용어
들을 삭제한 원인으로 작용하였다.『교전』교리도에서 이전 교리도의
불교용어들이 쟁점화될 수 있음을 극복한 것은 원불교가 불교혁신과
생활불교를 지향하기 때문이라 본다.

다섯째,『불교정전』교리도에 있는 사대강령의 하나로써 '불교보급'
이『교전』으로 결집되면서 '불법활용'으로 변경되었다는 점에서, 종파
불교로 오인할 수 있는 점이 극복되었다. 곧『불교정전』의 교리도에

---

34) 노권용,「교리도의 교상판석적 고찰」,『원불교사상과 종교문화』45집, 원광대
원광대불교사상연구원, 2010, pp.259-260.

있는 '불교보급'이라는 용어는 당시 불법연구회로서 가능한 용어로 접근
될 수도 있겠지만 원불교 교리의 보급이냐, 불교의 보급이냐는 논란의
여지가 있다는 점에서, 현행본『교전』교리도에서 '불법활용'으로의 용
어 변경이 불가피했으리라 판단된다. '불교보급'이라는 용어가 종파불교
의 성향이 있는 점을 부인할 수 없기 때문이다.

　이러한 교리도의 변천과정을 참고할 경우, 점진적인 교서결집에 따른
쟁점의 해법을 제시한 점은 유의미한 일이라 보며, 여기에서 새롭게
제안하려는 것은 원불교 교리도의 모형이다. 교리도가 거북이 모형을
하고 있지만 아직 완성되지 못한 부분으로 거북이 '꼬리' 모형이 없다는
점이다. 거북이 모형을 크게 '머리, 몸통, 사지, 꼬리'라는 4부분으로 형상
화할 수 있다는 점에서 꼬리 부분을 형상화하여 '원불교 훈련법'이라는
항목을 넣으면 좋을 것이라 제안해 본다. 이는『육대요령』교리도에
훈련법이 제시되어 있었다[35]는 점에서 전혀 근거 없는 제안이 아니다.

　차기의 교서결집에서 거북 모형의 완성으로서 꼬리 부분을 첨가, 여기
에 훈련법을 넣는 것은 원불교 교리도의 효시인『육대요령』교리도의
훈련법을 계승함과 더불어 모형의 완성에 더하여, '훈련법'이라는 원불
교 교리의 실천을 강조하는 효과를 가져다준다. 물론 다양한 시각에서
꼬리부분에 다른 항목을 넣자는 의견도 있을 것이다. 그러나 꼬리 부분
은 진로의 방향타라는 점에서 훈련법은 원불교 미래교화의 한 방향이라
는 점에 더욱 설득력을 지니리라 본다.

　앞으로 원불교 교리는 체계화의 과정을 겪을 것이며, 교리도가 4차례
의 변화를 겪은 것처럼 교리의 체계화에 따라 얼마든지 그 변화 가능성

---

35)『육대요령』의 첫 교리도를 보면 삼학 팔조, 사은 사요, 정기훈련법 상시훈련법
　이 모두 망라되어 있음을 참조할 일이다.

이 있다. 교리도는 시대의 흐름과 더불어 원불교의 기본교리를 일목요연
하게, 그리고 중요한 내용이 체계적으로 정리되어 왔다[36]는 점을 새겨보
자는 것이다. 『육대요령』의 교리도, 『불교정전』의 교리도에 이어서 현행
본 『교전』의 교리도는 일면 쟁점 극복의 차원에서 새롭게 변화되었다.
미래교단의 새 교서 결집에 의한 교리도 모형이나 항목들의 변천 가능성
을 염두에 두지 않을 수 없다.

5. 교학정립과 교리도

지금까지 원불교 교리도의 변천과정을 살펴보면서, 교리도 항목들이
어떻게 변화했는지 하나하나 짚어봄으로써 교리도와 관련한 해석학적
·비판적 접근을 시도하였다. 『육대요령』, 『불교정전』, 『교전』이라는 교
서결집 순서에 따라 교리도의 항목들이 변화된 것은 교리의 체계화 과정
에서 나타난 부득이한 현상으로, 이는 새 교서가 결집되면서 교리도
정착에 심혈을 기울였음을 짐작할 수 있다.

원불교의 교리체계가 '도해'라는 형식에 의해 드러나 있는 교리도의
연구는 원불교 교리의 강령과 그 중층적·구조적 측면을 가늠할 수 있다
는 점에서 그 의미가 적지 않다. 『정전』 공부를 할 때 표어에서 교법의
핵심을 잡아야 하고, 교리도에서 교리의 전체적인 강령을 잡아야 한다[37]
는 것을 염두에 두면서 교리도의 중요성 인식과 교리도가 변천되어온
과정에 대하여 비판적으로 분석하였다. 즉 교리도에서 일원상, 사은 사

---

36) 박혜훈, 『낱말로 배우는 원불교』, 원불교출판사, 2008, p.77.
37) 한정석, 『원불교 정전해의』, 도서출판 동아시아, 1999, p.41.

요, 삼학 팔조 등의 교리적 위상과 교리도 변천과정을 밝히는데 초점을 맞추었으며, 교서 결집의 체계화 과정을 발견할 수 있었다.

교리도의 변천과정에 나타난 해석학적 접근 내지 쟁점사항의 해법모색은 교학정립에서 필요한 일이며, 이것은 교리도 변천사에 대한 비판적 성찰과 방향제시의 측면이기도 하다. 교리도가 갖는 설득력과 정당성을 확보하기 위해서는 의미부여에 더하여 비판적인 접근이 요청된 것이다. 교리도가 네 번이나 변화하는 과정에서 나타나듯이, 『불교정전』 초판본의 교리도 수난사는 교서결집 과정에서 보여준 교리도의 쟁점사항과 직결되며, 교리의 체계화는 여전히 진행형이라 본다. 세상에는 많은 경전이 있지만 원불교의 교리도를 보면 과학적이고 합리적인 방법으로 실생활 속에서 깨달음으로 가는 수행방법이 잘 체계화되어 있다[38]는 평가는 교리도가 그에 맞게 변화되어 왔음을 증명한다.

원불교 100년대에 진입한 교단 2세기의 현 시점은 교리정립 차원에서 교리도 정착방향을 진단함으로써 교조정신을 새겨볼 때이다. 원기 28년(1943) 1월에 소태산은 새로 정한 교리도를 발표하며 말하기를, 내 교법의 진수가 모두 여기에 들어 있다[39]며, 제자들에게 교법의 진수를 담은 교리도를 체받아 재색명리로 흘러 일심 집중이 되지 못한다면 이것을 놓고 저것을 구하든지, 저것을 놓고 이것을 구하든지, 좌우간 큰 결정을 세워서 외길로 나아가야 성공이 있을 것이라고 하였다. 교법의 진수를 담은 교리도의 체계화라는 과제 인식과 더불어 신앙생활의 좌표로 삼아 실천에 옮기라는 뜻으로 이해된다. 교리도를 통한 교법체계의 인지는 물론 교리도의 전승과 교법 실천의 중요성을 강조한 내용임을 알아야 한다.

---

38) 황근창, 「물리학과 일원상의 진리」, 창립10주년기념 추계학술회의 《원불교 교의 해석과 그 적용》, 한국원불교학회, 2005.11, p.54.

39) 『대종경』, 부촉품 7장.

제2장

사요의 용어변천사

1. 세목 변천의 유연성

●

　원불교의 교강(敎綱) 중에서 사요(四要)는 시대를 따라 변경될 수 있다는 점에서 지속적인 교학 정립의 과제를 안고 있다. 원불교 교리의 강령인 교강을 변경할 수 있는가라는 회의를 갖는 것도 사실이다. 지금까지 사요의 연구에서 이에 대한 확실한 해답을 얻지 못한 것이 사요에 대한 기본적인 문제의 핵심이다.[40] 본 연구에서는 교강 사요의 세목이 변경될 수 있다는 점에 입각하여 사요 교강이 변천되어온 과정을 살펴보려고 한다.

　사요의 세목(細目) 변천에 대한 연구는 앞으로 사요 각 항목의 변경 가능성 속에서 제기할 수 있는 문제의 하나이다. 소태산이 밝힌 것처럼 삼학 팔조와 사은은 어느 시대 어느 국가를 막론하고 변경할 수 없으나, 그 밖의 세목이나 제도는 시대와 국가에 적당하도록 혹 변경할 수도

---

40) 이성택, 『강자약자 어떻게 진화할 것인가』, 도서출판 원화, 1991, pp.101-102.

있다[41])는 것을 고려하면, 사요 세목의 변천과정의 연구는 교리 정립에 도움이 되리라 본다.

사실 교학(敎學)의 연구과제로서 사요 변천과정에 대한 접근은 교사적(敎史的) 연구 방법론을 유도하고 있다. 그것은 원불교 교리사적 접근에 의해 사요의 근본정신이 미래 인류사회에 실천되어야 한다는 당위론속에서 세목 변천의 유연성을 인지하자는 뜻이다. 사요의 기본 정신은 영구불변한 것이므로 그 강령을 중심으로 이해해야 한다[42])는 점을 환기하면서, 여기에서는 사요 세목의 용어가 변천되어온 내력이 연구의 초점이 된다. 본 연구는 사요의 기본 정신과 그 의의를 견지하면서, 아울러 사요의 각 항목들이 시대를 따라 변천되어온 자취를 사실적으로, 혹은 비판적으로 접근하고자 한다. 변천과정의 의의 부각과 더불어 사요 세목의 변화과정에 나타난 한계점은 없는지 점검해보자는 뜻이다.

이러한 변천과정의 접근에 있어 다음 세 가지 사항을 점검함으로써 논제의 근간을 삼을 것이다. 첫째 원불교 교강으로서 사요가 어떻게 형성되어 왔으며, 둘째 사요 세목이 변화될 가능성이 있는 이유가 있었다면 그것은 무엇이며, 셋째 사요 세목의 변화가 갖는 의의와 한계는 무엇인가를 중점적으로 접근한다는 의미이다.

이와 관련한 선행연구로는 김탁의 「원불교 사요교리의 체계화 과정」(『인류문명과 원불교사상』(上), 1991), 정순일의 「사요신앙의 형성사적 연구」(『원불교사상』 제21집, 1997), 한정석의 「교리형성사」(『원불교70년정신사』, 1989) 등이 있다. 선행연구는 본 사요 용어의 변천사 연구에 있어 자료적 근거와 문제의식을 공유할 수 있다는 점에서 시사점을 던져

---

41) 『대종경』, 부촉품 16장.
42) 한종만, 『원불교 대종경 해의』(下), 도서출판 동아시아, 2001, p.575.

주고 있다. 나아가 사요의 용어변천에 관련된 자료로는 원불교의 경서와
초기 정기간행물이 그 중심이 되고 있다. 구체적으로 교단 초기의 정기
간행물인 『월말통신』, 『월보』, 『회보』, 『육대요령』, 『불교정전』, 『정전』
등이 일차자료로 접근되었다.

2. 사요의 형성과정

원불교 교강으로서 사요(四要)란 삼학 팔조와 사은 사요를 묶어서 거
론되는 것으로 신앙문에 속한 항목이다. 팔조가 삼학을 구체적으로 실천
하는 수행문으로서의 교강이라면, 사요는 신앙문으로서의 교강이라고
할 수 있다. 곧 삼학 팔조는 일원상에 이르는 수행문이라면 사은 사요
역시 일원상에 이르는 신앙문이라 할 수 있는데, 후자로서의 사요는
국가와 사회를 고르게 발전시키는 방법이다. 신앙 행위로서의 인간 상호
불공과 사회불공의 의미를 지니는 사요는 사회불공의 방법론이라는 의
미에 있어서도 중요한 의의를 지닌다.[43] 이처럼 사요는 신앙문으로서
사회불공의 성격을 지니는 것으로, 사요 형성과정을 살펴보는 것은 원불
교 신앙문의 형성사에 대한 관심의 표출이다.

그러면 사요 형성사에 대하여 살펴본다. 소태산은 원기 1년(1916) 일
원상의 진리를 깨닫고 「현 사회를 보신 첫 감상」을 발표하였다. 여기에
사회를 개혁하고자 하는 사요의 기본정신이 최초로 나타나 있다.『불법

---

43) 이화택, 「신앙방법으로서의 사요의 재인식」, 『원불교사상』 6집, 1982; 「사회불
공방법으로서의 사요의 연구」, 『원불교사상』 7집, 1983(노권용, 「교리도의 교
상판석적 고찰」, 『원불교사상과 종교문화』 45집, 원광대 원불교사상연구원,
2010, p.283 참조).

연구회 창건사』제7장의「대종사 현 사회를 보신 첫 감상」을 보면 "대종
사께서 안으로 모든 교법을 참고하신 후 다시 밖으로 현 사회를 관찰하
사 시국에 대한 감상을 발표하시니 그 원문은 아래와 같다." 대각 후에
소태산이 현 사회를 본 첫 감상이란 사회를 구원하고 개선하려는 시각이
며, 이것은 사요 형성사에 단초가 되어 일원상의 깨달음과 더불어 사회
구원의 의지와 맞물려 있다.

사요 형성사의 접근에 있어서 혼선을 가져올 수 있는 것으로,『불법연
구회창건사』44)에서 거론되고 있는 원기 5년(1920)이라는 시점이다. 정
산종사의『불법연구회창건사』14장을 보면 다음과 같은 언급이 있다.
"(원기 5년) 4월에 대종사께서 처음으로 본회 교강을 발표하시니 가로
되, 인생의 요도 사은 사요와 공부의 요도 삼강령 팔조목인 바, 사은은
천지·부모·동포·법률의 피은 보은 배은을 말씀한 것이요, 사요는 남녀
권리동일·지우차별·무자녀자타자녀교양·공도헌신자이부사지를 말씀
한 것이니, 이는 곧 인생의 마땅히 행할 도로서 세상을 구원할 요법이
되고…." 여기에서 밝힌 내용 가운데 사요의 성립사에 관련된 시대 인식
에 착오가 있다. 그것은 정산종사가 원기 22년(1937)에 창건사를 쓰면서,
이미 사요가 원기 5년(1920)에 확립된 것이라 밝힌 사실과 관련되기
때문이다.

이러한 사요성립사의 문제가 발생하는 점에 대하여 알아본다. 원기
12년(1927)에 발간된 원불교의 최초의 교서인『수양연구요론』과『불법
연구회규약』에는 사요가 없다는 점을 숙고해 보자는 것이다. 정산종사
의 언급처럼 사요가 원기 5년(1920)에 성립되었다면『수양연구요론』은

---

44) 『불법연구회창건사』는『회보』37호, 1937년 8월호부터 회보 49호, 1938년 11
월호까지에 12회에 걸쳐 연재되었다.

불법연구회의 초기교리가 개략적으로 밝혀져 있다는 점에서 본 교서에 사은 사요가 이미 거론되어 있어야 마땅하다. 하지만 『수양연구요론』에 삼학과 팔조의 문구는 보이지만[45] 사은과 사요가 전혀 보이지 않는 것은 사은 사요가 본 초기교서의 발간 이후에 등장하기 때문이다.

원기 13년(1928)에 이르러서도 삼강령(三綱領) 팔조목(八條目)만 언급되고 있으며, 사요가 교리로 정착되기 직전의 자료는 원기 14년(1929) 1월의 『월말통신』 제11호임을 알 수 있다. 여기에서 소태산의 사회에 대한 인식이 구체적으로 드러남과 동시에 초기교단의 정기간행물에 관련 내용이 암시되고 있다. "흔천동지(掀天動地)의 이 결과로 오인(吾人)에게 여하한 효과를 진(秦)하였는가? 국제봉쇄의 타파, 물질문명의 교통, 계급제도의 철폐, 이것이 그 물질과 생명의 손실로서 얻은 대상(代償)의 가치일 것이다."(「회설-송구영신을 제하야, 우리의 가질 주장과 주의」, 익산본관·경성지부 합편). 훗날 사요의 항목 가운데 과거의 불합리한 차별이나 결함조목을 암시해 주고 있으며[46] 사요가 교리로 제정되기 10개월 전의 본 내용이 이와 관련된다.

원기 14년(1929) 10월에 이르러 「교법 제정안-사은사요」라는 중앙교무부가 발송한 공문형식의 글이 있다. 여기에 거론된 동년 10월의 『사업보고서』에는 「훈강 교강 법강의 제정」이라 하여 훈강으로는 정신수양 사리연구 작업취사, 교강으로는 천지은 부모은 동포은 법률은, 법강으로는 부부권리동일 지우차별 무자녀자타자녀교양 공도자헌신자이부사지

---

45) 『수양연구요론』 제3 연구의 강령, 정신수양 사리연구 작업취사. 제4 연구의 진행조건 신분의성, 제5 연구의 사연조건 불신 탐욕 나 우.

46) 신순철, 「몽각가와 소태산가사 수록 문헌 연구」, 『원불교사상과 종교문화』 29집, 원광대 원불교사상연구원, 2005, p.289; 김탁, 「원불교 사요교리의 체계화 과정」, 『인류문명과 원불교사상』(上), 원불교출판사, 1991, p.265.

의 사요를 거론하고 있다.[47] 훈강·교강·법강이라는 용어로서 삼학팔조 사은사요가 처음으로 지면에 발표되고 있는데, 여기에서 소태산은 사요 교법의 대체(大體)를 드러내고 있다. 정확히 말해서 사요가 교리로 정착되는 시기의 자료는 『월말통신』 제20호로서 원기 14년 10월의 일이다.

사요가 공표된 시기에 맞추어 주산의 혼례에서 소태산의 사은사요 법문이 설해지고 있다. 원기 14년(1929) 가을, 주산 결혼식날 구내에 종소리가 울리고 남녀 대중은 동선방(현 구조실)에 모였으며, 신랑 송도성 군은 평소 간소하게 입던 옷 그대로에다 광목 두루마기를 입었고, 신부 박길선 양은 목세루 치마와 옥양목 저고리를 입고 식장에 나왔다. 이 결혼식순에 소태산의 법어가 설해진 것이다.[48] 『월말통신』 20호의 「교법제정」에서 인생의 요도 사은 사요가 제정된 해에 주산종사의 결혼식이 있었으니 사요 법문이 설해진 배경이 이 시기와 맞물려 있다.

이렇게 하여 성립된 사은 사요는 원기 15년(1930) 김기천 교무의 「단법(團法) 찬미곡」에 "사은과 사요의 인생의 요도를 삼강과 팔조로 공부하여 나의 일신 제도코자 천국 만드세."(월말통신 35호)라는 글에서 정기간행물에 게재되기 시작한다. 또 원기 16(1931)년에 이르러 예회식순에 사은 사요의 의두 거론에 이어 예회록과 회설 등에 사은 사요가 자주 등장하고 있다. 익산본관 예회록을 보면 "삼강령의 해설이나 사은사요 등 하여간 본회의 교리법강으로 대행키로 결정하였으며…."(월말통신

---

47) 「사업보고서-교법제정안 사은사요」, 『월말통신』 제20호, 불법연구회, 원기 14년 10월.
48) 신정의례에 준한 최초의 결혼식 식순은 다음과 같다. 1. 혼인 개정 원인 설명, 2. 결혼증명 교환 및 부부 헌례, 3. 법어봉독, 4. 대중을 향한 부부헌례, 5 폐식 식순이 끝난 뒤 선객으로 있던 경성회관의 감원 김삼매화와 공양원 조전권의 유창한 축창이 있었고, 이어서 종사주의 사은사요 법문이 있었다(박용덕, 선진열전 1-『오, 사은이시여 나에게 힘을 주소서』, 원불교출판사, 1993, p.42).

18·19, 원기 16년 6월)라든가, "과거의 호번(浩繁)한 전통과 의식(儀式) 을 일체 소탕하여버리고 가장 간단한 인생의 요도인 사은사요와 공부의 요도인 삼강령 팔조목 … 등을 제정하였나니 모든 법이 참으로 인간적이 요."(「회설-종사주의 수양을 드리기 위하여.", 『월말통신』 18~19호)라 는 언급이 나타난다. 이어서 원기 16년(1931) 『불법연구회통치조단규약』 에 인생요도와 공부요도 등이 언급되고 있다.

원기 17년(1932)에 이르러 원불교 최초의 정전인 『육대요령』이 등장 한다. 본 경전은 교강 총 6장으로 구성되어 있으며, 제1장 「인생의 요도 사은사요」라는 장에서 남녀권리동일, 지우차별, 무자녀자타자녀교양, 공도헌신자이부사지라는 네 강령이 밝혀져 있다. 여기에서 공부의 요도 삼학 팔조와 인생의 요도 사은 사요의 교리체계가 확정 발표되었음을 알게 해주며, 사요로써 조선사회의 차별제도와 결함조목들을 개선하려 고 하였던 흔적[49]이 나타난다.

원기 17~18년(1933)에는 인생의 요도와 공부의 요도에 대한 언급이 자주 등장한다. 예컨대 "김제출장소의 예회록을 보면 … 송규씨 등단하 여 인생의 요도와 공부의 요도 훈련 설명이 있었으며…"(월말통신 35호, 원기17년), 김기천의 「교리송」에 인생의 요도 공부의 요도(월보 44호, 원기18년)가 언급된다. 그리고 이공주의 "인생의 요도 사은 사요는 반드 시 실천하되 우로 사은을 갚으며 동시에 현시대에 적절한 인물이 되어 병든 세상의 모든 생령을 구원하리라."(「임신을 보내고 계유를 맞으며」, 『회보』 5호 원기 18년)라의 글이 나타난다. 이처럼 인생의 요도 사은 사요는 교강으로서 『불교정전』이 나오기까지 정기간행물에 지속적으로

---

49) 심대섭, 「원불교 사요의 기본성격과 현대적 조명」, 『원불교학』 제3집, 한국원 불교학회, 1998, p.155.

게재된다.

원기 17년 발간된『육대요령』에 이어 원기 28년(1943)에 발간된『불교 정전』에 사은 사요가 교강으로 정착된다.『육대요령』에서 언급한 사요의 남녀권리동일, 자우차별, 무자녀자타자녀교양, 공도헌신자이부사지(公 道獻身者以父事之)가『근행법』,『불교정전』,『정전』에서는 자력양성, 지 자본위, 타자녀교육, 공도자숭배로 자구가 수정되면서 오늘의 사요로 확정되었다. 이것은『원기 14년도 교무부 사업보고서』법강의 내역에 부부권리동일, 지우차별, 무자녀자타자녀교육, 공도헌신자이부사지를 밝힌 이래 원기 17년(1932)『육대요령』과 여타의 교서 결집과정에서 사요 각 용어가 정착되었다는 뜻이다. 이러한 일련의 사요 형성과정사에 서 볼 때 사요의 세부적인 각 항목들의 용어 변천과정도 아울러 주목된다.

3. 사요 용어의 변천과정

1) 자력양성의 변천과정

사요의 첫째 항목인 자력양성(自力養成)의 용어가 변경된 과정을 간략 하게 살펴보면 우선 사요가 형성되던 원기 14년(1929)의 '부부권리동일' (『월말통신』제20호) 조항이 주목된다. 뒤이어 본 항목이 원기 17년(1932) 에는 '남녀권리동일'로 변경되었는데 그것은 동년에 발간된『육대요령』 에 드러나 있다. '남녀권리동일'이라는 용어가 원기 19년(1934)『삼대요 령』에서도 변함이 없었으나, 원기 24년(1939)『근행법』에 '자력양성'으로 바뀌게 되며[50] 이는 원기 28년(1943)『불교정전』과 현행본『교전』에

---

50)『불법연구회근행법』제1편 12장 사요,「사요의 대지」자력양성 지자본위 타자

그대로 정착되기에 이른다.

　그러면 구체적으로 사요의 첫 항목으로서 '부부권리동일'이 발표된 것에 대하여 살펴보고자 한다. 본 항목이 처음 발표되기 2개월 전인 원기 14년(1929) 8월에 이와 유사한 기록이 발견된다. 「나의 본회의 요법 -제도상으로 본 요법」 12조에 "종사주께서 과거 시대에 남녀가 평등된 4대원인을 지적하사 부부각산(夫婦各産) 생활의 필요를 역설하시고 후인(後人) 지도방침을 이대로 정하신 것…."이라 하였다.[51] 이처럼 '부부권리동일'에 대한 용어가 공표되기 2개월 전에 남녀평등을 강조하면서도 부부 사이에도 각자의 경제적 자립을 요구하고 있다.

　원기 14년 10월에 사요 세목의 첫째 항목으로 '부부권리동일'이라는 용어가 처음 등장한다. 그것은 전음광 수필의 「교법제정안-사은 사요」에서 사은으로 천지 부모 동포 법률을 밝힘과 동시에 사요로 부부권리동일, 지우차별, 무자녀자타자녀교양, 무자력자보호(『월말통신』 제20호, 원기 14년 10월)가 공표되고 있다. 부부권리동일이 공포된 후 각 지부에서 강연 등을 통해 적극 홍보되고 있음을 알 수 있다.

　다음으로 원기 17년(1932)에는 '부부권리동일'에서 '남녀권리동일'로 용어가 변경되었는데 이와 관련한 최초의 교서기록은 다음과 같다. "남자의 의복은 그의 포류(布類)와 염색과 가격까지를 제정하여 그 당일부터 실행한다 하니 그것은 곧 우리 불법연구회의 경제상 절약을 하기 위함이니 여자도 사람이요 일분자(一分子) 회원인 이상 어찌 중대한 경제를 등한시하리요."[52] '남녀권리동일'이라는 용어로 정착되기 전의 남

녀교육 공도자숭배.

51) 右答案人 宋奉煥, 『월말통신』 제18호, 불법연구회, 원기 14년 8월.
52) 이공주, 「의견제출-본회 전무출신의 夫人界에 고함」, 『월말통신』 제11호, 익산본관·경성지부 합편, 원기 14년(1929) 1월.

녀평등을 유도하는 내용이다. 여기에서 남자와 여자는 남녀 전무출신(專務出身)을 거론하는 것으로 한정하여 볼 수 있으나 넓게는 남녀를 통틀어 불합리한 차별적 제한을 극복하자는 뜻이다.

사요의 첫 항목으로서 부부권리동일에 이어 남녀권리동일, 그리고 자력양성에 관련된 초기교단의 정기간행물의 기록을 <표1>로 도표화하여 본다. 그것은 교조 소태산의 사은 사요를 통한 사회 구원의 의지를 반영하는 것으로, 제자들의 강연과 글을 통해서 교법 실천과 교도들의 사요에 대한 중요성을 인지하려는데 목적이 있었으며, 이러한 사실들이 초기교서의 기록으로 남아있다. 당시 각지의 법회 보고서의 기록을 보면 주로 교리 가운데 삼강령 팔조목과 사은 사요에 대한 설명과 강설이 많으며, 특히 원기 17년~18년에 들어서면서 사은 사요에 대한 설명이 많은 비중을 차지하고 있음[53]을 참조할 필요가 있다.

〈표1〉 자력양성의 수록 항목

번호	내 역	발표자	간 행 물	비 고
1	교법제정안-사요발표	전음광수 필	월말통신 20호, 원기 14년 10월	불법연구회
2	강연-부부권리동일	성정철	월말통신 26호, 원기 15년 4월	신흥분회삼예 회록
3	강연-남녀권리동일	김광선	월보 37호, 원기17년 6월	각지회합-진안 출장소 법회
4	前者發送한 문목 남녀권리동일 지우차별에 관한 해합은 속히 보내주소서	광고	월보 37호 원기 17년 6월	불법연구회총 부
5	거번 발송한 문목건 남녀권리동일과 지우차별에 관한	광고	월보 38호, 원기 17년 8월	불법연구회총 부

---

53) 정순일, 「사은신앙의 형성사적 연구-법신불 사은연구1」, 『원불교사상』 21집, 원광대 원불교사상연구원, 1997, pp.351-352.

번호	내 역	발표자	간 행 물	비 고
	것을 다시 한번 부탁합니다			
6	교리송-어화우리 도우들아 남녀권리동일법을 어서바삐 실현하세	김기천	월보 44호, 원기 18년 1월	불법연구회
7	강연-남녀권리동일과 지우차별	이공주	월보 45호, 원기18년 2·3월	불법연구회 각지회합
8	강의-自力養性及계문	김광선	월보 47호, 원기 18년 5월	각지회합-진안 좌포
9	남녀권리동일에 대한 설명	조전권	회보 16호, 원기 20년 4월	진안마령출장소
10	강연-남녀권리동일	조전권	회보 18호, 원기 20년 7월	익산총부 예회
11	불법연구회의 남녀권리동일 원칙이 행하기를 희망함/기념주는 본회 남녀권리동일의 원칙에 준하여 남녀자손을 물론하고 부모와 선대 열반기념에 대한 권리와 의무는 동일함		예전 원기 20년 8월	예전 제3편/제5편
12	강연-자력변 타력변	이동안	회보 21호, 원기 20년 11월	각지회합-신흥지부
13	강연-우리는 자력을 갱생하자	박대완	회보 21호 원기 20년 12월	각지회합-대판 서성구지부
14	강연-남녀권리동일	조전권	회보 22호, 원기 21년 2월	각지회합-부산 초량출장소
15	강연-남녀권리동일	김종성	회보 22호, 원기 21년 2월	각지회합-부산 하단지부(1월1일)
16	강연-남녀권리동일과 지우차별	양원국, 김준양, 김종성	회보 22호, 원기 21년 2월	각지-부산하단 지부(1월11일)
17	법설-나는 남녀권리동일이 라는 과목을 내여 남녀에게 교육도 같이 시키고…	이공주 수필	회보 26호 원기 21년 7월	소태산 대종사 법설-사은사요의 필요

번호	내 역	발표자	간 행 물	비 고
18	강연-남녀권리동일	양원국	회보 28호 원기 21년 9월	각지회합-하단 지부 예회
19	강연-남녀권리동일	서공남	회보 30호 원기 21년 1·2월	각지회합-관촌 출장소」
20	남자와 여자 사이에 범한 살은 남녀권리동일 조목외에 더 신방이 없고…	서대원	회보 51호 원기24년 1월	「年頭의 살막이」
21	사모님께서 이와같이 검소한 생활을 하시는 것이 남녀권리동일을 주장하고…	김형오	회보 64호 원기 25년 3월	「기한일 이기시며 공사를 위하시는 우리 사모님 생활」

위의 표에 나타난 바처럼 부부권리동일이 남녀권리동일로, 뒤이어 자력양성으로 바뀌었는데 이와 같이 용어가 바뀐 연유에 대하여 몇 가지 사항을 추단해 보고자 한다.

첫째, 용어 범주의 확대이다. 무엇보다도 남녀권리동일이 자력양성으로 개칭된 것은 제도의 정착 및 적용과정에서 그 개념과 범위가 부부나 남녀에서 전체의 인간관계로 확대된 것이다.[54] 곧 원기 14년(1929) 부부권리동일이 원기 17년(1932) 남녀권리동일로, 원기 24년(1939) 자력양성으로 변화된 것은 부부라는 좁은 범주에서 남녀라는 넓은 범주로의 확대이며, 나아가 자력양성은 남녀의 상대성마저 극복한 범주 확대의 의미를 지닌다고 볼 수 있다.

둘째, 시대적 요청의 반영으로 구한말 봉건시대에서 민주사회로의 전환에 관련되어 있다. 당시는 선천시대에서 후천시대로의 시대적 전환기

---

54) 장오성, 「여성 교역자 제도의 문제점 및 개선방안」, 《수위단 상임위원회 전문위원 연구발표요지》, 수위단회 사무처, 2005.10, p.62.

였으며, 그것은 봉건적 제약들을 극복하는 것과 관련된다. 이를테면 조선조 유교의 봉건적 윤리질서 사회에서 생겼던 유폐(流弊) 현상은 심각했던 관계로 소태산은 사요에서 봉건사회의 질서에서 야기된 병폐와 불합리성을 지적하고 병든 사회를 치료하는 일이 자신의 사명이었다.55) 사요 중에서도 첫째 항목인 부부권리동일이 남녀권리동일로, 이어서 자력양성으로 변화된 것은 봉건적 제도나 의식을 심각히 인지하고 이를 극복하고자 하려는 취지가 강하게 내포되어 있다.

셋째, 자력양성이라는 용어로 변천된 것은 여성의 남성 의존성을 벗어나 남녀평등의 정신이 깔려 있다. 부부권리동일에 있어서도 부부의 남녀 개념이 포함되어 있으며, 남녀권리동일은 직설적으로 남녀평등의 정신이 드러나 있다. 자력양성 역시 과거 여성의 타력생활을 지적하고 있다는 점에서 남녀평등의 정신이 부각되고 있다. 세계적인 종교들 중에서 교리상 여자를 낮춰 보거나 경계하는 경우를 찾아볼 수 있지만, 소태산은 교강으로서 남녀권리동일을 주창하였다56)는 점을 상기해야 한다.

넷째, 보편교육으로서 여성 교육의 중요성을 일깨우기 위함이다. 부부권리동일이나 남녀권리동일에 있어서 과거에는 여성이라는 단순한 차별로 인해 교육받을 기회가 적었던 것이 사실이다. 오늘의 『정전』에서는 이전의 용어에 나타난 정신을 계승하고 있으며, 이에 「과거의 타력생활 조목」을 보면 여자는 "권리도 동일하지 못하여 남자와 같이 교육도 받지

---

55) 이현택, 「소태산의 유교수용과 유교사상」, 『원불교사상』 12집, 원광대 원불교사상연구원, 1988, p.127; 이성택은 봉건사회의 차별의 타파를 시도하는데 있어 사요에 나타난 사회개혁은 원불교 사상의 반봉건적 개혁의지를 충분히 엿볼 수 있다(이성택, 「민족주의와 원불교사상」, 『원불교사상』 12집, 원광대 원불교사상연구원, 1988, pp.52-53 참조)고 말한다.
56) 전팔근, 「원불교의 여성관」, 『원불교사상』 2집, 원광대 원불교사상연구원, 1977, p.135.

못하였으며…"라 하고, 「자력양성의 조목」은 "여자도 인류 사회에 활동할 만한 교육을 남자와 같이 받을 것이요."57)라고 하였다. 이처럼 부부권리동일에서 남녀권리동일로, 자력양성으로 변천된 이유는 여러 측면에서 접근할 수 있다.

2) 지자본위의 변천과정

원기 14년(1929) 10월 사요가 발표되면서 지우차별(智愚差別)의 항목이 처음 등장하는데 그것은 『월말통신』제20호이다. 뒤이어 원기 17년(1932)에 발간된 초기 『정전』의 성격인 『육대요령』과 원기 19년(1934)에 발간된 『삼대요령』에 지우차별이 공식 등장한다. 그 뒤 7년이 지난 원기 24년(1939) 『근행법』에 오늘날 정착된 용어인 지자본위가 등장하며, 그것이 원기 28년(1943) 『불교정전』과 오늘의 『정전』에 그대로 정착되었다.

여기서 주목할 것은 원기 14년(1929)에 발표된 '지우차별' 이전의 비공식 '유무식차별'이란 용어가 등장하고 있다는 점이다. 다시 말해서 동년 10월의 『월말통신』(제20호)에 교법제정 안으로서 사은사요의 강령이 밝혀져 있으며, "지우차별은 전일 비공식 발표시 유무식차별로 하였으나 유무식 한다면 다못 지식만 의미하고 실행을 포함치 못하여 그 범위가 넓지 못한 것 같으므로 지우차별로 정정하였다."58)라고 하였다.

사요가 발표되기 1년 전인 원기 13년(1928) 7월에 지우차별과 관련한 글이 있어 주목된다. 송도성 교무의 관련 수필을 소개하여 본다. "이

---

57) 『정전』, 제2 교의편, 제3장 사요 제1절 자력양성.
58) 전음광 수필, 「교법제정안-사은사요」『월말통신』제20호, 원기 14년 10월.

세상을 보면 지혜 있는 사람이 드물고 우치한 사람이 많은 것은 속일 수 없는 사실인데, 방금 귀하의 말하는 계율 불필요의 주장은 천만인 가운데 1, 2이나 쓸 법이니 어찌 1, 2인의 행하는 법으로써 천만인의 행하는 궤도를 무시하리요?"[59] 본 언급에서 거론되는 것과 같이 세상에 지혜 있는 사람은 부족하고 우치한 사람이 많다는 언급은 1년 후에 정식 사요 항목의 하나로 등장하는 지우차별과 직결되는 내용이다.

지우차별과 지자본위에 대한 강연과 법설 등은 초기교서 정기간행물에 나타난 <표2>의 기록을 통해서 파악할 수 있다. 그것은 소태산이 사요를 중시하였음을 시대별로 일목요연하게 알 수 있고, 나아가 제자들이 이를 어떻게 연마했는지를 알 수 있도록 도움을 준다.

〈표2〉 지자본위의 수록 항목

번호	내 역	발표자	간행물	비고
1	교법제정안-사요발표	전음광수 필	월말통신 20호, 원기 14년 10월	불법연구회
2	강연-지우차별	이재문	월말통신 26호, 원기 15년 4월	신흥분회 예회록
3	강연-지우차별	송일환	월보 37호, 원기 17년 6월	각지회합-진안출장소
4	광고-前番 발송한 문목 남녀권리 동일 지우차별에 관한 해합은 속히 보내주소서		월보 37호, 원기 17년 6월	불법연구회 총부
5	광고-去番 발송한 문목건 남녀권리동일과 지우차별에 관한 것을 다시한번 부탁합니다.		월보 38호, 원기 17년 8월	불법연구회 총부
6	교리송 上-어화우리 도우들아 지우차별 실현하세 내가 이미 미련	김기천	월보 44호, 원기 18년 1월	불법연구회

---

59) 송도성 수필, 「법설3편 급 감각1편-인생과 계율과의 관계」『월말통신』제3호, 불법연구회, 원기 13년 7월.

번호	내 역	발표자	간행물	비고
	하면 지자에게 배워오고 내가 이미 지자이면 우한 사람 지도함이 천지의 正規이라.			
7	강연-남녀권리동일과 지우차별	양원국 김준양 김종성	회보 22호, 원기 21년 2월	각지회합-부산하단 지부
8	법설-지우차별이라는 과목을 내여 지나간 세상에 불공평 하든 차별 제도는 철폐시키고…	이공주수필	회보 26호, 원기 21년 7월	불법연구회
9	강연-지우차별	김준양	회보 26호, 원기 21년 7월호	각지회합-하단지부
10	법설-우리는 무엇보다 지우차별의 정신을 확립하여…	송도성수필	회보 36호, 원기 22년 7월	불법연구회
11	고경-불성은 본래 지우의 차별이 없건마는…	이공주	회보 37호, 원기 22년 8월	육조 대사 전기대략
12	전에는 부모나 형제간이나 지우간이나 나에게 잘못하면 곧 원망을 하던 내가 오늘에 있어서는…	이공주	회보 41호, 원기 23년 1월	송 구 영 신 을 즈음하여 전년도 예산안 회고
13	반상이나 적서노소간에 범한 살은 지우차별 조목외에 더 신방이 없으며…	서대원	회보 51호, 원기 24년 1월	연두의 살막이
14	회설-수도인의 안심처	전음광	원기 24년 6월	불법연구회

이어서 사요의 둘째 항목으로서 유무식차별·지우차별이 등장한 이유와 지자본위로 정착된 연유를 살펴보도록 한다.

첫째, 유무식차별·지우차별이라는 상대적 용어가 등장하면서 지자 우자, 유식 무식, 강자 약자들의 상생 상화를 강조하는 측면이 두드러진다. 곧 상대성마저 극복하기 위해 유무식차별이나 지우차별이라는 용어가 지자본위라는 용어로 바뀐 것을 주목할 필요가 있다. 차별이라는 용어가 갖는 부정적 의미를 고려하자는 것이다. 정산종사 말하기를 "사

회에는 또한 빈부·귀천의 차와, 상하·선후의 차와, 유무식·지우의 차
등이 각각 있나니, 이 모든 관계를 통칭하여 강약이라 하나니라."60)고
하였다. 이러한 차등의 상대성을 극복한다면 결국 협조와 진화의 길로
나아가 그 사회는 평화와 번영을 이룬다는 것이다.

둘째, 차별이라는 용어의 긍정적 접근에 이어서 이 용어마저 극복하려
하였다. 일찍이 소태산은 모든 차별법을 철폐하도록 법을 제정하였으나
배우는데 있어서 지우의 차별만은 인정하여 지식 서열사회가 도래함을
예견하였다.61) 원불교의 교법은 사회의 불합리한 차별은 인정하지 않되,
지식 섭렵을 위해 지우의 차별만을 인정하여 왔다. 그것은 사회를 발전
시키고 진화시키는데 필요한 일이기 때문이다. '차별'이 '본위'라는 용어
로 바뀌게 되었으니 결국 차별이라는 용어마저 극복하려 하였다.

셋째, 인간의 존엄성을 부각시키기 위해 지자본위(智者本位)가 등장한
다. 무식자에서 우자·지자로 변경된 궤적은 논외로 하더라도, 인간의
존엄성이 무명을 극복하고 밝은 지혜를 통해 만물의 영장으로서 역할을
촉구하는 것에서 발견되고 있다. 한스 큉 교수는 이에 말하기를, 소태산
이 정열적으로 주창한 인간의 존엄성에 대해 감명 받았으며 지혜로운
자를 본위로 하는 지자본위의 원리에 바탕해서 모든 인간의 근본적인
존엄성을 함축적으로 인정하였다62)고 하였다. 존경을 받는 여러 조건
중에서도 중요한 것은 자신이 개화되어야 하고 사회를 선도해야 할 실력
이다. 최령한 존재로서 인간이야말로 그러한 존엄성을 간직하기 위해서

60) 『정산종사법어』「세전」, 제5장 사회, 4. 강약의 도.
61) 총무부(발송공문의 원고), 「전무출신 재교육 및 학습조직 운영방향 모색」(문
서번호:원교총 311-159), 원불교교정원 총무부, 2004.8, p.3.
62) 한스 큉(독일 튜빙겐대 교수), 「새 세계질서를 위한 지구윤리」, 정산탄백 기념
국제학술대회 『미래사회와 종교』, 원광대학교, 2000.9, p.11.

는 호학의 지자본위 사회라야 한다.

넷째, 미래의 무한경쟁 사회에 직면하여 각자가 맡은 직무의 효율성을 배가하기 위해서 지자본위가 등장한다. 원기 17년(1932) 8월 5일, 30여명의 총부 재직임원이 참석한 가운데 임원회가 개최되었다. 이 회의에서 「임원 직무분담을 쇄신하자」는 의견이 가결되었고, 종전의 인물 본위제를 폐지하고 부(部)본위제가 채택되었다.[63] 이처럼 직무 능력의 배가와 더불어 비합리적 인물본위가 아니라 역량의 부서본위는 지자본위로서 지식을 우선하는 것임을 알 수 있다. 유무식 차별에서 지우차별로 전환되면서 그 범위의 확대는 물론 지자본위로의 정착에서 지식 선도의 의지가 분명하게 드러나 있다.

3) 타자녀교육의 변천과정

사요 항목의 세 번째에 해당하는 '타자녀교육'(他子女敎育)의 첫 용어로 '무자녀자타자녀교양'이 등장하였다. 본 '무자녀자타자녀교양'이라는 용어는 원기 14년(1929) 발표된 이래, 원기 17년(1932) 발행된 『육대요령』과 원기 19년(1934) 발행된 『삼대요령』에서 그대로 수용되었다. 이어서 원기 24년(1939)에 발행된 『근행법』에서 '타자녀교육'이라는 용어로 개칭된다. 이는 원기 28년(1943)에 발행된 『불교정전』과 현행본 『교전』에서 그대로 수용되어 오늘에 이르고 있다.

무자녀자타자녀교양이 전개되는 과정을 살펴보면 초기교단의 은법결의식과 관련되어 있다. 원기 15년(1930) 10월 26일 소태산은 제자 성성원

---

63) 박용덕, 선진열전 1-『오, 사은이시여 나에게 힘을 주소서』, 원불교출판사, 1993, p.258.

과 은부녀 결의식이 집행하였는데, 이공주가 스승 소태산에게 다음과
같이 사뢴다. "오늘은 종사주께옵서 성원을 시녀(侍女)로 정하옵시니
이러한 법이 있사올진데 영신과 전권을 종사주 전에 시녀로 바치옵고
공주는 힘 미치는 데까지 이전과 다름없이 원조하야 주겠습니다. 그러면
공주는 개인의 시녀를 둘 것이 아니라 1보를 나아가 사요 중 1인 타자녀
교양을 하는 세음(細音)이 되오며…"(「각지근황-경성출장소」, 『월말통
신』 제33호). 여기에서 은부 은모 시녀의 결의식이 사요의 하나인 무자
녀자타자녀교양으로 전개되었음[64]을 알 수 있다.

당시 소태산은 민중의 문맹이 심각함을 인지하고 자타 자녀를 불문하
고 교양과 교육을 통해서 문명세계를 추구하려는 강한 구원의 의지를
지니고 있었다. 그는 원기 5년(1920) 교강을 발표한 이래, 원기 10년
(1925) 학력고시법과 학위등급법을 발표하여 교육의 풍토를 개선하고자
하였다. 이어서 원기 14년(1929) 타자녀의 교육법을 제도적으로 실시하
도록 한 것이다. 원기 20년(1935) 6월에는 문맹아동의 야학을 실시하고,
원기 25년(1940)에는 제1회 지방교도 교리강습회를 개최하였으며, 원기
26년(1941) 4월에 타자자녀교육법을 실시하게 된다.[65] 이처럼 물질개벽
과 정신개벽이라는 후천 개벽기의 화두를 통해 소태산은 인류의 교육평
등을 도모하고자 하였다.

원불교 초기 정기간행물에 나타난 타자녀교육과 관련한 기록에 대하
여 <표3>의 도표를 통해서 소태산과 그의 제자들이 이를 연마하고 실천
에 옮기고자 했던 상황들을 구체적으로 살펴보도록 한다.

---

64) 김탁, 「원불교 사요교리의 체계화 과정」, 『인류문명과 원불교사상』(上), 원불
교출판사, 1991, p.267.
65) 양현수, 「원불교사상연구사」, 『원불교70년 정신사』, 성업봉찬회, 1989, pp.
792-793 참고.

〈표3〉 타자녀교육의 수록 항목

번호	내 역	발표자	간행물	비 고
1	교법제정안-사요발표	전음광 수 필	월말통신 20호, 원기14년 10월	불법연구회
2	강연-무자녀자타자녀교 양	정일성	월말통신 26호, 원기 15년 4월	신흥분회 삼예회록
3	강연-무자녀자타자녀교 양	서대원	월보 45호, 원기 18년 2, 3월	각지회합-총부
4	강연-무자녀자타자녀교 양	조전권	회보 23호, 원기 21년 3월	각지회합-초량 출장소
5	법설-사은사요의 필요	이공주 수필	회보 26호, 원기 21년 7월	불법연구회
6	연두의 살막이-유식과 무 식 사이에 범한 살은 무자 녀자타자녀교양 조목외 에 더 신방이 없고…	서대원	회보 51호, 원기 24년 1월	불법연구회
7	전명철씨 미행-무자녀자 타자녀교양 관련	유허일	회보 65호, 원기 25년 6월	불법연구회

위의 도표에서 알 수 있듯이 타자녀교육이 등장한 배경과 이를 강연의 주제로 삼은 것은 근본적으로 자타 자녀교육의 울을 트자는 것이 그 핵심이다. 나아가 문맹을 퇴치하고 정법회상에 의해 사회구원이라는 목적도 간과할 수 없다. "나는 무자녀자타자녀교양이라는 과목을 내여 자녀 없는 사람은 남의 자녀라도 힘 미치는 대로는 책임지고 가르쳐서 문맹을 퇴치시키는 동시에 영재를 많이 양성하자 함이니…"66)라는 기록이나, "무자녀자타자녀교양법에 개인 개인이 이와 같이 각성을 가지고 가정 가정이 또한 이와 같이 실행을 한다면 장차 시방세계에 자비광

---

66) 이공주 수필, 「법설-사은사요의 필요」, 『회보』 제26호, 불법연구회, 원기 21년 7월.

명이 비추어서…."(유허일, 「전명철행씨 미행」, 회보 제65호, 원기 25년)
라는 언급은 타자녀교육이 나온 배경을 알게 해준다.

그러면 타자녀교육의 용어가 변천되어온 원인에 대하여 다음 몇 가지
측면에서 살펴보고자 한다.

첫째, 용어의 변천과정에서 본 용어의 단순화 및 세련미를 알 수 있다.
무자녀자타자녀교양이라는 용어는 모두 9자로서 비교적 긴 단어이며,
이에 대해 타자녀교육은 9자에서 4자를 뺀 5자로 구성되어 있어 용어의
단순화와 세련미를 가져다준다. 또 무자녀자를 한정시키는 것은 유자녀
자라는 용어가 빠진 것으로, 무자녀자·유자녀자·유무자녀자라는 세 가
지 단어를 연상케 하므로 오히려 용어의 혼선을 가져다 줄 수 있는 점을
상기하자는 것이다.

둘째, 교육 범주의 확대를 거론할 수 있다. 처음엔 소박하게 불법연구
회의 은법결의 차원에서 타자녀의 교육을 실천하도록 하였다. 이공주는
소태산과 부녀의 은법결의를 맺은 김영신과 조전권에게 교육의 기회를
제공하였고(월말통신 33호 참조), 주산종사는 종사주의 타자녀교양법
법문을 받들어 근동의 무지한 부녀자와 청소년을 대상으로 야학을 시작
하였다. 서중안은 김제 지역의 불우 청소년 20명에게 학비를 대어 소학
교에 수학하도록 하였다.[67] 후에는 교육대상의 범주를 확대하여 무자녀
자라는 한계를 극복하고 유자녀, 무자녀를 포함한 모든 자녀로 확대되는
의미를 지닌다. 무자녀자타자녀교양에서 타자녀교육으로 변화되면서
청소년교육의 범주가 이웃에서 사회, 세계로까지의 확대되는 계기가 되
었다.

---

67) 박용덕, 선진열전 1-『오, 사은이시여 나에게 힘을 주소서』, 원불교출판사,
1993, p.60.

셋째, 교양이라는 막연한 계도의 형식을 벗어나 교육이라는 사회 제도의 실제화를 지향하는 실학적 성격을 지닌다. 그것은 원기 14년(1929) 무자녀자타자녀교양에서 원기 24년(1939) 타자녀교육으로 변천된 사실에서 알 수 있다. 곧 실제적인 학교교육을 통한 타자녀교육의 정신은 지식 향상과 그 보급을 강조한 것이며, 이것은 해박한 지식을 구했던 실학의 이념에 상합하며, 사농공상에 필요한 전문적 지식이나 과학 지식의 보급도 포함하고 있다.[68] 이처럼 전문지식과 과학지식은 청소년의 교육을 제도화함으로써 제도권이라는 학교의 등장을 촉구한 셈이다. 타자녀교육으로 용어가 변천된 것에는 교양보다 교육면에서 제도 정착의 이유가 뒤따른다.

4) 공도자숭배의 변천과정

사요의 용어 중에서 네 번째 해당하는 것이 '공도자숭배'(公道者崇拜)이다. 본 공도자숭배는 사요의 여타 세목들과 마찬가지로 원기 14년(1929) 10월에 발간된 『월말통신』 제20호의 기록에서 그 흐름을 알 수 있다. 이를테면 전음광 수필의 「교법제정안」에는 '무자력자보호'라는 용어가 등장한다. 뒤이어 원기 17년(1932) 『육대요령』에는 '공도헌신자이부사지', 원기 24년(1939) 『근행법』에는 '공도자숭배'로 변경되어 『불교정전』과 오늘의 『교전』에 그대로 전승되어 오고 있다.

여기에서 주목해야 할 것은 '공도자숭배'라는 사요의 용어가 등장하기 2년 전에 공도자숭배와 같은 의미로서 '유공인대우법'이 등장하고 있다는 점이다. 원기 12년(1927) 정월에 유공인 대우법을 발표하였다.[69] 당시

---

68) 송천은, 『일원문화산고』, 원불교출판사, 1994, p.153.

거론된 유공인으로는 정남 정녀, 전무출신, 재가의 공덕주, 희사위가 해당되었으며(「불법연구회창건사」 제24장), 이들을 유공자로 기리며 추모하자는 뜻이었다. 각 교당에서는 유공자를 기리는 기념식을 거행하도록 하였는데, 매년 1월 1일에 정남 정녀 합동기념, 3월 1일에 전무출신 합동기념, 9월 1일 재가 창립주 합동기념, 11월 1일에 희사위의 합동기념을 거행하였다.

'공도헌신자이부사지'(公道獻身者以父事之) 이전의 용어로서 '무자력자보호'가 한 때 사요의 네 번째 항목이었다는 점에 대해서 그 의의가 무엇인가 궁금하다. 이것은 짧은 기간 동안 과도기적 용어로 등장하였으며, 더욱이 공도헌신자와 무자력자와의 관련성을 이해하기 쉽지 않기 때문이다. 원기 15년(1930) 1월 『월말통신』 제23호의 「공고란」을 보면 무자력자보호의 조목은 그후 종사주가 친히 '공도헌신자이부사지'로 수정하였다. 그러니까 원기 14년(1929) 10월에 사요를 선포한 후 3개월만에 용어가 새롭게 변경되었다.

그러면 '공도자숭배'와 관련한 용어들이 초기 정기간행물에 등장한 내력을 <표4>를 통해서 살펴보고자 한다. 소태산의 공도자숭배 정신과 제자들의 연마 내역을 도표를 통해 일목요연하게 파악할 수 있도록 조명해보자는 것이다. 그것은 소태산이 밝힌 공도자숭배의 중요성과 숭배의 실천에 관련된 모습들을 파악할 수 있도록 해준다.

---

69) 李空田, 「蓬萊制法과 益山總部 建設」, 『圓佛敎七十年精神史』, 聖業奉贊會, 1989, p.178.

〈표4〉 공도자숭배의 수록 항목

번호	내 역	발표자	간행물	비고
1	교법제정안-사요발표	전음광 수필	월말통신 20호, 원기 14년 10월	불법연구회
2	무자력자보호의 조목은 그후 종사주께옵서 친히 공도헌신 자이부사지로 수정…	공고	월말통신 23호, 원기 15년 1월	불법연구회
3	법회-사요의 설명	김영신	월말통신 24, 25호, 원기 14년 2·3합부	각지회합-경성지부 삼예회록
4	강연-공도헌신자이부사지	조원선	월말통신 26호, 원기 15년 4월	각지회합-신흥분회 삼예회록
5	예회시 설명-공도에 헌신하면 시방세계가 以父事之하여…	박대완	월보 36호, 원기 17년 5월	각지회합-김제출장소
6	강연-공도헌신자이부사지	김종성 김준양 양원국	월보 39호, 원기 17년 8월	각지회합-부산출장소
7	기념-참으로 我會의 공도헌신자 이부사지됨을 느끼었으며…	박세철의 열반기념	월보 43호, 원기 17년 2월	각지회합-경성지부
8	교리송 上-公道獻身 그 사람이 老衰하면 奉養하고…	김기천	월보 44호, 원기 18년 1월	불법연구회
9	강연-무자녀자타자녀교양과 공도헌신자이부사지	서대원	월보 45호, 원기 18년 2, 3월	각지회합-총부
10	강연-공도헌신자 이부사지	김종성 김준양 양원국	회보 14호, 원기 20년 2월	각지회합-부산하단지부
11	법문-사은사요의 필요	이공주수필	회보 26호, 원기 21년 7월	불법연구회
12	유산이나 무산이나 강자나 약자 사이에 범한 살은 공도헌 신자이부자지 조목외에 더 신방이 없을 줄 자신하옵니다	서대원-연두의 살막이	회보 51호, 원기 24년 1월	불법연구회

위의 도표에서 알 수 있듯이 '공도자숭배'의 용어가 변화되어온 이유에 대하여 몇 가지 사항을 살펴보도록 한다.

첫째, 불법연구회의 열반기념식이 계기가 되어 공도자숭배의 정신으로 용어가 변천된 점을 상기할 필요가 있다. 말하자면 사요라는 교리체계가 세워진지 불과 석달만에 그 가운데 하나인 '무자력자보호'의 조목이 '공도헌신자이부사지'로 바뀌는데(원기 15년 1월) 그 이유는 살아있는 무자력자만이 아니라 열반에 든 공도자를 포함하여 그들을 숭배하자는 뜻이다. 곧 원기 14년(1929) 12월 8일부터 불법연구회에서는 열반공동기념식을 거행하였는데, 이에 대한 구체적인 교리의 확립에 필요했기 때문이다.70) 그리하여 본회 창립의 유공인 열반공동기념식을 거행하였으며, 열반인 박세철과 이호춘, 서동풍을 기리며 "아 이 일을 볼 때에 뉘 공익사업에 종사치 않으랴? 박세철, 서동풍씨가 아무리 청명 지재(智才) 하드래도 이 사업에 종사치 않았고 또는 공부사업에 그 많은 공적이 없다면 어찌 이 많은 대중에 그 많은 존경과 추모를 받으랴?"(월말통신 제22호)라고 하였다.

둘째, 공동체 생활을 하는 전무출신들이 공익에 헌신하도록 하는 뜻에서 무자력자보호에서 공도헌신자이부사지로 바뀌었다. 『월말통신』 23호 「공고란」에 "본회의 교강 사요 중 무자력자보호의 조목은 그 후 종사주께옵서 친히 공도헌신자이부사지로 수정하시였사오니 일반 연구 제씨는 여시조량(如是照諒)하옵소서."(원기 15년 1월)라 한 뜻을 새겨보면

---

70) 『불법연구회 근행법』 「공도자숭배의 조목」 "대중을 위하여 공도에 헌신한 사람은 그 노력한 공적의 등급을 따라 노쇠하면 봉양하고, 열반 후는 상주가 되어 喪葬을 부담하며, 영상과 역사를 보관하였다가 매년 열반기념식을 행할 것이니라."; 김탁, 「원불교 사요교리의 체계화 과정」, 『인류문명과 원불교사상』(上), 원불교출판사, 1991, pp.271-272.

전무출신들의 공동체적 삶과 연결된다. 초기교단의 유성렬은 스스로「공도헌신자의 각오」라는 글로서 "나는 본회 여러 전무출신자 중의 한 사람으로서 … 우리 모든 전무출신은 이미 공도에 몸을 바쳐 넓은 사업에 생을 마치기로 하였고…"71)라는 것이 단순한 무자력자보호 차원이 아니라 공도헌신자로서의 공익적 가치가 부각되고 있다.

　셋째, 용어의 단순화 및 세련화를 위함이다. 원기 17년(1932)의『육대요령』에 거론된 '공도헌신자이부사지'가 원기 24년(1939)의『근행법』에 '공도자숭배'로 변화된 것을 보면 세련된 용어로 변신되는 양상이다. 비컨대 삼학 팔조의 경우『육대요령』에는 삼강령 팔조목이었으며, 원기 24년(1939) 간행된『근행법』에는 삼학 팔조라는 용어로 변경된 것도 같은 맥락이다. 용어는 시대를 따라 변화하기 마련이며 그것은 단순성과 세련미를 갖게 되는 것으로,『육대요령』에 등장하는 사요 세목이『근행법』에서는 그러한 성향을 지닌다.

　넷째, 무자력자보호에서 공도헌신지이부사지, 나아가 공도자숭배로 변화된 것은 단순한 무자력자보호 차원만이 아니라 국가 세계의 공익을 위해 헌신한 공도자들을 숭배하도록 하는 제도적 장치를 촉구하기 위함이다. 공도자숭배는 현실 개선에 헌신한 공로자에 대한 숭배를 사회제도적으로 뒷받침하고 정신적으로 앙양하자는 것이다.72)『근행법』의「과거 조선 공도사업의 결함조목」에서도 언급하고 있듯이 사농공상의 시설기관, 종교의 제도, 정부와 사회의 공도헌신자 표창 등을 거론하고 있다.

　하여튼 자력양성, 지자본위, 타자녀교육, 공도자숭배로 용어가 변경, 정착되는 데는 용어의 세련미, 범주의 확대, 개념의 재정립 등의 필요성

71) 유성렬,「공도헌신자의 각오」,『회보』제57호, 원기 24년 8월호.
72) 송천은,『일원문화산고』, 원불교출판사, 1994, p.153.

에 의하였음을 알 수 있다. 더욱이 용어는 시대를 따라 변천되는 속성이 있으므로 시대적 요청에 의하여 사요 세목이 변천되어 왔으며, 서론에서 밝힌 것처럼 삼학 팔조와 사은 외의 세목은 변경될 수 있다는 『대종경』 부촉품 법어가 이와 관련된다.

4. 사요변천의 의의와 과제

원기 14년(1929) 10월, 소태산의 사요 선포는 구한말 해방 전의 종교 및 개벽의 상을 반영하고 있다. 후천개벽의 종교로서 사회의 개혁과 구원이라는 시대적 요청을 멀리할 수 없었다. 민족과 사회에 관한 구원 의식의 발로에서 소태산은 사요를 통해 사회 개혁의 방안을 제시하였고, 식민지 통치당국의 강압적 태도를 은유적으로 비난하면서 조선의 미래 에 대한 희망을 제시하였다.[73] 사요는 이처럼 조선 말기의 시대상을 반영하고 사회구원이라는 측면에서 주목을 받아왔는데 사요의 존재가 치가 여기에 있다.

나아가 사요는 원불교 교강으로서 개인은 물론 사회 전반에 평등의식 을 불러일으키는 면에서 그 가치가 크다. 소태산은 자력을 양성하면 인권평등이 되고, 지자를 본위로 받들면 지식평등이 되며, 타자녀를 내 자녀와 같이 교육하면 교육평등이 되고, 공도에 헌신한 사람을 내 어버 이같이 숭배하면 생활평등이 된다고 하였으니, 이는 병든 사회를 혁신하 기 위한 사회적 불공[74]이라는 점을 새겨야 한다.

---

73) 신순철, 「불법연구회 창건사의 성격」, 김삼룡박사 화갑기념 『한국문화와 원불 교사상』, 원광대 출판국, 1985, pp.905-906.
74) 박장식, 『평화의 염원』, 원불교출판사, 2005, p.255.

사요의 세목 하나 하나가 사회불공으로 등장하여 자력양성, 지자본위, 타자녀교육, 공도자숭배라는 용어가 몇 단계를 거쳐 변천되면서 사회균등의 구체적 방법으로 정착되었다. 그럼에도 불구하고 본 항목들이 선진국에서 오늘날 실현되고 있다거나, 교강임에도 불구하고 시대를 따라 변경될 수 있다는 점에서 해석학적 쟁점이 있는 것도 사실이다. 이에 사요 세부항목의 변천과정에 나타난 의의와 한계는 없는가를 살펴보고자 한다.

먼저 자력양성의 변천과정에 나타난 의의는 무엇인가를 살펴보면 근대화 의식과 자주력 배양이라는 측면에서 기여해온 점을 무시할 수가 없다. 원기 14년(1929) 부부권리동일에 이어 원기 17년(1932) 남녀권리동일로 변경되었으며, 원기 24년(1939)에 자력양성으로 바뀐 이래 오늘에 이르고 있다는 점을 보면 여성의 자주성을 강조하고 있음을 고려할 수 있다. 그것은 원불교가 당시 한국사회의 후진성을 초래하고 있는 타력생활 등을 예리하게 지적하면서 한국사회를 근대화시키기 위해 필요한 모든 방편들을 펼치고 있다[75]는 사실 때문이다.

하지만 사요의 자력양성이 갖는 한계점은 없는가 하는 비판적 접근도 필요하다. 남녀권리동일이 자력양성으로 개칭된 것은 여성의 인권에 대한 의미가 부각되었던 과거와 달리 자력양성에서는 세부 조목에만 삽입됨으로써 가시적인 여성인권의 실현에 대한 의지는 약해졌고, 자력양성은 더 이상 여성들이 격려 받는 의도성이 결여되었다[76]는 지적을 참고할

---

75) 김도훈, 「소태산 대종사의 경제사상과 그 구현방안」, 제23회 원불교사상연구 학술대회 《원불교개교 백주년기획(Ⅰ)》, 원광대 원불교사상연구원, 2004.2, p.127.

76) 장오성, 「여성 교역자 제도의 문제점 및 개선방안」, 《수위단 상임위원회 전문위원 연구발표요지》, 수위단회 사무처, 2005, p.62.

필요가 있다. 더욱이 선진국 등에서 남녀평등이 실현되고 있으며, 자력
양성 또한 과거사회처럼 타력생활의 정도가 심각하지 않다.

　이어서 지자본위는 원기 14년(1929) 임시로 유무식차별로 설정되었다
가 곧바로 지우차별로 변경된 이래 원기 24년(1939) 지자본위가 등장하
며, 그것이 오늘의 사요로 정착되었다. 지자본위는 과거 양반 상민과
적서, 노소, 남녀, 종족의 차별에 구애되어 지식에 정체 현상이 왔음을
지적하고 지식과 기술을 개방적·진취적으로 배워나가도록 하였다.77)
이 점을 보면, 지우차별을 합리화함으로써 문맹의 탈피와 지식의 확충이
라는 점에서 긍정적인 효과를 가져온 것이 사실이다.

　그러나 지우차별이 갖는 한계는 한시적으로 등장한 유무식차별이라
는 용어의 옹색함과 더불어 지우(智愚) 상대성에 문제점이 있다. 지우
및 유무식이라는 범주의 협소함을 상기하면, 유무식과 지우의 차별이라
는 상대성을 극복해야 하는 과제를 안고 있으며, 지자본위 역시 우자와
지자라는 측면에서 마찬가지이다. 이에 지자본위의 강령에 나타나는 지
자·우자라는 용어를 굳이 써야 한다면 지혜로운 사람, 어리석은 사람이
라고 해야 좋으며, 특히 지자와 우자는 절대적이거나 보편적인 개념이
될 수 없고 상대적이고 부분적 개념78)에 불과하다.

　다음으로 타자녀교육이라는 용어의 변천과정을 보면 원기 14년(1929)
무자녀자타자녀교양이 공표된 이래 원기 24년(1939) 타자녀교육으로 정
착되었는데, 이는 보편적 교육을 통한 사회문명의 촉진을 강조하는데
초점을 두고 있다. 소태산의 교육 중시는 타자녀교육에 집중적으로 나타
나 있는데, 교육을 잘 꾸려 나가면 사회문명을 촉진하게 되고 사회는

---

77) 송천은, 『일원문화산고』, 원불교출판사, 1994, p.153.
78) 김탁, 「원불교 사요교리의 체계화 과정」, 『인류문명과 원불교사상』(上), 원불
　　교출판사, 1991, p.283.

더욱더 진보하게 된다.79) 타자녀교육이 지니는 의의가 이것이며, 여기에 자타의 자녀를 물론하고 모든 자녀에게 교육의 기회를 준다는 측면에서 타자녀교육으로 정착되었다.

하지만 타자녀교육이라는 용어가 변천된 과정에서 나타난 한계는 없는가? 무자녀자타자녀교양이 갖는 용어의 번잡함으로 인해 타자녀교육으로 변경된 점을 이해할 수 있다고 해도 오늘날 선진국의 기부문화와 장학사업으로 인해 굳이 이를 강조할 필요가 있느냐는 문제가 제기될 수 있다. 또한 불법연구회 은법결의식을 통해 전무출신 자녀교육의 후원에서 비롯된 점은 물론 지자본위와 타자녀교육의 지식과 교육의 중첩성 문제를 지적할 수 있다. 원기 45년(1960) 1월 18일 수위단회에서는 「정전의 자구수정 및 재간의 건」이라는 주제를 다루면서 합의된 사항 가운데 "사요 중 타자녀교육이라는 어구가 그가 내포한 본의 표현에 충분히 적절한가?"80)라는 지적 항목이 주목된다.

사요의 네 번째 항목으로 공도자숭배라는 용어가 변천된 과정에 나타난 의의는 무엇인가? 원기 14년(1929) 무자력자보호가 발표되고, 원기 17년(1932) 공도헌신자이부사지에 이어 원기 24년(1939) 공도자숭배로 정착된 점에서, 그것은 신분의 차별 없어지고 이타의 공도주의에 의한 상생 조화의 시대를 유도하는 의미를 지닌다. 일제 통치 하에서 원불교가 한국사상을 창조하는 중요한 시기에 와서 과거와 다른 적극적인 자세

---

79) 김경진, 「소태산 정신개벽사상과 그 조치 및 현실적 의의」, 원광대 개교60주년 국제학술회의 『개벽시대 생명·평화의 길』, 원광대 원불교사상연구원, 2006.10, p.46.

80) 이공전, 『凡凡錄』, 원불교출판사, 1987, pp.120-121.; 한정석, 「교리형성사」, 『원불교70년정신사』, 원불교출판사, 1989, p.398 참조.; 고시용, 「정전의 결집과 교리의 체계화」, 『원불교학』 제9집, 한국원불교학회, 2003.6, p.255 참조.

와 공도자 정신을 발휘할 때가 온 점81)을 고려하면, 무자력자보호가
필요했을 것이며, 그로 인해 공도헌신자를 스승으로 삼고 숭배하는 것을
시대적 요청으로 받아들였으리라 본다.

　다만 공도자숭배의 용어 변천에 따른 한계점은 없는가? 무자력자보호
가 등장한 배경에는 불법연구회라는 공동체에 기여한 열반인들의 열반
기념식이 관련되어 있었다는 점에서 교단내적 범주라는 한계성에서 출
발한다. 따라서 무자력자보호라는 용어가 갖는 한계를 열반기념식과 연
결할 때 살아있는 무자력자만이 아니라 열반한 공도자를 포함해야 한다
는 점에서 공도헌신자이부사지로 바뀌었으나, 이 역시 용어의 세련미
차원에서 공도자숭배로 전향된 점은 용어의 한계를 극복하고자 한 흔적
으로 볼 수 있다. 물론 공도자숭배가 완성태라고 할 수 없는데, 오늘날
전 세계적으로 공도자숭배의 제도[유공자 지정]가 정착되고 있기 때문
이다. 공도자숭배에서 문제되는 것은 과연 무엇이 공도이며, 공도자는
어떤 사람을 가르치는가 하는 판단기준과 판단하는 기관 등에 대한 언급
이 전제되지 않은 점82)은 한계점으로 등장하고 있다.

5. 시대의 한계성과 사요

　원불교 교리도를 보면 일원상이 제일 상단에 있고 그 아래에 신앙문으
로서 사은 사요, 수행문으로서 삼학 팔조가 있다. 신앙문과 수행문으로

81) 한승조, 「한국정신사의 맥락에서 본 원불교」, 『원불교사상』 4집, 원광대 원불
　　교사상연구원, 1980, p.63.
82) 김탁, 「원불교 사요교리의 체계화 과정」, 『인류문명과 원불교사상』(上), 원불
　　교출판사, 1991, p.286.

서 공부의 요도 삼학 팔조와 인생의 요도 사은 사요는 이처럼 일원상을 중심으로 좌우에서 교강으로서의 중심 역할을 하고 있다. 신앙문에 속한 사은의 교리적 위상에 비해 사요는 그 영속성에서 비켜나 있는 듯한 양상이다. 삼학과 사은 등은 변할 수 없는데 그 밖의 세목은 변경될 수 있다[83]는 점 때문이다. 사요의 가변성을 암시하는 점에서 사요의 세목 용어들이 다양하게 변천되어 왔으며, 오늘날 우리가 접하는『교전』의 사요 세목도 변경될 가능성이 있다.

또한 사요라는 세목 용어가 변화된 과정에서 감지되는 것으로 사요가 만들어진 당시의 시대적 한계성을 지적하지 않을 수 없다. 소태산의 한민족관은 일제시대라는 특수한 상황 아래에서 전개되고 있으며[84] 그로 인해 원불교가 창립된 구한말은 우리나라가 일제강점기라는 시대적 암울한 상황과 관련되어 있다. 사요는 일면 이러한 한·일의 불합리한 사회적 예속에서 이루어진 교리임을 부인할 수 없다.

역사적 관점에서 보면, 사요의 형성기는 당연히 일제강점기에 해당되는 시기이다. 국가는 차치하고라도 시대적 구분에 따른 사요 용어의 변천이라는 설득력을 갖기에 한계가 있다. 사요정신이 갖는 의미의 확대라기보다는 용어의 단순성, 명확성, 세련미를 위해 용어가 변천되었다는 주장에 더 무게가 실린다. 사실 사요는 세월이 흐르면서 용어가 좀 더 명확해진 면은 있으나 그 용어변천으로 그 내용과 의미가 크게 변했다고 할 수는 없다. 본 연구의 문제제기에 부합되게 논리적 전개를 이끌어 가기 위해서는 당시 사회의 제도 및 사회현상에 따른 용어 변천을 구체적으로 서술해야 한다.

---

83)『대종경』, 부촉품 16장.

84) 梁銀容,「정산종사의 韓國觀」, 제17회 원불교사상연구 학술대회보《鼎山思想의 현대적 조명》, 원광대 원불교사상연구원, 1998.2, p.114.

여전히 사요는 현행본 『교전』에서 교강으로서의 중심 교리이다. 일부에서 사요는 오늘날 교강으로서 어색한 것 같다는 생각을 하는 사람이 있으나 우리는 사요 실천의 정신이 지금처럼 적절한 때가 없다고 본다[85]는 견해도 있다. 사요의 근본정신에서 볼 때 사요를 사회불공의 하나로서 사회 구원의 측면에서 바라보자는 것이다. 사요가 갖는 사회불공의 정신에서 사회를 균등하게 하는 가치를 생각해볼 필요가 있기 때문이다. 여기에 사요의 의미심장함이 있으며, 사요 세목의 용어가 하나하나 변천되어온 것도 이러한 사회불공의 정신에 부응하는 것이라 볼 수 있다.

그렇다고 사요 변천에 대한 비판적 시각을 갖지 말자는 뜻은 아니다. 소태산이 『대종경』 부촉품에서 세목 변경의 가능성을 언급한 것은 바로 이러한 성찰적 접근을 가능하게 하고 있다. 본 연구가 의도하는 것은 소태산의 사요정신을 비판하자는 것이 아니라 사요 세목의 변경 가능성을 염두에 두고 그것이 갖는 의의와 한계가 무엇인가를 새겨보자는 뜻이다.

사요의 세목 변경의 가능성을 감안할 때, 사요의 연구는 이제 현 시대를 통찰하고 미래사회를 지향해야 한다. 이는 세목 변경의 범주를 어떻게 설정할 것인가의 문제이기도 하다. 사요의 기본정신을 계승 발전시켜 나갈 것인가, 아니면 새 시대에 맞는 사회개혁, 사회불공의 방법을 제시할 것인가 고민해야 할 시점에 있다. 미래안적 사요 세목의 변천[86] 방향에 대한 접근이 필요하다. 사요의 각 용어가 현 단계를 완성단계로 볼 수 없으며, 미래지향적 시대 변화의 가능성이 있기 때문이다.

---

85) 한기두, 『원불교 정전연구』-교의편-, 원광대학교 출판국, 1996, p.218.
86) 만약 세부항목의 설정이 가능하다면 '환경보호'가 한 항목으로 설정할 수 있는 가설을 상정할 수 있다.

제3장

『대종경』 변의품의 해석방향

1. 교리전달과 용어의 해석

원불교『정전』에 비해『대종경』에 등장하는 용어들은 비교적 이해하기 쉬운 것들이다.『대종경』은 소태산의 언행록이므로 운심 처사하던 행동이나 제자들을 비롯한 여러 사람들과의 대화체가 그 주류를 이루고 있다는 면에서 더욱 그렇다. 그럼에도 불구하고『대종경』의 15품 가운데 교의품, 변의품과 성리품에는 다른 품에 비해 이해하기 난해한 용어들이 많이 발견된다. 그것은 본 품들이 원불교 교리의 심오한 부분을 언급하고 있고, 또 난해한 의두건과 연결되어 있기 때문이다.

특히『대종경』변의품에는 원불교 교리를 이해하기 쉽지 않은 용어들이 자주 등장한다. 그것은 교리 이해에 있어 의두의 쟁점화될 수 있는 용어들이 상당 부분 발견되고 있다는 증거이다. 이러한 용어들을 이해하는 시각에 따라 쉽게 간과할 수 있는 부분도 있지만, 우주론적 용어, 불교의 전문 용어, 근대종교에서 사용되는 용어, 과학적 용어들은 그냥 넘길 수 없는 부분이 있다.[87] 교리 해석에 있어 이 부분들을 어떻게 접근할 수 있을 것인가는 숙고하지 않을 수 없다.

본 연구에서 초점을 두고자 하는 것은 『대종경』 변의품에 등장하는, 잘못 이해될 수 있는 몇 가지 용어들을 바람직하고 합리적으로 해석할 수 있는지 그 방향을 점검해 보고자 한다. 『대종경』을 해석하는 방법은 여러 가지가 있겠지만[88] 그중에서도 용어 이해를 통한 해석의 길을 모색하는 것도 하나의 해석학적 방법이라 본다. 그러한 작업은 전문 용어들을 통해 전달되는 교의(敎義) 이해의 특성상 필요한 일이며, 이는 기본적이고 미래지향적인 교리 이해에 관련되는 일이기도 하다.

다만 본 연구의 전개에 있어 변의품의 대체를 파악하기보다는 각 장에 나타나는 전문용어들을 중심으로 접근한 측면이 주를 이루고 있으며, 이와 관련한 선행연구가 불충(不充)하지만 부분적으로 참고하고자 하였다.[89] 전문용어의 빈도가 많은 품으로서 변의품, 교의품, 성리품의 용어들을 계통적으로 파악하는 작업은 교학 연구에 있어 주요 과제로서 이는 깨달음을 지향하는 길에 가교가 된다. 위에 언급된 용어들을 이해하는 다양한 해법 제시는 원불교 교리 이해의 방향을 새롭게 가늠할 수 있다는 면에서 그 의미가 크다.

전문용어들의 접근에 있어 우선적으로 '천동설·지동설'이란 용어를 어떻게 이해할 것인가를 알아본다. 그리고 '괴겁'은 과연 어떻게 해석될 것인가를 검토하고자 한다. 나아가 '정령'의 이해에 대해서도 다루고자

---

87) 류성태, 『대종경 풀이(상)』, 원불교출판사, 2005, p.526 참조.

88) 필자는 졸저 『대종경 풀이(상, 하)』(원불교출판사, 2005)에서 10가지 방법론을 동원하였으며 그중 하나의 방법이 용어 해석이다.

89) 선행연구로는 한종만 교수의 대종경 해의(上)(원불교출판사, 2001)와 졸저의 『대종경 풀이』(원불교출판사, 2005)가 있다. 또 본 연구와 관련이 있는 것으로는 박상권 교수의 「소태산의 해석학에 대한 연구-대종경 변의품을 중심으로」(『원불교사상』 17·18합집, 원광대 원불교사상연구원, 1994)가 있다.

한다. '삼십삼천'과 '삼천대천세계'의 이해라든가, '정도령'에 대한 해석은 어떻게 접근할 것인가도 검토의 대상이다. 이러한 용어들의 변석(辨釋)은 교리의 전반적 이해에 앞서『대종경』각 품의 원활한 이해에 필요한 것으로, 변의품을 구성하는 난해한 용어들을 요해하는 것이 원불교학연구의 주요 과제라 본다.

사실『대종경』의 변의품은 교의(敎義) 해석의 난해함을 표출하고 있으므로 교리 이해에 애로가 있어왔다. 변의품 용어들의 이해에 있어 용이한 해석학적 접근은 교리의 대체를 파악하는 데에 의의가 있다는 뜻이다. 변의품의 용어 해석에 있어 우선 염두에 두어야 할 점은 변의품의 특성과 해석의 방향을 살펴보는 일이다.

2. 변의품의 특성과 해석방향

『대종경』변의품의 내용 전반을 살펴보면 용어 접근에 있어 논쟁의 여지가 있고 또 이해하기 쉽지 않은 부분들이 있다. 변의품의 이해가 어려운 것은 본 품의 모두(冒頭) 부분부터 난해한 용어가 등장하고 있기 때문이다. 이를테면 천지의 식(識)이라든가, 천동설 및 지동설의 문제, 괴겁(壞劫)과 소천소지, 삼천대천세계, 진강급, 삼륜, 정령, 조물주, 극락이라는 용어가 변의품 총 40장 중에서 10장 이내에서 등장하고 있다.[90] 변의품을 음미하면서 교감되는 것은 전문용어의 이해가 쉽지만은 않다는 점이다. 삼륜, 조물주 등의 용어들이 본 연구에서 다루어지지 않았다

---

90)『대종경』변의품 1장에는 천지의 識, 천동설과 지동설은 3장, 壞劫과 소천소지는 4장, 삼천대천세계는 5장, 진강급은 6장, 삼륜은 7장, 정령은 8장, 조물주는 9장, 극락은 10장에 등장한다.

해도 이에 대한 해석학의 방향이 모색되어야 할 필요성이 크다.

난해하고 논쟁의 여지가 있는 용어들이 자주 등장하는 것은 본 품명이 '변의품(辨疑品)'이라는 사실에서도 잘 알 수 있다. '의심 사항을 변론하고 이해하는 품'이라 풀이하면 논리 전개가 간단하지만은 않다는 것을 알게 해준다. 이해하기 어려운 용어들을 접하면 교리 이해에 난해한 부분이 생기게 되며, 이러한 용어들이 품고 있는 의두(疑頭) 항목들을 해석하는데 있어 해석학적 뒷받침이 필요하다.

교리적 접근에 있어서 의두적 성격의 원불교의 진리관, 교강(教綱), 종교의 심오한 이론 등에서 애매하게도 알기 어려운 의심 건들이 생긴다면 이에 대한 해법 제시가 반드시 필요하다. 본 품에 등장하는 용어들이 불교의 심오한 교리, 우주론적 이론, 과학적 원리, 종교 교의의 전문성 등을 다루고 있으므로 해법 제시의 모색은 당연하다.

변의품은 자연과학에서 거론될법한 우주의 변화 및 자연현상이 주로 거론되고 있다. 논란의 여지가 있는 불교 용어에 대한 의문 사항들도 포함되어 있다. 선지자들의 전적(典籍)과 법통 연원들을 해명한 법문들이 나타나며, 지동설과 천동설, 성주괴공, 극락과 지옥, 금강경의 사상(四相), 후천개벽, 돈오돈수와 돈오점수의 문제[91] 등이 그것이다. 변의품에는 용어 하나하나 쉽게 간과될 수 없는 논쟁의 여지가 있는 용어들로 이루어져 있음을 알게 해준다.

이 같은 용어들은 깨달음에 이르게 하는 심오한 의두나 성리에 관련된 것들로서 본 품에 자주 등장한다. 따라서 변의품에 등장하는 용어 이해의 난이도는 교의품·성리품의 그것들과 유사한 측면이 있다. 쉽게 말해서 이 3품에는 주로 용어나 교리의 난해성·심오성이 노정되어 있으므로

---

91) 한종만, 『원불교 대종경 해의』(上), 도서출판 동아시아, 2001, p.19.

일종의 의두연마, 혹은 성리연마 성격을 지닌다.

여기에서 변의품을 해석하는 방향으로는 쟁점화될 수 있는 용어들을 중심으로 해석학적으로 접근하는 일이다. 교리이해의 해석학적 언급으로 다음의 견해가 있다. "『대종경』 어느 구절이든 내용을 먼저 말하고 뒤에 몇 품 몇 장이라 소개하면 한결 새롭게 받아들인다."[92] 이를 달리 응용한다면 구절(句節)이란 곧 문구·용어 등을 포함한다. 어려운 문구나 용어들을 먼저 이해한다면 이에 따르는 『대종경』 각품 각장의 이해가 용이해진다는 뜻이다.

위의 언급처럼 변의품에서 쟁점이 될만한, 또는 다양하게 이해될만한 용어를 접근하는데 본 품의 전반을 해석하는 기본 방향이 설정되어야 한다. 이러한 기본 방향을 정함에는 소태산이 변의품에서 설한 법어의 전개 및 특성을 보면 알 수가 있다. 이를테면 선행연구에서 이러한 것이 지적되고 있다. 곧 변의품에서 나타난 소태산의 대화 유형에 있어 선인의 말씀을 긍정하는 것, 적극적이고 합리적 해석, 유심적(唯心的) 해석, 직접적인 해석의 유보와 단언적 해석, 정법을 강조한 해석이 그것이다.[93] 이러한 해석학의 유형으로는 합리적 해석, 신앙적 해석, 인성론적 해석으로 규정하고 있다. 선행연구는 변의품 전반을 중심으로 한 해석학적 접근이라면 본 연구는 여기에서 간과될 수 있는 '전문 용어들'에 한정하여 이를 구체화한 점이 특색이라 볼 수 있다.

여기에서 해석학 자체의 그러한 유형을 모델로 하여 변의품의 전반을 해석하는 형식을 취하기보다는 변의품에서 쟁점화될 수 있는 전문용어

---

92) 조명렬 편, 상타원 전종철정사 유고집 『법신불 사은이시여!』, 원불교출판사, 1996, p.41(수행일기, 원기54-61년, 1월 23일).

93) 박상권, 「소태산의 해석학에 대한 연구-대종경 변의품을 중심으로」, 『원불교사상』 17·18합집, 원광대 원불교사상연구원, 1994, pp.161-165.

들을 필자 나름대로 선별하여, 그중에서 다섯 가지 용어들을 쉽게 해석할 수 있는 방향을 유도하였다. 이러한 해석의 방향을 다음과 같은 몇 가지 모델로 구분해 보기로 한다. 예컨대 선성(先聖)이 주장한 견해의 수용 및 동정 개념의 종교적 시각, 일원상의 변·불변적 진리관 및 순환사관적 접근, 우주의 존재론적 근거 및 영성론의 시각, 장엄론적 이해, 후천개벽의 진리관이라는 다섯 가지 해석의 방향을 응용해 보자는 것이다. 변의품에서 쟁점화될 수 있는 용어가 지닌 특성이 어떻게 기본적 해석 방향들과 관련되는가를 다음 장에서 살펴보고자 하는 것도 이 때문이다.

위에서 언급한 다섯 가지 용어들을 이해하는 각도에 따라 논란의 여지가 있기 때문에 신중한 접근이 필요하다고 본다. 또 다양한 이해의 시각을 수용함에 있어서 변의품을 해석하는 기본 방향을 염두에 두어야 함은 당연하다. 이에 다양하게 해석될만한 몇 가지 용어들을 예시하여 이를 연구의 대상으로 함으로써 나타날 수 있는 쟁점 사항이 무엇인가를 살펴보고자 한다.

3. 변의품 용어 해석의 쟁점

변의품에 등장하는 용어로서 쟁점화할 수 있는 것들을 중심으로 본 논조를 살리고자 한다. 여기에서는 크게 다섯 용어를 중심으로 언급해 보려는 것으로, 이를테면 ① 천동설과 지동설, ② 괴겁의 소천소지, ③ 정령의 이해, ④ 삼천대천세계와 삼십삼천, ⑤ 정도령 등극설이 이것이다. 그 외에도 여러 용어가 나타날 수 있지만 다섯 가지로 한정하여 거론해 본다.

첫째, '천동설과 지동설'에 대해 언급해 보고자 한다. 플라톤은 약 2400년 전 우주의 중심은 지구이고 다른 천체들은 지구를 싸고돈다고 하여 지구중심설(천동설)을 주장하였다. 그의 제자인 아리스토텔레스도 천동설을 주장하여 지구를 중심으로 달, 태양, 수성, 금성, 화성, 목성, 토성의 순서로 행성들이 돌고 있다[94]고 하였다. 그 뒤를 이어 프톨레마이오스(100~170)에 의하면, 지구는 부동(不動)이며 우주의 중심에 위치한다고 하였다. 근대에 이르러 1540년경에 지구와 다른 행성들이 부동인 태양 주위를 회전한다는 태양중심설(지동설)을 내세운 사람이 폴란드의 코페르니쿠스이다. 이어서 갈릴레오가 등장하여 지동설을 밝힌 이후 그것이 확고부동한 이론으로 정립되었다.

이처럼 천동설과 지동설의 논란이 고대로부터 근대에 이르기까지 동서(東西) 학자와 종교인들 사이에 지속되었다. 한 제자가 소태산에게 묻기를, 동양학설에는 하늘은 동하고 땅은 정한다 하고, 서양학설에는 땅은 동하고 하늘이 정한다 하여 서로 의견이 분분하다고 하며 이에 대하여 가르침을 청한다. 이에 소태산은 "나의 소견을 간단히 말하자면 하늘과 땅은 원래 둘이 아닌지라 그 동과 정이 서로 다르지 아니하여, 정하는 것으로 보면 하늘과 땅이 다 정하나니라."[95]고 하였다.

소태산의 이와 같은 가르침에 따르면 천동설과 지동설을 아울러 수용하는 것처럼 이해될 수가 있다. 여기에서 본 용어에 대한 쟁점화가 가능하다. 이미 지동설로 굳어진 이론이 소태산의 가르침에서 본다면 천동설을 수용하는 것처럼 비추어질 수 있기 때문이다. 그의 언급을 여러 시각으로 이해할 수 있다는 것은 부인할 수 없는데, 소태산은 과연 천동설을

---

94) 權寧大 外4人, 『宇宙·物質·生命』, 電波科學社, 1979, pp.38-39.
95) 『대종경』, 변의품 3장.

기정사실로 받아들였다는 것인가?

둘째, 변의품 4장에 등장하는 '괴겁의 소천소지'에 대한 용어가 쟁점화 될 수 있다. 괴겁이란 한마디로 말하면 우주의 종말론에 가까운 말이기 때문이다. 태양의 수명이 영원하지 않다는 수명 제한론이 거론되는 상황이고 보면 소천소지에 대한 견해도 일면 타당하다고 본다. 우주를 구성하는 운석들은 밤낮을 가리지 않고 지구 주위로 떨어지고 있다. 한국해양연구원 부설 극지연구소 홍성만 박사는 프랑스, 이탈리아 과학자들과 함께한 국제 공동연구를 통해 지구로 떨어지는 운석이 지금도 연평균 7만8천t에 달한다는 사실을 밝혀냈다(중앙일보, 2004.12.23). 이것이 가능한 것은, 우주 내의 4가지 힘 곧 중력, 전자기력, 약력, 강력이 에너지의 끝없는 이합집산으로 무시무종의 변화가 일어나기 때문이다.[96] 지금도 우주는 변함없이 괴겁의 소천소지가 지속되고 있다.

이와 관련하여 불교적 시각에서는 우주의 생성과정을 성주괴공이라는 4가지 범주로 나누어 설명하고 있다. 곧 불교의 견해에 따르면 우주의 형태가 유지되는 것은 시간적·공간적으로 서로 인(因)이 되고 과(果)가 되는 인과관계에 의하여 유지된다[97]고 한다. 불교 교리의 인연 연기의 법칙에 의해 우주는 성주괴공의 과정을 통한 괴겁이 설명되고 있는 셈이다. 원불교의 시각도 불교의 인연 연기론과 일원상의 진리에 근거하여, 성주괴공과 흥망성쇠, 생주이멸과 생로병사의 순환론을 강조한다. 우주의 변화 법칙은 자연스럽게 우주 괴겁설이 거론될 법한 일이다.

같은 맥락에서 소태산의 제자 서대원은 의문을 갖고 질문을 한다.

---

96) 황근창, 「현대 물리학과 원불교사상」, 제130차 원불교사상연구원 월례연구발표회, 원불교사상연구원, 2002.5, p.3.

97) 金洪喆, 「圓佛敎의 宇宙觀」, 『圓佛敎思想論考』, 원광대학교 출판국, 1980, p.117.

과거 부처님 말씀에 이 세계가 괴겁에는 소천소지(燒天燒地)로 없어진다
하니 사실로 그러하느냐는 것이다. 또 서대원은 소천소지가 되면 현재
나타나 있는 천지는 다 없어지고 다시 새 천지가 조판되는가를 묻고
있다. 이에 소태산은 지금 이 시간에도 이루어지는 부분이 있고 그대로
머물러 있는 부분도 있으며, 무너지는 부분도 있고 없어지는 부분도
있어서 늘 소천소지가 되고 있다고 하였다. 여기에서 소태산의 괴겁설을
받아들이는 각도에 따라 천지의 종말이 오는가라는 논쟁의 출발점이
된다. 과연 우주는 종말을 고하고 말 것인가라는 서양의 종말론적 시각과
소태산의 견해가 극단 같지만 서로 직결될 수 있다는 추론이 가능하다.

셋째, 변의품 8장에 '정령'에 대한 용어가 등장하여, 이 정령의 개념에
대한 논쟁이 있을 수 있다. 정령의 의미 파악에 있어 고려할 점으로,
자연에 있어 초자연적 영력(靈力)이 곧 정령설의 출발이라는 것이다.
중국 상고시대의 사람들은 일월성신, 풍우뢰전(風雨雷電), 산천초목 등
자연물이나 자연현상의 위력에 공포를 느꼈다. 그리고 이것들이 인간의
운명까지를 주관하는 영력(靈力)을 가진 어떤 존재, 즉 영혼이 숨어 있다
고 생각하여 당시의 사람들은 자연물의 배후에 있는 정령에 대하여 경외
하는 사유가 싹트기 시작하였다.[98] 그들은 자신의 안전과 행복을 얻기
위하여 정령에게 제사를 올리곤 하였다. 오랜 과거에 원주민, 곧 마오리
족은 자연물에 정령이 깃들어 있다고 사실로 믿어 경배했던 것도 이와
관련된다.

그러나 합리성을 띤 근대 과학의 등장과 더불어 '정령'에 대한 경외심
이 사라져가고 있어 아쉽다는 지적이 있다. 『유교와 도교』를 저술한
막스 베버가 이와 관련해서 정령을 언급하고 있다. 위대한 자연의 정령

---

98) 김영기, 「노자의 天人觀 연구」, 『범한철학』 제15집, 범한철학회, 1997, p.64.

[天地山川風雨]을 점차 비인격화시키고, 또 이 의식 속의 모든 감동적 요소를 배제시키는 일은 고귀한 교육을 받은 지식인 계층이 한 일인데, 이는 민중의 전형적인 종교적 제반 욕구를 전혀 무시하였다[99]는 것이다. 그럼에도 불구하고 도교의 경우 민중신앙에 있어 도시 신과 그 밖의 신격화된 자연정령과 영웅들을 위한 제사 조직이 전개되면서, 도교는 그 제사 조직을 떠맡게 되었다.

그러면 소태산이 설한 정령설은 과연 무엇이 문제인가? 쉽게 말해서 그가 일월성신에 정령이 있다고 말한 것에 있어 논쟁이 되는 것으로, 달[月]에 대한 언급이 그것이다. 달은 정령이 아니라는 주장을 하는 과학자들의 견해와 대립될 수 있기 때문이다. 선성의 말씀에 일월과 성신은 천지만물의 정령이라 하였다는데, 소태산의 이러한 견해는 쟁점화될 소지가 있다. 오늘의 경우 달나라에 다녀온 이상 달을 신비화하여 초자연적 영력(靈力)을 가진 정령으로 삼을 수는 없다는 점에서 소태산의 답변에 논쟁의 여지가 있다는 추론이 가능하다.

넷째, 변의품 5장과 11장에 등장하는 '삼천대천세계와 삼십삼천'에 대한 용어를 이해하는데 있어 쟁점화할 수 있다. 우선 변의품 5장에 등장하는 삼천대천세계에 대하여 알아본다. 한 제자는 과거 부처님 말씀에 삼천대천세계가 있다며 이것이 사실인가라고 질문하였다. 덧붙여 제자는 현 천문학계에서도 이 우주에는 우리가 살고 있는 세계 밖에 더 큰 세계가 있다고 하는데 사실이냐고 물었다. 상식적으로 고려해 볼 때 우리가 알고 있는 세계가 하나뿐인데 또 삼천대천세계가 있다고 하니, 공간계에 대한 다른 추측이 가능하다는 점에서 논란이 있을 수 있다.

이처럼 공간계에 대한 논쟁은 또 다른 질문에서 발견된다. 한 제자가

---

99) 막스 베버, 이상률 譯, 『儒敎와 道敎』, 文藝出版社, 1993, p.251.

과거 부처님 말씀에 천상에 삼십삼천이 있다 하오니 그 하늘이 저 허공계에 층층으로 나열되어 있느냐[100]는 질문이 그것이다. 그리고 그 같은 천상계에 올라갈수록 천인(天人)의 키가 커진다는 말이 있는데 무슨 뜻이냐는 것이다. 소태산은 이 삼십삼천의 공간계에 대하여 사실적으로 답변해 주고 있지만, 제자의 질문 자체가 쟁점화될 수 있는 용어이다. 아울러 소태산의 답변을 전통불교에서 어떻게 받아들이느냐 하는 점도 쟁점의 여지가 있다. 불교계에서 이를 신비화 및 실재화해서 이해하는 경향이 있다는 점에서 본 견해는 쟁점화가 가능하고 본다.

따라서 삼천대천세계와 삼십삼천이란 용어의 문제제기가 가능한 것은 현실적 상식으로 공간계에 그러한 세계가 없다는 점 때문이다. 보조국사는 결사문에서 "어떤 사람이 삼천대천세계에 가득한 중생을 교화하여 십선(十善)을 실천하게 하더라도, 그것은 어떤 사람이 밥 한 끼 먹을 동안 이 법을 바로 생각하는 것보다 못하여, 그 공덕은 앞 사람의 공덕보다 많기가 비유할 수 없다."고 하였다. 그리고 삼십삼천의 용어가 『화엄경』에서 언급되는데, 수미산의 정상에 있다는 도리천 즉 33천의 세계를 거론하고 있다. 삼계(三界)가 구성된 내용을 보면, 일대(一大) 수미산을 중심으로 하고 하방(下方)은 지옥으로부터 상방은 삼십삼천에 이르기까지 철위산을 위곽으로 하고, 그 중간은 구산(九山) 팔해(八海) 인사주(人四洲) 일월(日月) 등으로 구성되어 있다[101]는 것이다. 과연 불교에서 언급되는 삼천대천세계와 삼십삼천이라는 공간계는 우리가 거주하는 세계와 달리 공간적으로 있을 법 하느냐 하는 점이 쟁점화되고 있다.

다섯째, 변의품 33장에 등장하는 '정도령'에 대한 용어가 논의의 쟁점

100) 『대종경』, 변의품 11장.
101) 金東華, 『불교학개론』, 白永社, 1962, pp.130-131.

으로 부각된다. 주지하듯이 성리학이 주도하던 조선 왕조는 점점 국민 대중의 애환과는 거리가 먼 통치체제로 변해버렸다는 것은 역사적 사실로 드러난다. 이러한 와중에서 민중들의 애환을 달래주는 민중종교 운동이 일어나기 시작했다. 그 일환으로 비결(秘訣) 사상이 나타났는데 이의 대표적인 예가 『정감록』이며, 이에는 대단히 강력한 반조선왕조 반중화 사상이 담겨 있다.102) 『정감록』에서는 조선의 왕조를 이어서 계룡산에 정도령이 나타나 정씨왕국을 세움으로써 천하를 평정한다는 이론을 담고 있다.

만일 이것이 사실이라면 미래를 예언한 비결이 현실에 적중하는 것이며, 계룡산은 이미 우리나라의 서울로 지정되어 있어야 한다. 과거 조선조에는 그 같은 비결사상이 난무하여 혹세무민하는 성향이 없지 않았고, 그로 인해 비결사상을 믿지 않으려는 사조가 있었다. 『정감록』의 「감결」에 의하면 "산천의 뭉친 정기가 계룡산에 들어가니 정씨 8백년의 땅이다."라고 하여, 한양에 도읍한 이조 5백년이 지나면 계룡산에서 도읍한 정조 8백년의 시대가 온다고 하였다. 이것이 당시 민중신앙 형태의 하나라면 사실적 증명의 문제에 있어서 논란의 여지가 있을 수 있다.

제자 한 사람이 앞으로 정도령이 계룡산에 등극하여 천하를 평정하리라고 하였는데 사실로 그러하느냐103)고 스승 소태산에게 묻는다. 과연 사실 그대로 계룡산에 정도령이 나타나 천하를 평정하여 8백년 조선의 땅을 일구었는가? 당시 이러한 정감록의 예언이 실제 계룡산의 신도안에 미완된 궁궐터가 있었다는 사실을 보아도 민중들에게 어필할 법한 일이다. 이곳은 많은 신흥종교들이 들어온 곳으로 원불교에서도 원기

---

102) 尹以欽, 「韓國民族宗敎의 歷史的 實體」, 『韓國宗敎』 제23집, 圓光大 宗敎問
    題硏究所, 1998, p.96.
103) 『대종경』, 변의품 33장.

21년(1936) 서대원 선진이 주관하여 '신도안'에서 단기 하선을 개최하였으며, '불법연구회 계룡수양원'이라는 간판을 걸었다. 그리고 이곳 궁궐 터 주춧돌에 '불종불박(佛宗佛朴)'이라는 글자가 새겨져 있어 신비하게 생각할 수 있으니, 정도령의 등극설이 이러한 맥락과 크게 벗어나 있지 않다면 논쟁의 여지가 되기에 충분하다.

위의 언급처럼 변의품에서 제기한 여러 용어 해석의 쟁점사항에 대해서는 교리의 바람직한 정립을 위해서 해법제시가 필요하다. 제자의 질문에 있어, 또 소태산의 답변에 있어 쟁점화될 소지가 있는 여러 내용들을 어떠한 방향에서 해석하느냐에 따라 그 의미는 다르게 비추어질 수 있기 때문이다. 이를 이해하는 관점에 따라 서로 다른 시각차만 드러낸다면 그 용어의 이해는 왜곡될 수 있다. 그러므로 쟁점사항으로 예시된 위의 용어들을 바르게 해석하는 것이 중요한 일이라 본다.

4. 변의품 용어 해석의 방향

전장에서는 변의품에 등장하는 여러 용어 중에서 논쟁의 여지가 있는 것에 대한 문제제기의 형식을 띠었다면, 여기에서는 소태산의 본의에 충실하면서도 미래지향적 해법을 제시할 수 있는가를 모색해 본다. 해법 제시를 간과한다면 『대종경』 변의품의 이해에 있어 한계에 봉착하며, 그로인하여 원불교 교학의 정립이 더딜 수밖에 없다. 따라서 위에서 언급한 다섯 가지 쟁점화된 용어 하나하나에 대하여 해석학적 해법을 모색해 보고자 한다.

첫째, 소태산이 밝힌 '천동설과 지동설'(변의품 3장)에 대한 해석의 돌파구를 모색해본다. 이는 중세기로부터 근래까지 과학과 종교의 갈등을 야기하여 왔다는 점에서 주목된다. 소태산은 하늘과 땅을 둘로 나누어 본 것이 아니라 한 기운으로 볼 수 있는 길을 열어주었다. 사실 고대 천문학자들은 천동설을 강조하였고, 코페르니쿠스 및 갈릴레오는 지동설을 밝혔다. 그런데 코페르니쿠스는 맨 먼저 종교와 과학간의 갈등을 드러내 놓은 최초의 인물이었다.[104] 소태산은 여기에서 천동설과 지동설을 동정(動靜)의 한 기운으로 보았으며, 오늘날 지동설이 정설로 된 마당에 소태산의 천동설에 대한 이해는 해석학적 방안 모색이 필요하다.

우주론의 동정 문제는 한 제자의 질문에서 비롯되는 사안으로, 동양학설과 서양학설에서 말하는 천동설과 지동설의 문제이다. 제자의 질문 내용은 그 자체가 논쟁의 여지를 지니고 있으므로 스승 소태산으로부터 가르침을 요청하는 형식을 띤다. 여기에 대해 소태산은 선지자들의 의견을 수렴하면서 학설의 이론이 분분하므로 자신의 소견을 간단히 말하겠다는 형식을 띠고 있다. 사실 『대종경』 변의품은 우주의 자연현상과 사리의 의문을 변석하며 선지자들의 전적과 법통 연원들을 해명한 법문들이며, 여기에는 지동설과 천동설[105]도 포함된다. 따라서 소태산은 선지자들의 견해를 참조하는 형식으로 논쟁의 해법을 제시하고 있다.

논쟁의 해법을 보면, 천동설에 대한 종교적 성자의 심법에서 소박한 종교적 시각이 제시되고 있다. "나의 소견을 간단히 말하자면 하늘과 땅은 원래 둘이 아닌지라 그 동과 정이 서로 다르지 아니하여, 정하는 것으로 보면 하늘과 땅이 다 정하나니라."[106] 또 천지가 동하는 것으로 보면 하늘과 땅이 함께 동한다는 것으로, 이것은 만고에 바꾸지 못할

---

104) 라다크리슈난, 柳聖泰 外 3인 譯, 『전환기의 종교』, 원광대학교 출판국, 1986, pp.36-37.
105) 한종만, 『원불교 대종경 해의』(上), 도서출판 동아시아, 2001, p.19.
106) 『대종경』, 변의품 3장.

원리라고 하였다. 이해하는 각도에 따라 소태산은 천동설을 수용하고 지동설도 수용하는 것으로 비추어질 수 있다. 과학에서는 이미 천동설을 허무한 것으로 간주하고 지동설을 정설로 이해하는 마당에 소태산이 천동설과 지동설을 아울러 수용하는 것으로 보이는 점은 애매하다는 지적이 있을 수 있다.

그렇다면 소태산은 과연 천동설과 지동설을 아울러 수용한 것일까? 변의품 3장(천동설, 지동설)에 대한 해석에서 이현도는 원래 진리의 정체로 보면 동과 정이 따로 없고 주와 종이 둘이 아니기에 우주의 진리와 인간은 처음부터 하나로 되어 있다 하였고, 한종만은 천동설이나 지동설은 하늘과 땅을 나누어 놓고 생각한 것이므로 서로 대립될 수밖에 없다면서 소태산의 입장은 하늘과 땅이 둘이 아니라 하였으며, 박장식은 태양을 중심으로 지구가 돈다는 지동설을 밝히고, 박상권은 과학적 합리론의 시각에 종교적 시각의 조화를 말하고 있다[107]고 하였다.

이들의 견해를 종합해 보면 소태산은 하늘과 땅을 한 기운으로 본 시각에서 응용된 내용들이다. 따라서 그의 견해는 종교적 성자의 입장에서 천(天)과 지(地)를 나누지 않고 한 기운으로 보는 종교적 견지에서 나왔다. 이에 종교나 과학에서 말하는 양설을 포월(抱越)하는 것으로 그는 동서 선지자들이 말한 관점을 거부하거나 어느 하나를 잘라 말한 것이 아니다. 소태산은 '동정' 개념을 과학적 시각이 아니라 종교적 시각으로 파악하였기 때문이다.

둘째, 소태산이 밝힌 '괴겁의 소천소지'에 대한 관점(변의품 4장)을 해석학적으로 접근해 보고자 한다. 이는 종말론으로 이해될 수 있는

---

107) 이현도, 「길하나 찾아드는 진리공부」, 《원광》 374호, 월간원광사, 2005. p.92.; 한종만, 『원불교 대종경 해의』(上), 도서출판 동아시아, 2001, pp.486-487.; 박장식, 『평화의 염원』, 원불교출판사, 2005, p.235.

쟁점사항이다. 괴겁(壞劫)이란 자의적으로 보면 우주가 무너지는 시기를 언급하고 있기 때문이다. 특히 기독교에서 말하는 종말론이란 괴겁과 같은 현상으로 이해될 수 있다. 그러나 불교의 겁설을 본다면 우주는 성주괴공으로 돌고 돌아 소겁, 중겁, 대겁 주기로 변화한다. 불교의 교리에 나타나듯이 괴겁이란 끝나는 것이 아니라 공겁으로 이어져 다시 성겁이 된다는 순환론적 접근이 필요하다. 원불교에서 볼 때 무시광겁의 은현자재하는 일원상의 진리에 종말론은 없다.[108] 우주는 고정된 상태가 아니라 변화를 거듭하며, 지구 역시 지속적 변화를 통해 오늘에 이르고 있다. 지진이라든가 남극과 북극의 기후 변화에 따라 한시도 그대로 있지 않고 성주괴공을 하고 있다.

변·불변의 일원상 진리 및 우주의 순환론적 역사관에서 보면 인간 역시 변화한다. 우주 만물과 인간은 한 기운으로 돌고 도는 변화의 법칙 속에서 살아가기 때문이다. 우주의 성주괴공의 원리에서 볼 경우, 인간의 신체는 한시도 그대로 있지 않고 생로병사로 변화한다. 사람은 소천지(小天地)이며, 대천지인 우주의 성주괴공과 하나의 이치로 음양을 통해 육도로 변화한다[109]는 견해가 이와 관련된다. 따라서 역사를 기독교의 직선사관으로 보면 종말이 있을 뿐이나, 불교의 순환사관으로 보면 괴겁이 다시 성겁으로 이어짐을 알 수가 있다.

순환론적 시각의 대화, 즉 소태산은 서대원이 질문한 것으로 이 세계

108) 한종만, 『원불교 대종경 해의』(上), 도서출판 동아시아, 2001, p.488.
109) 박장식, 『평화의 염원』, 원불교출판사, 2005, p.189.; 이현도, 「대종경강의」(원광 375호, 2005년 11월호, p.90.; 박상권, 선행논문, p.169). 변의품 4장에서 완전히 소천소지가 되었다 할지라도 진리란 불생불멸이요 끊어지거나 변하는 것이 아니기에 다시 有常의 위치에 근본하여 空으로 있다가 다시 작은 우주로 시작하여 풍선처럼 점점 커져 나오면서 오늘과 같은 우주가 된다고 하였다.

가 괴겁에는 소천소지로 없어질 것인가에 대해 소천소지가 된다 하여 일시에 천지가 소멸되는 것은 아니라고 하였다. 변화와 불변의 원리는 비컨대 인간의 생로병사와 같아서 천지에도 성주괴공의 이치가 천만 가지 분야로 운행되어 지금 이 시간에도 이루어지는 부분이 있고 그대로 머물러 있는 부분도 있으며, 무너지는 부분도 있고 없어지는 부분도 있어서 늘 소천소지가 된다[110]고 했다. 제자가 의심한 것처럼 우주의 괴겁으로 인한 소천소지는 종말론적 직선사관으로 이해될 소지도 있지만, 일원상의 변·불변의 진리관 및 순환론으로서의 우주의 성주괴공의 원리가 제시되고 있다.

셋째, 일월성신의 '정령'에 대한 논점에 대하여 그 해석의 실마리를 찾아보고자 한다. 달[月]을 두고 정령이라 할 수 있느냐는 문제가 이와 관련된다. 소태산은 변의품 8장에서 제자가 질문한 일월성신이 정령이냐는 질문을 받았다. 사실 정령은 종교적 시각에서 본다면 초자연적 존재의 신비스런 에너지를 말한다. 정령의 개념이 빛을 발하는 에너지 혹 초자연적 존재의 신비한 힘이라고 한다면 달의 경우는 이에 해당되지 않기 때문이다. 인간이 이미 달나라에 다녀와 그곳이 돌과 먼지로 구성된 것으로 확인한 이상, 달이 정령이라는 것에 문제의 발단은 커진 셈이다.

그러면 달이 정령이라는 사실을 우리는 어떻게 해석학적으로 접근해야 하는가를 살펴봐야 한다. 우선 일월성신을 각각 나누어 보지 않고 만유를 존재케 하는 하나의 통일체적 우주의 기운으로 이해하는 것이다. 태양은 정령이고 달은 아니며 성신은 정령이라는 식으로 이해하지 말고 천지만물의 한 기운, 일월성신의 한 기운으로 바라보자는 뜻이다.

따라서 일월성신은 한 기운으로 영(靈)과 기(氣)를 나누지 않는 것이

110) 『대종경』, 변의품 4장.

라 볼 수 있다. 곧 일월성신이 천지만물의 정령이라는 것은 영의 세계를 중심으로 생각한 것으로, 천지만물과 일월성신이 서로 뗄 수 없는 관계로 이해를 해야 한다.[111] 이것은 인간의 영적인 세계를 중심으로 해서 일월성신까지 이해를 하자는 입장이다. 달나라에서 접했던 물질이 우리들이 사용하고 있는 물질이냐의 문제는 있지만 일월성신을 둘로 보지 않는 대령으로서의 정령을 바라보는 해석학적 입장에 일리가 있다. 일월성신은 영기질 등을 통틀어 말하는 것으로, 우주 만유를 존재케 하는 존재론적 근원이라는 점을 살펴보자는 것이다.

따라서 정령이란 개령과 대령에 있어서 상호 유기체라는 안목이 필요하다. 화엄사상에서 거론되는 인다라망(금강보주)의 예화가 이와 관련된다. 그물코 하나 하나에 구슬이 있는데, 그 구슬의 색은 다르다는 것이다. 많은 형상을 가진 것이 모두 인다라망의 보주에 연결돼 있어 우주만유의 형상이 다르지만 동시에 연결되어 있어 구슬 하나하나에 전체가다 보이므로 한 알의 과일에도, 한 떨기 꽃잎에도 우주의 생명이 숨어있다.[112] 일월성신뿐만 아니라 풍운우로의 지구도 영력(靈力)을 가진 존재로 본다면 정령이 태양뿐이라고 할 수 없으며, 인간을 둘러싼 우주통일체 곧 일월성신이 개령과 대령이 합일된 정령으로 볼 수 있다. 물론일과 월, 성과 신은 정령인가 하는 과학적 사실성의 판단이 중요하지만이 법어가 일체생령의 존재 근거 내지 종교인의 영성에 도움이 되는가를파악해 보는 것이 중요하다. 내가 존재하는 기반이자 영성 함양에 도움이 된다면 본 법어를 보다 바람직한 방향에서 이해할 필요가 있다.

넷째, '삼천대천세계와 삼십삼천'에 대한 관점(『대종경』 변의품 5장,

---

111) 한종만, 『원불교 대종경 해의』(上), 도서출판 동아시아, 2001, p.497.
112) 박장식, 『평화의 염원』, 원불교출판사, 2005, p.217.

11장)에 대해 해석의 돌파구는 어떻게 모색할 것인가? 삼천대천세계와 삼십삼천에서 쟁점화될 수 있는 것은 시간계보다 공간계에 대한 이해의 문제이다. 과연 광활한 공간의 하늘에는 삼십삼천이 있는가 하는 점이 문제시될 수 있기 때문이다. 삼천대천세계가 공간적으로 어떻게 펼쳐져 있는가도 궁금한 일이다. 이를 이해하는 시각에 따라 다른 세상을 상상할 수 있으므로 신비주의적 시각 내지 이적의 모습으로 비추어질 수 있다.

여기에서 '삼천대천세계'에 대한 소태산의 견해를 살펴보도록 한다. 삼천대천세계가 실제 있다면 이를 설명해달라는 한 제자의 질문에 소태산은 이를 진리적이고 사실적인 방법으로 설명해준다. "삼천대천세계가 이 세계 밖에 따로 건립된 것이 아니라 이 세계 안에 분립된 가지가지의 세계를 이른 것이니, 그 수효를 헤아려 보면 삼천대천세계로도 오히려 부족하나니라."(『대종경』변의품 5장). 이처럼 소태산은 삼천대천세계를 불교에서 설명하는 장엄적 세계상을 드러내기보다는 현실의 이 세상 안에 분립된 가지가지의 세계라 하여 매우 사실적으로 접근한다. 곧 불교의 삼천대천세계란 장엄의 방편법어라는 식으로 이해하여 원불교의 사실적 접근법을 동원하고 있다. 삼천대천세계는 고대 인도인의 장엄적 세계관에 따른 우주론[113]임을 참조할 필요가 있다.

---

113) "수미산을 중심으로 하여 4대주가 있고 그 주변에 9산 8해가 있는데, 이것이 우리들이 사는 세계이며 하나의 소세계라 한다. 위로는 색계의 초선천에서 아래로는 대지 아래의 풍륜에 이르기까지 이르는 범위를 말한다. 이 세계 중에는 일·월·수미산 사천하·4천왕·33천·야마천·도솔천·낙변화천·타화자재천·범세천을 포함한다. 이 하나의 세계를 천개 모은 것을 하나의 소천세계라 부른다. 이 소천세계를 천개 모은 것을 하나의 중천세계, 중천세계를 다시 천개 합한 것을 하나의 대천세계라 부른다. 이 대천세계는 천을 3번 모은 것이고 소중대의 3종류의 천세계로 이루어지므로 3천세계 또는 삼천대

이어서 삼십삼천의 세계에 대한 소태산의 견해를 살펴보고자 한다. 한 제자가 부처님 법어를 인용하여 천상에 삼십삼천이 있다는데, 그 하늘이 저 허공계에 층층으로 나열되어 있느냐고 질문하였다. 문자 그대로 접근한다면 천상계에 33천의 공간이 그대로 펼쳐져 있다는 주장이 가능하며, 그러한 세계를 직접 볼 수 있느냐는 문제가 제기된다. 소태산은 불교의 이 용어를 장엄의 세계로 이해하여 사실적으로 풀이한다. "천상세계는 곧 공부의 정도를 구분하여 놓은 것에 불과하나니 하늘이나 땅이나 실력 갖춘 공부인 있는 곳이 곧 천상이니라."[114] 33천이라는 천상의 세계는 따로 존립하는 것이 아니라 현실계의 수도인이 공부한 정도를 구분하여 놓은 것이라고 하였다. 불교를 신비한 것으로 이해하지 않고 불교의 장엄 교설로 인지, 사실적 정법교리에 바탕하여 공부한 정도의 정신세계로 전환하자는 것이다.

다섯째, 소태산이 밝힌 '정도령'에 대한 관점(변의품 33장)의 해석은 어떻게 모색되는가? 사실 민중신앙에 있어서는 무속적 저승관이 『정감록』에 이르러 풍수지리설에 의한 현세구복적 이상향으로서 '십승지(十勝地)' 신앙으로 표현되었다고 볼 수 있다. 현세구복적 이상향에 대한 희구는 동학사상에 와서 만인이 군자가 되는 '군자공동체'로서의 지상천국으로 나타났고, 소태산에 와서는 '집집마다 산부처가 살고 서로서로가

천세계라 한다. 태양계×1000=소천세계, 소천세계×1000=중천세계, 중천세계×1000=대천세계이다."(한종만, 『원불교 대종경 해의』(上), 도서출판 동아시아, 2001, pp.492-493).

114) 『대종경』, 변의품 11장. 그리고 삼십삼천은 무엇인가? 6욕천은 삼계 가운데 욕계에 속하는 여섯 종류의 천이다. 33천은 6욕천 중의 하나로서 수미산의 정상에 있는 하늘이다. 중앙에 제석천이 있고 정상 4방으로 8명의 천인이 있으므로 합해서 33천이 되며, 이를 도리천이라고도 한다. 베다신화에서 신들은 33인이 있다고 생각하였던 관념을 받아들인 것이다.

부처임을 아는' 지상낙원으로서 불교적인 표현으로 현세적 이상향이 설정되었다.[115] 증산사상이나 수운의 가사 및 소태산의 법어 가운데 『정감록』과 관련한 언급이 있다는 것은 한국 도래의 종교가 민중신앙의 요소를 지니고 있다는 것을 의미한다.

한국에서 탄생한 민중종교들 가운데, 정도령 등극설이 원불교의 『대종경』 변의품에 표출되어 있다는 점은 민중신앙적 측면이 있음을 말한다. 우리나라 전래의 비결에 "앞으로 정도령이 계룡산에 등극하여 천하를 평정하리라." 하였사오니 사실로 그러한가라는 한 제자의 질문에, 소태산은 민중신앙의 신비적 요소를 극복하고 사실적 교법으로 이를 설명해 준다. "계룡산이라 함은 곧 밝아오는 양(陽) 세상을 이름이요, 정도령이라 함은 곧 바른 지도자들이 세상을 주장하게 됨을 이름이니 돌아오는 밝은 세상에는 바른 사람들이 가정과 사회와 국가와 세계를 주장하게 될 것을 예시한 말이니라."[116] 정도령의 등극설을 설명함에 있어 신비주의적으로 접근하거나 혹세무민의 시각으로 접근한다면 문제는 심각해진다. 그러나 문제의 소지가 될 수 있는 사항을 사실적 교법으로 설명함으로써 정법 신앙의 원동력으로 삼았던 점에서 소태산의 가르침이 단연 돋보인다.

소태산을 계승한 정산 역시 정도령에 대한 이해에 있어 신비적으로 접근하지 않고 사실적으로 해명한다. 정산은 다음과 같이 말한다. "계룡산에 정씨 왕이 난다는 것은 닭이 울면 날이 새고 바른 법이 나타난다는 뜻이다."(정산종사법문과 일화6-63, 1987) 또 그는 말하기를 "정감록에 이런 말이 있다. 왕씨는 나를 벗 삼고 이씨는 나를 노예 삼고 정씨는

---

115) 신명국, 「소태산 역사의식」, 『원불교사상시론』 제Ⅱ집, 수위단회 사무처, 1993년, pp.117-118.
116) 『대종경』, 변의품 33장.

나를 스승 삼는다 하였는데 이는 불교를 두고 한 말이다.”(정산종사법문과 일화6-62, 1987).[117] 정산은 소태산의 가르침에 따라 정도령이라는 용어가 지닐 수 있는 신비의 측면을 극복하고 진리적이고 사실적인 측면에서 이해하여 당시 민중종교의 신앙을 바르게 수용하고 있다. 후천개벽의 시대에는 인지의 발달로 인하여 밝은 시대가 열린다는 확신에서 이러한 시각이 가능했다.

이처럼 선성(先聖)이 주장한 견해 수용 및 동정 개념의 종교적 시각, 일원의 변·불변적 진리관 및 순환사관적 접근, 우주의 존재론적 근거 및 영성론의 시각, 장엄론적 이해, 후천개벽의 진리관이라는 다섯 가지 해석의 방향을 크게 세 가지로 범주화하여 용해하면 다음과 같다. 전통사상적 접근, 종교적 접근, 속설적 접근이라는 범주가 그것이다. 앞에서 언급한 다섯 가지 용어의 이해에 있어 세 가지 범주가 공통적으로 용해되어 있다. 이를테면 천동설과 지동설, 괴겁의 소천소지, 삼천대천세계, 삼십삼천론, 정령, 정도령의 용어의 해석에는 그 범주의 특성상 전통사상적, 종교적, 속설적 접근이 없다면 이해가 어렵다[118]는 뜻이다.

---

117) 東山文集編纂委員會, 동산문집 1 『동산에 달오르면』, 원불교출판사, 1994, p.78.

118) 천동설과 지동설의 경우 전통사상적·종교적 시각, 괴겁의 소천소지에 있어서는 종교적 시각, 삼천대천세계 및 삼십삼천론은 종교적 시각, 정령은 전통사상적·속설적 시각, 정도령은 속설 및 종교적 시각이 주를 이루듯이 3가지 특성의 어느 하나를 완전히 배제한 상태에서 다섯 용어들을 이해하기란 쉽지 않다.

5. 다의적 해석학과 신행(信行)

국외자의 입장에서 원불교 교리를 접근할 때, 긍정적 시각보다는 부정적인 시각에서 조명할 수도 있다고 본다. 좁혀 말해서 소태산은 지동설이 아닌 천동설을 주장하였다고 왜곡하는 경우도 생길 수 있는 법이다. 아울러 원불교에서는 달(月)이 정령이라 했는데 틀린 말이라고 할 수도 있다. 또한 불교학자의 입장에서는 원불교가 설명한 삼천대천세계와 삼십삼천의 세계를 불교의 시각과 상이하다는 비판이 가능하다. 신종교를 연구하는 학자가 원불교에서 말하는 '정도령'의 관점은 터무니없다고 지적할 수도 있다. 그러한 면에서 본 연구는 그들의 비판적 시각에 대한 원불교학 정립에 있어 하나의 해석학적 방편이다.

본 연구에서 쟁점화한 용어들 중에서도 특히 천동설과 지동설의 문제는 앞으로 논란의 여지가 있다. 오늘날 과학 이론에서는 지동설로 확립된 상황에서 소태산의 답변이 천동설도 수용하는 답변이기 때문이다. 정하는 측면에서는 하늘과 땅이 정하고 동하는 측면에서는 하늘과 땅도 동한다고 한 그의 답변(『대종경』 변의품 3장)이 이것이다. 마치 성품이 정하면 무선무악하고, 동하면 능선능악하다는 법어와 같은 맥락으로 이해된다.

이러한 논란에 대해 화이트헤드의 견해를 소개해 본다. 종교와 과학이 '우주' 해석에 있어 설사 이론상의 차이가 있다 해도 그것은 불행한 사실이 아니고 인간정신의 발전을 가능케 하는 좋은 기회인데, 그것은 종교나 과학은 자기수정과 자기보충을 하면서 건전하게 발전해 나가기 때문[119]이라는 것이다. 소태산의 답변이 종교와 과학의 갈등을 야기했다

---

119) 송천은, 『열린시대의 종교사상』, 원광대출판국, 1992, p.86 참조.

는 뜻은 아니다. 다만 이와 관련하여 이미 해석학적 방법을 언급하였으며, 한편으로 천지의 동정 문제를 해석의 능사로만 여길 것이 아니라 '화두'로 삼아보자는 제언을 해본다. 『대종경』 변의품의 특성상 해석학으로의 접근은 중요하지만 깨달음의 화두로 접근하는 것도 필요하기 때문이다.

본 연구에서 발견되는 연구의 한계점도 있다. 논란의 여지가 있을 수 있는 용어들을 천착해 들어가면서 문제를 키우는 측면으로 흐를 수 있기 때문이다. 하지만 『대종경』 변의품의 제반 용어들에 대하여 심오한 해석학적 과제를 남김과 동시에 깨달음의 화두로 삼아볼 일이라 판단된다.

어떻든 『대종경』 변의품이 난해한 품으로 이해되는 것은 이러한 용어들이 안고 있는 논쟁의 요소가 있다는 것을 무시할 수 없고, 또 토론의 장으로 유도될 수 있기 때문이다. 같은 맥락에서 『대종경』 교의품과 성리품 역시 원불교 교리의 이해에 있어 용어의 심오함이 깃들어 있다. 교서에 등장하는 다소 난해한 용어에 대해 깊은 천착을 통해 교리정립의 바람직한 해석학적 방향이 요구된다. 종교 언어에 올바른 해석학이 적용되면 종교의 관점은 매우 깊고 포괄적인 것임을 알게 된다[120]는 사실을 상기해 보자. 종교의 상당수 용어들이 직관과 관조, 깨달음 등을 통해 접근될 수 있는 성격을 지닌다는 점에서 합리적 · 과학적으로만 접근하기 어려운 점은 얼마든지 발견된다.

---

120) 위의 책, p.86.

제4장

●

「건국론」의 개혁정신

1. 건국의 혜지(慧智)

정산종사의 한민족관을 거론함에 있어서 무엇보다도 그가 저술한 『건국론』에 근거해야 한다. 거기에는 깊은 혜지(慧智)가 발견되어 해방된 한국을 재건하려는 그의 의지가 그대로 노정되어 있기 때문이다. 그는 8.15 해방 후 「건국론(建國論)」을 저술하였던 관계로 한반도의 시대상을 고려하여 이에 접근해야 한다.

일제로부터 해방 후 8월 15일 이후 여러 대표의 선언도 들었고 인심의 변천 상태도 대개 관찰한 나머지, 정산은 건국의 소회를 애국의 심경에서 자세히 밝히었다. "어느 때는 혹 기뻐도 하고 어느 때는 혹 근심도 하며 어느 때는 혹 이렇게도 하였으면 좋지 아니할까 하는 생각도 자연 나게 되므로…."[121]라는 단서로 시작한 정산종사는 국력을 배양하자는 취지에서 시국상황에 따른 『건국론』 저술의 감상을 전하고 있으며, 그의

---

121) 『정산종사법어』, 국운편 4장.

국가관은 여기에서 추출이 가능하다.

시대를 꿰뚫어보는 성자의 심법에 나타난 정산의 국가관은 자신의 조국에 대한 우국과 애국의 충정에서 드러나고 있다. 애국의 국가관은 그가 소박하게 밝힌 '평생에 기쁜 일 두 가지'라고 언급한 것에서 잘 나타난다. 그는 일생을 통하여 가장 행복한 일로서 국가와 교단을 관련 짓고 있다. 첫째는 이 나라에 태어남이며, 둘째는 대종사를 만남(『정산종사법어』, 기연편 8장)이라 하였다. 이처럼 국가와 교단이라는 공간무대를 설정하여 가장 기쁜 일이라 회고한 것으로, 이는 애국의 충정이라 본다. 지정학적으로 한국은 열강대열에 있는 국토로서 주변 강대국의 침략을 자주 받았음은 물론 경제적으로 어려운 상황에 있었지만 그는 이 나라에 태어난 것을 가장 기쁜 일로 상기한 것이다.

기쁨으로 다가온 정산의 국가 사랑은 한국의 꽃인 무궁화와 한국의 국기인 태극기를 거론하고 있음도 주목된다. 그는 스승 소태산을 계승하여 원불교 제2대 종법사가 되었으며, 종법사 재임 시절 산동교당을 방문하여 그곳 뜰 앞의 무궁화와 태극기를 보고 심회를 밝힌다. 무궁화는 그 이름이 좋으니, 무궁은 한량없고 변치 않음을 뜻한다고 하였고, 태극기는 그 이치가 깊으니 태극은 우주의 원리로서 만물의 부모가 되는 것[122]이라 했다. 무궁화의 무궁한 이치와 태극기의 심오한 태극 원리를 드러냄으로써 원불교 신앙의 대상인 일원상과 관련지어 의미를 부여하고 있다. 다시 말해서 한국의 무궁화와 태극기의 원리를 원불교의 신앙론과 연계시키고 있다.

또한 원불교에서는 한국의 명산인 금강산에 대하여 큰 의미를 부여하고 있다. 소태산은 금강산이 장차 세상에 드러난다고 하였으며, 정산은

---

122) 『정산종사법어』, 국운편 33장.

금강산을 법기 보살도량으로 인지하고 있다. 한반도에서 금강산이 법기
도량으로, 이 나라가 불국연토(佛國緣土)로 믿어져 온 사실을 주목할
일이다.[123] 정산에 의하면, 소태산이 원불교를 개교하기 위해 이 땅에
수생(受生)하였다며, 금강산이 법기(法起)보살 도량이라는 전설은 세상
을 구제할 새 법이 이 나라에서 일어날 것을 예시함이라[124] 하였다. 이처
럼 정산은 한국의 명산인 금강산을 불연의 적공 도량임과 동시에 수많은
인재들이 이곳에서 탄생할 것이라 전망했다.

　잘 알다시피 한국인들은 기쁠 때나 슬플 때나 민요 '아리랑'을 부르곤
한다. 한국인에 있어서 아리랑은 민족의 감성을 강하게 드러내는 가사가
담겨 있기 때문이다. 외국인이 한국에 귀화해서 아무리 오래 살았어도
김치를 먹고 아리랑을 부를 줄 모른다면 진정한 한국인이라고 할 수
있을까[125]라는 지적이 있을 수 있다. 정산종사는 원광대 전신 유일학림
의 학생들을 자주 격려하였다. 한 번은 '아리랑'을 부르던 한 학생에게
"너는 어째서 희망 없는 노래를 부르느냐? '아리랑 고개를 넘어 간다'보
다는 '넘어 온다'가 얼마나 기쁘고 희망이 있는 말이냐?"라며 가사 하나
에도 꿈과 희망과 용기가 묻어나는 노래를 부르라고 하였다(원불교신문,
2002.2.8). 아리랑과 관련한 일화에서 희망을 넣어주는 노래를 개사해주
고 있으니 그의 애국정신이 얼마나 심오한지를 알 수 있다.

　애국에 더하여 교운을 드러내려는 정산종사의 견해는 원기 29년

---

123) 『원불교 교사』, 제1편 개벽의 여명, 제1장 동방의 새 불토, 4. 선지자들의
　　자취.
124) 정산종사법어, 도운편 14장.
125) 김종서, 「광복이후 한국종교의 정체성과 역할」, 제32회 원불교사상연구원
　　학술대회《광복이후 한국사회와 종교의 정체성 모색》, 원광대 원불교사상연
　　구원, 2013.2, p.17.

(1944) 10월, 옛 글 한귀를 써 준 것에도 잘 나타나 있다. "계산에 안개 개면 울창하고 높을지요, 경수에 바람 자도 잔물결은 절로 있다. 봄철 지나 꽃다운 것 다 시든다 말을 마라. 따로이 저 중류에 연밥 따는 철이 있다."[126] 그는 미래의 전망을 밝게 밝히면서 이는 교단의 교운이라고 하였다. 오늘날 한국이 해방된 직후 6.25 동란을 겪은 악조건에서도 세계의 선진국 대열에 들어선 것은 정산종사의 밝은 전망과 무관하지 않다고 본다. 그는 이 나라에 태어난 기쁨을 언급하였으며, 한국의 보물과도 같은 소중한 태극기와 무궁화, 금강산, 아리랑 등을 예시하며 희망을 잃지 말도록 하고 있다.

2. 국가 성립의 요소

국가 성립에는 무엇이 거론될 수 있는가? 중요한 것은 국가가 생긴 원인이 무엇이며, 국가가 왜 존재해야 하는가에 대한 바른 이해가 국가 성립의 요소를 아는 것이라 본다. 국가와 관련된 현상을 거론할 때, 가장 중요한 문제는 아마도 국가의 기원, 본질, 최선의 형태, 통치자 및 통치권에 관련된 문제일 것이다.[127] 이러한 문제들을 접근하려면 국가관에 대하여 하나하나 천착해 들어가야 한다. 여기에서는 원불교 종법사를 역임한 정산종사의 소박한 국가 이해의 시각에서 국가 성립론에 대하여 고찰하고자 한다.

국가 성립에 대한 정산의 관점을 이해하려면 『건국론』 접근이 요구된

---

126) "稽山罷霧鬱嵯峨 鏡水無風也自波 莫言春度芳菲盡 別有中流採芰荷"(『정산 종사법어』, 국운편 1장).

127) 불교신문사 편, 『불교에서 본 인생과 세계』, 도서출판 홍법원, 1988, p.140.

다. 국가 재건에 대한 전반적 견해가 여기에 나타나 있기 때문이다. 국가
성립에 대한 그의 시각은 한반도가 처한 시대상황과 맞물려 있다.『건국
론』은 일제의 식민지로부터 조국의 해방 직후 나온 시점(1945.10)으로서
특수한 상황에서 나온 논단적 법설이다. 일제의 날카로운 예봉 속에서
감격적인 민족 해방을 맞이하였으며, 이때 정산은 우후죽순처럼 일어나
는 수많은 단체들의 국가 만년대계를 위한 국가관의 일단을 피력하였으
니 이것이 바로『건국론』이라[128] 본다.

　정산의 국가관에 나타난 국가 단위의 구성은 개인, 가정, 사회, 국가,
세계라는 범주 속에 있다. 인지가 미개하고 계한이 편협한 시대에는
개인만을 본위로 하는 개인주의나, 한 가족을 본위로 하는 가족주의나,
사회를 본위로 하는 단체주의나, 한 국가를 본위로 하는 국가주의가
인심을 지배하였지만 불보살 성현들은 일찍부터 이 모든 국한을 초월하
여 세계를 본위로 하는 큰 정신을 주로 고취하였다.[129] 개인, 가정, 사회,
국가, 세계 속에 국가 성립의 범주가 거론되며, 국가는 또 세계주의를
지향하지 않을 수 없으니 그것이 바로 대자대비로서 세계주의라는 것이
다. 이는 유교의 수신, 제가, 치국, 평천하라는 범주와 유사하다.

　국가 구성의 범주가 몇 가지의 테두리에 있다고 해도 국가는 폭넓은
세계의 테두리 속에 있어야 한다. 개인주의의 이기성에 함몰될 때 국가
는 개인 독재자를 위한 국가로 전락할 우려가 크기 때문이다. 또한 가정
주의는 한 가정만을 중심으로 하는 씨족에 파묻힐 수도 있을 것이며,
국가 역시 한 국가만을 중심으로 보면 민족주의에 흐르게 되어 국가간
경쟁과 대립 구도로 이어져 전쟁이 유발될 수 있다.

---

128) 김정관,「8·15광복과 건국사업」,『원불교 70년정신사』, 성업봉찬회, 1989,
　　　p.236.
129)『정산종사법어』, 도운편 32장.

여기에서 정산은 국가의 폭넓은 구성체를 세계주의로 상정하고 있다. 그에 의하면 현하 시국의 대운을 촌탁하건대, 인지가 새로 개벽되고 국한이 점차 확장되어 바야흐로 대 세계주의가 천하의 인심을 지배할 초기에 당하였으니 이는 곧 대도 대덕의 대 문명세계가 건설될 큰 조짐이라[130]고 하였다. 물론 개인주의, 가족주의, 사회주의, 국가주의를 아주 없애자는 뜻은 아니다. 다만 세계주의를 본위로 할 때 국가가 소단위에 함몰되는 이기주의적 속성을 극복할 수 있다는 것으로, 원불교 교의가 지향하는 세계주의를 고려하자는 것이다.

세계주의의 건설을 지상목표로 삼으면서 국가주의를 인정한 정산은 국가가 성립되려면 무엇보다도 치교(治敎)와 국민의 도가 전제되어야 한다고 밝힌다. 국가를 벗어난 국민은 없고, 국민을 버린 국가는 없기 때문이다. 『세전』에서 국가에 있어서는 치교의 도와 국민의 도가 있어야 한다(제1장 총서)고 하였다. 특히 국가적 차원에서 국민의 의식수준 향상을 위하여 일정한 프로그램을 작성하고 시행하여야 한다고 보았는데, 그가 언급한 국민의 의식수준 향상이란 시민의식의 함양을 말한다.[131] 국가주의는 국가가 성립하기에 적합한 국민의 도가 있어야 하며, 이는 시민의식의 성숙된 모습으로서 높은 의식수준과 직결되어 있다.

시민의식이 깃든 국가 건설과 관련해 볼 때, 국민의식의 향상을 위해서는 국가 구성원의 책임이 필요하다. 그들이 헌신하고 있는 분야에서 자신의 역할을 충실히 할 때 국가는 발전할 수 있기 때문이다. 정산은 말하기를, 건축에도 주초와 기둥과 들보가 책임이 있어서 각 위치에서 서로 힘을 합하지 아니하면 집을 건설하지 못하는 것처럼, 나라 건설에

---

130) 『정산종사법어』, 도운편 33장.
131) 한종만, 「정산종사의 건국론 고」, 『원불교사상』 15집, 원광대 원불교사상연구원, 1992, p.423.

도 각각 책임이 있어서 그 맡은 바 직장에서 서로 힘을 합하지 않으면 나라를 건설하지 못한다[132]고 하였다. 정치 분야에서, 행정 분야에서, 산업 분야에서 맡은 역할을 충실히 할 때 국가 발전과 국민들의 생활수준이 향상된다.

국민의 생활수준이 향상된 국가를 건설하기 위해서 우선적으로 준수해야 할 것은 국가 구성원들의 정신자세 곧 국민의 도이다. 정산에 의하면 국민은 곧 그 나라의 주인이니 모든 국민이 각각 그 도를 다하면 나라가 흥성하고 민중이 행복을 얻지만, 만일 그 도를 다하지 못하면 그 나라는 쇠망할 것이요 그 민중은 불행해진다고 하였다. 국민의 도는 국법 존중, 국민의 의무 이행, 직업 봉공, 합심 단결이라며 그 도를 충실히 한다면 나라의 발전이 이루어진다(『세전』 제6장 국가, 3. 국민의 도)고 하였다. 국민의 도로서 개인을 뛰어넘어 국가 구성의 일원인 국민이라는 공인의 입장을 견지해야 한다[133]는 점을 분명히 하고 있다.

국가에서 국민이 주인인 이상, 주인된 국민으로서 온전한 국가관의 실체를 간직하기 위해서는 무엇보다도 정신 자세가 중요하다. 정산은 국가의 발전에 있어서 ① 마음단결, ② 자력확립, ③ 충의봉공, ④ 통제명정, ⑤ 대국관찰이라는 5대정신은 건국요항이요 국가가 영원히 완전할 요소라 했다.[134] 국가 지도자들이 먼저 이 정신 진흥에 주의하여야 할 것이며, 모든 국민으로 하여금 철저한 국민성 구축에 진력하도록 하였다. 국가 발전의 조건으로 다섯 가지의 정신을 강조하는데, 다만 한국인들은 이러한 정신세계를 구축하는데 진력하지 못했기 때문에 국난이라

---

132) 『정산종사법어』, 국운편 26장.
133) 박상권, 「송정산의 건국론에 대한 의의와 그 현대적 조명」, 『원불교사상』 19집, 원광대 원불교사상연구원, 1995, p.299.
134) 『건국론』, 제2장 정신.

는 상황이 적지 않았다고 본다.

다음으로 국가 자립의 기본 요건으로는 인간으로서 누릴 수 있는 가장 기본적 권한을 상기할 필요가 있다. 그것은 국가의 평등과 자유라 할 수 있다. 국민으로서 평등할 권리와 자유를 누릴 권리 등의 행복을 보장해주는 국가여야 온전한 국가로 존립할 수 있다는 뜻이다.『건국론』의 결론에서는 건국이 있은 후에 평등이 있고 자유도 있어서 우리의 행복을 우리 스스로 사용할 것이라고 하였다. 국가의 자주 독립은 우방국의 도움으로 이루어졌으며, 국민은 이를 통해 평등, 자유, 행복을 누릴 수 있게 된다.

그런데 국가 성립론에 있어서 간과할 수 없는 것은 국가 재건에 방해되는 요인을 환기하는 일이라 본다. 정산은 국가가 패망하는 요인 10여 가지를 설명하고 있다. 이는 주의주장에 편착하는 것이라든가, 명예에 구속되는 것, 정권 야욕, 시기 투쟁, 충동적 불공정, 지방성과 파벌, 상대방을 원수로 생각하는 것, 사심과 이욕이 앞서는 것, 애국지사의 충정을 무시하는 것, 단결하지 못하는 것이다.[135] 국가가 치국의 도를 실천하지 못하는 것은 국가 재건의 심각한 방해요인이기 때문이다.

3. 국가발전의 정신적 기반

국가의 발전에는 건국의 정신이 강령적으로 분명해야 한다. 국가 창건의 정신이 조명될 때 그 나라의 존립과 발전의 지속성을 유지할 수 있다. 정산종사는 해방 직후 국가 재건이라는 건국의 강령을 다음과 같이 비유

---

135)『건국론』, 제2장 정신, 1. 마음단결.

하였다. 곧 건국 요지는 정신으로서 근본을 삼고, 정치와 교육으로써
줄기를 삼고, 국방, 건설, 경제로써 가지와 잎을 삼고, 진화의 도로써
그 결과를 얻어서 영원한 세상이 뿌리 깊은 국력을 잘 배양하자는 것이
다.[136) 국가가 발전하려면 바른 정신자세를 근간으로 삼아야 하는 것으
로, 이는 나무 전체가 건실하게 성장하는 것과 같다. 특히 국가 발전의
정신자세는 다음 세 가지 측면에서 접근이 가능하다.

1) 마음단결

국가 발전에 있어서 마음단결이 중요한 이유는 애국심과 공도정신이
국민들의 마음단결과 직결되어 있기 때문이다. 독일의 피히테는 1807년
프랑스군이 독일을 침공할 때 독일 국민을 일치단결시키기 위해「독일
국민에게 고함」이라는 애국심 유발의 강연을 하였다. 정산의『건국론』
역시 종교에 바탕한 건국의 방향, 대국민 정신교육의 지향점 제시라는
점에서 애국정신, 공도정신이 공유되어 있다.[137) 국민의 마음단결은 애
국정신임과 더불어 국가라는 공동체적 정신자세를 촉구하는 점에서 무
엇보다 중요한 것이라 본다.

국민들이 뭉치면 살고 흩어지면 죽는다는 것은 단결의 필요성을 언급
하는 것으로 이해된다. 이에 정산은 아무리 작은 것이라도 모으면 능히
큰 것을 이루고 아무리 큰 것이라도 흩어지면 마침내 작은 것이 된다며,
반드시 먼저 단결의 위력을 통찰하고 그 대의를 체득하여 단결해야 하므
로 종교나 국가의 급선무는 단결이라 했다.[138) 지구는 작은 먼지와 먼지

---

136)『건국론』, 제1장 서언.
137) 김귀성,「정산종사의 사회교육관-건국론을 중심으로」,『원불교사상』15집,
    원광대 원불교사상연구원, 1992, p.647.

의 결합이며, 한 사람 한 사람이 합하여 인류를 이루었으므로 무엇이나 합하면 큰 것이요 거기에서 큰 위력이 생긴다며 정산종사는 국민의 마음 단결을 강조하고 있다.

그럼에도 불구하고 해방 직후 위정자들이 마음단결을 하지 못하여 건국에 많은 지장을 초래하였던 것은 안타까운 일이다. 정산은 건국에 있어서 마음단결이 없고서야 어찌 완전한 국가, 강력한 민족을 감히 바랄 수 있겠는가(「건국론」 제2장 정신, 1. 마음단결)라고 환기시킨 것도 이 때문이다. 한민족의 장래 운명을 고려하면서 이념 및 계급 대립과 지역의 당파성을 초월한 단합이 있어야 민족의 단결을 이룰 수 있다고 했다. 또 민족의 단결이 결성될 때만이 국가의 초석이 확립되어 독립적인 민족국가가 건립될 수 있다고 하였다.139) 민족의 마음단결이 없다면 국가 발전은 상상하기 어렵다는 뜻으로 이해될 수 있다.

국민들이 합심하고 마음단결을 이루어야 국가의 발전은 물론 세계평화가 전개된다. 정산은 "세계 평화는 한 사람 한 사람의 화하는 마음에서부터 이루어지나니, 화하는 마음이 곧 세계 평화의 기점이니라."(『정산종사법어』, 도운편 26장)고 하였다. 『건국론』은 국민들이 서로 단결하고 화합하여 광복된 이 나라의 건국이 순조롭기를 염원하면서 이 민족에게 제시한 탁월한 경륜이 담긴 글140)이며, 이러한 경륜이 한민족의 발전에 한정되어서는 안 된다. 그것은 세계의 평화로 이어져야 하며 삼동윤리의 정신이 이러한 세계평화의 길이다.

---

138) 『정산종사법어』, 공도편 33장 참조.
139) 김정호, 「송정산 건국론 계시」, 정산종사 탄생 100주년 기념사업회편 『평화통일과 정산종사 건국론』, 원불교출판사, 1998, p.135.
140) 김영두, 「정산 송규종사의 건국론과 삼동윤리」, 『원불교학』 4집, 한국원불교학회, 1999, p.480.

2) 종교장려

인생에 있어서, 신앙은 삶의 원천이라고 해도 과언이 아니다. 종교의 신앙이 행복한 삶을 위해 필요하다는 것이다. 정산에 의하면 뿌리 깊은 나무는 바람에 뽑히지 않듯이(「용비어천가」, '불휘 기픈 남간 바라매 아니 뮐쌔') 인생에 있어서 신앙은 뿌리이니 신앙이 깊은 생활은 어떠한 역경에도 굽히지 않을 것[141]이라 하였다. 대체로 한국인은 사회 속에 있을 때 유교도이며, 철학적이면 불교도이고, 곤경에 처했을 때는 정령 숭배자가 된다고 할 수 있다.[142] 인생의 뿌리와 같은 종교의 힘은 우리의 행복한 삶에 있어서 근원이 된다는 사실을 인지해야 한다.

그렇다면 국가 재건에 있어서 종교 장려가 왜 중요한 일인가? 우리의 신념, 정신통제, 양심을 위해서는 종교적 신앙심이 필요하기 때문이다. 인간의 삶에 있어서 신념, 정신력, 양심이 부족한 것은 종교의 신앙심이 없다는 뜻이다. 정산은 당시 민중들이 종교에 대한 신념이 너무나 박약해서 정신 통제와 양심 배양의 힘이 부족하므로 순역경계를 당함에 자행 자지하여 국민의 범죄율이 많게 되며, 또는 미신에 침혹하고 편심에 집착해서 국민의 참다운 생활과 대중의 원만한 도덕을 널리 발휘하지 못하였다[143]고 밝힌다. 이에 대비하기 위해서 국가의 주인과도 같은 국민의 지도를 위해 적당한 종교를 장려하도록 하였다.

141) 『정산종사법어』, 권도편 4장.
142) Hulbert, H. B., *The passing of Korea*, London, 1906, p.388(김종서 번역). 이것은 서양 선교사로 19세기 말 한국에 들어왔던 헐버트(1863~1949)의 글이다 (김종서, 「광복이후 한국종교의 정체성과 역할」, 제32회 원불교사상연구원 학술대회 《광복이후 한국사회와 종교의 정체성 모색》, 원광대학교 원불교사상연구원, 2013.2, p.7).
143) 『건국론』, 제3장 정치, 7. 종교장려.

종교 장려는 국가 발전을 위한 중심기관의 하나로서 종교를 상정한다는 점에서 주목된다. 이를테면 국가에는 행정, 사법, 교육, 종교 등의 기관이 있어 각각 그 임무를 담당한다고 하였다. 이처럼 종교는 국가의 4대기관으로서 역할을 해야 하므로, 국가 보전을 위하여 행정, 사법, 교육, 종교의 4기관을 동원하여 정신통제와 양심을 상벌의 방법으로써 추구하기를 원했다.[144] 정치와 종교를 치교(治敎) 양면으로 보면서도 국가 발전을 위한 4대 중심기관의 하나로 종교의 위상을 밝힌 것이다.

종교가 국가의 대 기관에 부속되면서도, 정치와 종교의 양면을 거론하는 이유가 있다. 정산은 정치와 종교가 서로 표리가 되어 치교(治敎) 병진을 하면 국가의 만년대계가 된다고 하였다. 곧 종교(도덕)는 정치의 체가 되고 정치는 종교의 용이 된다는 것으로, 한 국가의 건설에 있어서 정치의 근본은 종교(도덕)요 도덕의 근본은 마음이라[145]고 하였다. 이처럼 정산은 치교병진이라는 논리에 의해 정치와 종교의 상생적 역할이 필요하다고 하였다. 이는 소태산이『대종경』교의품 36장에서 비유한 엄부(정치)와 자모(종교) 역할과 같은 맥락에서 이해된다.

3) 훈련의 필요성

국민들의 정신적 수준이 낮다면 그 이유는 여러 가지가 있을 것이다. 제대로 교육받지 못할 경우라든가, 정신 고양을 위한 수련이 적기 때문이라 본다. 정산은 조선 민중이 아직도 일반적 정신수준이 저열한 것은 장구한 시일에 국가적 훈련이 없었던 관계 때문이라(「건국론」제3장

---

144) 정기래, 「송정산의 건국론과 평화사상」, 『원불교학』2집, 한국원불교학회, 1997, p.650.
145) 『정산종사법어』, 국운편 27장.

정치, 5. 훈련보급)고 하였다. 그리하여 현실의 안목으로 사회를 보는 사람은 국가가 혼란하면 국가를 원망하게 되나, 진리의 안목으로 보는 사람은 정신교육과 도덕의 훈련이 충분히 보급되지 못한 소치임을 알게 된다.[146] 개인, 가정, 사회, 국가, 세계의 평화가 마음의 수련 여하에 달려 있기 때문이다. 그는 교육과 훈련을 하지 않으면 국민의 정신수준이 낮을 수밖에 없다는 입장을 분명히 하고 있다.

하지만 국민의 정신 고양을 위해서 훈련을 실시한다면 국가의 기초가 견고해질 것이라는 점에서 정산종사는 훈련의 구체적인 의견을 피력한다.[147] 이를테면 국가의 정론을 세운 후 국민 훈련법을 시행하여 매년 정기 또는 임시로 전국을 통하여 도, 군, 면, 리 등의 순서에 따라 어느 계급을 물론하고 일제히 단기 훈련을 받게 하고, 강사는 사회 종교의 각계 명사를 동원하고 지방 인사를 이용하며, 강연 제목은 애국정신과 공중도덕 하에서 인심을 진흥하도록 하였다. 또한 극장과 가요 등을 동원하여 교육을 지속하면 국민정신이 고양될 것이며, 정신의 고양으로 국가가 견고한 힘을 얻게 될 것이라고 하였다.

국가가 힘을 얻도록 주도면밀하게 국민의 교육과 훈련을 촉구하는 의도가 드러나 있는 것이 바람직하며, 그것은 국가의 튼튼한 기초를 위함이라 본다. 아울러 훈련의 전국적 시행의 의도는 학교교육과 함께 사회교육을 제도적으로 정착시키려는 것이다.[148] 민중계몽이란 전국적 단위로 이루어져야 하며, 학교교육과 사회교육이라는 범국가적 시설과 그와 관련한 편의시설 제공이 요구된다. 제도적 훈련법을 통하여 국민들

---

146) 『한울안 한이치에』, 제4장 사자좌에서 9.
147) 『건국론』, 제3장 정치, 5. 훈련보급.
148) 김도종, 「정산종사의 정치철학」, 정산종사 탄생 100주년 기념사업회편 『평화 통일과 정산종사 건국론』, 원불교출판사, 1998, pp.293-294.

에게 교육기회에 참여케 함으로써 훈련의 효력을 얻도록 하려는 뜻이다.

그러나 국가 재건을 위해 『건국론』에서 제시한 훈련법은 실제 행동으로 이어지지 못한 점은 아쉬운 일이며, 설상가상으로 국론의 분열과 6.25 전쟁이라는 고통이 야기되었다. 다만 『건국론』은 1945년 10월에 프린트 본으로 발간, 시국 상황을 고려하여 당시의 정계 요인들과 교단 요인들에게 한정적으로 배부되었으며, 중도주의와 정신주의, 훈련주의가 강조된 것으로, 각계의 상당한 관심을 불러일으키는 가운데 특히 임시정부 김구 주석 등의 공감을 얻었다.[149] 따라서 국가 재건의 기초로서 훈련을 강조한 정산종사의 포부와 경륜이 상당한 관심을 불러일으킨 것에 만족해야 한다.

4. 국가 건설의 청사진

1) 교육과 인재

오늘날 우리나라의 눈부신 발전은 국민의 높은 교육열 때문이다. 한 국가의 성쇠는 국민의 교육 여부에 달려 있으므로 교육이 국가 발전에 그만큼 중요하다는 뜻이다. 정산에 의하면 교육은 세계를 진화시키는 근원이요 인류를 문명케 하는 기초라 하면서, 개인 가정 사회 국가의 성쇠와 흥망을 좌우하는 것은 교육을 잘하고 잘못함에 있다[150]고 하였다. 인간은 이성을 가진 만물의 영장으로서 그 이성을 바르게 활용하려

---

149) 김정관, 「8·15광복과 건국사업」, 『원불교 70년정신사』, 성업봉찬회, 1989, p.237.
150) 『세전』, 제2장 교육.

면 교육이 필요하다. 사람이 비록 만물 가운데 영특하다 하나 교육의 힘이 아니면 능히 최령(最靈)의 자격을 이루지 못할 것이란 그의 지적은 가정 사회 국가 세계가 교육의 힘이 아니면 발전할 수 없음을 확인해주고 있다.

이에 정산은 건국의 핵심 과제로 교육을 거론하고 있으며, 여기에는 초등교육의 의무제, 중학 전문대학의 확장, 정신교육의 향상, 예의교육의 향상, 근로교육의 실습을 예시하고 있다. 특히 교육의 중심기관으로서 학교 설립을 밝힌 그는 학교를 세우되 1은 국립, 2는 민립으로 하고 지방은 도, 군, 면의 인구 정도를 따라 건설하며, 교수는 국가에서 선발하여 의무적으로 근무하게 할 것을 주문하였는데, 학교의 발전 여하는 국가의 발전 여하를 좌우하는 근원이 된다[151]고 하였다. 이처럼 정산은 국가 발전을 위해 국민들을 의무적으로 교육하도록 함은 물론, 전문 인재양성을 위해 전문대학을 세우도록 하였다.

학교를 세움으로써 교육을 강조한 것은 국가의 인재양성을 위함이라 본다. 인재가 국가의 곳곳에서 역할을 해야 발전이 지속되기 때문이다. 그가 국가 진화의 도로서 인재의 유학을 유도하고 있는 것도 이와 관련된다. 외국 유학을 강조하여 외국 문명을 배워야 세계의 시민의식을 불러일으킨다는 것이다. 그는 외국문명을 배워오지 않으면 국내 인심이 항시 고루과문(孤陋 寡聞)에 빠지게 되므로 영재의 외국유학을 장려하여 정치나 기술 방면에 항시 진보적 지견을 얻어야 할 것[152]이라 하였다. 오늘날 국제화의 시대에 즈음하여 수출을 통해 부강해진 한국의 상황을 고려하면 해방 직후의 외국 유학을 강조한 것은 정산의 탁견이 아닐

---

151) 『건국론』, 제4장 교육, 2. 중학 전문대학의 확장.
152) 『건국론』, 제7장 진화의 도, 6. 영재의 외학장려.

수 없다.

그리하여 국가 교육과 외국유학을 통한 인재양성의 중요성이 여러 차례 제시되었다. 『건국론』 제4장 교육에서는 인재양성의 중요성을 나무에 비유하였다. "나무는 십년을 기르고 사람은 백년을 기른다." 이렇듯 인재배양을 강조함으로써 문명시대의 도래와 함께 모든 나라에서는 교육을 자국부강의 만년대계로 삼았으니, 정산은 교육을 통해 학생들로 하여금 지덕노가 겸비된 나라의 기둥으로 양성할 것을 주장하였다.[153] 교육의식이 부족한 미개한 나라는 선진국으로의 진입이 어렵다. 문맹률이 높은 나라가 어떻게 선진대국으로 진입할 수 있을 것인가? 한민족의 발전에는 교육을 통한 인재양성이 필수임을 인지하고, 교육기관을 설립하여 의무교육과 장학혜택을 부여함으로써 영재를 육성하는 것이 더욱 요구된다.

2) 국방력 강화

우리나라의 국방력 강화는 지정학적 배경과 밀접하다. 한일합방에서 해방에 이르는 시대적 불운이라든가, 남북한 대치상황을 염두에 둘 수밖에 없다. 해방 당시에 남북의 분열은 없었지만 좌우 대립이 심했기 때문에 민족의 이데올로기 분단이라는 우려가 현실로 다가왔다. 이념 대립의 우려에서 볼 때, 국방은 국가의 평화와 발전을 고려해야 한다. 『건국론』의 요지는 정신으로써 근본을 삼고, 정치와 교육으로써 줄기를 삼고, 국방건설 경제로써 가지와 잎을 삼고, 진화의 도로써 그 결과를 얻어서

---

153) 김정호, 「송정산 건국론 계시」, 정산종사 탄생 100주년 기념사업회편 『평화통일과 정산종사 건국론』, 원불교출판사, 1998, pp.144-145.

영원한 세상에 뿌리 깊은 국력을 잘 배양하자는 것이다.[154] 국방은 국가 발전의 근원이라는 점을 고려해야 한다고 본다.

국방과 생명의 나무를 비교한 이유는 국방의 의무를 소홀히 할 수 없고, 국방을 통해서 생명을 살려야 하는 군인들의 역할 때문이다. 정산 종사는 국방군의 본분이란 규율이 엄정하고 통제가 명정함에 있다며, 일본의 패전 원인으로 만주사변과 노구교(蘆溝橋) 사건을 예로 들며『건국론』의 '국방군의 본분'을 설명하고 있다. 그는 군국주의가 일어날 가능성을 예지하였으니, 일본군이 중일전쟁에서 패배한 이유는 정부의 지도를 받지 않고 군의 독단으로 전쟁도발을 하였기 때문이다.[155] 국군의 엄정한 규율에 더하여 명정한 통제가 반드시 필요하다고 보았다.

또한 국방의무는 군인에게만 있는 것이 아니라고 하였다. 적이 우리 강토를 침략해 올 때에는 국내에 사는 사람으로서 누구나 국방의 의무가 있으니 어찌 군인에게만 그 책임을 미루겠는가? 일반 국민이 투철한 국방정신을 가진다면 아무리 강적이라도 능히 방어할 수 있으므로 정산은 자주적인 국방정신을 역설하였다. 군인뿐만 아니라 일반국민도 국방에 관심을 갖도록 환기시키고 있는 것은, 국방의 요체가 결국 국민의 총체적 힘에서 나오기 때문이다.[156] 국방의 의무를 지닌 군인들만이 국방정신을 투철히 하고 국민들이 국방에 대하여 방심한다면 국가의 총체적 위기가 다가올 수밖에 없다.

---

154) 『원불교 교사』, 제2편 회상의 창립, 제5장 교단체제의 완비, 2. 전재동포 구호와 건국사업.
155) 정기래, 「송정산의 건국론과 평화사상」, 『원불교학』 2집, 한국원불교학회, 1997, pp.653-654.
156) 한종만, 「정산종사의 건국론 고」, 『원불교사상』 15집, 원불교사상연구원, 1992, p.427.

오늘날 세계 강대국들 특히 중국과 일본의 센카쿠 열도 분쟁, 동남아에 대한 중국의 남중국해의 분쟁, 독도가 한국 영토임에도 불구하고 일본이 침탈하려는 의도로 인해 각 나라들은 국방력 강화에 심혈을 쏟고 있다. 정산도 국방을 하는 데에도 육해공 3방면의 방어가 필요하다157)고 하였다. 이러한 국방의 정신에 못지않게 수도인들에게 3방면의 항마(降魔)가 필요하며, 그것은 순경과 역경과 공경(空境)의 세 경계라 하였다. 국방에만 한정된 것보다는 수도인의 유혹되기 쉬운 마음도 잘 방어해야 한다. 도인이 항마하는 것은 군인들이 적군을 막는 것과 같다. 마음을 도적맞거나, 국가를 도적맞는 것은 모두가 우리의 마음 단속에 소홀하기 때문에 나타나는 현상이다. 정산은 국가 국방만을 단순히 강조한 것이 아니라 중생들의 삼독심을 막도록 하였다.

3) 전문가의 시대

앞으로는 전문가의 시대이다. 모든 것이 세분화되어 있고 과학기술도 과거 어느 때보다도 첨단의 길을 걷고 있다. 소태산은 앞날을 내다본 후 초기교단의 인재양성을 통한 전문가 배양의 길을 열었다. 원기 13년 (1928) 인재양성소 기성조합단을 만들었는데, 임원 양성은 남녀간 재지유신(才智有信)한 자를 뽑아서 지식을 활용하는 인물이 되도록 함은 물론 남녀 유능한 자를 뽑아서 교육자가 되도록 했으니, 인재양성소는 차후 교정원의 육영부(현 교육부) 발족의 근간이 되었다.158) 『정산종사법어』를 보면 원불교가 신앙불교·학자불교·실행불교를 다 갖춘 불법

---

157) 『정산종사법어』, 권도편 41장.
158) 김혜광, 「교육사」, 『원불교 70년정신사』, 성업봉찬회, 1989, pp.582-583.

이 참 불법이라(법훈편 13장) 하였다. 정산은 일면 학자불교를 강조하면서 유일학림(원광대학교 전신)의 첫 졸업식에서 말하기를, 지금은 비록 좁은 교실에 학인의 수효도 많지 못하나 장차 수 없는 도인들이 여기에서 쏟아져 나와 넉넉히 세계를 제도하게 될 것이라 했다.

이에 인재양성을 위해 젊은이들의 외국유학이 강조되고 있다. 외국유학이 아니면 외국의 문명을 배워오지 못하고, 외국문명을 배워오지 아니하면 국내 인심이 고루 과문(寡聞)에 빠지게 된다며 영재의 외국유학을 장려하여 정치나 기술 방면에 진보적 지견을 얻어야 한다[159]고 하였다. 그가 외국유학을 장려한 것은 국내 사람이 알지 못한 외국기술과 기타 한 방면의 고유한 비장의 기술을 학습하여 널리 대중에게 알려서 사회 국가에 큰 발전이 있게 하려는 뜻(『건국론』, 제7장 진화의 도, 5. 특별기술자 우대)이었다.

이처럼 정산은 전문가의 시대를 예견하였으니, 전문가를 양성하려면 전문대학의 창설을 당연한 일로 받아들였다. 전문대학을 확장하라고 한 것은 전문가를 양성하는 학교의 발전이 국가 발전에 중요한 축이 되기 때문이다. 학교를 국립 또는 사립으로 건설하도록 하고, 지방은 도, 군, 면의 인구 정도를 따라 그에 맞게 건설하도록 했다. 전문가를 양성하는 교수는 국가에서 선발하여 근무하게 하고 외국인을 초빙하여 인재를 양성할 수 있도록 하였으니, 이는 국가의 발전 여하를 좌우하는 근원이 된다.[160] 오늘날의 외국유학은 당연한 일이라 볼 수 있지만, 해방정국의 시점에서 고등교육기관의 건설 제안은 매우 비전 있는 것이라 본다.

전문가 양성기관을 세운다고 해서 무조건 전문가가 많이 나오는 것은

---

159) 『건국론』, 제7장 진화의 도, 6. 영재의 외학장려.
160) 『건국론』, 제4장 교육, 2. 중학 전문대학의 확장.

아닐 것이다. 전문가가 양성되어 어디에서든 자신의 능력을 십분 발휘할 수 있고 그에 맞는 대우를 받도록 하는 사회 분위기가 중요하다는 것을 정산은 인지하였다. 그는 「진화의 도」에서 '특별 기술자의 우대'로 표창, 표상훈장, 존호(尊號), 보장(保障), 열지(列誌), 수향(受享) 등을 언급하고 있다. 표창은 표창장을 송정(送呈)하는 것이며, 표상은 상품을 송정하는 것이다. 그리고 훈장은 훈장을 송정하는 것이며, 존호는 사회적으로 경칭을 올리는 것이며, 보장은 혹은 무슨 곤란이 있을 때는 국가적 보호받는 것을 말한다. 또한 열지는 공적을 따라 후인의 추모를 받는 것이며, 수향은 국묘를 건설하여 영원히 향례를 받게 하는 것이다. 열지와 국묘는 과거 선조로 위시하여 위순을 정하며, 위패는 부분적 공동위폐로 하고 향례시 열지로써 그 위호(位號)를 봉창하게 하는 것이라 했다.

4) 건설과 경제

국가 건설에 있어서 경제의 활성화는 중요한 관심사의 하나이다. 정산은 국가의 경제발전을 위해 보다 구체적인 경륜을 전개하였으니 그 항목은 무려 13개 항목에 이른다. ① 전기공업의 증강, ② 지하자원의 개발, ③ 운수교통의 개수, ④ 농지와 산림의 개량, ⑤ 위생보건의 설비, ⑥ 국영과 민영, ⑦ 노동의 증장, ⑧ 독선의 방지, ⑨ 각 구역 공익재단 건설, ⑩ 저급생활의 향상, ⑪ 일산의 처리, ⑫ 취사선택, ⑬ 긴급대책이 이것이다. 위의 항목들 중에서 1~4항은 경제와 산업의 기반이 되는 조건들이며, 7항의 노동력 증장은 전 국민이 함께 땀을 쏟아갈 필요성과 방법이며, 9항의 공익재단 건설은 정산이 제시한 사회발전을 위한 독특한 내용이다.[161] 이처럼 국가 건설과 경제의 활성화가 한민족의 식민지 해방 정국에서는 급선무였다.

경제 활성화를 위해서 당시의 긴급대책이 있었다. 국산을 외지에 밀수출한 자를 엄벌하며, 물자 유통은 정부의 직할 하에 하도록 하고, 중요한 물자는 공출배급을 행하며, 공장을 조사하여 어떠한 지장이 있을 때는 이를 교정 또는 원조하여 다시 가동하게 하고, 외국 기사를 초빙하여 기술을 보충하며, 생산 필수품의 공업시설을 급히 하는 것(『건국론』 제6장 건설 경제)이 이것들이다. 다시 말해서 『건국론』의 「긴급대책」에서는 국가에서 교통수단인 철도, 선박, 기타 운수기관을 통제하며, 공장 등을 정부의 기술과 자금 원조 하에 재생산할 수 있도록 돕고, 국민후생, 사회질서가 있는 다음에 경제와 정치가 안정된다[162]고 하였다. 긴급대책의 필요성은 경제 건설의 기간산업에 관련한 곳의 엄정한 규제와 생필품의 배급을 원활히 하자는 뜻이다.

건설 경제에 있어서 정산종사는 취사선택의 조항들을 열거하고 있다. 이를테면 철도, 우편, 은행, 회사, 조합, 전매, 보험, 영업 등과 기타제도는 대개 종전과 같이 하되 그 내부조직을 재검토해 보며, 세금제도 역시 종전의 예로 하되 일본이 전쟁 중에 시행하던 가렴징세(苛斂徵稅)만은 삭제하고, 생명보험법을 조정하고 양로보험과 교육보험을 장려하는 등 전반을 적당히 취사선택함이 필요하다.[163] 곧 기간산업의 전매활동이나 영업 등을 지혜롭게 취사선택함으로써 사회의 건전한 건설 경제를 촉구하였다. 아울러 세금제도의 불합리한 부분을 수정하도록 하여 사회보험의 적용을 지혜롭게 하라고 하였다.

161) 박상권, 「송정산의 건국론에 대한 의의와 그 현대적 조명」, 『원불교사상』 19집, 원광대 원불교사상연구원, 1995, pp.295-296.
162) 정기래, 「송정산의 건국론과 평화사상」, 『원불교학』 2집, 한국원불교학회, 1997, pp.655-656.
163) 『건국론』, 제6장 건설·경제, 12. 취사선택.

국가 건설과 경제의 추진에 있어 방해되는 것들이 있음을 알고 이를 지양하도록 하는 것도 주목을 끌만하다. 이를테면 도박, 음주, 무위도식, 도살, 도벌, 밀주 등을 하지 못하도록 하여 소비의 과도함을 방지하자는 것이다. 또 물자애호법을 두어 공공물자가 있는 현장을 조사하여 보관을 잘 못하거나 파괴와 손실을 일으킬 수 있음을 경고하였다. 그리고 강도, 절도, 위협, 공갈자를 철저히 제거하고, 허영심을 없애도록 하며, 통화 팽창을 금지하도록 하라고 했다.[164] 이처럼 근로 훈련법을 두어서 놀고 먹는 사람, 부랑자나 도박꾼들을 징용하여 근로정신을 갖게 함으로써 사회적 생산을 높이는 일에 주목하였다.[165] 국가에 방해되는 일들을 미연에 방지함으로써 사회적 부의 손실을 막자는 것으로 정산은 건설과 경제에서 매우 구체적인 실천 항목을 예시하였다.

5. 국가운영의 제도

1) 도치와 덕치

국가를 다스리는 방법으로는 여러 가지가 있다. 그 나라의 이데올로기에 따라 국가의 통치스타일도 다양하기 때문이다. 정산은 나라의 통치에 대한 이해를 위해 세 가지 방법을 거론하고 여기에 의미를 부여하였다. 그에 의하면 세상을 다스리고 교화하는 도의 강령이란 첫째 도로써 다스리고 교화함이요, 둘째 덕으로써 다스리고 교화함이요, 셋째 정으로써

---

164) 『건국론』 제6장 건설·경제, 13. 긴급대책.
165) 김도종, 「정산종사의 정치철학」, 정산종사 탄생 100주년 기념사업회편 『평화통일과 정산종사 건국론』, 원불교출판사, 1998, p.293.

다스리고 교화함이라 했다. 과거에는 시대를 따라 이 세 가지 가운데 그 하나만을 가지고도 능히 다스리고 교화할 수 있었으나, 앞으로는 이 세 가지의 도를 아울러 나아가야 원만한 정치와 교화가 베풀어지게 된다.166)『정산종사법어』에서도 세 가지 길에 근원하여 개인을 상대할 때나 가정 사회와 국가 세계를 상대할 때 항상 이를 병진하여 대도 사업의 선도자가 되라(경륜편 16장)고 하였다.

국가의 세 가지 통치법 중에서도 선진국으로 향하는 데에는 정치보다는 도치와 덕치가 권면된다. 정산은 종교 지도자의 입장에서 본 견해를 밝혔으며, 그의 제자들에게 책임이 무겁다면서 이 나라를 세계의 일등국으로 만드는 것은 돈으로나 힘으로 만드는 것이 아니라 도덕이어야 한다(『정산종사법어』, 도운편 19장)고 하였다. 과거의 도는 천하 다스리는 도로써 평천하에 이르게 하였으나, 미래에는 평천하의 도로써 근본을 삼고, 천하 다스리는 도를 이용하여 평천하에 이르게 할 것이니, 천하 다스리는 도는 정치의 길이요, 평천하의 도는 도치와 덕치의 길167)이라고 하였다. 이는 과거의 통치방식과 앞으로의 통치방식이 다르다는 것으로, 과거의 권력에 의한 통치보다는 미래의 법력에 의한 통치가 필요하기 때문이다.

원불교의 시각에서 도덕으로 다스려야 하는 이유를 분명히 밝히는 것이 필요하다. 그것은 종교적 입장에서 치세(治世)를 고려하자는 뜻이다. 정산은 제자에게 묻기를 "우리의 본의가 무엇인지 아느냐?"라고 하였다. 이에 시자 사뢰기를, 도덕으로 천하를 한 집안 만들려는 것이라고 하였다. 정산은 이어서 말하였다. "네 말이 옳다. '도덕천하위일가(道德

166)『세전』, 제6장 국가, 2. 치교의 도.
167)『정산종사법어』, 도운편 30장.

天下爲一家)'가 우리의 본의니라."168) 이처럼 소태산의 도덕바람을 불리는 동남풍과 정치를 하는 서북풍을 깊이 새기고 있다. 동남풍은 상생상화를 기본으로 하지만169) 서북풍은 엄정한 법률을 적용하는 것으로, 도덕의 동남풍을 훈훈하게 불리는 도치로써 교화의 바람을 불리고자 하였다. 정치와 종교의 합일정신, 곧 정교 동심의 입장에서 상생상화의 교화를 지향하자는 뜻이다.

상생상화의 덕치는 유교의 덕치와 다소 차이점이 발견된다. 유교의 덕치론은 정치인의 지도력에 기반하지만 원불교의 덕치론은 종교인의 교화력에 기반한다. 즉 유교의 덕치주의는 기본적으로 지도자 위주의 발상인데 반해, 원불교 『건국론』의 「민주주의의 강령」은 모든 사람으로 하여금 각각 자기의 본래 성품인 우주의 원리를 깨치게 해주는 한층 평등주의적인 도를 요구한다.170) 정치에 의한 엄벌주의보다는 덕치에 의한 솔성의 원리를 반조하게 하고, 마음원리를 깨우치게 함으로써 맑고 훈훈한 세상을 건설하기 위함이라 본다.

2) 중도주의

우리나라는 지정학적으로 강대국에 둘러싸인 관계로 좌우를 아우르는 중도주의로 나가지 않을 수 없다. 어느 한 강대국만을 추종한다면 다른 강대국의 정치적 간섭을 받을 수도 있기 때문이다. 정산은 이에 말하기를, 우리는 공평한 태도와 자력의 정신으로서 연합국을 똑같이

---

168) 정산종사법어, 유촉편 1장.
169) 한종만, 『원불교 대종경 해의』(上), 도서출판 동아시아, 2001, p.169참조.
170) 백낙청, 「통일사상으로서의 건국론」, 『원불교학』 2집, 한국원불교학회, 1997, pp.597-598.

친절할지언정 자기의 주의나 세력 배경을 삼기 위하여 어느 일개 국가에 편부(偏付)하여 다른 세력을 대항하려는 어리석고 비루한 생각은 절대로 하지 말아야 한다171)고 했다. 미국과 러시아, 중국과 일본 등 열강이 우리나라와 중요한 외교의 관계 속에 있다는 것을 염두에 두고 한 말이다. 우리 주변의 정세를 살필진대 중도주의가 아니고는 평화의 유지가 쉽지 않다고 하였다.

좌우 열강이 주변에 위치한 한국의 지정학적 상황에서 중도주의는 절실하다. 강대국이라 해도 이념의 성향이 다르다는 사실에서 이를 심각히 인지하였으며, 중국과 러시아는 공산주의라면, 미국과 일본은 자본주의라는 사실 때문이다. 이에 좌파니 우파니 하는 이념 논쟁에 치우친다면 난국의 수습이 어렵게 된다. 통일 직후의 새로운 질서형성 과정에서 국내에 극단적인 좌파나 우파의 논리가 표출될 때 이를 견제하기 위해서는 중도주의가 요청되었는데, 주변 4대국의 편승을 견제할 수 있도록 『건국론』에서 중도주의를 강조하였다.172) 좌우 대립을 극복하려는 것은 해방정국이나 현재의 상황에 있어서 주요 과제로 등장하고 있음을 주목할 일이다.

여기에서 중도주의의 의미는 무엇인가? 물리적인 시공의 양자 사이에 있어서 무조건 가운데 위치해 있으면 중도인가? 공산주의와 민주주의의 한 가운데 있다고 해서 중도는 아닌 것이다. 정산은 『건국론』에서 말하기를, 중도주의는 과(過)와 불급(不及)이 없는 것이니, 각 상대편에 서로 권리 편중이 없는 동시에 또한 각자의 권리를 정당하게 잘 운용하자는 것(『건국론』제3장 정치, 2. 중도주의의 운용)이라 했다. A와 B의 물리적

---

171) 『건국론』, 제2장 정신, 2. 자력 확립.
172) 김영두, 「원불교통일노력의 상황과 평화통일사상」, 『원불교사상』제19집, 원광대 원불교사상연구원, 1995, pp.259-261.

인 거리 간격의 한 중심에 있는 것을 무조건 중도주의라고 할 수는 없으며, 관리는 관리에 대한 권리, 민중은 민중에 대한 권리에 있어서 과불급이 없다는 뜻이다. 또한 자본가와 노무자의 권리가 서로 공평 정직하여 조금도 강압 착취와 횡포 자행하는 폐단이 없게 하는 것을 중도주의라 한다. 그가 말하는 중도주의는 민주주의로서 권리의 편중이 없으며 권리의 정당한 운용이다.[173] 어느 편에든 지나침과 부족함이 없어야 하며, 그 원리로는 민주주의에 적합해야 중도가 된다.

민주주의에 의한 국가의 통치론에는 나름대로 선호하는 운용의 방법이 있지만, 세계의 평화를 위해서는 기본적으로 중도주의에 근거한 중정의 도가 바람직하다. 정산종사는 천하의 큰 도란 서로 이해하는 도, 양보하는 도, 중정의 도라면서 이 세 가지의 도를 가지면 개인으로부터 세계에 이르기까지 능히 평화를 건설할 수 있다[174]고 하였다. 그는 앞으로 중정의 도가 천하의 벼릿줄이 될 것이라면서 이는 세상을 바르게 향도할 수 있는 가장 기본적인 도라 했다. 중정의 도는 중도주의를 말하는 것으로, 국가 발전을 위해 중도주의를 실행에 옮기는 것은 매사 중정의 원리에 입각해야 한다.

3) 공화제도

불타는 공화(共和)제도에 대하여 호감을 가졌던 것으로 전해진다. 고대 불교도는 국왕의 지배 하에서 가능한 멀어져 우선 출가자들 사이에서라도 완전한 이상사회(samgha)를 만들어냈지만, 국가를 전혀 무시하여

---

173) 김도종, 「정산종사의 정치철학」, 정산종사 탄생 100주년 기념사업회편 『평화 통일과 정산종사 건국론』, 원불교출판사, 1998, p.289.
174) 『정산종사법어』, 도운편 23장.

이상사회를 실현하려는 생각은 실제적 문제에 있어서 불가능했다. 불타는 밧지(Vajji)족의 공화제 정치를 칭찬했다고 전해지며, 불교 교단의 운영 방식은 공화정치를 모방한 것이었다.[175] 즉 초기경전에는 공리제와 군주제라는 제도가 있었지만 불타는 공화제도를 선호했다.『대반열반경』에서는 이상적인 공화정치를 뒷받침하는 원리로 잦은 회의와 화합을 위한 공화정신이 강조되고 있으며, 원시불교의 교단을 '승가(Sam-gha)'라고 하는데 여기에서 승가는 화합을 중시하는 공화제의 기반이 된다.

원불교의 경우, 정산종사는『건국론』에서 한국의 정치제도는 물론 세계의 경우 공화제도가 바람직하다고 하였다. 그것은 세계 평화를 실현하는 길이기 때문이다. "세계 평화를 실현하는데 세 가지 큰 요소가 있나니, 주의는 일원이요 제도는 공화제도요 조직은 십인 일단의 조직이니라."[176] 그가 밝힌 공화제도는 일원주의와 교화단 조직으로 연결되어 있음을 상기할 일이다. 교화단 조직은 어느 일방에 의한 통치스타일이 아니라 공의를 수렴할 수 있는 공동체 정신에 기반한다. 초기교단의 공동체 정신을 연상하면 공화제도의 근본정신을 이해할 수 있다.

이상적 정치제도로 거론되는 공화제의 의미를 새겨보도록 한다. 정산에 의하면 '공화(共和)'라는 용어가 많이 쓰이고 있다며 이는 참으로 좋은 소식이라 했다. 이 세상이 모두 이름과 실이 함께 공화의 정신을 가진다면 천하사는 어렵지 않으며, 우리가 세상을 상대할 때에 권리를 독점하려 하거나 명예를 독점하려 하거나 대우를 독점하려 하지 않으면, 스스로 공화가 된다(『정산종사법어』, 도운편 25장)고 하였다. 그가 밝힌

---

175) 中村 元, 김용식·박재권 공역,『인도사상사』, 서광사, 1983, pp.65-66.
176)『정산종사법어』, 도운편 22장.

공화란 권리의 비독점, 이익의 비독점, 명예의 비독점, 대우의 비독점을
의미하며, 평화 및 복지 균점과 배분적 정의를 확립하는 일종의 평등사
회를 이상으로 한다.[177] 비평등 사회는 독점에 의한 독재의 정치스타일
로서 사회의 불안과 갈등을 야기한다는 점에서 평등에 의한 균등사회의
실현을 지향하는 공화제도는 원불교의 사요정신과 직결된다.

이처럼 공화제도를 정산종사가 강조한 것은 당시 우리나라의 실상과
관련되어 있다. 이는 해방정국에 있어서 사회 갈등을 극복하려는 의도였
다.『건국론』에 나타난 정치체제는 민주공화제를 지향함으로써 해방정
국의 정치 사회적인 국민통합의 단결로서 새로운 민족국가를 건설하려
는 것이었다.[178] 따라서 공화제는 중도주의의 본질과 관련되어 있다고
본다. 정산이 밝힌 공화정치는 중도주의의 이념과 직결되어 있다. 여기
에서 거론되는 공화제도는 공산주의나 전제주의를 배격한 민주주의에
기반하고 있다. 공산주의나 전제국가에서는 좌우 이념을 포용하지 못하
며 일인 독재체제를 고수한다. 공화제도가 오늘날 세계 정치의 근간으로
작용해야 하는 것은 인류 공동체의 정신에 의한 민주주의와 무관하지
않기 때문이다.

4) 자유주의

한민족은 일제 침략이라는 식민지의 고통을 겪은 탓에 자유가 얼마나
중요한지를 알게 되었다. 근래 우리가 자유를 누리는 이유는 일제 식민

---

177) 김용욱,「송정산의 중도주의와 건국·통일론」,『원불교학』2집, 한국원불교
학회, 1997, p.621.
178) 신순철,「건국론의 저술배경과 성격」,『원불교학』제4집, 한국원불교학회,
1999, p.518.

지를 극복한 결과이다. 정산은 세계의 침략자를 숙청하고 조선의 자유를 오게 하는 것은 연합제국의 용감한 전쟁과 따뜻한 동정에서 나온 선물이 며, 이에 연합국에 대한 감사의 마음을 가져야 하며, 자손 대대에 이르기 까지 그 정신을 잃지 말라[179]고 하였다. 연합제국에 의해 성취된 자유가 소중하기 때문에 이를 다시 잃어서는 안 된다는 독립정신과 애국 충정이 정산의 『건국론』에 잘 나타나 있다.

애국 충정에서 이루어진 자주 독립에는 자유주의 국가의 올바른 이해 가 필요하다. 자유 국가의 의의를 알지 못하면 자유의 진정한 의미를 모른다. 자유주의란 인류의 평등원칙에 가장 발달된 사상이므로 이를 잘못 이해하는 자는 우선 누구의 제재를 받지 아니하고 자행자지하여 궤도 없는 생활에 빠지게 되므로 어찌 참 자유의 원리냐는 것이다.[180] 자유의 원리는 먼저 각자의 마음이 공중도덕과 통제생활에 위반되지 않아야 하며, 남의 정당한 의견이나 정당한 권리를 침해 구속하지 않는 데에서 발견된다.

따라서 남의 권리에 대한 침해가 아니라 민주의 개념으로 자유를 새겨 야 한다. 정산은 국민이 주인이라는 민주의식 속에서 자유가 성취되는 것으로 보고 있다. 『건국론』에서 말하듯이, 국민이 주인이라는 민주와 차별성의 현실 속에서 무차별의 평등과 제도의 테두리 안에서의 자유, 그리고 만족스러운 생의 보람이 성취된다.[181] 개인주의로 흐르기 쉬운 빙종의 자유기 이니라 모든 국민이 주인이 되는 민주국가의 향유가 자유 이며, 이는 개인과 개인이 민주주의를 지켜가는 것에서 발현된다. 자신

179) 『건국론』, 제2장 정신, 2. 자력 확립.
180) 『건국론』, 제8장 결론, 2. 동포에게 부탁하는 말.
181) 박상권, 「송정산의 건국론에 대한 의의와 그 현대적 조명」, 『원불교사상』
    19집, 원광대 원불교사상연구원, 1995, p.299.

의 자유가 향유되기 위해서는 다른 사람의 자유도 보장되어야 하며 그것
이 민주주의의 원리이다.

그간 우리나라가 겪어온 역사의 실상을 살피고, 이에 적합한 자유
민주국가를 건설해야 한다. 정산은 말하기를, 조선의 현상을 정확히 파
악한 후에야 적당한 정치가 발견된다고 했다. 만약 내외정세를 달관하지
못하고 한편에 고집하거나, 또는 어느 한 국가의 정책에 맹목적으로
추종해서는 적당한 정치가 정립되지 못하므로 민주주의의 강령만은 공
동 표준으로 해야 한다[182]는 것이다. 민주주의를 수호하는 한국은 강대
국 사이에서 지정학적으로 매우 중요한 곳에 자리하고 있다. 중국과
러시아는 공산주의를 체제를 취하고, 일본과 미국은 자본주의 체제를
취하고 있다. 한국은 이러한 정황 속에서 중도에 기반하되, 민주주의
강령을 취함으로써 영원한 자유주의 국가를 추구해야 한다는 점에서
자유주의는 의미 있게 다가온다.

6. 한민족의 지도자상

일반적으로 지도자란 여러 측면에서 거론된다. 세계 및 국가의 지도
자, 사회의 지도자, 단체의 지도자 등이 이와 관련된다. 정산은 국가의
지도자상을 밝히면서도 종교 지도자의 자질론과 관련하여 정신적 축을
세우고 있다. 그에 의하면 나라의 지도자들은 「정전」에 밝혀 준 「지도인
으로서 준비할 요법」을 먼저 갖추는 동시에 반드시 그 도를 잘 이행하여
야 나라의 운명과 민중의 앞길에 지장이 없을 것[183]이라 했다. 소태산이

---

182) 『건국론』, 제3장 정치, 1. 조선현시에 적당한 민주국 건설.

밝힌 지도인의 요법을 그대로 전수하면서 이를 국가의 지도자와 직결시키고 있다. 국가와 세계의 지도자는 원불교에 밝힌 「지도인으로서 준비할 요법」을 익혀야 한다는 것이다.

지도자가 아무리 지도를 잘 하려 해도 지도받는 이와 관계가 서먹하다면 지도는 원활하지 못하다. 지도자에 대한 지도받는 이의 자세는 신맥과 법맥(法脈)을 전하는 정도에까지 이르러야 한다. 지도하는 이가 지도받는 이를 상대할 때에 사량과 방편을 쓸 필요가 없고, 지도 받는 이가 지도하는 이를 상대할 때에 기망(欺罔)과 조작이 없으면 그 사이에는 자연 대의가 확립되어 법맥이 연하게 된다(『정산종사법어』 응기편 1장). 그가 밝힌 지도자는 상하좌우 관계를 조화롭게 해야 한다면서 지도자와 피지도자 각자의 관계를 자각적으로 확립할 것을 쉽게 설명했다.184) 피지도자의 자세가 지도자의 자세 못지않음을 깨우치려는 뜻이다.

그리하여 『건국론』에 나타난 지도자상은 당시의 시국과 무관하지 않으며, 종교 지도자로서 국가의 지도자상을 상세하게 밝힌 것 자체가 주목을 끌기에 충분하다. 정산이 건국에 관한 경륜을 펼친 것 자체가 종교 지도자로서 특이하려니와, 8.15 해방 후 불과 2개월이 지난 시점에서는 당시의 정당이나 정치인 가운데도 이만큼 구체적인 논의를 제시한 예가 드물었다.185) 종교와 정치의 관계를 중시하는 원불교로서는 정교동심의 자세를 통해서 국가와 종교의 상생 호혜의 측면을 강조하고 있다.

183) 『세전』, 제6장 1. 국가에 대하여.

184) 김정호, 「송정산 건국론 계시」, 정산종사 탄생 100주년 기념사업회편 『평화통일과 정산종사 건국론』, 원불교출판사, 1998, pp.138-139.

185) 백낙청, 「통일사상으로서의 건국론」, 『원불교학』 2집, 한국원불교학회, 1997, p.587.

1) 공로자

국가의 발전에는 공로자가 있기 마련이다. 원불교의 교강 중에서 사요의 한 조항이 공도자 숭배이다. 공도를 위해 헌신한 공로자를 숭배하도록 하자는 것이다. 정산도 건국에 있어서 공로자의 중요성을 거론하며, 공로자를 숭배하도록 하고 있다. 그가 말하는 공로자란 무엇인가? 다섯 종류의 공로자를 예시하고 있다. ① 정치에 관한 공로자 우대, ② 도덕에 관한 공로자 우대, ③ 사업에 관한 공로자 우대, ④ 발명자 우대, ⑤ 특별 기술자 우대[186]가 그것이다. 정치는 물론 도덕, 사업, 발명자, 기술자에 대하여 구체적으로 밝힌 점은 공로의 분야가 다양하기 때문이다. 각 분야에서 헌신한 공로자들을 그에 맞게 우대하라는 것으로 공도자숭배의 중요성을 밝히고 있다.

여기에서 공로자가 존중받아야 할 중요성을 인지하여 그들을 표창하는 것이 필요하다. 국가의 발전에 상벌이 중요한 만큼 공을 위해 헌신한 이에게는 당연히 표창해야 한다. 정산은 제1회 특별 공로자 시상식에서 치사하기를, 상은 원래 몇몇 분의 드러난 공로를 치하함으로써 남은 대중의 일반 공로도 간접으로 치하하는 뜻을 표하자는 것이요, 몇몇 분을 드러난 표준으로 내세워서 남은 대중에게도 그러한 노력을 더욱 권장하자는 것[187]이라 했다. 그의 언급처럼 표창을 하는 것은 공로자의 공을 드러냄으로서 권선을 위함이다. 권선을 통해서 공도 헌신하는 분위기를 만드는 것이 중요하며 그것은 국가 발전의 원동력이다.

공익사업이 국가 발전의 원동력이라는 점에서 공도를 넓게 보면 한 국가만의 발전이 아니다. 인류 및 우주의 발전이기도 하다. 정산은 『건국

---

186) 『건국론』, 제7장 진화의 도.
187) 『정산종사법어』, 경륜편 23장.

론』에서 인류의 공도이자 우주의 공도는 균등사상과 평등사상의 근원으
로, 이 원리를 깨닫고 노력하면 참다운 건국이 이루어져 공존공영의
정신이 확산된다고 했다.[188] 공도자는 마을의 공도자, 사회의 공도자,
국가의 공도자로 이어지며 그것은 인류의 공도이자이자 우주의 공도자
이다. 우주의 공도를 지향할 때 국가간 분쟁은 사라지며, 개인의 이기주
의적 소산도 소멸된다. 우리가 공도를 추구하는 것은 이처럼 광대한
우주정신을 갖고 임하는 넓은 지혜가 필요하다는 것을 깨우치고 있다.

아무튼 공도에 헌신한다는 것은 국가 진화의 길을 지향한다. 공중을
위하는 정신이 충천하다면 그것은 공익정신의 발휘로서 국민들에게도
바람직한 삶으로 연결된다.『건국론』의 「진화의 도」에서 공도에 헌신한
공도자를 숭배토록 하고 있으며, 나아가 상속법의 제한, 세습법의 철폐
등도 결국은 사회 공익을 위한 기여에 큰 뜻을 두고 있다.[189] 한민족의
지도자상에서 가장 중요한 것은 지도자로서 공익을 위해 헌신하는 것이
근간임은 고금의 역사를 통해서 이미 증명되었다. 국가에 헌신한 공도자
의 출현이 국가 진화의 첩경임을 알아야 하며, 그것은 정산의 건국정신
에서 자세하게 드러나 있다.

2) 실력인

세상 사람들은 실력을 기르지 못하고 날뛰다가 필경 죄업의 구렁에
떨어지므로 본연의 실력을 기르도록 해야 한다. 실력의 중요성이『건국

188) 정기래, 「송정산의 건국론과 평화사상」, 『원불교학』 2집, 한국원불교학회, 1997, p.660 참조.
189) 김귀성, 「정산종사의 사회교육관-건국론을 중심으로」, 『원불교사상』 15집, 원불교사상연구원, 1992, p.649.

론』에 잘 나타난 것도 같은 맥락이다. 일제 식민지에서 해방된 후 독립 국가의 영속성을 위해 세상에 천명된 것이 『건국론』이다. 본 저술에 의하면, 우방의 도움으로 해방을 맞이했지만 장차 외국 의존에서 벗어나 실력양성이 있어야 독립 국가를 이룬다고 하였다. 우방의 차력(借力)은 영원히 우리의 힘은 아니라면서, 우리나라를 완전히 만들기로 하면 먼저 실력양성에 착수해야 한다[190]고 했다. 실력양성은 정신, 시책, 인적양성, 물질개발 등을 통해 우리의 힘으로 자립자위(自立自衛)한 후에야 비로소 독립 국가가 완성된다.

건국 정신에서 자립의 실력양성을 강조하는 이유는 다른 나라에 다시는 예속되어서는 안 된다는 비장한 각오에서 비롯된다. 정산은 『건국론』 제3장 정치의 「실력양성」에서 실력양성이란 무엇인가를 생동하게 하는 것으로 국민들을 인도해야 한다고 했다. 곧 조국을 다른 나라에 예속시키는 것이 아니며, 설사 우방이라도 모든 것을 다른 나라에 의존할 것이 아니라 우리 자체의 실력을 양성하여 자체의 힘으로 나라를 건설해야 한다[191]는 것이다. 미국을 비롯한 연합국에 의해 우리가 해방이 되었다면서 우방국에 지나치게 의존한다면 그것은 진정한 독립국가의 길이 아니라는 뜻이다. 우리의 자력으로 실력을 양성하여 독립 국가를 향도하는 것이 진정한 실력자의 역할이기 때문이다.

누구나 독립 국가의 지속을 위해서 실력을 갖춰야 한다. 정산은 세상은 형식 시대가 지나가고 실력과 실행이 주가 되어 알되 실지로 알고, 하되 실지로 실천하는 인물이라야 세상에서 찾게 되고 쓰이게 된다면서 중국 전국시대의 후영(候嬴)을 칭송하였다. 우리는 바깥 형식에 끌리지

---

190) 『건국론』, 제3장 정치, 6. 실력양성.
191) 김정호, 「송정산 건국론 계시」, 정산종사 탄생 100주년 기념사업회편 『평화통일과 정산종사 건국론』, 원불교출판사, 1998, p.143.

말고 오직 실력을 갖추기에 힘을 쓰며, 앞으로 어느 직장에 간다 하여도 각자의 자리에서 실력을 발휘하여, 후영이 마을 문을 드러내듯 그대들과 직장이 드러나게 하라[192]는 것이다. 그가 후영을 예로 든 것은 후영이 옛날 중국에 한낱 마을 문지기였으나 그 역량과 재주로 인해 세상에 널리 떨칠 뿐만 아니라 보잘 것 없는 마을 문까지 드러나게 되었으므로 그가 진정한 실력자였기 때문이다.

실력 갖춘 지도자상은 정산의 다음 법문에도 잘 나타난다. '명대실소 후무가관(名大實小 後無可觀)'이라는 글을 전하며 최후승리는 실력이라 하였다. 또한 정산은 개인의 실력과 교단의 실력을 말하였다. 개인적 실력은 정력(定力)을 닦는 것과 진리를 연마하는 것과 계율을 바르게 가지는 것이며, 교단적 실력은 교재를 정비하는 것과 교역자를 양성하는 것과 교단 경제를 안정케 하는 것이다.[193] 이처럼 개인과 교단에서 실력을 갖추어야 개인의 발전 및 교세의 확장이 이루어진다. 실력양성은 건국에 있어서 절실하며, 나아가 수행인 및 교단 모두에게 중요한 일이다.

3) 애국지사

국가 지도자로서 애국지사가 되려면 무엇보다도 충(忠)의 정신이 중요하다. 충성을 통한 애국심이 발휘되어야 그는 바른 지도자로서 역할을 한다. 정산은 충(忠)이란 가운데 마음이니, 내외심이 없는 곧 거짓이 없는 참된 마음[194]이라 했다. 충의 진정한 의미를 인지한다면 지도자의 대열에 설 수 있다. 현하 시대의 인심을 본다면 충에 병든 지 이미 오래되

---

192) 『정산종사법어』, 근실편 16장.
193) 『정산종사법어』, 경륜편 33장.
194) 『정산종사법어』, 경의편 58장.

었으니, 충의 진정한 의미에서 벗어난 것으로 그것은 비양심과 관련되어 있다. 충의 개념에 상반되는 것이 양심을 벗어난 것으로, 이 같은 비양심의 소유자는 한민족의 지도자가 될 수 없다. 건국 사업의 참 지도자가 되려면 양심으로 국가에 봉사하는 애국적 행위가 필요하며, 충의 진정한 의미를 새기며 살아가는 이가 애국자라고 보았다.

충(忠)이 강조되면서도 충의 개념이 효와 열에 비교되고 있다. 우리나라에서 전통적 가치로서 충효열(忠孝烈)이 병행되는데, 정산은 이를 선지자의 유훈으로 새기고자 하였다. 선지자의 유훈에 "세상에 충이 없고 세상에 효가 없고 세상에 열이 없으니, 이런 고로 천하가 병들었다."라며 "천하의 병에는 천하의 약을 쓰라." 했다.195) 충효열을 멀리하는 것이 마음병이라 하면서, 원불교의 교법에 따라 우리의 참 성품을 연마하는 것은 충 공부이며, 보은에 힘을 쓰는 것은 효 공부며, 신앙을 굳게 하고 계율을 잘 지키는 것은 열 공부라 했다. 애국지사는 충은 물론 효와 열을 아우르는 정신자세를 간직해야 한다는 뜻이다.

애국지사의 모델로서 이순신, 황희정승, 김구 등을 언급한 정산은 왜 그들이 애국지사인가를 다음과 같이 말한다. 억울한 경계에도 안분하고 위에서 몰라주어도 원망이 없었으며, 공이야 어디로 가든지 나라 일만 생각하던 이순신 장군의 정신과, 세상 사람이 비겁하게 여길지라도 나라를 위하여 정적(政敵)을 피해 가던 조(趙)나라 인(藺相如)정승과, 지조 없다는 누명을 무릅쓸지라도 민중을 위하여 벼슬을 맡았던 황(黃喜)정승의 정신은 공사를 하는 이들의 본받을 만한 정신이다.196) 이어서 김구 서거의 소식을 접한 후, 민족의 손실임을 통탄하며, 그의 백절불굴의

---

195) 『정산종사법어』, 경의편 61장.
196) 『정산종사법어』, 공도편 5장.

의(義)와 주도면밀한 신(信)과 근검실행의 역(力)을 찬양하였다. 곧 애국 지사가 되기 위해서는 어떠한 천신만고를 당할지라도 이해와 고락과 생사를 불고하고 끝끝내 굴하지 않을 대의를 세우라[197]고 했다.

충의 애국정신을 간직하라는 의미에는 국가를 위해 헌신하는 마음, 그리고 국민들의 정신적 지도자의 품위를 견지하라는 정신이 스미어 있다. 정산은 국가에 충성하는 정신을 '교목세신(喬木世臣)'이라는 말로 대신하면서, 세신이란 대대로 나라를 받들어 나라와 가문이 운명을 같이 할만한 신하를 말한다(『정산종사법어』 공도편 7장)고 했다. 그리하여 옛날 백제(百濟)는 처음에는 세신이 있어 십제(十濟)라 하였다가 후일 백 명의 세신이 있게 되어 백제라 하였다며, 국가에 충성하는 애국자가 되라는 것이다. 『건국론』에서 가장 절절하게 다가오는 것은, 정산이야말 로 광복 직후 한민족 가운데서 애국애족의 걸출한 정치이론가라는 점이 다.[198] 종교의 지도자이면서 국가의 지도자는 애국애족의 마음이 간직 되어 있어야 하며, 그 이유로는 교단과 국가, 세계를 향도하는 정신적 지도자이기 때문이다.

4) 솔선의 리더

세상에는 지도하는 이와 지도받는 이라는 두 종류의 사람이 있다. 전자의 경우 무엇보다도 국민들에게서 신뢰를 받아서 그 역할을 십분 발휘하는 자이며, 그것은 솔선이라는 신뢰가 요구된다. 선두가 존경을 받아야 좌우 사람들이 그를 뒤따르기 때문이다. 이에 정산은 머리가

---

197) 『정산종사법어』, 공도편 6장.
198) 김정호, 「송정산 건국론 계시」, 정산종사 탄생 100주년 기념사업회편 『평화 통일과 정산종사 건국론』, 원불교출판사, 1998, pp.150-151.

어지러우면 끝이 어지럽고 머리가 바르면 끝이 바르므로 일체의 책임이 다 지도자에게 있다[199]고 하였다. 세상을 향도하는 지도자들이 갖추어 야 할 덕목이 솔선이며, 그것은 세상 사람들이 가장 신뢰할 수 있는 덕목의 하나이다.

만일 솔선하는 지도자의 권위가 없다면 어찌 할 것인가? 실제 그러한 상황이 벌어지면 난세로 이어져 세상은 질서가 파괴되고 만다. 정산은 『건국론』에서 지도자가 지도의 권리가 없고 지도받을 자가 지도받을 마음이 없으며, 숭배 받을 자가 숭배 받을 지위가 없고 숭배할 자가 숭배할 용의가 없다면 통제정치를 실행하기가 어렵게 되며, 이것이 건국 에 모순되는 일이라(『건국론』 제2장 정신, 4. 통제명정)고 하였다. 종교 의 지도자에 속하는 교역자는 말과 행동이 일치하지 못하고 입으로만 외쳐대는 교역자가 아니라 솔선수범의 실천을 선도하라[200]는 언급도 같은 맥락이다. 솔선하지 못하는 것은 성직 수행에 있어서 언행 불일치 가 되기 때문이다.

솔선의 리더가 되려면 가치 있는 일은 어떠한 일이든 먼저 느끼고 실제 체험하지 않을 수 없다. 매사 솔선하여 체험한 후 그것의 감화력을 통해 대중을 인도하는 것이 기본이다. 정산은 말하기를, 사람을 교화하 는 이는 자신이 먼저 실지로 느끼고 체험하여 대중을 두루 살펴 감화시 켜야 기운이 서로 응하여 참된 교화가 이뤄진다[201]고 하였다. 사소한 일이라 해도 자신이 먼저 실행한 이후에 그것을 사회에 응용해보는 지도 자의 솔선 덕행이 요구된다는 것이다. 어떠한 목적을 성취하는데 지도자

199) 『정산종사법어』, 국운편 25장.
200) 이종진, 「원불교 교무론」, 『원불교사상시론』 1집, 수위단회사무처, 1982, p.245.
201) 『정산종사법어』, 공도편 50장.

의 희생적 실천력이 없다면 그것은 누구에게나 공염불로 들리는 경우가
허다하다.

결과적으로 개인의 발전 및 건국사업에는 국민을 통어할 수 있는 역량
있는 지도자가 필요하며, 여기에는 솔선의 지도력이 요구된다. 정산은
건국을 하는 데에는 지도자와 지도받는 자의 신뢰가 요구되며, 누구나
지도의 처지에 있다면 반드시 협력 병진하는 것이 건국행사의 정로(正
路)(『건국론』 제2장 정신, 4. 통제명정)라고 하였다. 누구를 물론하고
지도자는 솔선 실행을 하여 대중에게 이로써 지도 교화할 것202)을 주문하
였다. 솔선 실행이 원불교 교리의 사대강령의 중심임을 고려하면 지도자
로서의 솔선 실행이야말로 사회 나아가 국가의 재건에 있어서 중요하다.

5) 진화인

국가 진화의 길에는 여러 가지 방법이 있다고 본다. 그 방법 중에서도
중요한 것은 교육이며, 이는 진화의 근간이 된다고 본다. 정산은 말하기
를, 진화의 근본은 교육이요, 교육 가운데는 정신교육이 근본이라(『정산
종사법어』, 무본편 7장)고 하였다. 무지한 사람들을 문명인으로 만드는
것이 교육이며, 교육을 통해 그들이 더욱 성장하기 때문이다. 교육이
사회와 국가 진화의 길로 나아가게 하는 동력인데, 『건국론』에서는 이와
관련하여 시국에 대한 소감을 밝혔다. 그 요지는 정신으로써 근본을
삼고 교육으로써 줄기를 삼는다고 하여 교육은 국민과 세계를 진화케
하는 기초이며 개인 가정 사회 국가의 성취와 흥망을 좌우하는 것으로
보았다.203) 교육이 없다면 사람들은 무지하게 되며, 결과적으로 무지는

---

202) 『정산종사법설』, 제9편 불교정전의해, 3.사대강령.

사회와 국가의 퇴보를 가져다준다.

다만 교육만으로 모든 진화를 완성한다고 할 수는 없다. 국가 진화의 중요성을 설명하기 위해서 정산은 나무를 비유하여 진화의 유기체성을 밝히고 있다. 곧 『건국론』의 서술체계를 나무에 비유하고 있으니 정신으로서 근본을 삼고, 정치와 교육으로써 줄기를 삼고, 국방 건설 경제로서 가지와 잎을 삼고, 진화의 도를 결실에 비유하였다.204) 국가의 진화에는 어느 일방만으로 되지 않으므로 진화의 총체적 측면에서 보면 정신, 정치, 교육, 국방, 건설, 경제 등이 유기체로 작용해야 한다.

국가 진화를 위해서는 공익에 헌신하는 자를 우대해야 한다. 여기에는 공로자 우대론이 거론될법한 일이다. 진화의 주체자가 수동적 차원이 아니라 능동적 자세를 견지할 때 모든 사람들이 이를 귀감으로 삼는다. 정산은 『건국론』 제7장 진화의 도에서 정치, 도덕, 사업, 발명자, 특별기술자, 영재의 외학장려, 연구원 설치 등을 거론하고 있다. 이처럼 공도자를 숭배하고 대우하여 공사간 진화의 도를 얻도록 하기 위함이다.205) 국가 발전의 길에는 직접적으로 공헌을 한 공로자를 국가에서 유공자로 지정하고 보상하는 제도가 필요하다.

궁극적으로 진화의 참 모습은 태평세계라 할 수 있다. 정산은 태평세계가 돌아오고 있으나, 태평 세상은 서로 힘을 합해야 하고 또 우리들부터 실천하여야 이뤄지며, 그러하면 만인이 다 은인이 되어 태평세계가 절로 이룩된다(『정산종사법어』, 유촉편 6장)고 하였다. 이러한 태평세계

---

203) 김혜광, 「교육사」, 『원불교 70년정신사』, 성업봉찬회, 1989, p.585.
204) 한종만, 「정산종사의 건국론 고」, 『원불교사상』 15집, 원광대 원불교사상연구원, 1992, p.415.
205) 김정관, 「8·15광복과 건국사업」, 『원불교 70년정신사』, 성업봉찬회, 1989, pp.243-244.

는 대립과 폭력이 없고 순서대로 순리대로 이루어지며,『건국론』「진화의 도」가 평화적 방법에서 생겨나는 평화적인 결실이다.206) 태평세계는 국가 평화의 질서로서 갈등과 폭력이 사라지며, 이는 상호 유기체적인 활동 속에서 전개된다는 것을 인지해야 한다. 진화의 궁극 목적이 평화가 지속되는 태평세계임을 알고 태평성세를 이루기 위해서는 국가 구성원 모두의 노력이 필요하다.

7. 건국과 세계인

국가와 세계의 관계는 어떻게 설정할 수 있는가? 우리가 살고 있는 현재의 이곳은 국가라 할 수 있고, 외국인이 살고 있는 저곳은 외국(세계)이라 할 수 있다. 여기에서 편착 없이 국경을 넘나드는 심법을 소유하는 것은 진정한 세계인이다. 실제 국가와 국가를 연합하여 세계라 하며, 국가와 국가의 평화는 세계평화라고 할 수 있다. 이에 정산에 의하면 세계는 곧 인류를 한 단위로 한 큰 집207)이라고 하였다. 이를 사촌간 가족단위로 보면 작은집과 큰집이 있다. 사촌 자녀의 입장에서 아버지 형제 집안을 작은집과 큰집이라 하는데, 정산은 국가와 세계를 작은집과 큰집으로 비유하였다.

좁은 단위를 벗어난 세계는 나와 이웃을 합한 '인류'라는 공통 용어를 사용할 수 있다. 따라서 인류가 번영하는 것이 세계의 목표이다. 정산은 우리 인류가 함께 번영하려면 합력하여 나아가야 한다고 했다. 이를

---

206) 정기래,「송정산의 건국론과 평화사상」,『원불교학』2집, 한국원불교학회, 1997, p.661.

207)『세전』, 제7장 세계, 1. 세계에 대하여.

위해서 인류의 도를 몇 가지의 강령으로 언급한다. 첫째 세계의 종교인들이 종파를 벗어나 한 울안 한 이치임을 알고 나아가며, 둘째 세계인종과 민족들이 한 종족 한 겨레임을 알고 하나의 세계 건설에 합심하며, 셋째 세계의 모든 사업가들이 한 사업임을 알고 하나의 세계 건설에 합심한다.[208] 인류 모두가 삼동윤리의 입각하여 합심한다면 호혜적 인류의 도에 따라 세계는 한 집안이 되리라 본다.

인류가 함께 번영하여 세계 평화를 건설하는 보다 구체적인 방법은 무엇인가? 이를 단계적으로 접근한다면 수제치평이라는 유교 교화론이 거론될 수 있다. 정산은 이 세상 모든 일을 접응할 때에 개인의 일이나 가정의 일이나 사회의 일이나 국가의 일이나 세계의 일이 결국 한 일임을 철저히 알아서[209] 상생적으로 접근하라고 했다. 개인주의에 떨어지거나 가족주의에 사로잡히지 말라는 뜻이다. 또한 국가주의에 떨어질 경우 갈등이 생겨 전쟁을 유발하게 된다. 평화 세계의 건설에는 수제치평의 유기체적 정신이 요구된다.

만일 우리가 개인주의에 사로잡힌다면, 그것은 가정을 다스릴 수 없게 된다. 가족주의에 사로잡힐 경우도 사회나 국가에 대한 공익적 사유가 사라지고 만다. 이에 정산은 개인보다 세계를 우선하는 마음으로 살라고 하였다. 한 몸 한 가족을 위한 개인 본위의 학업보다 시방 세계의 구제를 목표하는 대공도 본위의 사상을 극력 진작하는 것[210]을 주문한다. 이는 새 세상이 요구하는 기본요건이며, 이기주의적 개인주의나 가족주의에 떨어지지 말고 공익과 공도를 받드는 세계주의를 건설하는 것이 우리의 본무이다.

---

208) 『세전』, 제7장 세계, 2. 인류의 도.
209) 『세전』, 제7장 세계, 1. 세계에 대하여.
210) 『정산종사법어』, 경륜편 14장.

사실 미래의 방향은 개인과 국가의 갈등이 아니라 하나의 공동체 세계를 향하는 것이 바람직하다고 본다. 다시 말해서 한집안의 공동체 정신으로 세계를 향도해야 한다. 과거에는 모든 지역의 교통이 불편하고 동서남북에 각각 지방이 분리되어 있었으나, 현재와 미래는 세계가 한집처럼 가까워진 까닭에 성자의 심법으로 살아가도록 해야 한다.[211] 종교적으로 말하면 우주 허공법계를 내 집안 살림으로 삼으라는 뜻이다. 정산은 천지 허공법계를 내 집안 살림으로 삼고 시방세계에 복록을 심어 그 복록을 수용할 수 있는 국한 없는 세상을 지향하라고 하였다.

국한 없는 세상이란 국경이 없는 세상을 만들라는 뜻이기도 하다. 국경 없는 세상은 실제 국가의 경계선이 없다는 것은 아니다. 국경이 있다고 하더라도 국경 없는 이웃나라처럼 섬기는 심법을 가진다면 낙원 세상이다. 이에 정산은 말하기를, 앞으로 세상이 더욱 열리면 나라 사이에 국경이 따로 없고 각 지방 간의 이주와 왕래가 쉬우며, 인종과 국적의 차별이 없이 덕망 있고 유능한 사람이 그 나라의 지지를 받으면 그 나라의 지도자가 될 수도 있다[212]고 하였다. 국경 없는 평화로운 세상을 위해서는 덕망과 역량이 있는 지도자가 요구된다.

그러면 덕망을 갖춘 지도자들은 국가와 세계의 발전을 위해 어떠한 운동을 벌여야 하는가? 원불교적 시각에서 본다면 정신개벽 운동을 통한 평화 건설이다. 각자가 마음공부에 바탕한 정신개벽에 노력하여 이 정신으로 국가와 세계에 널리 호소하며, 이 정신을 국가와 세계에 널리 베풀어서 대문명 세계를 건설하자[213]는 것이다. 정신개벽에 의해 국가와 세계의 문명세계를 건설한다면 세계평화와 인류의 심신안정에 기여

---

211) 『정산종사법어』, 도운편 16장.
212) 『정산종사법어』, 도운편 17장.
213) 『정산종사법어』, 경륜편 19장.

하기 때문이다. 정신개벽이란 인류 공동체의 밝은 내일을 기약하는 것으로, 어둠의 무지 무명을 벗어나는 수행이라 본다. 더욱이 소아를 벗어나 대아를 지향하는 것이 바로 마음의 세계를 열어놓는 정신개벽이다.

이를 위해서는 개인의 소아주의를 벗어나는 감사생활이 필요하다. 이기적 소아주의에서 보은 감사생활이라는 대아주의로 나아갈 때 개인주의, 나아가 국수주의를 극복하고 세계주의를 향하게 된다. 정산은 말하기를, 개인으로 부터 세계에 이르기까지 평화를 요구하면서도 평화를 얻지 못하는 것은 서로 은혜를 모르거나 알고도 보은의 실행이 없기 때문이며, 모두가 보은 감사의 생활을 한다면 참다운 세계 평화의 길을 열어갈 것[214]이라 했다. 각자가 감사생활을 함으로써 사회와 국가, 세계에 감사의 공덕이 미치며, 그것은 대아주의자로서 누리는 국토낙원임에 틀림없다.

---

214) 『정산종사법어』, 도운편 28장.

제5장

●

『대산종사법어』 해석학적 과제

1. 신봉과 신앙의 차이

원불교의 신앙적 가풍에서는 정법 신앙에 의한 법통계승과 사자상승의 스승관이 중시되며, 그로 인해 스승에 대한 신심(신봉)의 당위성은 아무리 강조해도 지나치지 않다고 본다. 그러나 스승 신봉의 정신을 너무 강조하다 보면 그것이 자칫 인격신앙으로 흐를 수 있으며, 이는 교단 창립의 교조에 대한 우상숭배로 전개될 수 있다는 점에서 그간 지적되어온 신앙문제의 하나이다. 원불교의 신앙 대상과 관련한 문제의식에서 출발한 본 연구가 이와 관련된다.

이러한 문제의식의 발단은『대산종사법어』「신심편」의 법어와 직결되어 있다. "법신불이 바로 대종사요 대종사가 바로 법신불이니, 대종사의 법통을 이은 종법사는 대종사와 한 분임을 알아야 믿고 받드는데 차질이 없느니라."[215] 이는 소태산 대종사를 계승한 정산종사, 정산종사

---

215)『대산종사법어』신심편 25장.

를 계승한 대산종사의 스승관, 곧 교조 및 주법의 신봉에 관련되는 법어라는 점에서 도가의 가풍에서 자연스럽게 거론될 수 있는 일이지만, 이에 대하여 합리적이고 비판적인 시각에서 접근할 필요가 있다.

위의 법어를 비판적으로 조명할 경우 "법신불이 바로 대종사요 대종사가 바로 법신불이니…"라는 문구에 대한 해석학적 접근이 필요하다. 교조와 법신불의 등치(等値)에 대한 교학적 해법이 있다면 그것이 무엇인지 모색해 보려는 것이다. 법신불은 신앙의 대상이요 소태산의 법신불적 언급은 단지 바른 신앙을 인도하는 스승이라는 점에서, 소태산이 신앙의 대상을 인격신앙에서 진리신앙으로 바꾼 혁신의 의미에 대해 상당한 혼선이 야기될 수도 있다.

환기할 것으로, 대산은 『대산종사법어』 신심편 25장의 법어에서 교조를 사자상승의 정서에 호소한 것이지 신앙 대상화한 점은 아니라는 것으로, 여기에 냉철한 '해석학적 이해'가 요구된다. 민중의 신앙정서와 욕구를 충족시키기 위한 대안으로서 자칫 특정 인간이나 특정 종교집단의 형상적 존재를 절대화하고 존숭하는 우상숭배의 경향에 빠질 염려가 있다.216) 이에 법신불에 대한 교학의 해석학적 접근 없이 본 법어 문구를 있는 그대로 받아들일 경우, 후래 교조 숭경이 신앙대상의 우상화로 전락할 수 있음을 지적하지 않을 수 없다.

고금을 통하여 어느 종교든 교조에 대한 우상화의 개연성이 있을 수 있다는 상황을 고려하면, 원불교 역시 교조와 일원상이 둘이 아니라는 사고방식을 갖기 쉬운 상황이 전개되지 말라는 법은 없다. 본 연구는 이에 교조에 대한 신성이 우상숭배로 전락하기 쉬운 상황이 발생할 수도

---

216) 노권용, 「원불교 신앙론의 과제」, 『원불교학』 창간호, 한국원불교학회, 1996, pp.38~39.

있음을 지적하려는 것이다. 소태산 탄생 100주년 기념행사를 전후해서 나타난 교조에 대한 인격숭배 현상에 더하여, 이제 대종사 성탑은 참배 장소라기보다는 기도하고 심고하고 4배를 올리는 신앙 행위의 공간이 되어가고 있는 상황에서, 일원상과 소태산과 역대 종법사가 둘이 아니라고 하는 법문을 권위적으로 해석하는 문제점[217]을 직시하지 않을 수 없다.

아울러 『대산종사법어』의 편집과정에서 나타난 법어 촬요의 한계는 없었는지 조심스럽게 접근하고자 한다. 원불교중앙총부 「교화훈련부 교정보고」에 『대산종사법어』 편수와 관련한 언급이 있어 주목을 끈다. 원기 87년(2002) 3월 12일 제124회 임시 수위단회 부의안건으로 『대산종사법어』 편수위원 구성의 건이 제안되어 통과되었으며, 편수기간은 원기 87년(2002) 3월에서 원기 90년(2005) 2월까지, 그 뒤 2~3년간의 자문기간을 거쳐 교서감수위원회의 심의를 통하여 교서로 발간하기로 하였다.[218] 이러한 과정을 거치며 『대산종사법어』는 원기 99년(2014) 5월 25일 대산종사탄백주년 행사에서 봉정식을 거행한 적이 있다.

『대산종사법어』 편수과정의 기간은 적지 않았지만 법어의 촬요과정에서 오해의 소지가 있는 법어의 신중한 접근이 요구된다는 점을 지적하고자 한다. "법신불이 바로 대종사요."라는 법어의 문구는 인격신앙으로 왜곡될 수도 있기 때문이다. 특히 교조숭배 내지 등상불 숭배를 극복한 것이 원불교의 불교혁신 정신이라는 점을 간과해서는 안 된다. 불교혁신의 정신을 비추어 볼 때 일원상 신앙을 통하여 대중이 믿고 숭배할 수 있는 대중화 불상으로 이끈 소태산의 신앙관을 보면 새로운 불상(일원

---

217) 김성장, 「원불교학 연구의 당면 과제」, 《원불교학 연구의 당면》, 한국원불교학회, 2002.12, pp.15-16.
218) 《원기 87년도 출가교화단 총단회》, 수위단회 사무처, 2002, p.20.

상)을 내놓아 과거의 의식에 치우친 우상적 불상 신불(身佛)을 극복하려
한 점219)을 상기하자는 뜻이다.

본 연구의 기본 범주는 『대산종사법어』 「신심편」 25장에 한정되며,
교리 정립에 있어 바른 신앙관 유도와 관련되는 것임과 동시에 차제에
관련 교서 재결집의 필요성과 관련된다. 그리고 교조와 역대 종법사에
대한 바른 스승상의 정립 방향도 본 연구의 범주에 속한다. 이의 객관성
확보를 위해 『조선불교혁신론』의 기본정신을 새기면서 원불교 신앙관
의 정립에 관련된 신앙호칭의 문제, 법신불 일원상 등의 선행연구들을
주요 참고자료를 섭렵하였다.

2. 「신심편」의 법신불과 대종사관

『대산종사법어』는 대산 종법사의 언행록으로서 포부와 경륜이 담긴
원불교 교서인데, 여기에는 모두 15편으로서 신심편, 교리편, 훈련편,
적공편, 법위편, 회상편, 공심편, 운심편, 동원편, 정교편, 교훈편, 거래편,
소요편, 개벽편, 경세편이 편재되어 있다. 본 『법어』는 이미 발행된 『대
산종사법문집』 1~5권과 법설기록 노트 등에서 중점적으로 발췌, 대산종
사탄생 100주년을 기념하여 원불교 정식 교서로 탄생하였다. 본 연구에
서 주목하고자 하는 「신심편」은 모두 60장으로 구성되어 있으며, 소태산
과 정산의 여래적 위상과 사제간 신심을 권면하는 성격의 법어가 그
주류를 이루고 있다.

스승에 대한 신봉의 심법에서 출발한 '사대불이신심'은 대산이 강조한

---

219) 서경전, 『교전개론』, 원광대학교 출판국, 1991, p.94.

법어로서, 여기에는 회상의 주법에 대한 신성과 일원상 진리의 깨달음, 그리고 법통 계승의 정신이 담기어 있다. 이와 관련된 「신심편」은 '사자상승'의 돈독한 교조관이 그대로 노정되어 있다. 이를테면 "법신불이 바로 대종사요 대종사가 바로 법신불이니, 대종사의 법통을 이은 종법사는 대종사와 한 분임을 알아야 믿고 받드는데 차질이 없느니라."(『대산종사법어』신심편 25장)라는 것이 이와 직결된다. 대산의 종법사 취임 이후 33년[220]동안 설한 법어의 자료들을 촬요하여 정식 원불교 교서로 간행한 것이 『대산종사법어』라는 점에서 대산종사의 교단관과 스승관 정립에 의의가 적지 않다고 본다.

그럼에도 불구하고 법어 촬요의 과정을 통해 발간된 『대산종사법어』 문구의 해석에 오해될 소지가 있다면, 이에 신중한 접근이 필요하다. 신앙대상 및 스승관에 대한 착종(錯綜)의 소지가 있는 「신심편」 25장의 내용은 '법신불이 바로 대종사'라는 법어이다. 그 이유는 '법신불이 바로 대종사'라는 법어를 '법신불=대종사'의 등식으로 오해할 수 있어 '법신불 신앙=대종사신앙'으로 볼 수 있는 오류가 없지 않기 때문이다. 소태산 자신은 스스로 신격화되는 것을 바라지 않았지만, 근래 교도들이 소태산 성탑에서 '대종사성령'을 부르는 것을 보면, 원불교 신앙의 대상은 소태산만으로도 결코 부족함이 없어 보이나 원불교는 소태산 신앙에서 법신불 일원상으로 돌아가야만 한다[221]는 지적을 간과해서는 안 되리라 본다.

---

220) 원기 47년(1962) 2월 23일 대산종사는 종법사는 취임사에서 법치교단 운영에 대한 희망을 밝혔고(법무실·수위단회사무처 편, 교단의 6대지표, p.119) 뒤이어 법통을 계승한 좌산종사는 원기79년(1994) 11월 6일 대사식을 통하여 종법사 취임법어를 설하였다.

221) 강돈구, 「원불교의 일원상과 교화단」, 『한국종교교단연구』 5집, 한국학중앙연구원 문화종교연구소, 2009, pp.28~29참조.

원불교 신앙에 있어서 법신불 일원상 신앙의 정체성을 고려할 경우, '대종사'를 신앙의 대상인 '법신불'과 등치한다면 등상불에서 일원상으로 유도한 소태산의 신앙대상 혁신과 괴리가 생김은 물론 자칫 기복신앙으로 흐를 수 있다. 소태산은 자신이 신앙의 대상으로 될 경우를 극히 우려한 나머지, 오랜 전통의 등상불 신앙이 기복불공으로 굳어져버린 재래불교의 폐단을 전적으로 지적하고 새로운 진리적 종교의 탄생을 알리는 심불 일원상을 제시하였다.222) 불교의 석가, 증산교의 강증산이 신앙대상으로 된 교조신앙, 즉 등상불과도 같은 인격신앙의 한계를 소태산은 간파했던 것이다.

만일 원불교 신앙의 대상이 공식적으로 등상불이라면 법신불과 소태산의 등치가 가능하다. 그러나 원불교 신앙의 대상은 법신불 일원상이며, 원불교 회상에 대종사와 정산종사 그리고 대산종사 등을 위시하여 수많은 성인이 앞으로 출현하겠지만, 그들은 추앙의 대상일 수는 있으나 신앙의 대상일 수는 없다.223) 추앙과 신앙은 다른 것으로, 전자의 경우 스승에 대한 '존경'이라는 용어가 적합하지만, 후자의 신앙대상 개념과는 다르다고 본다. 존경의 대상은 얼마든지 교조일 수 있지만 신앙의 대상에 있어서 원불교는 등상불을 배제하는 종교라는 점을 고려하면 교조가 신앙대상일 수가 없다.

신앙대상에 대한 자각적 문제의식을 통하여 『대산종사법어』 신심편 25장의 법어가 가져다주는 해석학적 과제는 무엇인가를 다음 네 가지 차원에서 접근해 보고자 한다. 소태산이 등상불 숭배를 혁신하여 법신불 일원상 숭배로의 신앙관을 정립했다224)는 점에 근간하여 이를 재음미해

---

222) 박용덕, 『천하농판』, 도서출판 동남풍, 1999, pp.8~9.
223) 김방룡, 「『금강경』과 원불교 사상」, 『원불교사상과 종교문화』 59집, 원광대 원불교사상연구원, 2014, p.4.

보려는 것이다.

첫째, 원불교 초기교단의 신앙대상이 정착되는 과정에서 야기되는 신앙대상의 혼선문제이다. 소태산도 이의 한계를 이미 감지하였는데, 이를테면 그가 친제한 「희사위 열반 공동기념제사」의 고축문에 다음과 같은 글이 있다. "소자가 아직 여러 대중에게 별다른 이익을 끼친 바가 없사오나 대중이 자연 저를 신앙하며…."225) 분명 이는 초기교단의 신앙대상이 정착되기 이전이라는 점을 고려하면, 대중이 한시적으로 소태산을 신앙의 대상으로 바라볼 수도 있었다. 법신불의 바른 신앙과 정법교리를 지향하는 소태산으로서는 교조신앙으로 흐를 수 있는 당시의 실상을 심각하게 고민하였다고 본다.

둘째, 만일 「신심편」의 법어가 교도들에게 교조신앙으로 유도할 수 있는 문제점이 발견된다면 『대산종사법어』 편집의 한계점을 인지하고 본 법어의 자구 수정이 가능하다는 것인가? 여기에는 관련법어의 문구 수정과 같은 교서 재결집의 당위성을 거론하는 것이 필요하다고 본다. 『정전』, 『대종경』, 『예전』, 『교사』, 『정산종사법어』 등의 교서들은 교단의 체제와 조직이 거의 완비된 단계에서 교리와 사상 또는 교단사를

---

224) 여기에서 등상불 숭배란 교조숭배 내지 색신불 숭배를 말한다면, 일원상 숭배란 법신불 숭배를 말한다. 원불교가 등상불 숭배를 극복하고 법신불 숭배를 지향했다는 점에서 광의의 법신불 개념보다는 협의의 법신불 개념을 교학적으로 엄밀히 적용해보자는 것이다.

225) 뒤이어 "따라서 부모님을 추모하여 大喜捨라는 존호를 올리고 회중에서 매년 열반 기념을 받들게 되었사오니 비록 부모님이 생존하셔서 오늘의 현상을 보시는 것만은 같지 못하다 할지라도 그 많은 대중이 부모님을 위하여 염불을 하여 드린다, 심고를 하여 드린다, 헌공비를 바친다하여 모든 정성을 다하여 드릴 때에 소자의 생각도 半分이나 그 한이 풀어질 듯 하오며 一喜一悲하여 感淚를 금치 못하겠나이다."(소태산 대종사 親制 「희사위 열반 공동기념제사」 기념문, 《圓佛敎新聞》, 1997년 5월 9일, 2면)라 하고 있다.

교단적 입장에서 공식적으로 결집한 제2차 사료에 해당되며, 교서 재결집에는 초기 교서류와 정기간행물, 사업보고서, 각종 회의록 등과 구술자료들이 최대한 활용되어야 한다[226]는 지적이 주목된다.

셋째, 『대산종사법어』의 '법신불이 바로 대종사요' '대종사가 바로 법신불이니……'라는 법어가 해석상 논란의 여지로 남는다면 대산의 스승관 곧 대종사관이 잘못되었다는 것인가? 그럴 리야 없겠지만 『대산종사법어』 편집위원회의 관련 법어(신심편 25장)의 감성적 접근 내지 권위적 접근은 없었는가[227] 하는 점은 의문의 여지로 남는다. 설사 '법신불이 대종사'라는 교조 존숭과 관련한 대산종사의 직접적·즉흥적인 법설 자료가 기록물에 있다고 해도 후래 편집과정에서 법어 문구를 적법하게 촬요했어야 하는 아쉬움이 따른다.

넷째, 법신불과 대종사가 등치의 관계로 접근된다면 대종사 석상이라든가 대종사성탑이 신앙의 대상으로 오해, 착종을 불러일으킬 수 있다. 소태산은 장엄신앙을 진리신앙으로 돌려놓았음도 불구하고 '소태산기념관'의 안에 대종사의 기념상을 모셨는데, 신앙의 대상이 되어서는 안 되고 추모하는 기념상이 되어야 한다[228]는 비판을 새겨야 한다. 대종사의 성탑 내지 기념상을 신앙의 대상으로 삼는다면 법신불 신앙의 원리에

---

226) 신순철, 「불법연구회 창건사의 성격」, 김삼룡박사 화갑기념 『한국문화와 원불교사상』, 원광대학교 출판국, 1985, p.910.

227) 여기에서 감성적이고 권위적 접근이란 법신불이 바로 대종사이고 대종사가 바로 법신불이라는 상황 법어를 해석상 오해의 소지가 있음에도 불구하고 문자의 수정 없이 있는 그대로 편집했다는 뜻이다. 법신불이 신앙의 대상으로서 법신불과 대종사가 等値로 인식된다면 법신불신앙처럼 대종사신앙으로 오해될 수 있는 법어에 대한 법어 문구에 대한 不認識 내지 편집 수정의 고민이 적었다는 뜻이다.

228) 한종만, 『원불교 대종경 해의』(上), 도서출판 동아시아, 2001, p.519.

어긋나기 때문이다.

이러한 문제점들을 상기하면서 숙고해야 할 사항은 소태산의 개혁정신, 즉 『조선불교혁신론』에 나타난 소태산의 신앙혁신관이다. 그의 불교개혁 운동의 이념은 『조선불교혁신론』에 나타나 있는데, 여기에는 불교본질의 이념이 무엇이며, 어떤 신앙과 어떤 수행을 전개해야 하는가에 초점이 맞추어져 있음을 감안, 불교개혁 운동은 법신불 신앙운동이라는 특징으로 드러나고 있다.229) 『조선불교혁신론』에서 등상불 배제와 관련한 신앙혁신에 대한 사항들을 짚어보려는 의도가 여기에 있다.

3. 「조선불교혁신론」의 신앙대상 혁신

근래 한국을 중심으로 한 불교혁신 운동은 제도 및 신앙의 대상에 대한 새로운 시각과 함께 다양하게 전개되었다. 한용운은 「조선불교유신론」을 저술하여 여러 신앙의 대상을 석가모니로 통일할 것을 주장하였다. 대각교 운동을 펼친 용성, 불법연구회를 통한 불교혁신 운동을 전개한 소태산, 밀교를 기반으로 진각종을 연 회당은 모두 법신불을 궁극적인 신앙의 대상으로 삼았으며, 용성은 등상불을, 소태산은 법신불 일원상을, 회당은 육자진언(옴마니반메훔)을 그 신앙의 대상으로 삼았다.230) 이와 같이 근래 한국불교의 혁신운동을 전개한 선지자 및 소태산에 있어서 신앙대상의 시각에 차이점이 간파되고 있다.

---

229) 양은용, 「소태산 대종사의 『조선불교혁신론』과 불교개혁이념」, 『원불교사상과 종교문화』 32집, 원광대 원불교사상연구원, 2006, p.112.
230) 장진영, 「화엄교학과 원불교의 법신불사상과 그 실천적 특징」, 『원불교사상과 종교문화』 62집, 원광대 원불교사상연구원, 1014, pp.74~75.

한국의 불교를 중심으로 새로운 신앙운동이 전개되었던 점을 고려하면 소태산의『조선불교혁신론』이 주목받는 것은 당연한 일이라 본다.『조선불교혁신론』은 원기 5년(1920)에 초안하고 원기 20년(1935)에 발행되었으며, 발행인은 전세권이고 발행소는 불법연구회이다.「총론」에 혁신의 대요를 밝히고, '과거 조선사회의 불법에 대한 견해, 조선승려의 실생활, 세존의 지혜와 능력, 외방의 불교를 조선의 불교로, 소수인의 불교를 대중의 불교로, 분열된 교화과목을 통일하기로, 등상불 숭배를 불성 일원상으로' 등 7개 장으로 편찬되었는데, 일원상신앙법과 일원상 조성법이 나타나 있다.231) 본 교서의 편제를 보면, 4×6판 반양장 37쪽으로서『혁신론』은 후래『불교정전』의「개선론」에 편입되었으며,『정전』「심고와 기도」,『대종경』「서품」16~19장,「교의품」13~14장 등에도 편입되었다.

소태산이 주창한 불교 혁신의 항목들은 원기 20년(1935)에 공표되었지만, 원기 5년(1920)에 초안되었음을 상기할 일이다. 혁신 항목의 초안 1년 전인 원기 4년에 소태산은 등상불 숭배의 문제점을 지적한 적이 있다. 동년 11월 26일(원기4년) 영광에서 그는 두 번째 백일기도를 마친 제자들에게 부처를 숭배하는 것도 한갓 개별적 등상불에만 귀의하는 것이 아니라 우주만물 허공법계를 다 부처로 알도록232) 하였다. 불교를 수용하면서 불상은 불타 당시의 방편에 불과한 것임을 인지한 소태산은 부처를 숭배하는 것도 한갓 국한된 불상에만 귀의하지 말라(『대종경』서품 15장)고 하였으며, 이는 본『혁신론』의 초안 1년 전에 이미 밝힌

---

231)『원불교 교사』, 제2편 회상의 창립, 제3장 교단체제의 형성, 2. 초기교서들의 발간; 한기두,「조선불교혁신론 해제」,『원불교사상』제7집, 원광대 원불교사상연구원, 1983, p.265.
232)『불법연구회창건사』. 13장, 대종사 불법에 대한 선언.

내용이다. 불법연구회의 창립 명분이 신앙대상의 혁신과 관련되어 있음을 짐작할 수 있다.

불법연구회의 창립 명분에 나타나듯이 『혁신론』의 '신앙개혁'의 핵심이 등상불 대신 일원상이라는 점은 등상불 숭배에 대한 대안적 성격을 지닌다는 점을 알아야 한다. 곧 『혁신론』은 전통불교에 대한 혁신의 방향을 서술한 것으로, 그 방법으로는 근본 진리가 같음을 강조하여 불타의 뛰어난 점을 드러내고 있으며, 그 결론 부분에 「등상불 숭배를 불성 일원상으로」, 「불성 일원상 조성법」 등을 제시하여 개혁의 핵심적 대안을 일원상으로 규정하고 있다.233) 소태산은 일원상 신앙이라는 신앙대상의 대안을 제시하면서 전통불교의 제도와 의식, 포교의 방법 등을 비판하여 새로운 불교로 거듭날 것을 촉구하였다.

소태산이 신앙 혁신을 통해서 새로운 불교로 거듭나려 했다는 점에서 그의 친제 『조선불교혁신론』을 주목해야 하며 그 의의로는 다음 네 가지가 거론될 수 있다.

첫째, 『조선불교혁신론』은 신앙의 대상인 일원상을 구체화시킨 최초의 자료이다. 본 『조선불교혁신론』의 7번째 항목으로 '등상불 숭배를 불성 일원상으로'라고 하였는데 이는 등상불 숭배에서 일원상 숭배로 전환한 이유를 설명한 것이며, 우리의 종지를 기본사상인 일원상 신앙으로 천명한 것으로서 일원상을 구체화시킨 최초의 법문자료는 바로 이 논(論)이라 보고 싶다.234) 본 『혁신론』(원기 20년)에서는 '일원상'이라는 말을 처음 공식화하면서도 여러 곳에서 '심불'과 혼용하고 있으며, '법신

233) 정순일, 「일원상 신앙 성립사의 제문제」, 제21회 원불교사상연구 학술대회 《21세기와 원불교》, 원광대 원불교사상연구원, 2002, p.95.
234) 한기두, 「조선불교혁신론 해제」, 『원불교사상』 제7집, 원광대 원불교사상연구원, 1983, p.266.

불' 신앙이라는 용어는 후래『불교정전』(원기 28년)235)에 처음 나타난다.

둘째,『조선불교혁신론』에서 제시한 것처럼 생활불교로서 서가모니불(등상불) 신앙을 원불교 고유의 '불성 일원상' 신앙으로 돌린 것이다. 등상불 신앙을 일원상 신앙으로 돌리는 것이『조선불교혁신론』에서 가장 중요한 문제였으며, 그러한 내용이 앞에서 밝힌 것처럼『불교정전』의 개선론에 그대로 옮겨졌다.236) 전통신앙이 지닌 기복신앙을 극복하려는 소태산의 의지가 뒷받침되었음을 알 수 있다. 당시 일원상 신앙이 가장 중요한 개혁과제로 부각된 이유는 대중불교·생활불교를 추구하려는 소태산의 의지와 직결되었다.

셋째,『조선불교혁신론』은 초기교단의 과도기적 신앙체계를 일원상에 근거한 '진리신앙'의 체계로 확립시키는 계기를 만들었다. 원기 20년(1935)을 전후하여 일원상을 최고 종지로 하는 신앙체계가 확립되었기 때문이다. 동년 4월에『조선불교혁신론』이 발간되었으며, 여기서 등상불 숭배를 불성 일원상 숭배로 돌려야 함을 지적하였는데, 이때는 신앙대상으로서의 일원상의 의식화, 제도화가 완전히 이루어지지 않은 과도기였다237)는 점을 감안해야 한다. 동년 4월 27일에 대각전의 상설관 내에 법신불을 봉안하면서 법신불 신앙이 체계화되고, 진리신앙이 정착되는

---

235)『불교정전』권1 제1편「개선론」목차와 본 목차 제10장에 나타난 '법신불' 용어를 보면 다음과 같다. 제1장 과거의 조선사회의 불법에 대한 견해, 제2장 과거 조선 승려의 실생활, 제3장 석존의 지혜와 능력, 제4장 외방의 불교를 우리의 불교로, 제5장 소수인의 불교를 대중의 불교로, 제6장 편벽된 수행을 원만한 수행으로, 제7장 과거의 예법을 현재의 예법으로, 제8장 진리신앙과 석존숭배, 제9장 불공하는 법, 제10장 법신불 일원상 조성법, 제11장 심고와 기도.

236) 한정석,『원불교 정전해의』, 도서출판 동아시아, 1999, pp.481~482.

237) 송천은,『열린 시대의 종교사상』, 원광대출판국, 1992, pp.358~359.

길로 나간다. 즉 원기 20년에『조선불교혁신론』, 같은 해 8월에『예전』,
원기 21년(1936) 8월에『회원수지』의 발행, 원기 28년(1943) 3월에『불교
정전』의 초판이 진리신앙의 체계화과정 속에 있었던 점을 참조할 일이다.

넷째, 불법연구회의『조선불교혁신론』은 전통종교에 대한 '교상판석'
의 의의를 지니며, 그로 인해 등상불 신앙의 혁신으로써 법신불 일원상
신앙을 등장시킨다. 소태산은 교강초안 시기인 1920년(원기5) 부안 봉래
산에서『조선불교혁신론』을 초안하고, 1935년(원기 20) 일부 내용을 보
충한 찬술과 간행은 원불교 창립과정에 있어서 불교사상의 수용과 교상
판석이라는 의미로 해석해야 한다.238) 불법연구회의 전통불교에 대한
교상판석적 의미를 지니는 것은 본 혁신론의 7항목 모두가 불교개혁
운동과 아울러 전통종교에 대한 새로운 교법적 의의239)를 지닌다.

이 같이『조선불교혁신론』에서 주목해야 할 몇 가지 의의를 숙고해
볼 때, 소태산의 불교개혁 운동의 결론이 등상불 숭배에서 일원상 숭배
이며, 이것은 새 회상의 '구원 이념'과 직결되어 있다. 소태산은 법신불
일원상과 처처불상 사사불공을 세상 구원의 혈인으로 내놓았으며240)
법신불 일원상을 대상으로 우주 대자연의 주인이 될 것을 강조하였다.
암울했던 구한말 등상불 신앙을 극복, 새로운 신앙대상을 일원상으로

238) 양은용,「소태산 대종사의『조선불교혁신론』과 불교개혁이념」,『원불교사상
과 종교문화』32집, 원광대 원불교사상연구원, 2006, p.115.
239) 소태산의 일원상이 소태산과 기존 불교 교단이 갈라지는 접점이지만, 그
내면에서는 불교(석가모니불)의 법신불 신앙으로 이해한다. 그런데 소태산
은 왜 그렇게 일원상을 강력하게 내세웠던 것일까. 그는 시대와 인심이라는
현실적인 기준이 적용한 것이 아닐까 한다(김광식,「백용성과 소태산의 同異
에 대한 몇 가지 문제」,『원불교사상과 종교문화』63집, 원광대 원불교사상연
구원, 2015, pp.68-69).
240) 김지하,「일원상 개벽에서 화엄개벽으로」, 제28회 원불교사상연구 학술대회
《개교100년과 원불교문화》, 원불교사상연구원, 2009.2, p.1.

제시함으로써 불법연구회는 자기구원과 사회구원을 추구하였다고 볼 수 있다.

따라서 일원상 신앙이란 구세(救世)의 결사운동과도 같아서 종교신앙의 혁신이며 불교의 혁신이라는 것이 과장일 수 없다. 『조선불교혁신론』에서 보듯 불교 종단의 개혁이 아니라 시대를 관통하는 불교 전체와 민중과의 관계를 통해 불법의 근본 역할을 복원하는 것에 초점을 맞추었고 독자적인 결사의 형태로서 불법을 민중의 삶 속으로 환원시켰다.[241] 아울러 『조선불교혁신론』이 불교와 종교 신앙의 혁신을 제시한 것임을 고려하면, 소태산이 결사의 신념으로 일원상 신앙을 내세운 것은 인격신앙을 새 불교가 지향할 진리신앙으로 혁신했다는 것을 의미한다. 그러면 인격신앙과 진리신앙의 관계는 어떠한 것인가를 언급해 볼 필요가 있다.

4. 인격신앙과 진리신앙의 관계

인격신앙과 진리신앙 해석의 함수로서 『대산종사법어』 「신심편」의 '법신불과 대종사'의 등치(等値)에 관련된 법어의 교학적 과제 제시와 그 해법을 네 가지 차원에서 모색해 보고자 한다. 기본적으로 원불교의 정법 신앙관을 상기하면서, 진리신앙을 향한 원불교 해석학적 해법 제시와 경전 재결집의 가능성을 염두에 두려는 뜻이다.

첫째, 법신불이 바로 대종사요 대종사가 바로 법신불이라는 등치 문구의 해석학적 과제를 어떻게 풀어 가느냐 하는 점이다. 불교의 경우 석가

---

241) 원영상, 「소태산 박중빈의 불교개혁사상에 나타난 구조 고찰」, 『신종교연구』 제30집, 한국신종교학회, 2014, p.126.

모니는 등상불이며, 이 등상불을 신앙의 대상으로 삼는 불교의 신앙논리
에서 본다면 원불교에 있어서 소태산은 등상불에 관련된다. 이를 환기하
는 차원에서 소태산과 제자의 문답을 소개해 보면 다음과 같다. "우리는
불상숭배를 개혁하였사오니 앞으로 어느 때까지든지 대종사 이하 역대
법사의 기념상도 조성할 수 없사오리까?" "기념상을 조성하여 유공인을
기념할 수는 있으나 신앙의 대상으로 삼지는 못하리라."242) 본 대화에
나타나듯이 소태산을 법신불과 같이 보아 등상불로 숭배할 경우243) 교
조가 신앙의 대상이 되는 상황으로 전개되기 때문에 기념상으로 조성하
는 것 외에 그는 신앙의 대상이 될 수 없다고 하였다. 원불교에서는
법신불이 신앙의 대상인 관계로 교조가 바로 법신불이라는 시각은 논란
의 여지가 크다고 본다.

여기에서 '법신불'의 개념 파악에 주의할 필요가 있으며, 본 법어의
해석학적 난제를 풀 수 있는 해법이 요구된다. 법신불의 개념에는 두
가지가 있는데, 그것은 광의의 법신불 개념과 협의의 법신불 개념이다.
광의의 법신불 개념에서 본다면 우주만유 삼라만상 일체생령이 법신불
의 응화신이기 때문에 법신여래와 색신여래를 상즉적으로 볼 수 있다244)
는 점에서 본 법어의 해석학적 방향이 모색될 수 있다.

---

242) 『대종경』, 변의품 22장.

243) 불교의 신앙대상은 등상불이라면 원불교의 신앙대상은 법신불이므로, 양교
의 관계에서 볼 경우 불교가 석가모니를 등상불로 신앙하는 것처럼 소태산을
법신불과 같이 신앙대상으로 삼는다면 이는 소태산이 등상불 숭배를 일원상
숭배로 혁신한 의도와 어긋난다.

244) "출가 후 '대종사는 성인 가운데 가장 큰 성인이시다.' 하고 우러러 받들고
살았으나, 내 나이 30세에 대종사께서 열반하시매 한동안 방황을 하다가,
내가 그동안 대종사의 색신만 모시고 살았지 법신을 뵙지 못하고 살았음을
깨닫고 그 후부터는 법신을 모시기 위해 적공을 계속하였느니라."(『대산종사
법어』, 신심편 3장).

그러나 협의의 개념에서 법신불이란 개념을 살펴보자. 즉 색신불이 아니라 우주만유를 초월한 초월자이자 진리의 본체적 의미로서의 법신을 이해해야 한다.[245] 본 연구에서 주목하고자 하는 것으로, 원불교 신앙이 법신불 일원상이라는 점에서 협의의 법신불 개념을 중시하지 않을 수 없다. 협의의 접근이 필요한 이유는 소태산이 혁신한 법신불(일원상) 신앙이 전통불교의 등상불(색신불) 신앙과 혼선을 피함은 물론 교조의 불교 개혁이라는 상호 차별화가 요구된다는 점 때문이다. 물론 광의와 협의라는 양면적 접근이 융통성 있게 거론될 수도 있겠지만 협의의 법신불로 보는 것이 바람직하다. 이는 대종사가 곧 법신불이라는 접근은 지양해야 한다는 뜻이다.

둘째, 소태산과 법신불을 등치시킴으로 인하여 원불교 신앙관의 교학 정립에 문제점이 발견된다면 『대산종사법어』의 관련 문구 수정이 가능한가? 이는 교서 재결집의 과제로 남겨두어야 한다. 『대산종사법어』 2002년 5월, 관련 편수위원화가 가동되어 위원장에 장응철 교정원장을, 부위원장에 김주원 교화부원장을 선출하고 편수 방향을 협의했으며, 본 회의는 대산종사의 방대한 양의 법문들을 어떻게 편수할 것인가에 대한 논의가 주로 이뤄졌다.[246] 법문들을 편수할 방법에 대한 숙의가 이루어졌지만, 편찬 후에 나타난 법어 해석상의 난제들이 발견된다면 차제에 자구수정 등의 교서 재결집이 이루어져야 한다.

245) 구체적으로 말해서 '광의'의 법신불이란 우주만유 삼라만상이 포함된다는 것이며, '협의'의 법신불이란 우주만유 삼라만상을 포함하면서도 만유를 '초월한' 절대 이념의 법신불로서 일원상에 한정지우는 것을 의미한다. 본 연구의 근본 의도는 소태산이 등상불 숭배를 불성 일원상 숭배로 신앙대상 혁신을 했다는 점에서 광의의 법신불 개념보다는 협의의 법신불로 한정하여 접근을 시도한 것이다.
246) 정도연, 「교화단 운영으로 청소년 교화」, 《원불교신문》, 2002.5.24, 1면.

종교의 역사가 전개되면서 교서의 변천은 언어의 변천과 시대상황의 전개 방향에 따라 얼마든지 있을 수 있다. 이러한 맥락에서 교서 재결집에 대한 것은 기독교의 성경은 물론 대승불교의 경전 발간에 필수과정으로 따랐음247)을 참조할 일이다. 원불교의 경우 교서 재결집의 과정에서 법어 해석상의 교학적 검토가 필요하다면 적극 수용해야 한다고 본다.

셋째, 『대산종사법어』의 본 언급, 즉 "법신불이 바로 대종사요." "대종사가 바로 법신불이니…."라는 법어가 원불교 신앙론에서 논란의 여지를 남긴다면 대산종사의 대종사관이 잘 못되었는가? 이에 대한 것은 「신심편」 25장의 "대종사의 법통을 이은 종법사는 대종사와 한 분임을 알아야 믿고 받드는데 차질이 없느니라."라는 법문이 그 해법으로 등장한다. 즉 법신불 신앙과 대종사 신봉의 정신을 다른 시각에서 접근한다면, 그가 소태산을 성인 가운데 가장 큰 성인으로 우러러 받들었다248)는 점을 참조할 일이다. 대종사로부터 법명을 받은 대산은 그를 영생의 스승으로 모시며 교단발전과 성불제중의 포부와 경륜을 전개하였다249)는 점을 환기한다면 대산의 대종사 신봉의 정신은 의심의 여지가 없다. 그가 밝힌 대로 '사대불이신심'에 의한 스승 신봉의 정신에 변함이 없다고 본다.

넷째, 스승 신봉의 돈독함으로 인해 법신불과 대종사가 등치(等値)

---

247) '結集'이란 부처가 입멸한 뒤 여러 제자들이 모여서 각자 들은 불법을 외어 이것을 結合集成, 대소승경전을 만드는 것을 말한다. 결집사업을 경전과 관련하여 대별하면 1) 王舍城에서의 소승경, 2) 毘舍離城에서의 대승경, 3) 波吒利弗城에서의 秘密經, 4) 迦濕彌羅城에서의 소승경 결집 4기로 나누어진다.(한국불교대사전편찬위원회, 『한국불교대사전』 1권, 보련각, 1982, p.146).
248) 『대산종사법어』, 신심편 3장.
249) 류성태, 「대산 김대거종사의 스승관」, 대산김대거종사탄생 100주년기념논문집 『원불교와 평화의 세계』, 원광대 원불교사상연구원, 2014, p.479.

관계로 접근된다면 대종사성탑이 신앙의 대상으로 오해되는 현상이 야기될 수 있고, 심지어 성탑 앞에서 심고를 올릴 때 '대종사 성령'이라는 말이 합리화될 수 있다는 점을 상기해야 한다. 원불교 교도들이 중앙총부를 방문할 때 법신불 일원상이 모셔진 대각전에 먼저 참배해야 함에도 불구하고 성탑을 먼저 찾는다면 이는 대종사 성령신앙으로 오인될 수 있다. "원불교신앙의 진리적인 면이 강조되어 이법적인 신앙의 경향이 강하고, 반대급부로 대종사 성령신앙의 분위기가 있다.(노대훈)"는 문제제기에 대해, "총부 참배시 영모전이나 성탑 앞에서 신앙감이 더 우러난다는 이유로 대각전 참배보다 먼저 하는 것은 명백한 잘못으로 고쳐져야 한다.(박장식)"[250]는 지적이 주목된다. 원불교는 법신불 일원상을 신앙의 대상으로 삼는다. 이에 혹시라도 나타날 수 있는 소태산 신앙은 인격신앙(미신행위)이며, 바람직하지 않다는 의견이 꾸준히 개진되고 있음[251]을 상기해야 한다. 신앙의 대상으로 섬겨지는 성령숭배 즉 '대종사 성령'이라는 용어 사용의 지양과 중앙총부 성탑 방문에 앞서 대각전 참배가 우선이어야 하는 이유가 여기에 있다.

위의 4가지 해법 중 첫째와 둘째의 접근에는 상관관계가 있다. 『대산종사법어』 신심편 25장의 관련 법어를 해석학적으로 풀어가느냐, 아니면 교서결집을 통해 법어문구 수정을 해야 하느냐의 선택의 여지가 있기 때문이다. 전자의 경우 해석학적 접근의 용이성을 상정한 것이므로 법어문구 수정이 필요 없을 것이며, 후자의 경우 법어 재결집이 필요하다. 여기에서는 두 가지 선택의 양면성을 열어두는 것이 좋을 것이나, 전자

250) 원불교사상연구원 주최 제 100차 월례발표회, 「원로교무 초청 교리형성사」(5월 28일, 중앙총부 법은관), 《원불교신문》, 1997.6.6, 1면.
251) 강돈구, 「원불교의 일원상과 교화단」, 『한국종교교단연구』 5집, 한국학중앙연구원 문화종교연구소, 2009, pp.28~29참조.

보다는 후자의 입장이 바람직하다고 본다. 법어 해석에 오해의 소지 및 착종(錯綜) 현상이 있을 수 있다면 경전 재결집의 가능성을 염두에 두면서 교학 정립이라는 열린 시각이 필요하기 때문이다.

위에서 언급한 4가지의 해법을 통하여 주목할 점은 등상불신앙의 인격신앙과 법신불신앙의 진리신앙에 대한 이해가 필요하다는 것이다. 인격신앙이란 교조신앙을 중심으로 이루어지는 것으로 일종의 등상불신앙이며, 인격신앙과 진리신앙의 차이는 교조신앙 여부에 따라 나타난다. 그것은 진리신앙과 달리 교조에 대한 인격신앙이 갖는 기복신앙의 유혹 때문이다. 여기에서 원불교신앙의 특징을 살펴볼 필요가 있다. 원불교의 신앙은 인격신앙을 배제한다. 또 진리불공과 사실불공의 두 가지 방법을 치우침 없이 병행하는데 특징과 원만성이 드러나며, 그 특징은 우주의 이법이면서 무한한 위력을 나투는 법신불을 신앙하는 것이다.[252] 이에 근거한 원불교 신앙은 진리신앙, 사실신앙, 전체신앙을 지향하고 있다.

무엇보다 원불교 신앙의 핵심은 '진리신앙'이며, 그것은 등상불 신앙을 배제하고 정법교리(일원상진리)에 근거한 법신불 신앙을 말한다. 즉 법신불이란 우주만유 삼라만상이 그대로 진리의 화현으로 부처님의 모습을 드러내며, 이러한 의미에서 법신불은 진리 그대로 화현한 진리불이므로 법신불 신앙은 진리신앙이라고 할 수 있다.[253] 진리신앙을 특징으로 하는 원불교 신앙의 장점은 인격신앙·개체신앙을 극복하고 사실신앙·전체신앙으로서 법신불 사은신앙을 지향하는 것으로, 그것은 법신

252) 이성택, 「사요의 사회변동적 접근」, 『인류문명과 원불교사상』(上), 원불교출판사, 1991, p.293.
253) 김성장, 「대학의 불교교육에 있어서 신앙 수행 깨달음의 문제」, 제18회 국제불교문화학술회의 『불교와 대학-21세기에 있어서 전망과 과제』, 일본 불교대학, 2003.10, p.205.

불 일원상이 진리불 그대로 화현되는 것과 직결되어 있다.

여기에서 소태산이 등상불 신앙에서 일원상 신앙으로 혁신한 근본 이유를 상기할 필요가 있다. 그것은 인격신앙·개체신앙이 갖는 폐단을 극복하기 위함이다. 그는 혹세무민하고 기인취재하는 미신신앙을 인도 정의의 진리신앙으로, 신통묘술과 기도만능의 기복신앙을 사실신앙으로, 배타적인 편벽신앙을 원융회통적인 원만신앙으로 종교개혁을 실현하였다.[254] 미신신앙과 기복신앙 그리고 편벽신앙을 극복함으로써 일원 대도에 근거한 진리적 종교를 지향하였기 때문이다.

그렇다면 원불교가 진리적 종교를 지향하는 근거는 무엇인가? 소태산이 지향한 진리적 종교의 근거를 '일원상'의 깨달음과 관련한 것이며, 그것은 진리신앙으로서 일원상을 대각전에 봉안한 것과 직결된다. 여기에서 소태산이 『조선불교혁신론』을 저술하고 등상불 숭배를 일원상 숭배로 신앙혁신을 단행한 불교혁신의 의미를 새겨볼 필요가 있다. 그는 일원상을 깨달은 후 대각 20주년을 기념하여 익산총부에 '대각전'을 준공하였으며, 이때부터 불단에 심불 일원상(사은위패)을 봉안하였다.

다만 일원상 봉안과 관련하여 짚고 넘어갈 사항이 있다. 『회보』16호의 대각전 낙성기념 사진을 보면 그때(원기 20년)의 교기는 일원상이 아니라 8괘를 나타내는 기(旗)로 되어 있었다[255]는 사실 때문이다. 대각전 낙성의 초기에는 일원상 숭배의 의식화가 이루어지지 않은 상태였지

---

254) 김수중, 「양명학의 입장에서 본 원불교 정신」, 제18회 원불교사상연구 학술대회《少太山 大宗師와 鼎山宗師》, 원광대 원불교사상연구원, 1999.2, p.36.

255) "중앙총부를 비롯하여 지방교당에까지 회기(팔괘기)를 일률적으로 게양하도록 하자니 몇 가지 문제가 제기되었다. 팔괘 모양의 旗와 법당에 봉안한 심불 일원상과 서로 다른 점도 있고 일견 주역의 점괘를 상징하므로 미신스러운 단체라는 오해를 불러일으킬 소지가 있으니 개선하여야 한다는 여론이 일어났다."(박용덕, 『천하농판』, 도서출판 동남풍, 1999, p.51).

만 같은 해 같은 달에 발간된『조선불교혁신론』에는 등상불 숭배를 일원
상 숭배로 바꾸어야 한다 하고, 그 구체적 조성방법까지 제시한 것과
팔괘기가 모순되지 않는가 하는 의문이 생긴다. 그러나 이때가 일원상
신앙을 대중화하고 의식화하기 시작한 중요한 전기이다.[256] 대각전을
준공하고 사은위패를 모시었으며, 곧바로 등상불 숭배가 일원상 숭배로
이어졌다는 사실을 직시해야 한다. 그것은 원기 24년(1939)부터 교정원
에서 심불 일원상을 각 교도들의 집에 봉안할 것을 독려하였고, 서정원
에서는 각 교당에 일원상 회기를 게양할 것을 주문한 것과도 관련된다.

일원상기를 게양한 사실은『조선불교혁신론』의「불성 일원상조성법」
에도 나타난다. "불성의 형상을 그려 말하자면 곧 일원상이요 일원상의
내역을 말하자면 곧 사은이니, 이 불성 일원상을 숭배하기로 하면 각자
의 형편에 따라 좌기(左旗)와 같은 모형으로 나무에 금으로 각자를 하든
지, 그렇지 못하면 비단에 수를 놓든지, 그렇지 못하면 종이에나 보통
베에 붓으로 쓰든지 하여 벽상에 정결히 봉안하고 심고와 기도를 행할
것이다."[257] 신앙의 대상을 불성 일원상으로 혁신함과 동시에 일선 교당
의 불단에 일원상을 조성하여 이를 신앙의 대상으로 삼도록 하였으니,
일원상이 진리신앙의 대상으로 혁신됨과 동시에 법신불 신앙이 전 교단
적으로 전개되기 시작하였다.

불교개혁으로서 등상불 신앙을 극복, 불성 일원상을 봉안함으로써 소
태산이 추구하려 했던 점은 법신불 신앙을 통해 당시 기성종교의 교조를
중심으로 한 교조신앙 즉 '색신신앙'을 극복하자는 것이었다. 다시 말해
서 불교의 색신신앙을 절대적 진리 자체인 법신신앙으로 돌리는 일이었

256) 송천은,『열린 시대의 종교사상』, 원광대출판국, 1992, p.359.
257)『조선불교혁신론』「불성 일원상 조성법」.

으며, 이는 신앙의 대상에 대한 혁신이다.258) 법신불 일원상으로 신앙대
상을 혁신한 것은 불법연구회의 출현과 관련되며, 더욱이 인격신앙·색
신신앙을 진리신앙으로 돌리려는 소태산의 혁신론과 그 궤를 같이한다.

5. 등치(等値)의 해석학적 과제

『대산종사법어』「신심편」 25장의 '법신불과 대종사'의 등치에 대한
법어의 해석학적 접근을 통하여 원불교 신앙관의 바른 정립을 시도한
것은, 소태산이 원기 20년 간행한 『조선불교혁신론』의 항목 중 7번째
항목259)에 대한 환기를 요하는 일이다. 이 법문이 대산종사의 돈독한
교조관이라는 '사대불이신심'의 차원에서 이해 가능한 일이라 해도, 본
법어에 나타난 신앙대상의 해석학적 접근과 재결집의 당위성을 밝히고
자 한다.

따라서 본 법어의 신심편 내용이 법신불과 대종사를 등치하는 것으로
묘사된 것은 소태산의 『조선불교혁신론』 정신과 위배된다는 점을 상기
하지 않을 수 없다. 『조선불교혁신론』은 등상불 신앙에 대한 폐해를
제거하고 신앙에 대한 건전한 자각을 일깨움은 물론, 죄복의 바른 근원
을 찾아서 불공과 서원을 합리적으로 할 것을 제시하고 있다.260) 이것은
기복적 등상불 신앙에 대한 한계를 인지, 「개교의 동기」에서도 밝힌
것처럼 진리적 종교 신앙과 사실적 도덕 훈련을 제시한 것으로 볼 수

258) 한종만, 「원불교와 불교의 관계」, 《院報》 제46호, 원광대 원불교사상연구원,
1999.12, p.15.
259) 등상불 숭배를 불성 일원상 숭배로 개혁하자는 것이다.
260) 이운철, 「출판언론사」, 『원불교 70년정신사』, 성업봉찬회, 1989, p.547.

있다.

진리적 종교의 신앙에서 볼 때 여기에서 강조한 핵심 내용은 교조의 숭배(교조신앙)와 일원상 신앙과는 다르다는 점이다. 교조 숭배란 고급 우상에 떨어지기 쉬운 고등종교의 유혹과 관련된다. 이에 일원상 진리를 각득한 소태산이 인격신앙을 지양, 일원상을 숭배함으로써 성자숭배에 떨어지지 않고 진리적 종교의 신앙을 하도록 하였음[261]을 참조할 일이다. 교조신앙은 기성종교가 떨어지기 쉬운 고급우상인 탓으로 소태산은 이를 극복하기 위하여 교조(등상불) 숭배의 한계를 인지하여 일원상 신앙으로 혁신하였다.

소태산의 불교혁신 항목 가운데 가장 중요한 것은 신앙의 대상이었다. 『조선불교혁신론』을 저술한 교조의 혁신항목들을 음미해봄으로써 『대산종사법어』 신심편 25장의 해석학적 접근이냐, 아니면 재편집이냐의 판단이 필요하다. 교학정립의 차원에서 해석학적 접근이 필요하며, 이에 『대산종사법어』 재결집을 고려할 필요가 있다. 역대 종법사의 법어집은 계속 출판될 것이며, 본 연구의 문제제기는 신앙대상과 교조 존숭의 차이를 인지하도록 하기 위함이다.

이러한 문제제기에서 주의할 것으로, 『대산종사법어』 신심편 25장의 법어 이해에 있어 감성적 신심 결여의 문제라기보다는 합리적 교리 이해와 관련되어 있다는 점이다. 사실 '4대불이신심'[262]을 밝힌 대산은 정산이 대종사를 주세불로 드러낸 사실(『대산종사법어』 신심편 4장)을 환기한 것이며, 대산은 신성으로 대종사와 정산의 뜻을 잘 받들어 이 교법이

261) 류병덕, 『원불교와 한국사회』, 원광대학교 종교문제연구소, 1978, pp.200-201.
262) "도가의 큰 신심은 진리와 스승과 법과 회상과 내가 하나 되는 四大不二信心이니라."(『대산종사법어』, 신심편 1장).

영원한 세상에 드러나도록 할 것을 주문하였음을 상기해야 한다.

해석학적 해법으로 법신·보신·화신의 상즉적 입장에서 보면 법신과 보신, 법신과 화신이 같지 않느냐는 견해가 있을 수 있다. 이것은 불교가 등상불을 숭배하는 삼신정족적(三身鼎足的) 논리이며, 불교와 달리 원불교는 삼신정족이 아니라 통일체적, 초월자적 법신불을 신앙대상으로 삼는다.263) 즉 원불교는 화신불(등상불)을 신앙의 대상으로 여기지 않고 법신불을 신앙의 대상으로 여긴다는 점에서, 불교의 삼신불 상즉(정족) 관계에서 화신불을 신앙의 대상으로 삼는 경우와는 다르다. 소태산이 등상불 신앙(화신불)을 지양, 법신불을 신앙을 강조한 점에서 전통불교 삼신불관의 '화신즉법신'으로 보는 것은 원불교에서 극복되어야 한다. 화신불이 법신불과 같다는 불교신앙의 논리와 법신불을 신앙의 대상으로 삼는 원불교 신앙관 사이에 괴리감을 가져다주기 때문이다.

아울러 본 연구는 『대산종사법어』「신심편」25장의 해석학적 이해에 있어서 광의가 아닌 '협의'의 법신불로 접근했다. 불교에서는 삼신불의 토대 위에서 법신불의 체적인 의미로 이해하지만, 원불교의 법신불은 우주 만유를 포함하면서도 초월자로서 보신·화신까지도 법신불화한 까닭에 일원상의 진리를 법신불이라고 규정한 것은 색신불이 아니다.264) 색신불이란 곧 화신불이며, 화신불을 법신불로 이해하는데 한계가 있다는 뜻이다. 화신불로서의 등상불 숭배를 불성 일원상 숭배로 개혁한

---

263) 일원불은 법·보·화의 삼신과, 체·상·용의 三大 및 理·智·悲의 三圓이 攝盡되고 一元化된 포괄적 의미의 법신불이다. 원불교는 이러한 일원불의 불교이다(노권용, 「불교와 원불교-교주문제를 중심으로」, 『원불교사상』 13집, 원광대 원불교사상연구원, 1990, p.485참조).
264) 한종만, 「교전에서 본 삼동윤리의 근거」, 제21회 원불교사상연구 학술대회 《21세기와 원불교》, 원광대 원불교사상연구원, 2002.1, p.31.

소태산의 신앙 혁신의 의도가 여기에서 발견된다.

하지만 『조선불교혁신론』이 기성종교 신앙에 대한 교판적 성격을 지녔다고 해서 불교의 '등상불' 숭배를 기복적 종교로 폄하해서는 안 된다. 원래 불교는 청정생활을 실천하는 가르침이었으므로 석존의 불교에서는 의례나 수행과정에서 예배의 대상이 존재하지 않았지만, 석존 멸후 불타는 점차 법륜, 불족적(佛足跡), 보리수 등을 통하여 상징적인 형태의 숭배를 받으면서 불탑과 불상이 출현하자, 불타는 숭배의 대상으로 구상화(具象化)된 점265)을 부정할 수는 없다.

작금의 상황에서 대승불교의 시대에 이르러 보신불·화신불의 사상이 정착되었던 불교의 신앙문화를 새겨봐야 한다. 신앙의 대상을 어떻게 신앙하는 것이 참된 신앙인가 하는 점을 염두에 두면, 불교의 신앙은 다른 종교와는 달리 종교적인 가치를 자기 자신이 구현하려 한다266)는 주장을 열린 마음으로 조망해야 하리라 본다. 개혁교단의 교리해석에 대해 합리적이고 냉철한 지성의 역할이 요구되는 시점이다.

---

265) 정순일, 『인도불교사상사』, 운주사, 2005, pp.40-41.
266) 권탄준, 「화엄경의 誓願思想 소고」, 『한국불교학』 제11집, 한국불교학회, 1986, p.423.

附篇
개혁의 당위성과 언론기고

1. 초기교단의 개혁운동[1]

　'초기교단'이란 시기적으로 소태산의 대각(1916)과 더불어 생전 활동한 시기(1943)를 말한다. 그러면 초기교단의 개혁운동을 바라보는 시각은 무엇을 말하는가? 그것은 소태산과 그의 제자들의 역사의식과 관련되며, 스승과 창립제자의 개혁정신을 성찰적 시각에서 바라볼 수 있게 해주기 때문이다. 당시 개혁과 관련한 사제 간 수필법문이 주목된다. 『월말통신』 4호의 「법회록」을 살펴보면 스승 소태산과 제자의 문답감정에서 박대완은 '사회를 개혁하려면 먼저 심리를 개혁하여야 될 것'이라 하였다. 조송광은 말하기를, '사람의 뇌수(腦髓)를 개혁'해야 한다고 하였다.

　개혁적 시각이 초기교단에서는 전무출신의 본분을 환기시키는 것으로, 자신개혁과 사회개혁에 대한 소명의식의 발로로서 사제간 '문답감정'에 잘 나타나 있다. 사회개혁에는 먼저 심리개혁이 필요하며, 또 뇌수개혁이 필요한 것으로서 인간의 마음(심리, 뇌수)개혁에서 그 실마리를 풀어간다는 것이다.

　그러면 교단개혁에는 마음개혁만이 중요하다는 것인가? 조직과 제도의 개혁도 필요하다고 하였다. 전음광은 1928년에 창간된 『월말통신』과 『회보』의 「회설」 등을 통해 스승의 포부와 경륜을 실현하기 위해 모든 조직과 제도를 개혁해야 한다며 필력(筆力)으로써 그의 혁신가적 역할을 하였다. 기관지의 「회설」이란 초기교단 지성들의 비판적 성격을 지닌 글로서 시류(時流)의 폐단을 개혁하는 논단이라는 점에서 신문의 사설과

---

1) <원불교신문>, 2020.7.3. 寄稿(필자는 2020년 7월부터 9월까지 「개혁정신과 원불교」라는 대주제로 총 12회 기고하였다).

같은 역할을 한다.

초기교단의 개혁론은 소태산의 제도적으로 '의견제출'을 활용하도록 하였다는 사실에 주목해야 한다. 의견소통을 통한 스승과 제자 곧 지도자와 민중이 합력해야 개혁이 가능하다는 논리이다. 초기교단의 '의견제출'이라 함은, 불합리하고 불편한 것들을 개혁하자는 뜻에서 각자의 의견을 제출하는 제도를 말한다. 이러한 의견제출은 스승과 제자, 교단 구성원들의 합리적 의사소통으로 출발하여 오늘에 이르고 있다. 독일의 철학자 위르겐 하버마스도 '합리적 의사소통만이 사회를 변화시킬 수 있는 힘'이라 했던 점을 참조할 일이다.

무엇보다 초기교단의 개혁운동으로서 주목할 것은 원기 11년(1926)에 선포된 신정의례이다. 신정의례는 구한말 한국의 의례가 허례허식에 치우쳐 사치와 낭비를 가져다주었던 것과 무관하지 않다. 이때를 기점으로 의례를 혁신, 체계화하려는 신정예법은 해묵은 사회를 개혁하겠다는 소태산의 경륜이었다. 신정예법은 출생례, 성년례, 혼례, 상장례, 제례 등이었으며, 해방 이후에는 이를 계승하여 정산종사는 1951년 9월에 『예전』을 탈고한 후 1952년 6월에 『예전』(임시판)을 발간하였다.

보다 본질적인 원불교의 개혁운동은 창립정신과 관련된다. 저축조합, 방언공사, 법인성사를 통해 발아된 근검절약, 일심합력, 사무여한의 정신이 초기교단의 본질적 개혁운동으로서 개벽을 알리는 상두소리의 연장선상에서 바라보자는 것이다. 초기교단 언론지의 개혁론, 예법의 개혁, 창립운동은 교단 발전의 영원한 소울(soul)인 것이다. 원불교의 사회 선도와 미래 발전을 논함에 있어서 무엇보다 개혁을 향한 언론지의 역할, 의례의 부단한 혁신, 사회개혁의 선구적 마음공부는 '후천개벽의 사명'을 실현해야 하는 것과 맞물려 있다. 개혁이 그 물꼬다.

2. 개혁의 방향타, 『조선불교혁신론』[2]

개혁운동이 '종교계'로부터 울려 퍼진다면 그것은 사회와 국가에 미치는 파급력이 클 것이다. 구한말 기성종교의 무기력함 곧 '아노미 현상'으로 그 생명력이 다해갈 때, 분연히 일어선 청년 소태산은 사회구원을 위해 종교로부터 개혁을 시도하였다. <조선불교혁신론>이 그것으로, 불교를 새롭게 혁신하여 낙원건설을 도모하였다. 세상에 회자되는 권상로의 조선불교개혁론, 한용운의 조선불교유신론, 이영재의 조선불교혁신론, 김벽옹의 조선불교기우론과는 성격을 달리하였다.

소태산의 종교 개혁적 성향이 전통불교의 어느 특정종단에 속하지 않은 운동이었다. 그의 불교개혁론은 제도, 신앙의 형식, 수행방법, 교육내용 등으로 이루어져 있어서 불교의 부분적인 개혁이 아니라 전반적 개혁이라는 점이 특징이다. 원기 20년(1935)에 발표된 소태산의 <조선불교혁신론>은 과거 조선사회의 불법에 대한 견해와 조선 승려의 실생활, 세존의 지혜와 능력을 언급하고 있다.

여기에서 구체적으로 불교혁신운동은 "외방불교를 조선불교로, 소수인 불교를 대중불교로, 등상불 숭배를 일원상 숭배로"와 직결되고 있다. 그것은 불법의 새로운 해석으로서 불교의 새로운 교상판석이라 볼 수 있다. 불교 당시의 현실을 살펴볼 때 개혁해야 할 측면이 적지 않았음을 간파한 소태산은 불법의 시대화, 생활화, 대중화를 선도해야 할 필요성을 절실히 느끼고 그 구체적인 개혁을 실행해 나갔다.

선천시대의 기복불교를 벗어나서 후천시대의 생활불교를 지향하는 것이 소태산이 추구하고자 한 불교혁신의 진면목이었다. 쉽게 말해서

---

2) <원불교신문>, 2020. 7.10. 寄稿.

<조선불교혁신론>은 민중불교를 향한 개혁이자 생활불교로 복귀시키는 것이었다. 불법에 연원을 둔 소태산으로서 불법과 민중의 연결고리를 이어줌으로써 생활불교를 표방하는 형식을 띠고 있었으므로 불교를 대중 속으로 복귀시키는 일이 중요하였다.

대중적·시대적 불교를 향도하는 소태산의 불교혁신은 무엇보다 '등상불 숭배'를 혁신하는 일이었다. '불성 일원상' 숭배가 <조선불교혁신론>의 핵심항목으로서, 그것은 민중종교를 향한 시대의식의 반영으로서 일종의 종교혁명과도 같았다. 종교의 혁명이라 할 만큼 불교개혁은 부분적 제도의 수정이 아니라 전면적 신앙혁신, 그리고 시대와 대중만을 바라보는 생활불교로의 혁신은 선천시대를 지양하는 개벽정신의 반영이었다고 보면 좋을 것이다. 용화회상의 개벽종교에 걸맞게끔 전통불교가 갖는 제약성을 극복하려는 일종의 결사운동이기도 하였다.

아이러니하게도 오늘날 불교계가 불교혁신운동에 더욱 앞장서고 있는 것을 보면 불교혁신을 과감히 시도한 소태산의 불교혁신정신을 무색케 한다. 반야심경의 한글화를 시도하고 한글장경으로 대중불교를 심화하려는 불교계, 사회참여의 민중불교운동, 위파사나 명상수행으로 대중에게 파고드는 수행불자들, 즉문즉설을 통한 포교의 대중화 정신에 앞장서는 법륜스님을 바라보면서 원불교 2세기를 맞이한 작금(昨今), 소태산의 불교혁신정신은 과연 무엇일까? 혹여 안일과 일상성에 떨어져 있다면 어느 교단이든 교조가 제시한 개혁의 방향타를 상실할 것이라 본다.

3. 한국종교와 원불교의 개혁운동3)

해방 후 한국 기독교가 급진적 발전을 보인 것은 사회선도 운동과 인류의 평등의식에 기인한 것으로 보인다. 혼란기의 민족적 분위기에서 천주교의 사회참여, 그리고 개신교의 개혁적 성향이 한국교회의 교세 팽창으로 이어져왔다. 서구종교의 유행은 민족종교를 대체한 영향이 있으나 한국의 전통종교가 시대에 부응하지 못한 탓도 있다. 다시 말해 기독교가 근대 한국사회에서 급속히 교세를 확대한 것은 공격적 포교의 영향도 있지만 민족종교가 일상성에 젖어 스스로 개혁적 활동을 하지 못한 것이 그 요인이다.

오늘날 한국의 종교분포도를 보면 동양종교와 서양종교가 공존하고 있다. 여기에서 동양종교보다 서양종교의 교세가 흥성하게 된 것은 개신교의 개교회주의 시스템과 사회 개혁적 성향에 부응하였기 때문이다. 기독교의 사회참여는 의료시설과 학교설립, 그리고 민주화운동·농민운동 등에서 두드러졌으며, 이는 한국의 민중과 지식층들의 큰 호응을 받았다. 이에 비해 불교는 사회참여에 비교적 소극적으로 임해왔던 점을 뒤늦게 반성하여 민중불교 운동을 통해 개혁의 중요성을 깨닫기 시작하였다.

한국에서 창립된 원불교는 유불도의 전통종교 정신을 계승하면서 불교개혁과 종교회통이라는 두 측면에서 다원주의적 종교윤리의 접점을 찾았다. 광복 이후 한국종교의 중요한 측면은 종교들이 다원화되었고 삼교회통과 개혁정신의 공감을 얻어낸 원불교가 종교적 위상을 새롭게 정립하는 계기가 되었다. 서구종교의 배타적 구원 독점주의에 대한 종교

---

3) <원불교신문>, 2020.7.17. 寄稿.

다원주의를 표방한 원불교는 지성층의 신뢰 속에 타종교를 포용하는 종교회통의 원리로 다가섰고, 전통불교에 대해서는 혁신을 통한 생활불교로 전환한 것이다.

원불교의 이 같은 개혁정신은 유교의 봉건성과 불교의 출세간성을 타파하는 것이었으며, 이는 구한말의 시대적 요청이었다는 점에서 원불교가 한국사회에서 초석을 다지는 계기가 되었다. 그것은 구시대 봉건성에 대한 반발이자 출세간 중심의 불교에 대한 개혁의 깃발이었다. 전근대적 봉건의 차별성과 출세간주의로는 민중을 바르게 향도하는데 한계가 있는 탓에 개혁종교의 출현을 기대하는 요인이기도 했다.

대승불교의 개혁은 용수에게서 발견되고, 송대유학의 개혁은 신유학으로 변모하였으며, 기독교의 개혁은 루터와 캘빈으로부터 발아되었다. 원불교는 기성종교의 시대적 개혁의 정신을 계승함으로써 선천시대를 마감하고 후천시대를 향한 개혁종교의 모델이 되었다. 이런 맥락에서 소태산의 가르침은 진정한 종교개벽의 모델을 보였다는 서울대 윤이흠 교수의 견해가 설득력을 지닌다.

신종교로서의 개혁정신은 기성종교의 아노미현상과 같은 종교의 무기력함을 극복하는데서 더욱 그 빛을 발휘하였다. 한국종교 개혁정신에서 볼 때 원불교와 유사한 맥락의 종교가 동학과 증산교이다. 동학의 사회개혁, 증산의 천지공사, 원불교의 정신개벽이 이와 관련된다. 한국의 4대종교 대열에 들어선 원불교는 개혁의 고삐를 더욱 죄면서 한국의 제반종교와 차별화되어야 하는 시점에 와 있다. 구원의 독점주의를 벗어나 상생의 종교윤리를 주창하고, 불법을 시대에 맞게 개혁하며, 개벽의 현실 구현을 한시라도 잊지 말아야 한다. 그것이 원불교의 현안인 인재확보와 교화 활성화의 길이다.

4. 유교의 개혁운동과 원불교[4]

조선 건국의 개혁주의 사상가로는 정도전과 권근이며, 이들은 고려불교를 비판하고 유학을 국교로 삼고 개혁의 선봉에 섰다. 유교를 국가 개혁의 사상적 근간으로 삼고 이성계를 도와 조선 건국에 공을 세웠다. 불교를 극복하고 유교로의 전개는 건국 초기의 개혁이라는 이슈가 강력하게 필요하였기 때문이다.

뒤이어 조선 선조 때 율곡은 수기치인(修己治人)을 통해 시대의 변화를 바르게 파악하고 새롭게 변화하려는 변통론(變通論)과 사회모순을 개혁하는 경장론(更張論)을 주장하였다. 시대의 구폐를 개혁하고 백성을 구제하기 위해서 인정(仁政)과 삼강오륜의 이념에 근거한 개혁운동을 전개한 것이다. 그의 상소문 「만언봉사(萬言封事)」에서는 지시(知時), 시의(時宜)를 거론하며 개혁을 강조한 것이 이와 관련된다.

이처럼 조선의 개혁론으로서 변통론과 경장론 등은 후대의 실사구시(實事求是)를 지향하는 실학자들의 개혁정신으로 이어진다. 최한기, 이익, 다산, 유형원이 그들이다. 이익은 이에 말한다. "법이 오래가면 폐해가 생기고, 폐해가 생기면 반드시 개혁이 있어야 한다." 경장(개혁)하지 않으면 나라는 반드시 망할 것이라는 논리이며, 혹 경장하다가 실패를 한다고 해도 다시 경장하여야 치국이 된다는 것이다. 최한기도 '새로운 것으로 낡은 것을 바꾸는' 변혁의 중요성을 인지하여 차라리 옛것을 버릴지언정 지금을 버릴 수는 없다는 진보정신을 표방하였다. 다산 정약용은 도탄에 빠진 민중에게 희망을 불러일으키도록 사회의 개혁의 경세론을 집대성하였다.

---

4) <원불교신문>, 2020.7.24. 寄稿.

근세 유교의 개혁론에 있어서 단연 돋보이는 것은 백암 박은식의 '유교구신론(儒敎求新論)'으로 유교를 새롭게 개혁하자는 것이다. 그는 불혹의 40세(1898)부터 망국의 52세 때에 심기일전하여 주자학의 껍질을 벗기고 사회 계몽운동가로 변신했다. 독립협회에 가입하고 황성신문과 대한매일신보의 주필로서 교육문화의 개혁운동을 추진하였던 백암은 유교구신론을 통해 지극히 사변적인 성리학의 한계를 직시하고 심학인 양명학으로써 유교를 근대화하고자 하였다.

계몽적 애국운동가로서 박은식, 신채호, 정인보 등은 나라를 구하려는 유교개혁 운동을 펼쳤지만 아쉽게도 급변하던 시류 속에 개혁을 완수하지 못했다. 유교의 개혁운동은 실학자들의 열망에도 큰 성공을 이루지 못한 채 경술국치라는 암울한 역사에 매몰되고 말았다.

유교의 <변통론>, <경장론>, <구신론>에서 못다 이룬 개혁의 꿈은 '개벽(開闢)'의 닻으로서 소태산의 <혁신론>, 정산의 <건국론> 태동의 마중물이었다. 국가와 사회를 변화시키려는 변통(變通), 개혁하려는 경장(更張), 새로움을 추구하려는 구신(求新)이 원불교의 선천을 마감하는 '개벽(開闢)'과 같은 상징성을 지니고 있음은 흥미롭다.

조선유교의 개혁이슈들이 불교개혁의 소태산과 정산의 삼교 활용의 정신으로 이어지고 있음이 주목된다. 유교의 개혁사상이 원불교 교법의 「사실적 도덕의 수행」, 「실학적 교리」, 「의례의 예전」에 용해되어 새 시대의 개혁운동으로서 응용되고 있기 때문이다.

여기에서 우리에게 남겨진 과제가 있다.『주역』의 혁괘(革卦) 5효에서는 인간사의 대변혁에 또한 대인(大人)이 요청된다고 했으니, 원불교의 대인은 과연 누구인가 하는 점이다.『주역』의 우환의식을 새기면서 원불교 미래의 불안감을 극복할 수 있는 개혁 프로그램의 실제적·실용적 대안을 제시하는 자이리라 본다.

5. 『건국론』과 개혁운동[5)]

1945년 한국이 해방을 맞이한 지 2개월 후(10월), 정산종사는 논설형식의 프린트본 『건국론』을 세상에 선포하였다. 『건국론』이 저술된 배경은 해방과 더불어 혼돈의 국가를 재건하려는 의지의 표출과 관련된다. 그것은 해방 직후 정치사회적 국난을 벗어나려는 정산종사의 개혁의지가 근간이 된 것이다.

본 『건국론』의 출발은 국가 재건으로 민주국가 건설이다. 식민지적 독재를 체감한 상황에서 정산종사는 해방 직후 국가재건의 이념적 기반으로 '민주'라는 가치를 높이 세우고 있다. 내외 정세를 인지하지 못하고 어느 한 국가의 정책에 추종하면 바른 정치가 서지 못할 것이라는 우려가 스며있다.

그러면 정산종사의 『건국론』에 나타난 국가개혁의 방향을 살펴보고자 한다. 첫째 국민의 의식, 둘째 지도자들의 복무자세, 셋째 세계화를 향한 정신개혁이라 볼 수 있다. 국가개혁의 총체적 접근으로 정신을 근본으로 삼고, 정치와 교육을 줄기로 삼고, 국방·건설·경제를 가지와 잎으로 삼고, 진화의 도를 그 결과로 얻어서 뿌리 깊은 국력을 배양하자는 것이다.

여기에서 주목할 『건국론』의 개혁정책 가운데 그 근본은 '정신개혁'을 위주로 한다는 점이다. 정산종사는 '정신'이라는 항목을 정립하여 마음단결을 강조하고 있다. 정신개혁이란 일종의 마음혁명과도 같은 것으로 강력한 국가와 민족을 재건하기 위해서 마음의 단결이 가장 중요하다는 것이다.

---

5) <원불교신문>, 2020. 8.7. 寄稿.

이어서 주목할 것은 '교육개혁'이다. 초등교육의 의무제, 중학 전문대학의 확장, 예의교육의 향상 등이다. 그리고 이 세상을 개혁할 주체가 인재이며, 그러한 인재는 교육을 통해서 양성된다는 점을 직시하라고 했다.

또한 생활개혁은 『건국론』에서 민중을 향한 세부적인 개혁항목이다. 그는 국민의 '저급생활'을 거론하면서 생활을 새롭게 개혁하지 못한다면 국민의 생활수준이 낙후될 것이라 보았다. 한국이 오랫동안 외국의 압정을 받아왔으므로 스스로 통제 있는 생활개혁을 주문하였다.

통틀어 개혁이란 '진화'를 위한 것임을 상기시키면서 『건국론』에서 말하는 「진화의 도」에는 여러 가지가 있다고 했다. 이를테면 정치·도덕·사업에 관한 공로자 우대를 포함하여 영재의 외학장려, 연구원 설치 등을 거론하고 있다. 모든 분야의 진화를 염두에 둔다면 '연구' 가치를 앞세운 합리적 접근이어야 새로운 국가가 건설될 수 있다는 뜻이다.

오늘날 『건국론』의 개혁론에서 새겨둬야 할 세 가지 운동을 제시하고자 한다. 첫째, 종교에서 건실한 국가발전을 염두에 둔 것으로 외세의 압력 없는 '자유' 가치의 자주자립 운동이다. 둘째, 종교에서 국민의 '의식개혁'에 근거한 생활개혁 운동이다. 셋째, '진화'의 가치에 근거한 교육개혁과 인재양성이다.

하여튼 소태산의 개혁운동으로서 『조선불교혁신론』이 정산의 『건국론』에서 꽃을 피우고 있다. 이것은 결복기를 향한 세계교단으로의 전개와 직결된다는 점을 주시해야 한다. 『건국론』이 갖는 현대적 함의는 정교동심의 자세에 기초하면서도 교역자 호칭의 일원화, 교역자 결혼의 자유화, 교역자정복 개선 여부 등에서 신선한 개혁의 물꼬가 열리고 있다.

6. 개혁의 개념, '미래로의 투자'[6]

어느 사회나 단체든 "개혁을 해야한다."는 당위론에 앞서 개혁의 개념을 바르게 알고 이를 깊이 있게 음미해야 한다. 개혁에 대한 개념파악이 부족할 때 개혁의 방향감각을 상실할 수 있기 때문이다. 어느 서양 철학자는 현대인의 위기를 '개념의 위기'라 진단했다. 세간에서 심심찮게 들리는 말로 "개념이 없다."든가, "주제파악을 못한다."는 말은 개념 이해에 미흡하다는 뜻이다.

근대 개혁의 개념을 보다 분명히 했던 자가 미국의 루스벨트 전 대통령이다. 그의 뉴딜정책은 1933년대의 대공황을 탈피하려는 사회 전반의 개혁운동 1차시기였고, 1935년대의 2차 시기에는 사회·경제의 개혁입법을 추진했다. 그는 사회개혁 운동의 뉴딜정책을 실시하면서 개혁의 개념을 '미래로의 투자'라고 하였다.

개혁이란 단순히 고친다는 개념에서 미래 투자라는 개념으로 전환할 때 우리의 의식구조에는 개혁에 대한 적극적인 동기부여가 된다. 개혁을 '미래로의 투자'로 이해하는 것은 개혁에 대한 희망 가치를 부여한다. 이에 소태산은 희망의 미래불법으로서 선천시대를 청산하고 후천개벽의 생활불법으로 개혁하였다.

그러면 교단개혁의 당위성과 성과를 위해 개혁의 개념을 다음 몇 가지로 접근해보고자 한다. 첫째, 개혁은 깊은 성찰을 통해 과거의 불합리한 폐단을 고쳐나가는 것이다. 성리학자 정이천은 군자가 어려움과 막힘을 만났을 때 반드시 스스로 자기 몸에 살펴보아 잘못하는 것이 있으면 고치는데 더욱 힘쓰라고 했다. 과거 성찰이 뒤따르지 않는다면 습성의

---

6) <원불교신문>, 2020.8.14. 寄稿.

안일주의에 떨어져 새롭게 바라볼 수 있는 안목이 상실되기 때문이다.

둘째, 개혁은 현재에 직면한 문제점을 인지, 시대정신에 맞도록 개선하는 것이다. 문화관광부 전 종무실장 김장실에 의하면 현재 "원불교가 갖고 있는 사상과 수행, 의식, 대사회활동이 시대정신과 맞도록 개혁하는 분들이 나와야 한다."고 하였는데, 원불교가 시대불공을 잘 해야 한다는 것으로 이해된다.

셋째, 개혁이란 과거·현재의 통시적 안목을 갖고 자신의 역량을 계발함으로써 미래 가치를 창출하는 것이다. 우리나라의 평균적인 최고경영자는 하루 1~2시간씩 독서 등으로 자신을 계발을 하고, 한 달에 수차례 각종 세미나에 참석하는 것으로 나타났다. 개혁의 개념은 고·금의 '연구' 가치를 발휘, 미래지향적 부가가치를 창출하는 것에서 음미해야 한다.

원불교에서 말하는 개혁의 함의는 근본적으로 '개벽'에서 출발하며 그것은 선천시대를 마감하고 후천시대를 열어가는 것이다. 개벽에 대한 소태산의 관점은 신구(新舊) 전환기에 처하여 세상을 구원할 대상이 달라졌다는 인식에 바탕하고 있다. 그 대상이 물질개벽에서 새 시대의 정신개벽으로 바뀌었다는 것이 이것이다.

결국 소태산이 주창한 개벽은 개혁을 통한 '미래로의 투자'임을 알아야 한다. 과거불교를 벗어나 미래불교를 지향했기 때문이다. 이를 위해서는 과거의 성찰의식, 현재의 문제의식, 교단적 역량계발이 요구되며 그것이 미래불교(미륵불)의 도래를 약속한다. 개혁의 진정한 개념을 음미하는 현 시점이 정체 위기를 탈출하는 원불교 개혁의 출발점이다.

7. 개혁이 구원이다[7]

선구적 종교 개혁가들은 삶의 현장에서 구원의 메시지를 전하였으며, 그것이 발단이 되어 종교개혁의 생명력으로 자리하였다. 특히 기독교에 있어서 개혁적 종교인들의 출발은 교화 현장이었으며, 교화 현장에서 종교개혁의 지혜를 찾았다. 성 어거스틴에 의하면 "역사의 의미는 하나님의 도시와 세상의 도시 사이의 투쟁 속에서 찾아질 수 있다."고 보았는데, 그것은 종교가 이 세상을 개혁하고 구원하기 위해 절치부심한다는 뜻이다.

한국불교의 역사에서 볼 때 개혁성향을 지닌 통일신라시대 정토종의 구원론이 민중의 지지를 받게 되었다. 정토종이 지지를 받게 된 것은 개혁적 성향에다가 나무아마타불의 '염불'을 통해 구원을 받는다고 했기 때문이다. 이어서 불교계 가운데 대중으로부터 환영을 받은 미륵사상이 있다. 미륵불은 석가모니 다음의 부처로서 신라하대 때 하생하여 고통받는 민중을 구원할 것이라고 믿었는데, 미륵종은 신라의 불교로서 귀족 중심의 신라 불교계에 대한 개혁이었다. 왕생극락과 말세의 미륵불 출현이라는 구원론에 힘입어 신라시대 귀족불교에서 탈피, 민중에게 다가서는 불교로 개혁하는데 성공했다.

구한말 원불교를 창립한 소태산은 불교혁신을 통해 한국의 기성종교가 갖는 구원관을 새롭게 접근하고자 하였다. 혹세무민하는 전통종교의 미신신앙을 진리신앙으로, 신통묘술의 기복신앙을 사실신앙으로, 개체신앙을 회통적 전체신앙으로 종교개혁을 실현하였다. 선천시대 신앙의 구원론에서 후천시대의 새 구원관을 견지, 현실을 직시하고 도탄에 빠진

---

7) <원불교신문>, 2020.8.21. 寄稿.

창생 구원을 염두에 두면서 신앙과 수행의 새 불교로 개혁하였던 것이다.

이처럼 원불교 구원론은 전통종교의 개인중심의 기복적 신앙을 지양하면서 유불도 신앙의 개혁을 통해 물질 만능에 대한 영성함양과 사회개혁을 선도하였다. 앞으로의 사회는 밝은 정신개벽의 시대인데 반해서 신비주의적 구원관에 의해 민중을 이끄는 기복신앙은 구시대의 산물이기 때문이다.

개인의 삶과 사회의 실제 현장에서 종교 신앙과 수행의 모순점이 무엇인가 찾아서 개혁하려는 의지가 있을 때 인류 구원도 가능하다. 개인의 기복적·초탈적 수양에 치닫는 신앙행위가 그동안 기성종교에서 발견되었으며, 그러한 종교는 사회 개혁과 동떨어진 경우가 적지 않았다. 언젠가 오도철 교정원장은 "교단 방향이 구조적 측면의 개혁보다는 개인의 신앙수행을 독려하는 측면이 강하다."고 <원불교신문>에서 지적하였던 점이 새롭게 다가온다.

종교의 구원론은 개인의 안심입명에 더하여 모순된 사회의 개혁과 일치해야 한다. 종교가 모순 개혁에 소홀히 하는 것은 종교의 구원이라는 존립 명분에서 바람직하지 않다. 원불교 전 여성회장 한지성에 의하면 "모든 종교가 체제 개혁과 인간 구원을 목표로 시작한다."고 하였다. 종교의 출발점으로서 개혁과 구원은 동전의 양면이라는 것이다.

소태산의 구원론이란 전반사회의 낙원세계로 이끄는 길임은 분명하다. 따라서 원불교는 개인의 초탈적·기복적 구원에 머무는 것이 아니라 교단·사회 공동체의 정체된 부분을 도려내는 개혁의 모티브를 제공해야 한다. 낙원세계의 새 패러다임 구축에 '개혁이 구원'이라는 새로운 시각이 요청되는 이때이다.

8. 개혁의 적기, 교단 2세기[8]

　여기에서 말하는 '적기(適期)'란 무슨 뜻인가? '적당한 시기'라는 뜻으로, 고전에서 그 의미를 모색해 본다면 의미의 심오함을 더해준다. 『주역』 귀매괘(歸妹卦) 육오 효사와 손괘(巽卦) 구오 효사를 보면, '마땅히 그 일의 앞뒤 과정을 일정기간 동안 긴밀히 살펴야 함'을 말하는 것으로, 적기란 적절한 시기에 응대할 때 길(吉)하게 된다고 하였다. 구폐를 적절할 때 개혁할 경우 길일이 되고, 그 시기를 놓치면 흉일로 변한다는 시중(時中) 원리과도 같다.

　시중 즉 타이밍으로서 신·구(新舊)의 시대상황이 달라질 때 개혁할 적기라는 명분을 가져다준다. 『월말통신』 4호(원기13)의 「법회록」을 보면 구시대의 아무리 적합한 법이라도 현대에 와서 맞지 않음을 알지 못하고 "구도덕 관념에 그쳐서 신시대의 새 정신에 순응치 않는다면 그 구도덕이라 하는 것은 날로 부패에 돌아갈 것"이라 했다. 과거를 혁신해야만 하는 초기교단의 개혁의지가 잘 드러나 있다.

　과거 세계의 종교사를 돌이켜 보면, 제반의 종교들은 창립초기에는 생명력이 있었으나, 세월이 흐르면서 안주의 폐쇄적 상황에 빠지곤 하였다. 전통종교들은 처음 출발할 때와 다르게 세월이 흐르면서 무기력해졌던 것이다. 여기에 부득이 탈출구로서 개혁종교로의 변모를 기대할 수밖에 없다.

　개혁종교의 면모를 찾는 면에서 이웃종교들의 세기적 변천사가 주목된다. 불타 사후 100년이 지나면서 초기불교는 안빈과 청정 가치를 추구하는 출세간 성향에 머물렀는데, 뒤이어 700인이 회의를 열어 경전 대결집을

8) <원불교신문>, 2020.8.28. 寄稿.

하고 화폐를 긍정하고 보시를 인정함으로써 민중불교로 개혁하는 계기를 맞이하였다. 한국 개신교 100년(1966)의 역사를 보면, 1866년 토마스 선교사가 처음 선교를 시작한 후, 인권과 민주화 등 도시선교 및 세계교회운동에 앞장섬으로써 교세확장의 새로운 패러다임을 제시하였다.

원불교는 100년 성업행사를 전후하여 교단적으로 개혁하려는 노력을 기울였다. 하지만 교화단 활성화는 쉽지 않았고, 교서결집사업이 미뤄지고 있으며, 현장교화 역시 정체의 늪에 빠져 있다. 교단 2세기에 접어들어 개혁의 물꼬를 터야 한다는 아쉬움에 있던 차, 근래 개혁의 긍정적 신호로서 정녀제도의 자유선택, 교무호칭의 통일 등 신선한 개혁의 닻을 올리고 있다. 『조선불교혁신론』에 버금가는 정녀제도의 대전환(?)이라는 말이 회자되기도 한다.

이제 시작이다. 시대에 맞는 인사제도 및 교헌의 개정, 교서의 재결집 운동, 교역자 의식개혁 등이 성과를 이루도록 부단히 노력해야 한다. 교단창립 2세기에 진입하여 새 시대의 생활불교로서 역할을 충실히 해야 하기 때문이다. 현 시점에서 교단의 새 역사의식을 가져야 한다. '개혁'을 화두로 삼아서 실천에 옮길 청사진을 제기해야 한다는 뜻이다.

교단창립 100주년은 개혁의 적기였음에도 불구하고 그간 개혁에 미흡하였던 점을 비판적으로 살펴보는 지혜가 필요하다. 교단 2세기에 맞는 교화방식의 시스템적 전환은 어려운가? 교서결집 사업을 계속 미룰 것인가? 『원불교 교사』를 60년사에 머무르게 할 것인가? 장준하가 『지식인과 현실』에서 개혁의 지체현상에 대해 침묵한다는 것은 발전에 대한 의지를 상실한 것이라고 했던 점을 참조할 일이다.

9. 교서에 나타난 개혁정신[9]

교단 개혁의 당위성을 거론하면서 원불교 개혁론의 성격을 어떻게 접근할 수 있는가를 모색해 본다. 무엇보다 원불교 기본교서에 나타난 개혁과 유사한 용어들과 등장 횟수를 파악해본다면 원불교 개혁의 성향, 개혁의 온도 정도 등을 알 수 있을 것이다.

교서에 나타난 '개혁'의 유사용어와 등장한 횟수는 다음과 같다. '개혁' 자체는 『대종경』에 1회 등장한다. 그리고 '개척'은 『대종경』 7회, 『정전』 1회, 『정산종사법어』 7회 등장한다. '개선'은 『대종경』 13회, 『정산종사법어』 2회 등장한다. '변화'는 『대종경』 10회, 『정전』 2회, 『정산종사법어』 5회 등장하며, '개벽'은 『대종경』 3회, 『정전』 2회, 『정산종사법어』 12회 등장한다. '전환'은 『대종경』 4회, '혁신'은 『대종경』 2회, 『정산종사법어』 1회 등장한다. 다음으로 '개조'는 『정산종사법어』 3회, '혁명'은 『정산종사법어』 2회 등장한다.

이처럼 교서에 등장하는 '개혁'과 유사용어들의 빈도를 순위별로 살펴보도록 한다. 개벽 17회, 변화 17회, 개선 15회, 개척 15회, 전환 4회, 혁신 3회, 개조 3회, 혁명 2회, 개혁 1회이다. 이러한 용어들을 하나하나 분석해 봄으로써 원불교 개혁이 지니는 몇 가지 의의를 다음과 같이 접근하고자 한다.

첫째, 무엇보다 개혁과 관련하여 가장 많이 등장하는 것은 '개벽'(총 17회 등장)이라는 용어이다. '개벽'은 선천의 시대를 보내고 후천의 시대를 열어젖히는 의미로서 세기적·문명적 개혁의 뜻이 강하게 내포되어 있는데, 『정전』 첫 페이지에 나타난 물질개벽과 정신개벽은 「개교의

---

9) <원불교신문>, 2020.9.4. 寄稿.

동기」의 키워드이기도 하다. 그것은 '개벽'이라는 용어를 제외하고서
원불교 개혁을 거론할 수 없다는 뜻이다.

둘째, 교단 창립사에서 볼 때 개혁의 유사용어로서 '개척'(15회)이라는
용어이다. '개척'은 원불교의 전신인 '불법연구회'가 익산의 신룡(新龍)
전법지에서 새롭게 개척자의 길에 들어선 초기교단사와 관련되어 있다.
소태산은 영광 궁촌에 탄생하여 시국을 관찰하니 생령의 고해가 극에
달하자 사회 개혁을 외치며 미신타파, 허례폐지, 방언 등의 개척사업을
전개하였고, 신룡 전법지에서 엿장사, 만석평을 개척하는 등 고단한 공
동체 생활을 하였다.

셋째, 삶이나 사회 구조의 '개선'(15회), '변화'(17회) '전환'(4회)이라
는 용어가 주목된다. 소태산은 사회구조의 변화와 개선, 그리고 사유발
상의 전환 없이 진정한 개혁은 어렵다고 보았다. 과거의 사회구조 내지
사유방식을 새롭게 변화, 그리하여 의식구조를 전환해야 할 필요성을
인지하자는 것이다. 종교 본연의 입장에서 본 원불교 개혁의 성격으로서
점진적으로 차분하게 개선하고, 변화하며, 전환해야 한다.

물론 개혁에는 변화와 전환이라는 점진적 방법이 있다고 해도, 세기적
이고 문명적인 개벽·개척이라는 강렬한 열망이 소태산의 포부와 경륜
에 실려 있는 것은 '혁신'(3회)이자 '혁명'(2회)의 자세로 다가선 결사정
신이 깃들어 있기 때문이다. 여기에 원불교 개혁론의 전개는 강력한
성격을 지닌다. 과연 원불교 개혁의 온도는 몇 도일까를 화두로 던진다
면 그 답은 온전한 개선이면서도 강력한 혁신이라는 것을 직시해야 하리
라 본다.

10. 개혁과 반개혁의 함수[10)]

일반적으로 '함수'란 무엇인가? 수학에서 두 집합의 대응관계를 함수라고 한다. 여기에서 굳이 '함수'를 거론하는 것은 개혁과 반개혁의 두 관계를 대비시킴으로써 개혁의 방향을 유도하려는 뜻이다. 두 집합의 대응관계란 이질적인 것이 아니라 연계성을 지니고 있다는 점에서 개혁과 반개혁은 서로 관련성을 지닌다. 반개혁이란 한편으로 정체현상이지만, 다른 한편으로 개혁의 동기부여를 가져다주기 때문이다.

개혁의 물결이 일던 16세기 후반~17세기 초반, 학계에는 아리스토텔레스 철학의 합리주의와 수학의 함수가 거론되면서 우주관의 혁명적 변화를 겪었다. 사유방식에 있어 철학과 수학의 이질성을 대비시킴으로써 혁명적 사유 물결을 타게 한 것이다. 철학과 수학의 두 집합에 이질감이 있어 보이지만 철학의 형이상학에서 수학의 형이하학을 바라보는 학제간의 지혜로서 여기에 두 집합의 함수관계가 성립된다. 즉 철학적 사유에서 수학적 사유가 첨가되면서 개혁이라는 대변혁의 과정을 겪은 것이다.

함수는 개혁과 반개혁에서 큰 지혜를 발하게 한다. 현실적인 면에서 개혁이 성공하기란 쉽지 않은 것은 이에 거부감을 가져다주는 반개혁의 사례들이 많기 때문이며, 그로 인한 반발작용으로 개혁의 모티브가 제공되는 함수관계가 설정된다. 옛날 중국 초나라의 장왕 때에 화폐 개혁이 성공하지 못하였다는 것을 잘 알고 있다. 당시 화폐의 개혁이 개선보다는 개악의 방향이었기 때문이며, 이러한 개선과 개악의 두 과정을 거치면서 새로운 시대적 요청에 의해 화폐 개혁의 긍정적 동기부여가 된

---

10) <원불교신문>, 2020.9.11. 寄稿.

것도 사실이다.

　대체로 개악이라는 반개혁의 상황으로 이어지는 것은 국가나 사회의 정책 정립에 있어 개혁을 밀어붙이는 진보의식과 이에 반발하는 수구의 안주의식에 관련된다. 개혁에 반발하는 보수주의자들은 멀쩡한 두 다리를 갖고 있으면서 결코 걷는 것을 배우려 하지 않는 사람들이라고 미국의 루즈벨트 전 대통령은 전하고 있다.

　개혁과 반개혁의 함수적 긴장관계는 고대 종파지도자들에게도 해당되는데, 그들에게 주어진 권한을 움켜쥐려는 현상이 있었다. 석가모니 당대를 지나 부파불교 시대에 이르러 고답적이고 권위주의적 불교에 치우치자 원래 부처의 근본 뜻으로 돌아가자는 운동이 전개되어 보수파(상좌부)와 혁신파(대중부)로 나뉘어졌고 결국 부파불교들이 난립하였다. 대승불교를 지향할 수밖에 없었던 이유가 권위주의적인 성향을 혁신하려는 불자들의 시대적 요청과 관련된 것이다.

　구한말 전통종교의 흐름은 개혁과는 달리 구태의 기복신앙, 의례의 형식주의, 물질의 팽창이라는 반개혁의 늪에 허덕이자, 소태산은 깨달음을 통하여 불교혁신이라는 개혁의 동기부여를 가졌으며, 그것이 원불교 창립의 명분이 된 것이다. 이제 교단도 그간 쌓인 먼지들을 털어내고 개혁의 닻을 올릴 수밖에 없는 상황으로 치닫고 있다. 정체의 늪에서 벗어나야 하는 개혁의 당위성에서 반개혁의 안주의식, 변화 불감증, 서구종교가 이미 겪었던 교법 우월주의적 자기 딜레마를 벗어나는 일이 요구된다. 앨런 와츠가 『거꾸로 푸는 매듭』에서 종교·철학이 사회변화와 일종의 함수관계에 놓여 있다고 거론한 것을 눈여겨봐야 한다.

11. 개혁의 동인, 문제의식11)

어느 국가나 종교든 국가 운영이나 교화 활동에 있어서 중대 사안에 따른 문제의식과 해법을 제시하려는 노력이 없다면 그 개혁은 어렵다는 것은 고금의 역사를 통해 알 수 있다. 16세기 초반, 기독교는 근본이념의 이탈, 지적 정체성의 상실, 자기종교의 몰이해라는 질병이 있었는데, 기독교는 이 문제에 대한 이해 없이 개혁이 불가능한 것이었다고 맥그래이스는 말한다. 루터나 캘빈은 당시의 교회가 너무 타락해 버린 것으로 보았는데, 기독교가 첫 500년 동안 누렸던 '황금시대'의 이념들을 회복해야 한다는 그들의 문제의식이 종교개혁의 선구로 자리하였다.

불교의 경우도 고려 중기, 보조국사의 결사운동으로 이어진 동력은 불교개혁에 대한 그의 간절한 문제의식이었다. 그는 정혜결사의 수행 공동체를 결성하여 새로운 불교의 바람을 일으켰다. 지눌이 주도한 결사의 성격은 승가의 개혁이었는데, 말법 신앙에 타력신앙 내지 선종과 교종의 대립을 지켜보던 지눌로서는 고려불교의 문제점을 간과하지 않았다. 동서 종교개혁의 불씨는 이처럼 당시 종교의 선각자들이 변화에 대한 문제의식이 있었느냐와 관련된다.

개혁에 대한 문제의식이란 현장에서 구폐에 개혁이 필요하다는 정확한 판단을 통해서 "이대로는 안 된다."는 절실한 결심과 실천의식을 말한다. 안일의 틀을 극복하고 사회의 변화를 받아들이는 지혜, 곧 사회 실상을 정체된 틀로 보지 않는 마음자세가 이것이다. 그것은 사회의 변화를 직시해야 하는 문제의식과 관련된다는 점에서 주목된다. 사회를 개혁하는 동인(動因)이란 과연 어떠한 것이 문제인가를 구체화시키고

---

11) <원불교신문>, 2020.9.18. 寄稿.

그 해법을 제시하는 지혜와 직결된다.

그렇다면 나 자신과 교단, 사회 개혁을 위한 문제의식의 발동에는 어떠한 자세가 필요한가?

첫째, 종교인으로서 근원적인 진리에 대한 구도의식을 중심으로 삼고 살아가는 지혜가 필요하다. 안일한 사람들의 성향은 눈앞의 이익만을 추구하며 하루를 아무런 의식 없이, 구도의 열정과 동떨어진 생활을 한다. 영광 일우에서 태어난 어린 소태산은 하늘은 왜 푸르며, 구름은 왜 떠다니는가에 대한 구도의 문제의식이 없었다면 깨달음의 길에 이르렀을 것인가? 예수는 갈릴리에서 태어났고, 갈릴리에서 문제의식을 가지고 장성하여 예수운동을 펼쳤음을 상기할 일이다.

둘째, 시각을 현실에만 두지 말고 과거와 미래까지 바라볼 수 있는 역사의식이 요구된다. 역사학자 로버트 루슨은 말하기를, 한 시대를 읽는 지혜로서 무엇이 역사의 원인이 될 것인가를 성찰하라고 하였다. 선·후천 시대의 역사적 지혜가 후천개벽이라는 개교의 모토로 작용한 원불교 개교동기를 상기해야 한다. 구한말 전환기에 살았던 소태산은 과거를 극복하고, 미래를 바라보는 역사의식의 시각에서 원불교를 창립하였다.

셋째, 사회에 대한 안목을 가지고 사회참여의식으로 접근하는 지혜가 필요하다. 원불교가 지향하는 인류구원의 목표는 사회구원으로 연결되어야 하기 하며, 여기에 사회참여의 의식이 싹트는 것이다. 이처럼 개혁의 동인은 구도의식, 역사의식, 사회참여의식이라는 세 가지의 문제의식이 있을 때 발휘된다는 점을 눈여겨 볼 일이다.

12. 개혁 주체의 책임감[12]

국가나 사회단체에 있어서 과감한 개혁에는 지도자의 책임감과 대중의 협조가 필요하다. 지도자의 선견지명과 대중들의 합력이 뒤따를 때 그 개혁은 성공할 수 있기 때문이다. 오늘날 후진국들이 사회 경제적 개혁을 단행하고 근대화를 수행함에 있어서 성공하느냐의 여부는 정치 지도세력과 지식층, 그리고 민중 사이의 정신적·문화적 갭을 얼마나 메워 나가느냐에 달려있다고 『근대화의 지식인』(임방현)에서 언급하였다. 개혁 주체로서 새겨야 할 막중한 책임감을 시사하고 있다.

종교의 경우도 마찬가지이다. 그 종단의 개혁에는 지도자의 주체의식과 신자의 협력이 필요하다. 이 같은 주체자적 의식에 있어서 그 개념 이해가 필요하다. 먼저 객체에 상대되는 말이 주체이며, 이 주체란 상대방을 객으로 보지 않고 중심으로 삼는 주인의식이다. 소태산이 석가모니를 연원으로 삼아 "불법을 주체로 삼았다."는 점은 불교를 미래의 중심으로 보았기 때문이다.

또한 주체의 의미는 교의(敎義)와 제도를 주종의 문제로 접근할 수 있다. 주체와 객체의 차이를 파악할 때 그 주종 본말의 혼선을 피할 수 있는 것이다. 개혁에 있어서 주종 본말을 망각하면 그 본의가 사라지기 때문에 이에 교리정신에 주체를 두면서 여러 제도를 개혁으로 이끌자는 뜻이다. 어느 종교든 주종 본말을 상실하면서 개혁에 임한다면 일의 순서가 뒤바뀌거나 그 본의를 잃기 쉬운 일이다.

여기에서 주목할 것으로 교단을 개혁으로 이끄는 주체로는 무엇보다 종교지도자들이다. 원불교 교도인 이면우 교수의 『신사고이론』에 따르

---

12) <원불교신문>, 2020.9.25. 寄稿.

면, 첫째 개혁을 위해서는 개혁 마인드와 개혁 방향에 정통한 지도자(전문가)가 있어야 하며, 둘째 적어도 8~10년 이상 일관성을 가지고 정책을 추진해야 하고, 그러기 위해서는 지도자가 건강해야 한다는 이론을 소개하고 있다. 종교의 지도자로서 개혁 마인드가 없다면, 또한 전문 지식인이 일관된 정책을 시행하도록 지적 가치를 제시하지 못한다면 그는 개혁의 주체자가 될 수 없다.

사실 개혁은 세월이 흐르면서 거스를 수 없는 일로서 개혁의 성공 여부는 누가 이 개혁의 주체가 되느냐가 관건이다. 출가가 교단 개혁의 주체가 되지 못할 경우 재가가 될 수도 있다는 사실을 상기하지 않을 수 없다. 어떤 의미에서 변혁은 지금 진행 중이라 할지라도 누가 변혁의 주체가 되는가? 누가 고양이의 목에 종을 달아줄 것인가를 지켜만 보지 말고 스스로 앞장서는 개혁의 주체가 되어야 한다. 개혁해야 한다는 마음만 가지고 있어서는 안 되며, 합리적 개혁의 대안 제시를 통해 개혁의 주체로서 임해야 개혁은 성공할 수 있다.

개혁 주체자로서의 책임감이 여기에서 더욱 강조되는데, 그것은 선지자적 농부와 같이 종자 개량의 심법을 가져야 한다. 이에 소태산은 『대종경』 변의품 1장에서 종자를 개량하는 주체는 '지도자'라고 하였다. 오늘날 개혁 주체로서 새 종자를 개량하는 정신자세로 개혁에 동참하는 책임감이 절실한 상황이다. 이제 교단의 지도자들은 개혁의 주체가 되어 인간개혁, 생활개혁, 사회개혁, 종교개혁을 달성해야 한다. 소태산의 이 같은 불교혁신의 정신이 발휘되지 못한다면 교단을 이끄는 지도자들의 책임이라는 두려움을 간직하자는 것이다.

저자 소개

■ 哲山 류성태

現 원광대학교 원불교학과 교수
現 원광대학교 대학원 한국문화학과 주임교수

■ 주요 저서

- 원불교와 동양사상(1995)
- 성직과 원불교학(1997)
- 정보사회와 원불교(1998)
- 지식사회와 원불교(1999)
- 중국철학사(2000)
- 정산종사의 교리해설(2001)
- 원불교인, 무얼 극복할 것인가(2003)
- 대종경풀이(상~하)(2005)
- 정산종사법어풀이(1~3)(2008)
- 정전변천사(2010)
- 원불교와 깨달음(2012)
- 원불교와 한국인(2014)
- 중국철학사의 이해(2016)
- 개혁정신과 원불교(2020)

- 동양의 수양론(1996)
- 경쟁사회와 원불교(1998)
- 지식사회와 성직자(1999)
- 21C가치와 원불교(2000)
- 정산종사의 인품과 사상(2000)
- 원불교인은 어떠한 사람들인가(2002)
- 소태산과 노자, 지식을 어떻게 보는가(2004)
- 원불교 해석학(2007)
- 정전풀이(상~하)(2009)
- 장자철학의 지혜(2011)
- 견성과 원불교(2013)
- 원불교 100년의 과제(2015)
- 불교와 원불교(2018)

개혁정신과 원불교

초판 인쇄 2020년 10월 22일
초판 발행 2020년 10월 30일

저   자 | 류성태
펴 낸 이 | 하운근
펴 낸 곳 | 學古房

주   소 | 경기도 고양시 덕양구 통일로 140 삼송테크노밸리 A동 B224
전   화 | (02)353-9908 편집부(02)356-9903
팩   스 | (02)6959-8234
홈페이지 | http://hakgobang.co.kr/
전자우편 | hakgobang@naver.com, hakgobang@chol.com
등록번호 | 제311-1994-000001호

ISBN 979-11-6586-111-7 93220

값 : 25,000원

■ 파본은 교환해 드립니다.